幼教叢書

兒童福利概論

〔第二版〕

Introduction to Child Welfare

郭靜晃◎著

序

　　自進入私立中國文化大學青少年兒童福利學系就讀，已是四十多前的往事。猶記往昔剛考上大學時的喜悅，當時，在閱讀聯招委員會所提供科系資料中，發現介紹欄中唯獨此科系是空白的，也產生對兒童福利的好奇與懷疑！進入大學後，經由老師的提醒與介紹，對於兒童福利的定義與走向仍很陌生，只知1973年「兒童福利法」開宗明義所定義是為促進兒童身心健全發展、保障其權益，並要以兒童的最佳利益為優先考量。然而，此定義是以一般兒童的利益為主，抑或是為不幸兒童或處於不利的兒童及其家庭為主呢？隨著社會的演進及變遷，本土的兒童福利實務工作的擴展，兒童福利漸漸與兒童發展、青少年輔導、犯罪預防或兒童教育作一專業的區隔，並漸漸向社會工作專業靠攏，在時間進展中，兒童福利實務累積及社工專業為社會所接受且重視時，兒童福利工作也漸漸形成一門專業，尤其國外社會工作專業的提昇及實際評估社會問題也漸漸引用生態觀，人在情境及增強和充權理論，對兒童的關心也從兒童個人到家庭甚至整個社會、處遇之模式也漸漸拋棄過去只重視殘補式的處遇到預防性、發展性甚至主導性（proactive）的處遇模式及政策。

　　兒童及少年福利的倡導是為了確保基本權益與需求可以得到保護與照顧，爰為了確保兒童接受服務的權益與品質，許多國家開始訂定政策、立法、執行各項管理、規範、輔導及登記許可等制度，且也訂定服務供給者的最低標準，台灣也不例外，國家正式介入福利服務的市場及規範管理。

　　基於這種體認，本書企圖以美國社會工作實務之規範（SWPIP）為經，介紹兒童福利領域（為危機、不幸及不利兒童及其家庭為優先考量）的相關課題為緯，以提供在學學生及相關領域之兒童福利工作者作一參考，以共同為兒童營造一個無傷害及支持或補充兒童所處家庭及社區，並為兒童打造一快樂成長與發展的環境。

　　本書共分三個部分——理念篇（第一至四章）、制度篇（第五至八章）、服務篇（第九至十三章），共十三章，臚列如下：

　　1.第一篇：理念篇——內容包括兒童福利的意涵、兒童福利專業、兒童發展

與兒童福利、各國兒童福利發展，共計四章。

2. 第二篇：制度篇——內容包括兒童福利政策、兒童及少年福利法規、兒童
及少年福利體系組織及運作、兒童福利專業制度，共計四章。

3. 第三篇：服務篇——內容包括支持性的兒童福利服務、補充性的兒童福利
服務、替代性的兒童福利服務、兒童保護服務、兒童福利服務的新思維與
作法，共計五章。

由於2003年5月28日「兒童福利法」與「少年福利法」合併為「兒童及少年
福利法」，並於2011年11月30日修訂成為「兒童及少年福利與權益保障法」。加
上兒童及少年福利之定義及所涉及的範圍相當廣泛，礙於篇幅，實也無法面面俱
到。本書撰寫之目的在於整合有關兒童及青少年福利的各項議題，期使讀者能夠
因本書而更深切的認識及瞭解其重要性與價值性，進而得以應用本書在學術學理
研究與實務運作上，能提供一些實質上的幫助。

本書得以順利出版，要感謝揚智文化事業股份有限公司葉總經理忠賢，在葉
總經理多年來的誠懇及堅持不懈地邀請與期盼之下，為本書付梓提供各種協助，
才能使本書順利交稿，在此表達誠摯的謝意。

郭靜晃 謹誌
陽明山 華岡
2022年春

目　錄

第二篇　制度篇　145

第一篇

理念篇

兒童福利的意涵

- 兒童福利的意義
- 兒童福利的功能與內涵
- 兒童福利與社會工作專業
- 兒童福利的研究方法
- 本章小結

　　「今天不投資，明天一定會後悔。」每個人只有一個童年，而兒童正處於人生發展的第一個階段，因尚未發展成熟，所以受周遭環境的影響很深。人類和一般生物禽獸的不同在於有最長的成長準備，在此階段，個體必須接受環境及成人的保護，塑造人格及孕育日後的發展潛能，所以世界各國為了兒童的健康、生長與發展，挹注了各種資源制訂兒童福利政策，開展兒童福利服務工作，維護兒童基本成長的權利，冀望營造一個兒童健全成長、不受傷害的成長環境。

　　兒童福利不只是兒童的福利，也是家庭及全人類的福利及未來幸福感（well-being）的基礎。對待兒童的方式會影響我們未來的生活方式及品質（Mather & Lager, 2000）。每個社會都應愛護我們的下一代並且珍惜他們，但不幸的是，卻不是每個人都視兒童為社會的珍寶，某種程度還忽略他們成長的基本權利，甚至去傷害他們，為什麼沒有辦法盡全力去愛我們的下一代？這也是本書想要闡明之處，並試圖介紹影響的因素，以及如何提供一個縝密的保護網，讓兒童在成長過程中避免受到人為環境的影響。

　　本章首先闡明了兒童福利的意義、功能、內涵、如何形成專業及學術，以及兒童福利的研究方法，一一說明如後。

第一節　兒童福利的意義

　　兒童福利（child welfare）是社會福利的一環，更是一門社會工作專業，兒童福利並無放諸四海皆準的定義，常隨著一個國家的社會、經濟、文化、政治等發展層次不同而有差異。未開發國家視兒童福利為兒童救濟；而開發中國家將兒童福利視為消極的救濟，還必須解決各種社會中的不良因素所導致的兒童問題，特別是救助不幸的兒童及家庭（尤其是因貧窮而導致兒童處於不利生存的家庭）；對已開發的國家而言，兒童福利係指促進兒童身心健全發展的一切活動而言（李鍾元，1981，引自郭靜晃、彭淑華、張惠芬，1995）。兒童福利有廣義和狹義之分。廣義的兒童福利是指一切針對全體兒童的，促進兒童生理、心理及社會潛能最佳發展的各種措施和服務，它強調社會公平，具有普適性。狹義的兒童福利是指對於特定兒童和家庭的服務，特別是在家庭或其他社會機構中未能滿足其需求的兒童，如孤兒、殘疾兒童、流浪兒、被遺棄的兒童、被虐待或被忽視的兒童、家庭破碎的兒童、行為偏差或情緒困擾的兒童等，這些特殊困難環境中的兒童，

往往需要予以特別的救助、保護、矯治。因此，狹義的兒童福利強調的同樣是社會公平，但重點是對弱勢兒童的照顧。狹義的兒童福利一般包括實物授助和現金津貼兩個方面，如實行各種形式的兒童津貼、對生育婦女的一次性補助，以及單親父母各種待遇等（于凌雲，2008）。所以兒童福利的定義有兩個層次，一是兒童，二是福利。第一層的定義是關於兒童年齡層的界定，過去通常將兒童定義為12歲以下之個體，但隨著時代變遷以及法令之修訂，我國「兒童福利法」在2003年5月28日經四次修訂，最終合併修法為「兒童及少年福利與權益保障法」之後，在第2條就規定：「本法所稱兒童及少年，指未滿18歲之人；所稱兒童，指未滿12歲之人；所稱少年，指12歲以上未滿18歲之人。」據此法令規定，兒童實指12歲以下之人，但實務上兒童的福利工作已擴充至18歲以下之人。我國修訂「兒童及少年福利與權益保障法」就參考了美日國家的立法精神，例如，美國兒童福利服務的對象包括18歲以下的少年，日本「兒童福利法」第4條就規定：「本法所稱兒童者，係指未滿18歲之人。細分如下：(1)嬰兒（乳兒）：未滿1歲者；(2)幼兒：滿1歲至學齡者；(3)少年：滿學齡，至滿18歲者。」

　　就發展心理學的觀點來說，人的一生可從年齡及發展細分為各個不同的階段，例如，嬰兒期（0至2歲未滿）、學步兒童期（2至4歲未滿）、幼兒期（4至6歲未滿）、學齡兒童期（6至12歲未滿）、青少年前期（12至18歲未滿）、青少年後期（18至25歲未滿）、成年期（25至45歲未滿）、中年期（45至65歲未滿）、成年晚期（65至75歲未滿）及老年期（75歲之後）。每個階段，由於生理、心理、社會期待各有發展的特徵，因而有各個不同階段的發展任務及特殊需要，為了配合各個階段任務的需求及特徵，社會服務工作需設計滿足不同階段個人需求的各種活動與計畫，是不同階段的福利服務工作，例如兒童福利、少年福利、老年福利或身心障礙者福利。因此，各類福利的服務工作及專業的學術與實務便應運而生（周震歐主編，1997）。兒童福利是社會福利其中的一環，早先是社會工作方法（日後形成一種專業），之後透過組織制度化的方法以及立法規範來處理社會問題（例如，貧窮、受虐兒童、早期療育及托兒問題）；而兒童又不能獨自生活，所以兒童的問題又與家庭的問題相連結。兒童福利，從廣義來說是針對全體兒童的普遍需求，透過各種方式的政策規劃及福利服務設計，促進兒童生理、心理最佳發展，保障基本權利，以符合社會發展的需要。兒童福利更是一門社會工作的專業，透過社會工作方法解決舉凡貧窮及兒童身心遭受傷害的社會問題。

　　十九世紀中期，美國因為貧窮家庭所衍生的個人問題以及安置所的問題，由慈善組織會社（Charity Organization Societies, COS）結合社會工作的個案工作給予家庭一些庇護及重建（rehabilitation）以解決社會問題（Popple & Leighninger, 1996）。此方案主要是源自於個案工作中個案處遇的治療模式。Mary Richmond便是慈善組織會社應用此方法的代表人物。值得一提的是，這也是美國發展個案工作哲學的基本理念：視個體為其成就的資源，因此個人的困難也要透過自己來解決。相對來說，安置所（Settlement House，又譯睦鄰中心）的哲學則是給予因環境及社會變遷所造成的家庭困境提供的機構處遇（intervention）。當時最著名的安置所為Jane Addams和Ellen Gates Starr的霍爾館（Hull House）。

　　二十世紀初期，社會工作已形成一門專業來處理兒童及其家庭的問題，所用的方法除了醫療模式之外，也漸漸採用科學系統的模式，各式各樣的理論、學派及大學也提供學院來培養社會工作專業人才，方法上也從個人的個案工作轉向社會的個案工作（Popple & Leighninger, 1996）。1919年精神醫學崛起，促使社會工作者放棄社會改革方法，轉而擁抱個人處遇。第一次世界大戰之後，由於愛國主義思潮，也使社會工作者拋棄較自由及激進的方式，改採較保守的個人之個案工作處遇。儘管在美國早期因時代變遷，社會工作專業的方法在個體、家庭及環境上流連，但不變的是工作重點仍著重在對家庭及兒童的處遇。

　　上列社會工作處遇又稱為「殘補取向」或「最低限度取向」（residual or minimal-oriented）的社會福利服務，為未能在一般正常社會系統中滿足需求的兒童提供社會服務。

　　之後於1930年代，由於經濟大蕭條（Great Depression），個人及家庭因社會變遷無以倖免，導致家庭因社會環境產生不利生存的地位，因此社會工作及服務方案開始思考如何提供家庭及兒童支持以脫離不幸或不利生存的環境〔即對貧窮作戰（war on poverty）〕，此處遇模式也從殘補取向轉向普遍或預防模式（universal or preventive welfare service），除了給家庭及兒童提供支持之外，也擴大至老人及身心障礙者（Lindsey, 1994）。

　　雖然貧窮並不是兒童福利領域的唯一要素（Gil, 1981; Lindsey, 1994），但兒童福利服務的產生卻是因貧窮狀況而衍生的。例如，許多兒童虐待和疏忽與貧窮、家庭缺乏資源及教育有關，尤其是單親女性生活在貧窮線之下容易成為高風險家庭（at high-risk families），並需要社會服務機構的支援，而且生活在此家庭

的兒童也容易發生受虐事件。尤其身在資本主義、崇尚物質價值的社會中，貧窮的身分會使個人產生低自尊及無價值感，此種感受使貧窮家庭的母親與子女備感壓力，導致母親在無法負荷的狀況下，對子女產生拒絕或虐待行為。所以1960年代之後，美國社會工作者改採社會改革，著名的1980年代福利改革方案（welfare reform project）是「發展取向」或「制度取向」（developmental or institutional-oriented）的福利服務，針對所有家庭及兒童提供支持，不管是貧窮、失依、失教、行為偏差、情緒困擾等，以滿足正常兒童在此社會中所應有的健全生活。此種服務例如：(1)與經濟需求有關：母親年金（Mother's Pension）、失依兒童之家庭扶助（Aid to Families with Dependent Children, AFDC）、兒童支持服務（Child Support Service）、補充性安全收入（Supplemental Security Income）；(2)兒童虐待及疏忽危機處遇：如家庭維繫服務（Family Preservation Service）、兒童保護服務（Child Protection Service）、兒童保護團隊（Child Protection Team）；(3)兒童教育與保養：例如啟蒙計畫（Head Start Program）、政府支助托育場地（Governmentally Supported Day Care Space）及兒童支持方案（Child Support Program）。2000年之後，政府傾向減少福利補助，將家庭推向企業，以工作方案解決家庭對政府福利的依賴，其次再使用福利輸送服務。

　　1959年聯合國的「兒童權利宣言」（Declaration of the Rights of the Child）更指出：「凡是以促進兒童身心健全發展與正常生活為目的的各種努力、事業及制度等均稱為兒童福利。」

　　1960年美國《社會工作年鑑》（*Social Work Year Book*）更將兒童福利定義為：「旨在謀求兒童愉快生活、健全發展，並有效發掘其潛能，它包括對兒童提供直接的福利服務，以及促進兒童健全發展有關的家庭和社區福利服務。」（周震歐主編，1997）1990年美國兒童福利聯盟（Child Welfare League of American, CWLA）亦指出：「兒童福利是提供兒童和青少年，尤其是其父母無法實踐兒童養育之責，或其所住之處無法提供資源和保護措施給有需要之兒童及其家庭。」

　　綜合本節論點，兒童福利起源於西方兒童救助事業，其初級階段以特殊兒童的救濟和收養為主，屬於消極的救濟性兒童福利。20世紀以來，兒童福利事業逐漸發展為促進一切兒童全面發展的積極性的社會事業。兒童福利的定義可分為廣義及狹義。廣義的兒童福利是以全體兒童為服務對象，依「兒童及少年福利與權益保障法」第7條第1項所規定：「本法所定事項，主管機關及各目的事業主管機

關應就其權責範圍，針對兒童及少年之需要，尊重多元文化差異，主動規劃所需福利，對涉及相關機關之兒童及少年福利業務，應全力配合之。」主管機關是指衛生福利部，其他名目的事業主管機關包括：衛生、教育、勞工、建設、工務、消防、警政、交通、新聞、戶政、財政及其他相關兒童及少年福利措施之相關目的事業主管機關。其他最主要的範疇，依兒童少年發展促進會議包括：兒童福利措施、衛生保健、兒童教育及司法保護四項（周震歐主編，1997）。此種兒童福利服務工作較為積極，又可稱為以「發展為取向」的兒童福利。

狹義的兒童福利服務對象，多為遭遇各種不幸情境的兒童及其家庭，如失依兒童、身心障礙兒童、貧童及受虐兒童、行為偏差或情緒困擾之兒童等，針對其個別問題需求施予救助、保護、矯正、安置輔導及養護等措施，利用個案管理技術，有效改善其所面臨的問題，此種兒童福利服務工作又可稱為消極性的兒童福利，是以問題為取向的兒童福利，也可稱為是「殘補取向」的兒童福利。

 ## 第二節　兒童福利的功能與內涵

兒童福利是以兒童的最佳利益（the best interest）及最少危害替代方案（the least detrimental alternative）為考量，採用社會工作專業的技術與方法，維護兒童權益，滿足兒童成長與發展的需求以及保障兒童健康成長的機會（馮燕等，2000）。兒童福利也是社會福利的一環，是故發揮社會福利功能也是兒童福利所應施展的方針。基本上，社會福利有治療預防和發展等功能（林勝義，2002）。就此觀點來說，兒童福利的功能應包括：

一、維護及倡導兒童相關權益

「兒童是國家的主人翁，未來的棟梁。」如果國家不能保護他們，使兒童或少年免於不幸或虐待（child maltreatment），抑或是未能提供機會使其發揮應有的潛能，而導致犯罪，家庭流離失散，又會造成沉痛且複雜的社會問題。兒童不像成人，在生理、思想及行為上業臻成熟，可以獨立自主的生活，因此他們被合法賦予由成人負擔責任的「依賴」階段（余漢儀，1995），也唯有兒童受到良好的保護，兒童權益受到尊重，兒童福利服務發揮效能，才能落實兒童照顧，避免

他們身心受到傷害。

隨著社會的開放與進步，基於人性尊嚴、人道主義，及自由平等的精神，人權問題廣泛受到世界各國，甚至是聯合國的重視；而國人對於人權的重視，相較於從前，也有更普遍的認知和覺醒。然而，大人為了自己的權利在爭奪的同時，卻忘了身處水深火熱及缺乏能力為自己權利打拚的兒童，甚至遭到不公平、不尊重的對待（謝友文，1991）。

過去幾年來，報章雜誌以聳動的標題報導，電視公益廣告刊登有關兒童綁架撕票、虐待、強暴、猥褻、兒童青少年自殺、兒童適應不良、乞丐兒、深夜賣花兒、色情傳播、校園傷害、兒童買賣、強迫兒童為妓等情形層出不窮，這些事件令人怵目驚心，可見兒童生長的權益受到剝削和忽視，甚至是身心受創或凌虐致死。雖然我國經濟的成長，使兒童在物質上的生活條件並不匱乏，但隨之而來的是社會忽視了兒童的權益，傷害兒童身心安全的危機以及不利兒童健全成長的誘因潛伏在生活環境中，在號稱「兒童是家庭珍寶」的現代社會中，實是一大諷刺（郭靜晃，1999）。

「兒童及少年福利與權益保障法」開宗明義地在第1條闡釋：「為促進兒童及少年身心健全發展，保障其權益，增進其福利，特制定本法。」第5條第2項：「兒童及少年之權益受到不法侵害時，政府應予適當之協助及保護。」從立法精神來看，兒童有免於恐懼與接受教育的權利。可是近年來，相關兒童權益的調查報告及兒童覺知生活狀況的調查報告皆指陳兒童人身安全指標不及格，顯示兒童生活危機重重，不但在社會上不安定、在學校不安全，甚至在家裡也不安全。而兒童被遺棄、虐待、遭性侵害、被強迫從事不法行為等案件在社會新聞中也時有所聞，資料顯示更有逐年增加的趨勢，這也顯現我國社會對於兒童人權保障仍不及格。

我國對於兒童福利服務的推廣，政府與民間均不遺餘力地進行，除了訂頒「兒童及少年福利與權益保障法」，也賡續建立通報制度，補助設置兒童福利服務中心，落實社區化兒童保護工作，加強對遭受性侵害兒童及施虐者心理治療與後續追蹤輔導工作，並落實兒童「福利與保護」的立法精神，訂定相關法規，例如，「菸害防治法」、「特殊教育法」、「少年事件處理法」，針對菸、酒、麻醉藥品的管制，有關特殊兒童的教育資源，以及對觸法兒童給予尊重、隱私權之保護與公平審議等加以制定的相應法規，但是缺乏平行協調而導致無法保障兒童權

益及落實立法精神。諸此種種皆表示我國要達到聯合國兒童權利公約的標準，讓兒童能在免於歧視的無障礙空間中，平等享有社會參與、健康安全的成長，是有待兒童福利工作者努力的方向（劉邦富，1999）。

現就聯合國及國際間有關兒童權利的實施與法律現況做一說明，分述如下：

(一)聯合國兒童權利宣言

聯合國兒童權利公約（U. N. Convention on the Rights of the Child）的訂定起源於1959年的聯合國兒童權利宣言（U. N. Declaration of the Rights of the Child）和1924年國際聯盟所通過的日內瓦兒童權利宣言（Geneva Declaration of the Rights of the Child），並於1989年11月20日通過實施（李園會編著，2000）。此公約於1990年9月2日正式生效，成為一項國際法，並訂每年的11月20日為「國際兒童人權日」。

聯合國兒童權利宣言1946年起草，至1959年完成實施，共歷經十三年的時間。聯合國兒童權利宣言將日內瓦兒童權利宣言時期視兒童為保護對象的兒童觀，進一步提升到把兒童定位為人權的主體，意即期望將獲得國際認同的世界人權宣言條款，積極地反映在「兒童權利宣言」上。**圖1-1**是社會委員會制定宣言草案的過程，由此圖可看出日內瓦兒童權利宣言在第二次世界大戰後，將屬於兒童的權利正式納入兒童權利宣言的過程。

聯合國的各國國民肯定聯合國憲章的基本人權和人性尊嚴的重要性，決心促使人類在自由的環境中，獲得提升生活水準，並使社會更加進步。世界人權宣言（Universal Declaration of Human Rights, 1948）強調，所有的人類不應該由於種族、膚色、性別、語言、宗教、政治或其他信念、國籍、出身、財富、家世及其他與地位等相類似的事由受到差別的待遇，使每個人均能共同享受本宣言所列舉的各項權利和自由。又兒童的身心未臻成熟階段，因此無論在出生之前或出生之後，均應受到包括法律的各種適當的特別保護。

此種特殊保護的需要，日內瓦兒童權利宣言就已規定，而世界人權宣言以及與兒童福利有關的專門機構和國際機構的規約中，也承認此種保護的必要，同時更應瞭解人類有給兒童最佳利益的義務。

聯合國大會為使兒童能夠有幸福的生活，顧及個人與社會的福利，以及兒童能夠享受到本宣言所列舉的權利與自由，因此公布兒童權利宣言，務期各國父

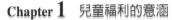

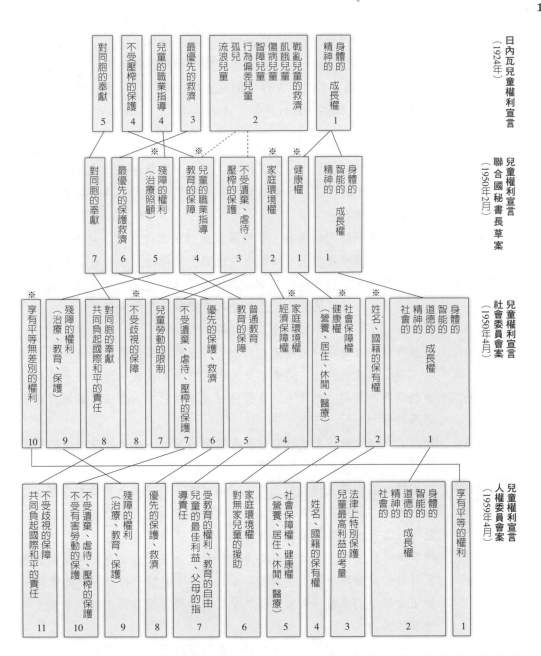

圖1-1　兒童權利的體系發展

註：阿拉伯數字表示各條款，實線表示有直接關係者，虛線表示有間接關係者，※表示新設內容。

資料來源：李園會編著（2000）。

母、男女、慈善團體、地方行政機關和政府均承認這些權利，遵行下列原則，並以漸進的立法程序以及其他措施，努力使兒童的權利獲得保障。所以兒童權利宣言規定兒童應為權利的本體，不但與世界人權宣言相呼應，而且更具體地以十條條款來保障兒童在法律上的權益，茲分述如下：

第1條　兒童擁有本宣言所列舉的一切權利。所有兒童，沒有任何例外，不能因自己或家族的種族、膚色、性別、語言、宗教、政治或其他理念、國籍、出身、財富或其他身分的不同而有所差別。一律享有本宣言所揭示的一切權利。

第2條　兒童必須受到特別的保護，並應用健康的正常的方式以及自由、尊嚴的狀況下，獲得身體上、知能上、道德上、精神上以及社會上的成長機會。為保障此機會應以法律及其他手段來訂定。為達成此目的所制定的法律，必須以兒童的最佳利益為前提做適當的考量。

第3條　兒童從出生後，即有取得姓名及國籍的權利。

第4條　兒童有獲得社會保障之恩惠的權利。兒童有獲得健康地發育成長的權利。為了達成此目的，兒童以及其母親在生產前後，應得到適當的特別的保護和照顧。此外，兒童有獲得適當的營養、居住、娛樂活動與醫療的權利。

第5條　對在身體上、精神上或社會方面有障礙的兒童，應依特殊狀況的需要獲得特別的治療、教育和保護。

第6條　為使兒童在人格上得到完全的和諧的成長，需要給予愛情和理解，並盡可能使在父母親負責任的保護下，使他無論遇到什麼樣的狀況，都能在具有愛情、道德及物質的環境保障下獲得養育。
　　　　除了特殊的情況下，幼兒不得使其和母親分離。社會及公共機關對無家可歸的兒童與無法維持適當生活的兒童，有給予特別養護的義務。
　　　　對子女眾多的家庭、國家以及其他有關機關，應該提供經費負擔，做適當的援助。

第7條　兒童有受教育的權利，至少在初等教育階段應該是免費的、義務的。提供兒童接受教育應該是基於提高其教養與教育機會均等為原則，使兒童的能力、判斷力以及道德的與社會的責任感獲得發展，成為社會上有用的一員。負有輔導、教育兒童的責任的人，必須以兒童的最佳

利益為其輔導原則。其中兒童的父母是負有最重要的責任者。

兒童有權利獲得充分的遊戲和娛樂活動的機會。而遊戲和娛樂活動必須以具有教育目的為原則。社會及政府機關必須努力促進兒童享有這些權利。

第8條　不論在任何狀況下，兒童應獲得最優先的照顧與救助。

第9條　保護兒童不受任何形式的遺棄、虐待或剝削，亦不得以任何方式買賣兒童。兒童在未達到適當的最低年齡前，不得被雇用。亦不得雇用兒童從事危及其健康、教育或有礙其身心、精神、道德等正常發展的工作。

第10條　保護兒童避免受到種族、宗教或其他形式的差別待遇。讓兒童能夠在理解、寬容、國際間的友愛、和平與世界大同的精神下，獲得正常的發展，並培養他將來願將自己的力量和才能奉獻給全體人類社會的崇高理念。

(二)聯合國兒童權利公約

人權宣言的主張認為：「對人權及人類尊嚴的尊重是未來世界自由、正義及和平的奠基。」（Joseph, 2003）就此觀點而言，兒童權利如同成人一般是平等的社會個體，應享有一樣的權利。但是兒童實際上又要依存社會及成人而生活，加上其又沒有選票，被稱為無聲音的團體，所以其權利必須透過政府的法規、政策或社會運動來倡導及規範，這也是Wringe（1985）所主張：兒童福利的本質為規範式（normative）的道義權利（moral rights）（馮燕等，2000）。

我國於2014年6月4日制定公布「兒童權利公約施行法」，並於同年11月20日施行，鑒此，該「公約」所揭示保障及促進兒少權利之規定，具有國內法律之效力。是故，各級政府機構行使職權，應符合該公約有關兒少權利保障之規定，避免兒少權利受到不法傷害，並極級促進兒少權利之實現，確實依現行法規之規定的業務職掌，負責籌劃、推動及執行公約規定事項，並實施考核；其涉及不同機構業務職掌者，相互間應協調連繫辦理。

馮燕指出：「衡諸各項國際兒童權利典章，具有三大特色：一、為基本權利的強調；二、為保護弱勢的強調；三、為隨著兒童權利運動的漸趨成熟，兒童福利法的條文對權利的解釋也愈趨具體務實，而成為制度式之法令。」基本上，依其主張兒童權利應包括有福利權、社會參與權和特別權（馮燕等，2000）：

■福利權

福利權（welfare rights）指為天賦接受最基本個人生存及醫療照護的權利，這是個人最起碼的生存權。當個人及其家庭的努力無法滿足此需求時，有權接受他人或政府給予協助，這也是兒童最基本的人權，例如家庭因貧窮所衍生之生存威脅的基本生活的滿足。

在聯合國兒童權利公約中，對福利權的著墨最多：生存權（第6、27條），擁有國籍姓名等認同權（第7、8條），兒童利益在危機時受公權力保護（第3、9條），健康醫療保健服務的享用（第24、25條），和免受各種歧視的平等權（第2條）。另外，還包括對弱勢兒童各種保護的權利，如虐待與疏忽（第19、34條），身心障礙兒童保障（第23條），收養時的兒童利益（第21條），禁止誘拐、販賣（第35條）、剝削（第32、34、39條）等有關兒童福利條款或稱為兒童保護條款，明訂國家應有的責任。這些兒童權利也揭櫫於我國「兒童及少年福利與權益保障法」的條文之中（例如，第1、第4、第5、第14、第23、第49、第56條等）。甚至更制定有國家責任的明文規定，這也是國家親權主義的宣示。

■社會參與權

在成人世界中，只要是成熟有理性之人，皆享有權利參與民主事務，這也是兒童在社會享有自由的權利。基於兒童是獨立的個體，因成熟度之影響，使得其對公共事務的決定仍不能完全積極的投入。但社會上應抱持鼓勵的態度，尤其是有關個人利益時，應使其能獲得完整的資訊，至少可以讓其充分表達個人的意見，這也是兒童基本的自由人權。

在聯合國兒童權利公約中，對兒童（指18歲以下之人）在社會參與的權利（rights of participation）有：自由意志表達之權利、思想及宗教自由、隱私權益及充分資訊享用權。此外，兒童應獲得機會平等教育的權利（第28、29條），和獲得完整社會化權利（第27條），強調少數民族文化的尊重之認同（第30條），以及明訂兒童應被保障參與社會休閒、文化、藝術活動及得以工作並獲得合理之待遇的權利（第31、32條）。我國「兒童及少年福利與權益保障法」第7條即有此精神的倡導。

■特別權

兒童的權利因其身分有其特殊性，這也是某一種身分權（status rights），例

如，兒童天生即應接受家庭、社會、國家的保護，而不是要透過與社會之交流而得到之權利；另外，兒童因其成熟度未臻健全，所以其犯法之行為也要接受國家立法特別保護（例如，「少年事件處理法」之規範）。因此，兒童天生即要父母、家庭、社會及國家給予保護及照顧的承諾，加上兒童的角色及身分，在其成長過程中，他們必須學習及適應各種社會文化，以便日後貢獻社會，這也是兒童最特別的身分及角色權利。

在聯合國兒童權利公約中，兒童即有：與其父母團聚、保持接觸，且於不自然的狀況下，獲得政府協助的權利（第10條）；國家應遏止兒童非法被送至國外，令其不得回國之惡行（第11條）；兒童應享有人道對待，不受刑訊或殘忍、羞辱性不人道的處罰（第30條）；戰爭時15歲以下者不直接參戰，對國家仍需依公約尊重兒童人權（第38、39條），以及在觸犯刑法時的特別身分優遇（第40條）。

(三)人權指標調查報告

兒童是社會成員之一，雖然兒童的身心發展尚未完成，也多半缺乏完全的自主能力，而必須藉由周圍的成人，如父母、師長、長輩等獲得必要的生活資源並授予社會化能力，但這些都無損於兒童是一個獨立個體的事實真相，他們亦不是父母的私有財產，而是「準公共財」（quasi-public goods）。

社團法人中華人權協會「2012台灣兒童人權指標調查報告」透過45位專家學者進行調查發現，兒童人權的平均數為3.26，是「普通傾向佳」的程度，所有指標（基本人權、社會權、教育權、健康權）都有進步，值得社會中每一位成員更加努力。

(四)聯合國大會及我國法令所規定的兒童權利

國內兒童福利學者謝友文（1991）根據聯合國大會所通過的「世界人權宣言」、「兒童權利宣言」、「兒童權利公約」理念，以及參考我國的「憲法」、「民法」、「刑法」、「兒童福利法」（今為「兒童及少年福利與權益保障法」）、「國民教育法」及「勞動基準法」等多項法令中的相關規定，並針對兒童身心發展及其所需要的特質，將兒童權利依性質分為兩類：

1.**基本權利**：例如，生存權、姓名權、國籍權、人身自由權、平等權、人格

權、健康權、受教育權、隱私權、消費權、財產權、環境權、繼承權等。

2.**特殊權利**：例如，受撫育權、父母保護權、家庭成長權、優先受助權、遊戲權、減免刑責權、童工工作權等。

再依內容來看，兒童權利可分為三類：

1.**生存的權利**：例如，充足的食物、居所、清潔的飲水及基本的健康照顧。

2.**受保護的權利**：例如，受到虐待、疏忽、剝削及有危難、戰爭中獲得保護。

3.**發展的權利**：例如，擁有安全的環境，藉由教育、遊戲、良好的健康照顧及社會、宗教、文化參與的機會，使兒童獲得健全均衡的發展。

總而言之，兒童是國家社會未來的棟梁，亦是未來國家社會的中堅分子，更是國民的一分子，兒童要接受良好保護及伸張其基本生存、保護及發展的權利，無論是基於人道主義或社會主義，兒童的權利一定要受到良好的維護及倡導，這也是社會及國家的責任。保護兒童，期許兒童有一良好、健全的未來，這是社會及國家的共同責任，更是兒童福利最基本的課題。

二、滿足兒童的需求

在兒童的最佳利益中，最重要的是滿足兒童成長的需求。兒童在發展歷程中，骨在長、血在生、意識在形成，所以，世界上許多事情可以等待，只有兒童的成長不能等待，他的需求要立即被滿足，他的名字叫做「今天」（Gabriela Plistral，引自王順民，2000）。

「如果我們的孩子都不快樂，一切的努力都是徒勞無功的。」（Hayes et al., 1990）兒童的需求獲得滿足，才能快樂自在地生活，同時才能獲得相當的能力以滿足其發展階段的發展任務，進而適應社會的期望，以彰顯個人功效及社會功能。

一般在探討社會福利政策時，需求（need）的概念是基本且必要的。事實上，大部分福利服務方案也正是為了因應不同的需求而設計與提供的。然而，需求的界定不可避免地會涵攝某些價值判斷與價值選擇，就此而言，社會福利政策釐定過程中的首要工作便是希冀能夠更清楚地找出確認需求的方法，以及掌握有關需求的各種假設（McKillip, 1987）。

社會福利領域裡最常被援引的需求類型是Bradshaw的自覺性需求（felt

need）、表達性需求（expressive need）、規範性需求（normative need）以及比較性需求（comparative need）（詹火生譯，1987）。只不過需求指標本身是一項社會和文化性的建構，與時俱變，就此而言如何在人們真正的需求（real need）與一般的規範性需求間取得平衡點，是一項基本的思考課題。連帶地，扣緊兒童福利關懷旨趣，即便僅僅是在規範性需求的單一思考面向底下，兒童相關人身權益的保障與看顧是深邃且複雜的（參見**表1-1**），而亟待更為完整、周全的思考。

表1-1　兒童福利規範性需求一覽表

兒童類型	福利需求項目
一般兒童	專責單位、社工員、托育、兒童圖書館、諮商輔導、親職講座、兒童健保、義務教育、生活教育、安全教育
低收入戶兒童	家庭補助、托兒服務、免費醫療服務、學前輔助教育、免費義務教育
原住民兒童	兒童娛樂場所、親職教育、社工員服務、醫護健康檢查、加強師資素質、營養午餐、母語教學、謀生補習、圖書設備、課業輔導、學前教育、獎勵就學措施
意外事故兒童	親職教育、安全教育、急救照顧措施、醫療措施、醫療補助、心理輔導及諮詢
單親兒童	現金津貼、住宅服務、醫療保險、就學津貼、法律服務、就業服務、急難救助、課業輔導、托兒服務、心理輔導、親職教育、學校輔導
未婚媽媽子女	收養服務、寄養服務、機構收容服務
學齡前兒童	托兒設施、課後托育、假期托育、托育人員訓練、在宅服務
無依兒童	醫療服務、寄養服務、機構教養、收養、收養兒童輔導
寄養兒童	寄養家庭招募、寄養家庭選擇、寄養家庭輔導、寄養兒童心理需求、個案資料建立、追蹤輔導
機構收容兒童	專業人員、學業輔導、生活常規訓練
受虐兒童	預防性親職教育、社會宣導、家庭支持、學校社會工作、責任通報制、危機治療、身體照顧、寄養服務、機構照顧、心理治療、熱線電話、緊急托兒所、社會服務家務員
街頭兒童	遊童保護與取締、緊急庇護、中途之家、替代性福利服務、追蹤輔導
性剝削兒童	家庭社會工作、宣導教育、個案救援、法律保護、中途之家、教育需求、心理輔導、追蹤輔導、專業社會工作人員
失蹤兒童	親職教育、安全教育、智障兒童家庭預防措施、個案調查及管理、尋獲、追蹤、暫時安置、永久安置、傷害鑑定、補救教學
問題兒童	親職教育、常態編班、消弭升學主義、取締電玩、傳媒自清、補救教學、輔導服務、藥物治療、直接服務社工員、鑑別機構、家長諮詢機構、兒童心理衛生中心、行為矯治、觀護制度、法律服務、寄養服務、戒毒機構
殘障兒童	心理輔導諮詢、早期通報系統、優先保健門診、早期療育、醫療補助、雙親教室、互助團體、長期追蹤、轉介服務、特別護士、早產兒資料網絡、親職教育、床邊教育、臨時托育、居家照顧、臨終照顧、醫療團隊

資料來源：馮燕（1994）。

在多元主義下，公共政策分配資源的過程中，兒童是明顯的弱勢族群，如何使兒童獲得適切而合理的對待，便是兒童福利政策努力的標竿。總而言之，兒童福祉的看顧是文明社會與福利國家的一項發展性指標，諸如受虐保護、重症醫治、危機處遇、緊急安置，以及孤兒照顧等以問題取向為主的弱勢兒童福利工作固然有其迫切執行的優先考量，但以正常兒童為主體所提供的發展取向的一般兒童福利工作，同樣也不可偏廢，例如，兒童的人權、休閒、安全與托育服務等。終極來看，如何形塑出一個免於恐懼、免於人身安全危險以及免於經濟困頓的兒童照顧服務（child care services）的生活環境，既是當前兒童局努力的目標，更是整體社會共同追求的願景。

這項攸關戶政、社政、勞工、警政、醫療、衛生、司法、教育、傳播、交通、建設、工務、消防、財政等業務項目的兒童福利服務，隱含著從制度層次的組織變革擴及到社會與文化層次的全面性改造，就此而言，從兒童福利規劃藍圖的工作時程來說，整體兒童照顧政策（holistic child care policy）的擘劃與建構，自然是有現實的迫切性與理想的正當性，主要目的是為了滿足全體兒童的成長需求。

就兒童福利專業而言，僅知其然（不同年齡層所需之發展任務），尚需知其所以然，尤其身為兒童權利的倡導者及方案執行者，除了瞭解服務對象的需求之外，還要設法讓社會大眾明瞭：制訂良好的政案及服務方案以滿足各階段兒童的需求，更是重要的工作。在兒童（廣義定義的18歲以下之人）的發展歷程中，兒童仍接受社會化，心智及社會生活能力均在成長，經濟上亦無法獨立，更需與社會化機構有密切之互動，因此，在整個兒童成長過程中，兒童便有滿足健全身心發展的需求，此需求可再細分如下（曾華源、郭靜晃，1999）：

1. **生活保障的需求**：在生理上不僅獲得基本滿足與照顧，免於成長上的匱乏，得以維持生存，而且獲得尊嚴和健全的體魄。
2. **健康維護的需求**：不僅要有健康的社會成長環境，也要獲得生理成長所需的健康、安全的知識與照顧，更要避免疾病及衛生上的危害和社會成本支出增加；在心理上要能有被接納、發展其情感和社會的需求，建立正向自我價值，以免受到自我心理困擾和自我毀壞、挫敗的經驗。
3. **保護照顧的需求**：為能免於因心智不成熟、知識經驗及解決能力不足而被

利用、剝削、虐待和不良處置，造成個體身心之影響及受創，兒童更需特別受到保護，協助其免於恐懼以能健全的成長。

4.**教育輔導的需求**：兒童需要環境給予刺激，賦予遊戲、休閒及與他人良好的互動，以發揮應有的潛能。包括兒童應由社會提供各種機會，促進智能成長，獲得社會能力，發展因應挫折及情緒處理能力，以便發揮自我功效及正向的身心、社會發展的滿足，並能正常的成長。

5.**休閒育樂的需求**：兒童除了智能的增長，更需要有調劑生活、擴大生活領域、發展日後社會適應之生活能力，以增進心理健康和社會適應，以提升社會生活之品質。

三、落實支持家庭及兒童的整合性兒童福利服務

最直接的兒童福利服務是提供兒童清楚的政策，瞭解問題與需求，並提供有效的服務方案。以考量兒童的最佳利益以及最少危害的角度來說，賦予服務方案時更要優先考量兒童的需求，所以兒童福利服務應針對支援兒童之原生家庭的照顧功能而設計方案，並且援引社會各種資源，挹注於其所生長的家庭，以彰顯家庭功能，免於家庭因社會變遷而產生困境與壓力。

兒童福利是社會福利的一個次領域，社會福利的運作通常涵蓋社會保險（social insurance）、社會救助（social assistance）及福利服務（welfare service）三方面。

落實兒童福利工作是應用社會工作方法達成兒童福利的執行。鄭淑燕在1992年的〈關愛就是情，保護更是愛——兒童福利政策與措施的發展取向〉一文中指出：關心一般兒童，更要保護不幸兒童，是國家對兒童福利不變的政策，爲了確使兒童福利體系明確化，兒童福利政策應包括：

1.**一個意念**：以家庭爲關愛中心。
2.**二種層次**：預防爲先，促進爲要。前者是面對問題，後者是建立法制，消弭問題。
3.**三項重點**：專業體制的堅持、科際整合的必要、民間參與的吸引。

肇基「兒童必須生活於家庭中」的根本理念，也考量到兒童的最佳利益及最

少危害，兒童福利服務工作更要擷取專業知能，透過資源的有效動員，建立完整的兒童福利服務網絡與體系，才能落實支持家庭的功能。

Kadushin及Martin（1988）在《兒童福利》（*Child Welfare Services*）的巨著中，是以家庭系統互動的目的，並以父母的角色功能理論為主，將兒童福利服務分為三類：支持性服務、補充性服務及替代性服務（見**圖1-2**）。國內兒童福利服務也常引用此種分類方式，馮燕等學者（2000）更將此分類解釋為協助家庭功能發展、保護兒童發展機會的三道防線，即第一道預防防線（預防家庭功能受損），第二道補充及支持防線（補充家庭功能以支持家庭免受壓力影響）及第三道治療防線（提供家庭解組後的安全網絡）。

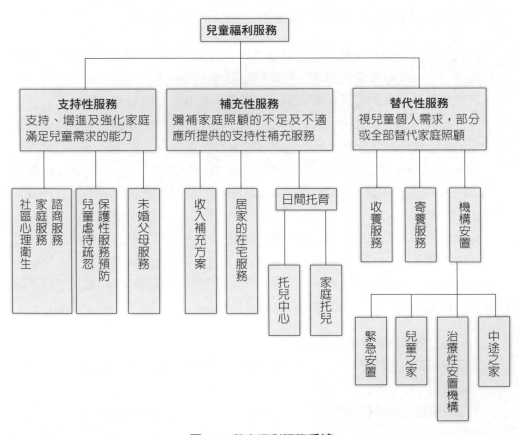

圖1-2　兒童福利服務系統

資料來源：Kadushin, A., & Martin, J. A. (1988).

林勝義（2002）考量到兒童福利實務運作的情形，依家庭功能再增加一項保護性服務，成為支持性、補充性、替代性及保護性服務：

1. **支持性服務**：兒童所處的家庭因社會變遷產生緊張的狀態，雖然家庭結構完整，但不即時因應家庭危機，家庭可能產生變數，進而影響兒童，因此即時提供支持性服務，可充權（empower）家庭功能。通常此類服務包括：兒童與家庭諮詢服務（含親職教育）、未婚父母及其子女的服務、發展遲緩兒童的早期療養、兒童及少年的休閒育樂設施，以及對兒童虐待的相關資訊服務。支持性服務係以家庭為本位的計畫（home-based programs），透過促進兒童家庭的機構來支持、增強及強化（strengthen）父母的努力，適當幫助父母達成父母責任，提供支持性服務，以免對兒童產生不良影響。

2. **補充性服務**：父母親職角色執行不當，嚴重傷害到親子之間的關係，但透過適當的協助之後，子女仍能繼續生活在家庭中，而不會再度受到傷害，或者也可以從家庭系統之外給予補充性的服務。補充性服務可分為社會救助，透過現金及實物給予家庭直接的協助，例如經濟補助計畫（financial maintenance program），利用公共救助或社會保險來給予補助，協助父母實行對子女照顧的功能。此外，托育服務（day care services）係指在家庭中或在機構中運用一天當中的某些時段來補充家庭需求，對兒童提供暫時及安全的兒童照顧，一方面加強和支持正向親職角色的功能，另一方面也對兒童提供照顧、保護及教育的功能。此類的服務包括經濟補助方案、托育服務、在家服務、學校社會工作等。

3. **替代性服務**：替代性服務是兒童福利服務工作的最後一道防線，當子女陷於反常危機的情境，或家庭功能或親子關係嚴重喪失，以至於兒童不適宜繼續生活在原生家庭時，兒童必須短暫或永久解除親子關係，又為了兒童生存及滿足的需要，將兒童安排到替代性的居住場所作為一種短期或永久性的安置及教養，例如短暫的寄養家庭、長期的收養家庭，或者安置到兒童教養機構，提供兒童居住之處。當然，此種安置處理仍要以兒童最佳利益為優先考量，國內的吳憶樺事件曾造成社會議論紛紛，而何種安置方式最能符合他的最佳利益，也是見仁見智。所有替代家庭照顧的安置，已使

兒童的親生父母暫時或永久停止一般所有父母對子女的責任，而將照顧的
責任賦予其他人或國家，必要時，政府透過法令宣告剝奪父母的監護權，
強制將兒童安置到適合生活的家庭或機構，也就是政府行使代親權，限制
父母親權，同時解除父母的責任，轉而由國家親權來代理父母的責任。

4.**保護性服務**：前三項是由角色理論或家庭的功能理論將兒童福利服務系
統分類，有時較不符合實務。兒童保護服務是兒童福利服務中較為特殊、
針對特殊兒童所設計的服務方案，也是社會變遷中的產物。此類服務主要
是提供受虐待或被疏忽的兒童適當的處遇，以維護兒童的權利。基於兒童
受到虐待或被疏忽，不全然是由於家庭未能發揮養育和照顧的功能，有時
也可能是家庭之外的傷害所造成，故其處遇方式還必須依照問題根源、案
情輕重及兒童利益，採取不同層級的保護服務，以達到復健或預防的目標
（林勝義，2002）。

兒童保護服務可分為預防及處遇兩大功能，預防功能可列入Kadushin及
Martin（1988）的支持性保護，而後者處遇的安置服務則可列為替代性服務。兒
童保護服務通常分為：兒童身體虐待的保護、兒童情緒虐待的保護、兒童性虐待
的保護，以及兒童疏忽的保護等服務工作。

美國一直以來未能發展整合性服務輸送以迎合兒童及其家庭的需求，市場經
濟以及個人的觀點導致殘補導向的服務，此種服務不僅不足也太晚，不能即時提
供支持性服務，而且是在家庭瓦解及失能之後才介入。未來社會福利政策要更能
反映國家的社會價值，由全體社會共同支持兒童。兒童是國家未來的主人翁，是
社會的珍貴資產，也是社會資本（social capital）。

第三節　兒童福利與社會工作專業

兒童福利服務工作是社會工作實務的一環，是以兒童福利服務應採用社會工
作方法，而社會工作專業的責任就是協助兒童及家庭解決面臨的困境（周震歐主
編，1997）。兒童福利的相關研究及文章基本上是以兒童及其家庭為對象，提供
殘補式的政策、服務及方案，所有的政策與當地社會的政治與經濟有關，所有方
法也是以問題為導向的社工處遇模式。最近這種服務取向已從以問題為中心，轉

向以解決問題模式及強化模式來作爲處遇的圭臬，例如密集性的處遇造成家庭中的情境改變（Mather & Lager, 2000）。

兒童福利服務的執行，包括許多種專業人員，除社政單位的行政人員外，還有托育工作的保育人員、安置機構的保育人員、生活輔導人員、心理輔導人員、社會工作人員、特殊療育人員等，每一種專業應用不同的技術與方法，來協助個人處遇，配合社會組織要求來介入兒童及其家庭。然而，並不是所有兒童福利機構都採用社工專業方法進行問題的處遇，各個機構會因組織任務不同而採取不同的處遇方法，有些機構也不會依照社會工作專業應用的價值與信念進行兒童行爲的處遇。

社會工作過去是從十九世紀個人的慈善事業到政府或私人社團所舉辦的活動，再到二十世紀由政府或私人社團所舉辦的專業服務發展出來，目的是幫助解決因經濟困難所導致的問題，以協助個體或家庭發揮最高潛能，達到獲得美滿與有效生活的目的（李增祿，1986）。美國「社會工作者證照標準法」（The Model Statute Social Worker's License Act）記載社會工作的定義爲：「幫助個人、團體與社區，恢復或加強其符合社會功能及社會目標能力的一種專業活動。」美國社會福利會議（National Conference on Social Welfare）1977年於會中更明白揭示：「社會服務乃是運用社會工作方法，協助延展、維持個人或家庭的活動能力，以切合其社會角色及社會生產性參與的需求。」例如犯罪青少年，需要安置到福利或矯治機構使用特別輔導（例如重建服務、或社區處遇方式），幫助個案脫離過去遭致偏差行爲的環境，以更有效的態度遵行角色，並適應新環境。Boehm（1959）亦強調：「社會工作乃透過個別或團體活動，重點在個人和環境互動所構成的社會關係，而以強化個體的社會功能運作爲目標。」

個體的行爲問題，可能來自生物性遺傳因子的影響、個體心理適應不良所產生的違常行爲，或與社會環境互動中產生的角色適應不良。因此，社會工作者必須面對案主在生理、心理及社會上的影響因素，也就是生理—心理—社會（bio-psycho-social）的社工處遇模式。社會工作者異於心理學家，前者關注個案行爲在心理社會情境的社會部分，而心理學者則專注在個人行爲的生理與心理上。

兒童福利專業人員又以社會工作人員及保育人員爲主，所以兒童福利服務工作也是社工實務領域的一類，兒童福利社會工作者執行兒童福利服務中，發揮領導、處遇、指導、控制案主及家庭需求的功能（周震歐主編，1997）。此工作

角色如同美國兒童福利聯盟（CWLA）所宣稱：「兒童福利是針對兒童及少年的父母不能實行教養責任，或社區缺乏提供需要保護的兒童及家庭資源，而提供的社會服務。」兒童福利服務在於設計支持、補充、替代及保護的社會功能，在父母不能改善兒童發展及家庭的條件時，改變現存的社會機構，或組織一個新的機構，提供滿足兒童及其家庭的需要。所以兒童福利亦是運用社會工作者專業的一門實務。在美國從事兒童福利的工作人員，最基本的要求是要有社會工作相關科系大學畢業，有些工作CWLA甚至要求具備碩士資格，尤其是兒童方案督導及政策倡導方面（Ambrosino et al., 2007）。目前台灣也日趨專業化，除了要具有學士學位之外，也要有社工師證照。

　　最近兒童福利服務的處遇模式，漸漸脫離殘補式而改行預防式的處遇模式，所以在運用社會專業中也從治療的角色，改為強化及充權增能。雖然兒童福利工作者在必要時會初步處遇，其原則是採取最少干預的方法及策略，一旦進入社工專業之處遇後，干預就會變多，社會工作者可能採取個案工作、個人治療、家庭治療、團體工作、社區工作或學校社工處遇的方法來介入個案生活，但最終目的仍是以增強及充權增能的方法來促使個案（待在原生家庭或替代家庭）有獨立家庭照顧的功能。

 ## 第四節　兒童福利的研究方法

　　兒童福利在實務上是一種助人專業，在學術上也是一專門的學科，基本上是為了解決在社會環境互動過程中所面臨的問題，然而解決兒童及其家庭的問題則有賴社工專業的服務方案及政策制訂的策略。前者運用社工專業、價值及知識，發展、倡導、協商、組織及政策執行之技巧，以解決影響兒童及家庭的問題，運用的方法如個案管理、治療、社會倡導的策略；後者有關政策訂立，如何考量輕重緩急，訂出服務重點與優先順序，是政策考量的重點及策略。有關兒童福利服務的相關研究還有社會調查、個案研究、實驗設計、行動研究及方案評估等方法（研究方法見第三章）。

　　社會學者Guy B. Peters認為：「政策絕非在空無一物的真空狀態下制訂出來，政策是所有社經、文化、政治等背景因素及政體制度、決策人士意念之交互作用的結果。」Zimmerman（1988）也提出政策制訂至少反映出：(1)政策是理性

選擇；(2)政策是漸進選擇；(3)政策是競爭情境下的理性選擇；(4)政策選擇是利益團體抗爭下的平衡狀態；(5)政策選擇是菁英喜好。劉麗眞（2003）更以社會對公共政策的需求、政府的政策制訂結構及政策結果三者的關係，說明政策制訂的架構（參見**圖1-3**）。Charles O. Jones更提出政策制訂的五個階段，分別爲：

1.**問題認定**：認知、界定、匯集與組織、代表。

2.**政府的行動**：政策制訂、合法化。

3.**政府處理問題**：應用與執行。

4.**政策對政府的影響**：反應、評估與評價。

5.**解決問題或改變**：解決或終結。

　　制訂兒童福利政策最常使用的方法爲決策研究法及以問題爲中心的政策分析（郭靜晃等，1995）：1950年代美國政治學者Lasswell創造出決策研究法，強調以「輸入—輸出」（input-output）的系統分析模式來制訂決策的研究方法，應用在

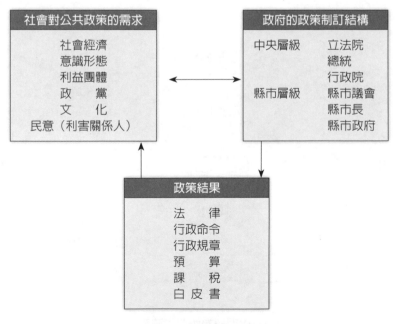

圖1-3　政策制訂架構

資料來源：劉麗眞（2003）。

兒童福利政策的制度上，探討兒童福利將如何制訂、執行並落實的方法；以問題為中心的政策分析（參考**圖1-4**）則有學者運用此模式作為架構，分析台灣的兒童福利政策（郭靜晃等，1995）。

以問題為中心的政策分析後由美國公共政策學者William Dunn（1994）提出一方面解決問題，又同時兼顧政策、執行者及標的團體之間的互動與調適的架構。**圖1-4**整合五大類影響人類解決問題的要素，經由預測（forecasting）、建議（recommendation）、檢證（monitoring），及評估（evaluation）形成政策選擇方案，採取政策行動，以達到最後的政策訂定，再進一步加以評估，以便得知政策的施行績效。郭靜晃等人（1995）應用William Dunn的政策分析，以**圖1-5**作為我國兒童福利政策的規劃建議。

有關方案制訂、政策規劃、個案服務的成效，或相關個案處遇技術的評估有許多方法，兒童福利可以運用各種研究方法瞭解問題癥結及解決問題，但政策研究因所處的環境為動態，兒童福利的相關需求、決策、內涵及實施，也會因當時社會的政治、經濟因素而變化，唯有不斷評估，才能更切合當時兒童及家庭的需

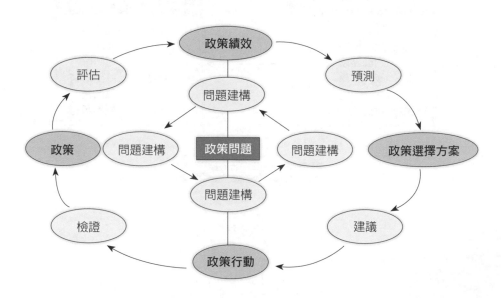

圖1-4 以問題為中心的政策分析

資料來源：郭靜晃、彭淑華、張惠芬（1995）。

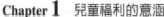
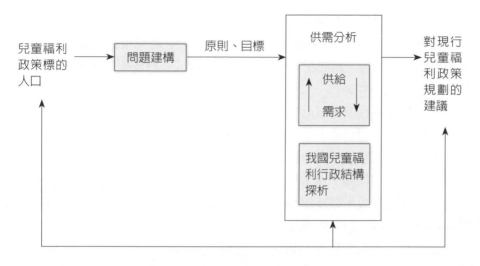

圖1-5 我國兒童福利政策規劃

資料來源：郭靜晃、彭淑華、張惠芬（1995）。

求。此外，有關規範層次的「理念—政策—法規」（應然面）及工具層次「制度—福利服務」（實然面）的分析，也是可供考量的方法（王順民，1998）。然而隨著社會和經濟的發展，兒童福利體系的建設中，也衍生了一些新的問題，例如貧窮、愛滋兒童、脆弱家庭、成人的暴力及利用剝削等，致使兒童福利將面臨新的挑戰。

本章小結

兒童是人生發展的第一個階段，受周遭環境的影響很深，這個階段必須要接受環境及成人的保護，塑造人格及孕育日後成長的潛能發展。因此，世界各國為了兒童健康、生長與發展，挹注各種資源以制訂兒童福利政策，開展兒童福利服務工作，以重視兒童基本成長的權利，冀望營造一個兒童健全成長、無傷害的成長環境。本章分四個部分探討有關兒童福利的意義、功能、內涵、兒童福利與社會工作專業，以及兒童福利之相關研究方法，歸納如下：

第一，兒童福利無放諸四海皆準的定義，通常根據其國家的社會、經濟、文

化、政治等發展層次之不同而有所差異。

　　第二，兒童福利為社會福利的一環，發揮功能是兒童福利實施時的主要方針，最終目的是保障、維護兒童權益，滿足兒童成長時的需求，使兒童能健全地發展。

　　第三，兒童福利服務以社會工作專業來幫助兒童及其家庭解決問題，包括提供殘補式的政策、服務及方案，所有的政策都與當地社會的政治與經濟有關，所用的方法也是以問題為導向的社工處遇模式。

　　第四，兒童福利為一專業學科，相關的研究方法包括政策與方案的規劃與制訂、個案服務的成效，以及相關個案處遇技術的評估等方法，其目的為瞭解問題癥結所在及尋求解決問題的方法，以滿足兒童及家庭的需求與福利。

　　我國對於兒童福利服務的推廣（例如所有相關法令的頒訂），政府與民間皆不遺餘力地推行。兒童是國家社會未來的棟梁，兒童的權利一定要受到良好的維護及倡導，兒童的需求獲得滿足，才能快樂地成長。保護兒童，期許兒童有健全美好的未來，是社會及國家共同的責任，更是兒童福利最基本的課題。

參考書目

一、中文部分

于凌雲（2008）。《社會保障：理論 制度 實踐》。北京：中國財政經濟出版社。

王順民（1998）。〈「兒童福利政策立法過程之探討」評述〉。《社區發展季刊》，81，101-102。

王順民（2000）。〈兒童保護與安置政策〉。輯於中國文化大學社會福利學系主編，《當代台灣地區青少兒童福利展望》。台北：揚智文化。

王順民（2004）。《考察社會福利現象：社會時事評析》。台北：洪葉文化，頁250-253。

余漢儀（1995）。〈受虐兒童通報法：兒童保護之迷思〉。《社區發展季刊》，69，5-20。

李園會編著（2000）。《兒童權利公約》。台中：內政部兒童局。

李增祿（1986）。《社會工作概論》。台北：巨流圖書公司。

李鍾元（1981）。《兒童福利：理論與方法》。台北：金鼎圖書公司。

周震歐主編（1997）。《兒童福利》。台北：巨流圖書公司。

林勝義（2002）。《兒童福利》。台北：五南圖書公司。

郭靜晃（1999）。〈邁向二十一世紀兒童福利的願景——以家庭為本位，落實整體兒童照顧政策〉。《社區發展季刊》，88，118-131。

郭靜晃、彭淑華、張惠芬（1995）。《兒童福利政策之研究》。內政部社會司委託研究。

曾華源、郭靜晃（1999）。《少年福利》。台北：亞太圖書公司。

馮燕（1999）。〈新世紀兒童福利的願景與新作法〉。《社區發展季刊》，88，104-117。

馮燕、李淑娟、謝友文、劉秀娟、彭淑華編著（2000）。《兒童福利》。台北：國立空中大學。

詹火生譯（1987）。《社會政策要論》。台北：巨流圖書公司。

劉邦富（1999）。〈迎接千禧年兒童福利之展望〉。《社區發展季刊》，88，97-103。

劉麗真（2003）。兒童福利政策與法規。台中縣政府委託中國文化大學辦理戊類托兒機構所長主任班上課講義。

鄭淑燕（1992）。〈關愛就是情，保護更是愛——兒童福利政策與措施的發展取向〉。《社區發展季刊》，58，103-107。

謝友文（1991）。《給孩子一個安全童年》。台北：牛頓出版公司。

二、英文部分

Ambrosino, R., Heffernan, J., & Shuttlesworth, G. (2007). *Social work and social welfare: An introduction* (6th ed.). New York: Thomson Brooks/Cole.

Boehm, W. (1959). *Objectives of the social work curriculum of the future*. New York: Council on Social Work Education.

Dunn, W. N. (1994). *Public policy analysis: An introduction* (2nd ed.). New Jersey: Prentice-Hall Inc.

Gil, D. G. (1981). The United States versus child abuse. In L. H. Pelton (Ed.), *The social context of child abuse and neglect* (pp. 291-324). New York: Human Sciences Press.

Hayes, C. D., Palmer, J. L., & Zaslow, M. J. (eds.) (1990). Who cares for American's children?: Child care policy for the 1990s. Panel on Child Care Policy, Committee on Child Development Research and Public Policy, Commission on Behavioral and Social Sciences and Education, National Research Council. Washington DC: National Academy of Sciences Press.

Joseph, M. P. (2003). Right to life: Fulcrum of child rights. 國立屏東科技大學：兒童人權與福利學術研討會，2003年12月22日。

Kadushin, A., & Martin, J. A. (1988). *Child welfare services* (4th ed.). New York: Macmillan.

Lindsey, D. (1994). *The welfare of children*. New York: Oxford University Press.

Mather, J. H., & Lager, P. B. (2000). *Child welfare: A unifying model of practice*. Belmont, CA: Brooks/ Cole, Thomson Learning.

McKillip, J. A. (1987). *Need analysis: Tools for the human services and education*. Newbury Park, CA: Sage Publications.

Popple, P. R., & Leighninger, L. (1996). *Social work, social welfare and American society* (3rd ed.). Boston, MA: Allyn and Bacon.

Wringe, C. A. (1985). *Children' s rights: A philosophical study*. London: Routledge & Kegan Paul.

Zimmerman, S. L. (1988). *Understanding family policy: Theoretical approach*. CA: Sage Publishing Co, Inc.

三、網站

社團法人中華人權協會（2012）。2012年台灣兒童人權指標調查報告，取自http://www.cahr.org.tw/，檢索日期：2013年5月10日。

Chapter 2

兒童福利專業

- 社工專業規範
- 兒童福利的社會工作專業內涵
- 本章小結

如第一章第三節（兒童福利與社會工作專業）所言，現今兒童福利的研究與文章大多對兒童及家庭採用殘補式的政策、服務與方案，也因為兒童福利工作領域受這些殘補式政策與服務的影響，所以鮮少有研究或文章採用較廣義的預防性取向。兒童福利服務大多採取過去社會工作專業的問題解決模式，例如個案管理、團體工作或社區工作方法；但近年來社會工作實務已改採解決問題及增強模式以取代過去問題處遇的殘補模式。

目前社會工作專業實務在價值及信念上已有別於過去，尤其在兒童福利領域。社工專業規範（social work protocols in practice, SWPIP）逐漸成為一種處遇模式的典範，以下將著重在以社工專業規範為主的兒童福利服務工作，這個模式建立在人在情境（person in environment, PIE）、個人與環境交流（transaction in environment, TIE）、系統增強取向（systemic strength perspective）、多元文化（diversity）及平等及公平承諾的專業倫理上，主要目的是提供社會中成員最佳發展，有別於過去社工實務只專注在系統、危機、心理動力論、充權增能、政治或認知理論模式上。

第一節　社工專業規範

社會工作服務弱勢的使命，一直是社會工作專業的形象。而此種服務不僅靠著愛心及耐心，也提及服務工作的績效。社會工作必須考量「適當性」、「正當性」、「可靠性」，以及「有效性」，以滿足案主的需求（曾華源、胡慧嫈，2002）。

如果要維持有效的服務品質，就必須要求專業從業人員具備職業道德，對專業服務品質有責任感，不濫用專業知識權威，並且不斷追求專業能力上的進步，以及恪遵專業倫理規範。

社工專業規範提供社會工作者進行實務工作時採取適當行為與技巧的指引方針。規範是描述社會工作者採取工作的步驟，確信此工作可以解決問題，並且不會對案主造成傷害。醫療社工領域最早利用此模式，而今已普遍運用到兒童福利領域，企望提供案主較穩定及可靠的社工處遇。社工專業規範包含一些步驟，每一步驟又具規範準則，這些規範步驟及準則並不一定會迎合各個兒童福利機構所設立的政策與原則，但至少能確保一個良好的實務工作。有關社會工作實務的步驟及規範請見**專欄2-1**。

專欄2-1　社會工作實務的步驟與規範

社工專業規範的步驟

社工專業規範指出，處遇的步驟可分為準備層面（preparation phase）、關係建立層面（relationship building phase）、檢證層面（assessment phase）、規劃層面（planning phase）、執行層面（implementation phase）、評估及結案層面（evaluation and ending phase），以及追蹤層面（follow-up phase）。

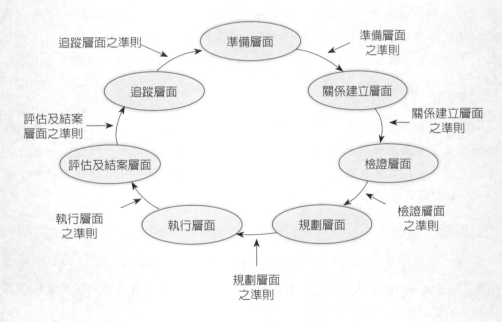

社工專業規範的各個層面與準則

資料來源：Mather, J. H., & Lager, P. B. (2000), p. 29.

此步驟執行旨在確保增強兒童及家庭走向獨立自主，以及不再依賴社工專業的家庭照顧為目標，而每一層面又有其參考準則。

準備層面

此層面在其他社工處遇模式經常被忽略。一個社工員面臨案主的問題可能是

多元的，他必須在身處的社區中確認資源及問題癥結，才能確信如何與案主建立關係以及採用有效的服務。此階段對問題的處遇必須要應用人類行為及社會環境中的人在情境，或個人與環境交流的診斷模式，以瞭解個人、家庭在社區中的互動關係。

關係建立層面

此層面在確保社會工作者與案主家庭的接觸，必須要小心處理。例如，在兒童保護服務工作者，如果案主強制隔離兒童待在原生家庭，雖然社會工作者可依據法令強制執行命令，但此時會造成家庭中的父母與社會工作者的立場形成對立，致使關係破裂，社會工作者又如何提供資源幫助案主家庭自立呢？因此，社會工作者進入案主家庭時，必須與家庭中的父母建立信任、誠實及互助的關係。

檢證層面

正確診斷問題的原因，才能確保正確的處遇過程及良好的處遇結果，並增進兒童及其家庭的福利。檢證不僅評估兒童所處家庭的功能，也評估家庭之外的功能，以及家庭與社會環境如何互動。此外，也包括家庭之外有哪些資源可以運用、家庭如何透過資源產生正向的改變等。

規劃層面

社工專業規範的規劃層面，類似問題解決模式的訂定契約（contracting）及目標設定（goal-setting），但此模式的規劃是以家庭及其家庭成員為系統，並整合其他系統以達成解決家庭問題的目標。

執行層面

執行層面是整個社工專業規範模式的核心，也是整個規劃及計畫實際運作的過程，而且也必須確保所有相關成員都能參與決策的過程，並透過密集及持續一致的目標與任務檢測以確定有效的處遇。

評估及結案層面

評估層面是整個模式的最後階段——結案，評量整個處遇的效果。換言之，

也是決定是否需要採取不同模式，並衡量整個處遇的有效性。藉著評估過程，瞭解是否造成改變；也就是說，透過評估過程，瞭解家庭與兒童是否已學會自己處理因應問題（壓力）的能力與技巧。

追蹤層面

追蹤層面是在處遇結案之後所進行的成效檢測，此層面必須依照下列兩個原則進行：(1)兒童福利社工員必須在系統中對所有成員做追蹤，及(2)所有追蹤工作不僅限於對個案及其家庭，同時也須對社區及社會政策加以追蹤。

社工專業規範的工作重點

社工專業規範模式在各個層面的工作重點：

準備層面

工作者將個人對個案能有效因應所處的系統與環境做準備，運用建立社會資源網絡及充權增能個案與家庭的方法。

關係建立層面

運用溫暖、真誠、同理心、積極關注及充權增能等社工技巧，立即與兒童及其家庭建立關係。

（評估此過程與結果）

檢證層面

依據下列系統（兒童、核心家庭、延伸家庭、社會資源及方案與服務）完整診斷與檢證個案的情境。

（評估此過程與結果）

規劃層面

與所有系統做規劃及訂定契約的處遇：

1.個案問題的檢閱與協調。

2.邀請家人協同規劃處遇過程。

3.與家人及支持服務系統訂定計畫執行的契約。

執行層面

執行計畫：

1.繼續執行會談。

2.繼續與服務資源協調。

3.支持及充權增能兒童與家庭。

4.辨別問題的障礙與解決之道。

5.檢證服務及計畫。

（評估此過程與結果）

評估與結案層面

評估結果與結案：

1.評估結果。

2.結案。

（評估此過程與結果）

追蹤層面

從多重系統觀點做個案追蹤：

1.家庭。

2.社區。

3.方案與服務。

4.政策。

（評估此過程與結果）

資料來源：Mather, J. H., & Lager, P. B. (2000), pp. 26-27.

社工專業規範

當規範只源於政策而產生的價值（ideologies）、經濟（economics）或政治（politics），而非源自科學研究與實務，難題自然產生。社工專業規範是依循兒童福利社工處遇後的步驟及過程，所建立的執行步驟與過程指引。這些指引因兒童福利機構所創立的宗旨或政策而有所不同，但是這些指引都有助於兒童福利社工專業的執行，共計三十三條如下：

準備層面

1. 個人盡早融入社區，為兒童與家庭倡言。
2. 與社區各種不同專業機構發展良好的關係。
3. 積極與政府、社會服務機構及其他助人專業網絡建立關係。
4. 與媒體建立良好關係以倡導社區中兒童與家庭理念。
5. 檢閱社區所有可能的資源。
6. 成為社工專協會員，並參與社區與國家之政治議題。

關係建立層面

7. 倡導（非由專責社工來與案主建立關係）社工專業方案，尤其對那些非志願性的案主。
8. 與案主發展正向關係，才能確保處遇成功與順利。
9. 與案主及其家庭建立關係時，利用同理心、真誠、人性尊嚴及溫暖的技巧。
10. 與社區中正式及非正式服務組織建立正向關係。
11. 幫助或加強兒童及其家庭建立自然的支援網路以維持其家庭功能。

檢證層面

12. 對兒童執行危機評量，尤其是受虐兒童。
13. 對案主服務時，利用增強觀點來評量個案。
14. 危機評量表要具信、效度，還有社會工作者的評量能力及經驗也要加以考量。

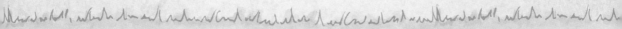

15.採用無缺失的評量工具與方法。

規劃層面

16.與案主（兒童）及其家庭一起參與規劃方案，會讓案主及其家庭在自然互動中合作，並使方案執行得更順利。

17.規劃方案最重要的是使用個案管理技巧，並且整合社區中正式與非正式資源，最好能建立資源網絡。

18.規劃方案及訂定服務契約需要考量到個案及家庭的文化背景與需求。

19.兒童福利社會工作者是個案及其家庭的個案管理者，利用個案管理技巧輔助個案及其家庭與其身在的社區互動。

執行層面

20.執行你所能同意的方案，對你不能同意的部分，切勿有任何行動。

21.尊重家庭的需求，對行動方案可能損失兒童最佳利益，要修正方案。

22.在兒童福利情境中，使用微觀及巨觀的執行方案。如果方案執行不能改變家庭的經濟不平等情況，那兒童的福利會持續惡化。

23.教育家庭為自己的權利或與社區中其他人互動採行任何可能的行動。

24.以創新的技術及服務來幫助個案、家庭及社區。

評估及結案層面

25.利用過程及結果的觀點來做個案評估。

26.家庭是重要的評估對象，目標是引導他們能獨立照顧自己。

27.評估不僅要考量現有，也要考量未來的個案、服務方案、政策及可使用的資源。

28.集中各種個案的評估，促使能制訂改變家庭的政策。

29.終止處遇是個案管理的最終目標，但卻是家庭正向生活的始點。

30.盡早因應家庭成員對結案的各種反應，才能幫助家庭成員日後的獨立生活照顧。

31.結案最重要的是讓兒童及家人能關注他們的行動成就，並鼓勵他們持續應用社會支持資源。

追蹤層面

32.追蹤可使兒童及家庭檢視他們的成功，以及讓他們瞭解兒童福利社會工作者仍然關心他們的福利。

33.追蹤可使兒童福利社會工作者制訂更好的政策及機構服務方案。

資料來源：Mather, J. H., & Lager, P. B. (2000), pp. 24-26.

 ## 第二節　兒童福利的社會工作專業內涵

　　社會工作專業制度的建立是世界潮流所趨，盱衡歐美先進國家及亞洲日本、香港等均已建立社會工作專業制度。回顧我國邁向專業領域的歷程，早在1965年訂頒之「民生主義現階段社會政策」即揭示：運用專業社會工作人員，負責推動社會保險、國民就業、社會救助、福利服務、國民住宅、社會教育及社區發展等七大項福利措施，1971年內政部函請省市政府於施政計畫中編列社會工作員名額，1971年、1975年及1977年台灣省政府、台北市政府、高雄市政府分別實施設置社工員計畫。1991年、1993年北、高二市分別將社工員納入編制。1997年4月2日通過「社會工作師法」，對社會工作師的專業地位、保障服務品質有所提升。1999年以後隨著「地方制度法」施行，內政部陳請考試院將社會工作員納入編制，目前社會工作師職稱已經考試院2000年1月7日核定為薦任第六職等至第七職等，縣（市）政府於訂定各該政府組織條例及編制表時，得據以適用，並將社會工作師納入組織編制。雖然社會工作員（師）工作性質隸屬社會福利領域，但在其他諸如勞工、衛生、退除役官兵輔導、原住民事務、教育、司法、國防等領域，亦有因業務需要而設置社會工作員（師）提供服務，以增進民眾福祉（內政部，2004）。

　　台灣社會工作教育至少有五十年歷史，目前計有三十三個相關科系、二十二個研究所及三個博士班，每年畢業學生將近千人，加上一些專業人員訓練（例如社會工作學分班），人數更超過千人，預估有1,500人左右。此外，歷年透過高等考試取得社工師之執業證照與資格者也有8,841人。但透過考試獲得社工師或每

年由學校訓練畢業的學生，是否同樣也代表社會工作專業及其專業地位有責信（accountability）？對我國社會工作專業發展或應用在兒童福利上，是否也保證了服務品質？

　　在過去兒童福利社會工作的實務歷史中，社會工作者必須建立服務方案，處理兒童及其家庭所面臨的社會難題，例如美國的安置所、未婚媽媽之家、慈善組織社會，加上托育服務、健康照顧、社會化、充權增能家庭或社區網絡的建立等服務方案。這些方案採用多元系統之處遇（multisystemic perspective of intervention）。這些技術被視為兒童福利的社工專業，必須具有一對一的個案服務、團體工作、社區工作或政策規劃及服務方案設計與管理的能力。

　　社會工作者如其他人一樣，來自不同的文化背景，會有自己的一套想法、看法及做法。但身為一個助人專業，參與協助不同的家庭與個人、瞭解案主的背景，除了社會工作專業者本身的訓練及專業能力得不斷充實及加強外，還要有自我透視（對自己的需求、態度、價值、感性、經驗、力量、優缺點、期望等）及專業反省等能力（Pillari, 1998）。

　　社會工作人員還須對人類行為及發展（檢證層面）有所瞭解，譬如：生命階段的發展、正常與異常行為以及正確的評估，如此一來，兒童福利社會工作者才能規劃方案，正確援引社區資源，有效地協助個案及其家庭改變其生活，達到自助的獨立生活照顧。

　　現今兒童福利專業人員乃採取社會工作方法，應用多元系統價值來協助個案及其家庭解決問題，克服生活障礙。本節將敘述兒童福利社工專業所需要的價值及能力，分述如下：

一、社會工作專業能力

　　早期社會工作服務秉持慈善心懷，服務弱勢族群，社會工作者只要具有愛心和耐心，常做一些不具有專業性形象的工作，甚至更少提到服務工作績效。近年來，社會工作專業重視責信及服務績效（曾華源、胡慧嫈，2002）。如何讓社會工作服務具有品質呢？簡單來說，就是要求專業從業人員有職業道德、對專業服務品質要有責任感，不得濫用專業知識權威，並且具有專業能力及不斷提升自我專業能力。

社會工作服務需要靠方案的規劃及處遇的執行，而這些更需要有專業知識及能力的評估。一般在兒童福利方面的社會工作專業更需要瞭解社會環境如何影響兒童及家庭，以及如何援引資源及設計方案來改變兒童與其家庭在環境上的適應能力。基本上，兒童福利的社會工作者需要有下列知識背景：

(一)人類行為與社會環境

人在情境（PIE）或個人與環境交流（TIE，見**專欄2-2**）一直是社會工作專業著重的觀點，瞭解個案及家庭必須深入瞭解其所身處的環境，社工處遇不僅服務個案及其家庭，也整合個案在社區之正式（機構、政府）或非正式（親戚）資源，此種模式很類似生態理論。所以處遇不僅要檢視個案的生理狀況、心理違常行為，還要瞭解其在社會（環境）所扮演的角色及其身處的環境適應情形。此類的專業教育除了要瞭解人類行為與社會環境之外，還必須瞭解兒童發展、家庭發展、適齡實務，以及環境（如家庭、機構、組織、社區及社會等）對個體的影響等知識。

(二)增強觀點

不同於醫療人員對個案的處遇，兒童福利的社會工作人員是用增強及強化的模式（strength perspective），而非採取醫療模式（medical perspective）。Saleebey（1992）以充權增能的參考架構，協助案主整合資源增強個人能力去因應自我的問題。社會工作者透過增強模式幫助個案及其家庭發掘個人的性格、才能及資源，促使個體能力改變以適應環境的要求。此種模式常在社會工作學士及社會工作碩士課程中有關社會工作實務、理論與技巧加以訓練，例如，個案工作、團體工作、社區工作及社會工作管理學科。

(三)多元文化

理論上，進行兒童福利的社工處遇必須瞭解多元文化觀點，但事實上，兒童福利的實務工作者卻很難做到此要求。多元文化主義（multiculturalism）要求人們視其他文化就如同對待自己文化一般，為達到此目標，多元文化教育成為社工專業的教育基礎。多元文化主義最能彰顯其觀點是反偏見，包括對性別、種族、

專欄2-2　TIE的相關概念

　　個人與環境交流（transaction in environment, TIE）最初是由Monkman 及 Allen-Meares（1985）共同提出，作為檢視兒童及青少年本身和其情境互動（交流）的架構。這個架構也可考量社會工作對於人在情境之雙向觀點，它不但可以讓社會工作者看出以發展本位的個人需求為標的之工作目標，同時也能看到環境的各個影響層面。

　　TIE的架構其實運用了生態觀點（ecological perspective）及系統觀點（systemic perspective），包括因應行為、交流及環境品質等組成要素，茲分述如下：

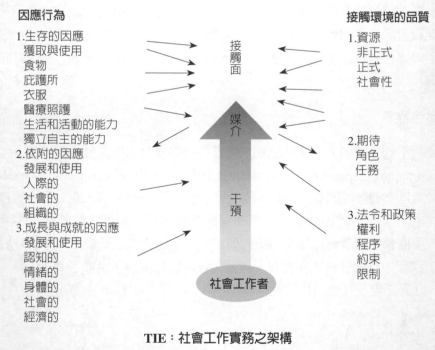

TIE：社會工作實務之架構

資料來源：Allen-Meares, P. (1995).

因應行為

　　因應行為是指個人面對環境時，意圖要控制自己的行為能力。兒童及少年福利的社會工作者主要需處理個案三個方面的因應行為：

生存的因應行為

生存的因應行為即讓一個人可以取得並使用某些資源，以便其能持續生活與活動。因此，生存行為可再區分為取得食物、衣著、醫療處理和交通等各樣資源的能力。

依附的因應行為

依附的因應行為是使一個人得以與其環境中的重要他人有著密切的連結（bonding），此類行為可再區分為發展並維繫親密關係的能力，以及運用組織架構（例如，家庭、學校、同儕或社團）的能力。

成長與成就的因應行為

成長與成就的因應行為則在使一個人得以投入利人利己的知識與社會活動。此類行為又可區分為個體的認知、生理、情緒及社會等方面的功能行為。有關此類行為可參考本書第三章。

交流與互動

因應交流與互動所需的資訊包括對特定事務、資源或情境的瞭解，也可能涉及自身的訊息。因應型態係指個人在認知、行為和情感方面的能力。這些能力交互影響形成個人的生活風格，成為個人成長史的一部分，所以社會工作者檢視個案時可以檢閱其家系圖或過去生長史。因此，個人的因應型態可能是指當前環境現況（here-and-now）的反映，也可能是源自過去或當前環境的一些期許和回饋所發展形成的行為型態。

環境品質

在TIE架構中，環境係指案主會直接觸及或交涉的一些情境，可分為資源、期待以及法令與政策。

資源

資源是指人們（如核心家庭、延伸家庭）、組織（如社區、社會服務機構）

或制度（教公、政府組織），屬於生態系統中的中間或外部系統（messo-and exo-system，見圖3-5），在個案需要時可以援引作為支持或協助。此資源又可分為非正式、正式及社會性等。非正式資源就是支持、勸言或一些具體及實質的服務；正式資源是指個體謀求特定利益的組織或各種協會（基金會）；而社會性資源則是指按特定架構提供服務的單位，例如學校、醫院、法院、警方或社會服務方案。

期待

社會工作者執行社工處遇時，必須改變兒童或少年所處的不良環境及重要他人對孩子的期待；也就是說，要改變重要他人失能的角色及其任務。例如，家庭中父母因藥物濫用而失去父母應有的角色功能，那麼社會工作者便要去尋找替代性的安置方式來滿足兒童成長的需求。

法令與政策

法令與政策是指對個案行為具有約束力的習俗或規範。例如，發現兒童被虐就必須向有關當局通報。這法令在保護兒童的同時也規定社會工作者的職責和任務，而進入通報程序後，就須依照兒童保護服務的流程進行訪查、舉證、開案及對父母之約束及限制。

參考書目

Allen-Meares, P. (1995). *Social work with children and adolescents*. New York: Longman Publishers USA.

Monkman, M., & Allen-Meares, P. (1985). The TIE framework: A conceptual map for social work assessment. *Arete*, 10, 41-49.

能力、年齡和文化的偏見，進而對不同文化也能產生正面的價值觀和態度。應用在兒童福利的社會工作者身上，我們不僅要瞭解不同個案及其家庭的種族和文化特徵，也要瞭解他們如何看待兒童福利及其家庭，最後，還要去除社會預期

（social desirability），給予案主及其家庭更正面的價值與態度，尤其利用優勢幫助案主增加生活復原力（resilience），達到充權增能目標，採用增強模式幫助個案因應困境，解決他們所遭遇的問題。有關此觀點需要瞭解政治及經濟學議題、多元文化、危機中的人群（population at risk）、社會及經濟正義。

(四)社會工作政策、研究與評估

　　社會工作專業不僅要有執行方案的能力，也要具有對方案評估及科學研究的實力，尤其是過程評估的能力。除此之外，社會工作者更需瞭解政策制訂過程以及可用的政策資源。

二、社會工作價值與倫理

　　社會工作專業教育的目標，除了培育具備有效專業處置技巧的人才之外，同時也藉由社會工作價值傳遞的教育歷程，培育對社會工作價值有認同感，以及對特定助人情境所遭遇的價值衝突、倫理兩難可以準確做判斷、做抉擇的人才。正如上一節在社會工作專業規範中所提示：社會工作實務過程應具有七個層面——準備、關係建立、檢證、規劃、執行、評估及結案的追蹤。社會工作專業在完成社會所要求的職責與功能之時，必須先進行服務目標的選定，才能進一步依據服務目標的設定，選擇適切的實務理論進行相關的處遇。在這一系列的服務過程中，社工實務者自身所具備的知識技術，是決定服務績效的重要依據，但是要「選擇何種處遇方案」、「要不要幫助」、「該不該幫助」、「誰需要幫助」、「幫助的程序」等議題上，則須依賴明確的社會工作價值與倫理守則，才能讓社會工作在處遇時有依循的根據（Bartlett, 1958；Siporin, 1975；曾華源，1999，引自張秀玉，2002）。所以說來，社會工作專業須具有社會工作知識和技巧與社會工作價值與倫理。

　　至於社會工作價值、社會工作倫理及社會工作倫理守則這三個層面的關係為何？張秀玉（2002）具體指出這三個層面的關係，並探討其與社群關係脈絡與實踐場域之關係（見**圖2-1**）。

　　由**圖2-1**我們可以清楚瞭解到社會工作倫理是社會工作價值實踐的指南，而社會工作倫理守則是社會工作倫理的實際表現。社會工作價值經由概念化的過程，

兒童福利概論

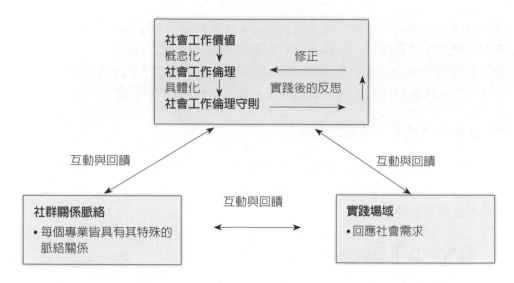

圖2-1　社會工作價值與倫理、社群關係脈絡與實踐場域之關係圖

資料來源：張秀玉（2002），頁287-302。

形成社會工作者所遵循的社會工作倫理；社會工作倫理再經由概念具體化的過程，形成社會工作倫理守則。1982年美國社會工作者協會（National Association of Social Workers, NASW）更指出社會工作價值是社會工作專業的核心要務，引導所有社會工作領域實務的模式及原則。有關美國社會工作價值請參見**表2-1**。

表2-1　美國社會工作者協會訂定的社會工作價值

1.承認對個案之最佳利益
2.為案主保密
3.因應社會變遷，建立符合社會所認可的需求
4.在專業關係中分離個人的情緒與需求
5.教導案主所需的技巧與知識
6.尊重及鑑賞個人的差異
7.扮演使能者之角色，幫助案主自助
8.在挫折困境中，仍能持續提供服務
9.倡導社會正義，滿足社會人民之經濟、生理及心理幸福感
10.採取高標準的個人與專業行為

資料來源：NASW (1982).

「價值」是內在控制的機制，所以，社會工作價值體系是不能輕易改變的；社會工作倫理則是規定什麼是應該做？什麼是不應該做？具體的守則，會受到社會變遷、社會對社會工作專業要求的改變等因素影響而有所不同，因此社會工作倫理一旦改變，其倫理守則也必須跟著更改。此外，倫理守則在實踐的過程中，若發現與社會現實情境差異太大或執行有困難時，則必須回頭檢視社會工作價值概念化至社會工作倫理，若社會工作倫理操作化成倫理守則這兩個過程中產生偏頗，則要進行社會工作倫理之修正改變，才能符合當時社會情境之現實情況與需求（張秀玉，2002）。美國社會工作者協會也制訂社會工作倫理原則，提供兒童福利實務人員在執行決策及方案時的參考依據（見**表2-2**）。

三、社會工作角色

　　社會工作者需要扮演多元角色來執行兒童福利服務。社工專業規範指出，社會工作者需扮演使能者、教育者、倡導者、社會行動者、調停者、激發行動者、仲介者及充權增能者，每個角色皆有相等重要性，身為社會工作者，必須將這些角色融為一體成為個人人格，並在兒童福利實務工作中實踐這些角色。

1.**使能者**（enabler）：使能者扮演輔助者的角色幫助案主達成目標。這個角色必須具有溝通、支持、鼓勵及充權增能的功能，促使案主及家庭成功完成任務或找到達成目標的解決方法。
2.**教育者**（educator）：教育及幫助案主在其互動的家庭及系統中建立知識體系，以鼓勵案主及其家庭做決策，並執行達成目標的步驟。
3.**倡導者**（advocate）：為案主及其家庭建立更有效的方案及服務，然後訓練他們為自己及他人擁護權利。

表2-2　美國社會工作者協會訂定的社會工作倫理原則

1.服務：社會工作者主要任務是幫助有需求的人及指出社會問題
2.社會正義：社會工作者挑戰社會不正義
3.個人尊重與價值：社會工作者尊重個人天生的尊嚴與價值
4.人群關係的重要性：社會工作者瞭解人群關係才是改變的要素
5.誠實、正直與廉潔：社會工作者要整合倫理守則及社會工作價值
6.能力：社會工作者要提升個人的專業技巧與知識，以充實助人之專業能力

資料來源：NASW (1996).

4.**社會行動者**（activist）：對社會變遷有敏感的心，為兒童及其家庭的最佳利益制訂更適宜的政策、方案及服務。

5.**調停者**（mediator）：積極傾聽各方的聲音及瞭解各方的需求，在衝突的情境中扮演調節的角色。

6.**激發行動者**（initiator）：辨別案主需求，並促使他人瞭解這些議題，激勵他人為這些議題尋找解決之道。

7.**仲介者**（broker）：連結家庭與社區社會服務機構與方案，進行轉介及進入資源網絡以幫助案主及其家庭獲得最好的服務品質。

8.**充權增能者**（empowerer）：增強案主及其家庭已具有的才能及資源，並幫助他們有效利用優勢來造成改變。

曾華源（1986）認為通才的社會工作任務與角色說明如下：

1.**任務**：由八個一般性任務組成，包含計畫、評估、互動、傾訴、觀察、再評估、記錄、集中調適。

2.**角色**：可分為直接服務角色、間接服務角色、合併服務角色三種，共有十三個主要的實務工作角色，分述如下：

　(1)直接服務角色：包含支持者（supporter）、忠告者（advisor）、治療者（therapist）、照顧者（caretaker）。

　(2)間接服務角色：包含行政者（administrator）、研究者（researcher）、諮詢者（consultant）。

　(3)合併服務角色：包含能力增進者（enabler）、中間者（broker）、調解者（mediator）、協調者（coordinator）、倡導者（advocate）、教育者（educator）。

四、社會工作技巧

社工專業規範中指出，兒童福利實務工作者需要有兩種技巧：關係建立及個案管理技巧，茲分述如下：

(一)關係建立技巧

在與案主進行初步訪視中，兒童福利社會工作專業至少需要五種技巧，以幫助方案執行：

1. **同理心**（empathy）：指社會工作者有能力回應案主及其家庭，並能傳達社會工作者瞭解案主的感受，更是一種將心比心或感同身受。這不是意味著社會工作者與案主有同樣的感受或同意案主的感受，只是社會工作者表達這個感受可以接受，而不進行對錯的價值判斷。例如，在受虐的家庭中，母親因充滿挫折或情緒不佳，而對你解釋她為何常常會想要打小孩。身為一社會工作者，可以同理這個母親因為缺乏經濟及情緒支持而虐待小孩，但不表示接受或允許這種行為。

2. **真誠**（genuineness）：真誠是一種自然的人格流露，讓人覺得社會工作者是真心對待案主及其家庭。當社會工作者具有這種特質，會較容易被案主及其家庭接納及信任。真誠的本質就是誠實對待任何人及任何情境。例如一位少女因懷孕，不敢告訴父母而選擇逃家。身為一社會工作者，誠實告訴她為她一個人在真實社會上生活感到恐懼與害怕。真誠是社會工作者能誠實的與對方分享自己的恐懼和害怕。

3. **溫暖**（warmth）：溫暖是社會工作者傳輸關心每個案主的技巧，對兒童福利實務者而言，對每個案主都傳達關心之情實有困難，有時兒童福利實務人員對受虐家庭的施虐者會有憤怒或厭惡之意，但如不能表達真誠與溫暖，又難以獲得合作及意願去做必要的改變；換言之，為了表示真誠與溫暖，兒童福利實務工作者不管任何情境都要對案主及家人同理。溫暖可用語言及非語言方式來表達。例如，說話之語調及用字遣詞要能表達溫暖之意，同時也要注意臉部表情及身體姿態。

4. **積極關注**（positive regard）：積極關注有別於同理心，需要對情境更瞭解，此種技巧需要社會工作者有較正向之人群價值及趨使人們走向完善之心，也唯有透過此種價值信念，才能使一社會工作者面對兒童施以性虐待，願意付出關心及熱情促使施虐者做改變。然而，積極關注並不代表社會工作者同意案主對兒童的傷害。

5.**充權增能**（empowerment）：充權增能的概念也是近二十年社工實務工作者所強調的概念，早先這個概念源自於生態理論。充權增能的角色是幫助案主達成自我尊重及因應個人不足的非真實感覺。透過社會專業的協助，案主、家庭、社區得以充權增能，以便能在其環境創造好的改變。

(二)個案管理技巧

除了與案主及其家人建立良好關係的技巧之外，兒童福利之專業人員還必須運用個案管理技巧（case management skills）處遇兒童福利事務。個案管理技巧包括：

1.**組織**（organize）：兒童福利社會工作者必須具有組織的能力，並具有領導能力引導他人完成服務方案。此種技巧並不是要社會工作者有專制行為，而是協調不同專業（案件負荷、機構責任）一起合作達成方案，必須透過人際溝通及人際影響讓有關方案執行之人，獲得共識，達成合作。

2.**協調**（coordinate）：社會工作實務者執行方案講求協調而不是駕馭別人，融合調停別人並允許他人自我決策的技術，並成為社會工作者的人格特質，兒童福利社會工作者更要協調案主家庭與其他機構一起合作。

3.**調停**（mediate）：一種有能力應用策略解決衝突的情境，尤其在兒童福利領域，母親對子女的施虐會引起其他家人的憤怒，如何讓家人一起面對此一情境，便需要社工人員居中協調。此外，家庭與其他機構不同意方案的執行，應設法使他們一起合作，產生共識，並一起解決問題。

4.**維持**（sustain）：維持的技巧需要社工實務者對於參與兒童福利實務有信心、願意接受挑戰及能夠充權增能自己以維持方案的執行，尤其是案主及其家庭面臨困難情境時。值得注意的是，兒童福利實務工作者往往工作負荷很重，因此自我壓力調節與管理就變得很重要。

5.**評估**（evaluate）：兒童福利之社會工作者必須具有評估自己方案績效，及此方案對案主及其家庭產生正／負向之影響的能力。缺乏此種對自己的實務執行、方案評估或政策評估，兒童福利之社會工作者便不能判斷服務績效或考慮案主及其家庭是否需要特殊的服務方案。

6.**整合資源**（integrate service）：整合資源的技巧是需要兒童福利社會工作

者瞭解你可運用（知道）的服務資源，以及將這些資源整合成為一個系統提供給案主及其家庭，例如處理同時有吸食毒品及行為偏差問題的中輟個案，兒童福利社會工作者必須運用醫療、學校、法院以及機構的資源網絡，對兒童及其家庭施予處遇方案。

本章小結

　　本章提出一個兒童福利工作者也是一個專業的社會工作者，除了具備社會工作專業的知識與技巧之外，還要具有社工專業的價值與倫理。本章也介紹美國社工專業規範、倫理原則，運用增強、充權增能之技巧協助案主因應困境，達成有效的問題解決。現今的社會工作實務著重預防與處遇模式，不像往昔是以殘補為唯一的處遇方式，因此，身為一兒童福利專業者更要瞭解社會工作角色、價值與規範，以及應用社會工作專業技巧達成有效方案執行。研究亦指出兒童福利的個案，希望專業兒童福利社會工作人員能具有下列特質：(1)傾聽及助人之意願；(2)具同理心；(3)真誠與溫暖；(4)尊重人及非判斷人之性格；(5)公平；(6)可近性；(7)支持及完務性；及(8)有經驗及具能力的（Morales, Sheafor, & Scott, 2006）。

參考書目

一、中文部分

內政部（2004）。《中華民國92年社政年報》。台北：內政部。

張秀玉（2002）。〈大學部「社會工作價值與倫理」課程定位與課程內容之探討〉。《社區發展季刊》，99，287-302。

曾華源（1986）。〈社會工作者為多重角色的通才實務工作者〉。《社區發展季刊》，34，97-106。

曾華源（1999）。〈社會工作專業倫理困境與信託責任之探討〉。《社區發展季刊》，86，54-79。

曾華源、胡慧嫈（2002）。〈強化社會工作專業教育品質——建構「價值與倫理課程」為
　　學校核心課程〉。《社區發展季刊》，99，73-89。

二、英文部分

Bartlett, H. M. (1958). Working definition of social work practice. *Social Work, 3* (2), 6.

Mather, J. H., & Lager, P. B. (2000). *Child welfare: A unifying model of practice*. Belmont, CA:
　　Brooks/Cole/Thomson Learning.

Morales, A. T., Sheafor, B. W., & Scott, B. (2006). *Social work: A profession of many faces* (11th
　　ed.). Boston: Allyn & Bacon.

NASW (1982). *NASW standards for the classification of social work practice*. SilverSpring, MD:
　　Author.

NASW (1996). *Code of ethics*. Washington, DC: Author.

Pillari, V. (1998). *Human behavior in the social environment* (2nd ed.). New York: Wadsworth.

Saleebey, D. (1992). *The strengths perspective in social work practice*. New York: Longman.

Siporin, M. (1975). *Introduction to social work practice*. New York: Macmillan.

Chapter 3

兒童發展與兒童福利

- 人生歷程與發展
- 兒童發展理論
- 兒童福利的科學研究法
- 運用兒童發展知識於兒童福利實務
- 本章小結

兒童發展為全人發展（life-span development）的一環，更是人類行為的詮釋。發展的基本概念是行為改變（behavior change），不過並非所有的行為改變都具有發展性，諸如中樂透，或車禍，對人類而言，是意外事件，也是周遭環境改變而影響到過去固定的生活模式。

每個人帶著個人獨特的遺傳結構來到這個世界，並隨之在特定的社會文化與歷史背景展露（upholding）個人的特質，而形成個體的敘事（narrative）及生活型態。從社會學的觀點來看，人生歷程是穿越時間而進展（Clausen, 1986），也就是說，隨著時間的推移而產生行為的改變。因此，個體除了生物性的成長改變，也必須隨著社會變遷而改變，以符合更穩定的社會結構、規範和角色。生命只有兩種選擇，改變或保持現狀。

從心理社會的觀點（psychosocial perspective）來看，人生歷程指的是工作以及家庭生活階段順序排列的概念。這個概念可用於個體生活史的內容中，因為個人生活史體現於社會和歷史的時間概念中（Atchley, 1975; Elder, 1975）。每個人的生活過程皆可喻為人生的適應模式，是每個人在特定時間階段體驗到的文化期望，所衍生的人生發展任務、資源及所遭受障礙的一種適應。

綜合上述，人類發展是終其一生連續性的變化，每個人的成長及變化是持續並隱含於每個發展階段之中。本章以人類生命週期（發展階段）與全人發展的觀點，呈現個人的成長變化、發展與行為。兒童的定義為12歲以下之個體，廣義則可延伸至18歲以下之人，故本章將著重於18歲以下兒童（少年）及其家庭不同的生命歷程，它們對個人及家庭所產生的衝擊及衍生需求。

第一節　人生歷程與發展

Atchley（1975）提出在職業和家庭生活歷程中，與年齡聯繫在一起所產生變化的觀點。由**圖3-1**中可看到生命歷程中工作與家庭生活之間可能的結合形式。例如，某一女性婚前待過職場，結婚生子之後，因撫養子女而退出就業市場，待孩子長大後又重返勞動市場，她必須重新受訓。對她而言，職業生涯可能會產生很大的變化，例如，從全職工作退居到兼差，或從大企業工作轉到小企業，甚至到個人工作室。對於那些結婚、生育子女、再結婚、再生育子女的人而言，家庭生活在個人觀點及體驗上有所不同。這也可解釋為何許多婦女在工作職業生涯之變

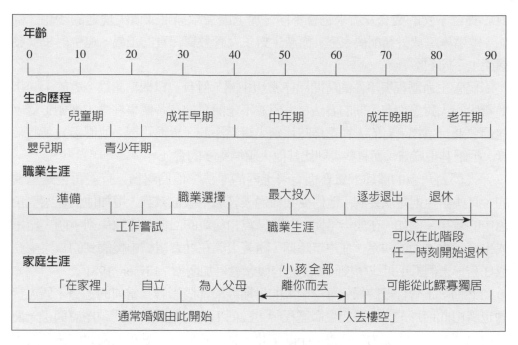

圖3-1　年齡、生命歷程、職業生涯和家庭生涯之間的關係

資料來源：郭靜晃、吳幸玲譯（1994），頁516。

化與其是否有孩子、孩子數目及孩子年齡層有關。而有關本章兒童發展與兒童福利的關係更要注意兩個層面：一是父母在其發展階段所面臨的環境與角色，以及社會的期望；另一層面是父母及其家庭對兒童所產生的影響。

　　生命過程受時代影響。生活在西元1900至1975年的人，生命過程可能就不同於生活在1925至2000年的人。即使在同樣的年代，人們在不同人生的階段，可能面對著不同的機遇、期望和挑戰。職業機遇、教育條件和同族群人數的差異，可能是影響生活經歷模式的三個族群因素（Elder, 1981）。最近，日本學者將西元1955年之前出生者歸之為舊人類，在1955年之後出生者稱之為新人類。而這些新人類在1965年之後出生者稱之為X世代（X generation），1975年之後出生者為Y世代，及1985年之後出生者謂之為Z世代。這些世代歷經了社會變遷、教育模式及不同境遇也衍生了不同的價值觀，甚至形成了特定的次文化（subculture）。處於不同世代的父母，受社會變動的影響，有不同的機遇及角色期望，而產生此世代的個別經驗及知覺。對於兒童福利來說（尤其是托育服務），不同世代的父母

對於養育子女的觀念及需求也會不同，加上因需求滿足或個人境遇的變化（例如，離婚家庭或外籍配偶家庭）而產生對子女管教與保育的差異，也會對子女發展產生不同的影響。

儘管生命歷程與事件的時間順序密切相關，但有一種觀點認為，處於不同年齡階段的人對事件有不同的看法。人們並不是簡單地在各個事件之中埋頭忙碌，他們會進行選擇。有的人在選擇時比別人更為小心、更為明智；他們接受某些職責，拒絕其他職責；而有些人則比其他人承擔更多的責任。

人們對角色的興趣或重要性有著不同的看法。他們認為，有些角色是重要的，有些角色則是次要的。他們從某種過去經驗中吸取教訓，增加他們在某些角色中的效果。例如，在成年早期，有關母親和父親的回憶可能關係到一個人結婚或生育子女方面的決定。在中年時期，隨著人們在社會組織中接觸到的職業生涯或任務，人們對手足或學校同儕經歷的懷念會更加明顯（Livson, 1981）。

然而，不管什麼時候，每一個人的早期經驗都將影響其當前的選擇，個人特點也將由此而形成。在研究生命歷程時，我們不僅對經驗的時間順序感興趣，而且還很關注在成人努力於適應中不斷變化，且有時此變化是相互衝突的角色要求時所出現的心理成長。

在生命歷程中，適應模式的整體面貌應包括：年齡增長的生理過程及其他生物歷程的概觀，這其中又包括：生育子女、更年期停經、荷爾蒙分泌的減少、慢性疾病，以及死亡（Katchadourian, 1976）。適應模式的總體概觀還應包括各種因素，例如，發展任務、心理社會危機及種種經歷，包括職業、婚姻、養育子女等生活的各個方面（Feldman & Feldman, 1975），它應包括規範性的、針對各個年齡的期望、發展期望和角色期望方面的背景；應包括一個廣泛的涉及經濟危機、戰爭、饑荒、政治變革和社會運動等的社會歷史背景。對於一個特定的年齡群體來說，這些方面都會改變某些行為的涵義（Erikson, 1975; Miernyk, 1975）。事實上，大多數有關生命歷程的研究並沒有做到如此全面。這些研究往往只是單獨涉及對心理社會事件的適應，或只是注重與年齡相關聯之期望的背景（Brim, 1976）。

人的全人發展的起點是從個體受孕開始，一直到終老死亡為止。發展改變（change）的過程是有順序的、前後連貫的、漸進的，及緩慢的，其內容包含有生理和心理的改變，此種改變與遺傳、環境、學習和成熟相關。而人類行為是由內在與外在因素之總和塑造而成，藉著社會規範所給予個人的方向與指引，因

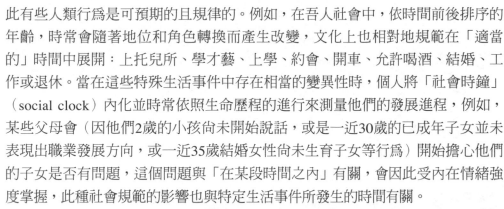

此有些人類行為是可預期的且規律的。例如，在吾人社會中，依時間前後排序的年齡，時常會隨著地位和角色轉換而產生改變，文化上也相對地規範在「適當的」時間中展開：上托兒所、學才藝、上學、約會、開車、允許喝酒、結婚、工作或退休。當在這些特殊生活事件中存在相當的變異性時，個人將「社會時鐘」（social clock）內化並時常依照生命歷程的進行來測量他們的發展進程，例如，某些父母會（因他們2歲的小孩尚未開始說話，或是一近30歲的已成年子女並未表現出職業發展方向，或一近35歲結婚女性尚未生育子女等行為）開始擔心他們的子女是否有問題，這個問題與「在某段時間之內」有關，會因此受內在情緒強度掌握，此種社會規範的影響也與特定生活事件所發生的時間有關。

　　社會規範界定社會規則，而社會規則界定個體之社會角色。若社會角色遭受破壞，那他可能會產生社會排斥。例如，過去的傳統社會規範「女性無才便是德」，女性被期待在青少年晚期或20歲初結婚，再來相夫教子並維持家務。至於選擇婚姻及家庭之外的事業，常被視為「女強人」，並被社會帶著懷疑的眼光，而且有時還被視為「老處女」，或「嫁不出去的老女人」。或現代之父母育兒觀：「望子成龍，望女成鳳」，孩子在小時候被期望學習各種智能及才藝，甚至要成為超級兒童（super kids）。除此之外，社會價值也隨著社會變遷與發展產生了變化，原有的傳統家庭價值受到挑戰與衝擊，進而形成各種家庭型態（如單親家庭、隔代家庭、外籍配偶家庭），這些改變相對地也影響兒童的發展，所以現代的家庭與兒童需要外在的支持以幫助其適應社會。

　　人生全人發展令人著迷，有著個別之謎樣色彩，相對地，也是乏人問津的領域。想去理解它，我們就必須弄清楚在發展的各個階段，人們是怎樣將他們的觀念與經歷統合，以期讓他們的生命具有意義，而這個生命歷程就如每個人皆有其生活敘事（narrative），各有各的特色。

　　由人類發展的涵義來看，它包括了四個重要觀念：第一，從受孕到老年，生命的每一時期各個層面都在成長。第二，在發展的連續變化時程裡，個體的生活表現出連續性和變化性；要瞭解人類發展必須要瞭解何種因素導致連續性和變化性的過程。第三，發展的範疇包含身心各方面的功能，例如，身體、社會、情緒和認知能力的發展，以及它們相互的關係。我們要瞭解人類，必須瞭解整個人的各層面發展，因為個人是以整體方式來生存。第四，人的任何一種行為必須在其相對的環境和人際關係脈絡中予以分析，因為人的行為是與其所處的脈絡情境有

關；也就是說，人的行為是從其社會脈絡情境中呈現（human behavior nested in the social environment），故一種特定的行為模式或改變的涵義，必須根據它所發生的物理及社會環境中加以解釋。

人生歷程將生命視為一系列的轉變、事件和過程，發生在人生歷程中任何一階段，皆與其年齡、所處的社會結構和歷史變革有關。然而，Rindfuss、Swicegood及Rosenfeld等人（1987）卻指出：人生事件並非總是依照預期中的順序發生，破壞和失序在穿越生命歷程中均隨時可能會發生。例如，不在計畫中、不想要的懷孕，突然發生的疾病、天災（九二一地震、風災或SARS），經濟不景氣被裁員等，都會造成生命事件中那個時間段落的失序和破壞，甚至衍生了壓力，此種壓力的感受性通常是依個人與家庭所擁有的資源及其對事件的詮釋而定（Moen & Howery, 1988）。

持平而論，個人的人生歷程是本身的資源、文化與次文化的期待，社會資源和社會暨個人歷史事件的綜合體，深受年齡階段、歷史階段和非規範事件所影響（參見**圖3-2**），茲分述如下：

一、年齡階段的影響

人類行為受年齡階段的影響（age-graded influences），是那些有關於依照時

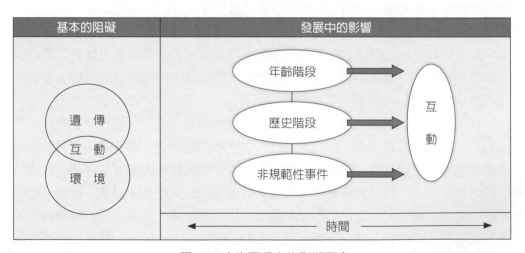

圖3-2　人生歷程中的影響因素

資料來源：陳怡潔譯（1998），頁173。

間進程的年齡（例如，出生、青春期），以及特定的年齡期待（例如，學業、結婚生子、退休）。在發展心理學中佛洛伊德的心理分析論、艾力克森的心理社會發展論、皮亞傑的認知發展論及柯爾柏格的道德發展論皆指明人類行為根植於生命歷程中各年齡階段的行為改變（第二節會有詳細的介紹）。

　　人類行為會因個體的成熟機能而表現出不同的行為結構，加上這些事件上許多文化期待的規範性和預期性的型態，而產生預期社會化的行為（Hagestad & Neugarten, 1985）。預期的社會化過程規範個人在文化中所假定的扮演角色行為。例如，在某些文化，要求青少年獨立自主，並會安排家務或其他雜務給子女，並視此種獨立及幫忙家務是為日後職業生涯之價值及工作取向做準備。

　　年齡階段之影響是由文化性與歷史性所定義，例如，在二十世紀初期，童工在貧窮與中等階級家庭中是必要的人力資源；但至二十世紀初通過童工法和補習教育，兒童被期望接受教育並為日後提升經濟生活做準備。將此觀點應用於兒童福利實務，應給予父母親職教育，倡導尊重孩子的權利及適齡發展的托育，以及避免給予過度學習壓力的快樂童年。

二、歷史階段的影響

　　歷史階段的影響（history-graded influences）意指由歷史事件帶來的各項社會變遷，例如，人口統計學上的更動、能力技巧的改變和就業率。「族群」（cohort）受其出生年代和分享歷史背景經驗所影響，如前面所述的舊人類和新人類的X、Y、Z世代。族群的概念在解釋人生歷程中不同時間點上所受之歷史階段影響，它會受歷史階段或同儕來相互影響而形成一種特殊的行為模式。例如，最近台灣的經濟不景氣即是一歷史事件，此事件對失業的青壯年及其家庭的生活造成衝擊。幾十萬人無法找到工作且承受著經濟不景氣及通貨膨脹的痛苦。結果，造成他們在工作、節約和經濟消費行為的信念改變。工作不再是事求人、唾手可得的，因此，經濟上的節約變得相當重要。對那些原本就是貧窮的人而言，他們會經歷到「比原本更困苦」的沮喪；而對那些富有的人而言，這只是一段困苦的時間，並非原本就必須要承受的災難，或許暫時咬緊牙關，忍耐一陣就會否極泰來。將此觀點應用於兒童福利實務，除給予急難救助的社會支持及服務方案外，也要運作各種資源增加個人因應壓力的能力，增加個人生活的堅毅力及增強正性的自我信念與價值。

三、非規範性事件的影響

非規範性的影響（non-normative influences）係指在行為上的各種事件是無法預測及始料未及的事件，例如，天災（火災、地震、風災、水災、SARS）或失業，突然喪偶或暴發疾病。這些事件與歷史上的推移關聯甚少，而且時常比預期中的生命事件具有更大的壓力及影響。「天有不測風雲，人有旦夕禍福」，兒童福利應提供社會支持，整合社會可利用之資源，增強及充權增能兒童及家庭能有再適應社會之功能。

 ## 第二節　兒童發展理論

當我們檢驗兒童發展時，重要的是能夠從發展模式的一般性看法轉入對特殊變化過程的解釋。心理社會理論為我們探究人的發展提供了概念保護傘，但是我們也需要其他理論在不同的分析層次上來解釋行為。如果我們要說明一生中的穩定性和可變性，我們就需要有理論構想，來幫助說明全面演化的變化、社會和文化的變化，以及個體的變化。我們也需要有種種概念，解釋生活經驗、成熟因素，以及一個人的經驗結構對生理、認知、社會的、情緒的和自我發展模式之作用。

本節將介紹影響兒童個體行為改變理論的重要基本概念：成熟理論、行為理論、心理動力論、認知發展理論和生態環境理論。

理論是指針對觀察到的種種現象與事實（facts）以及其彼此之間的關係所建構出之一套有系統的原理原則。理論是整合與詮釋資料之一種架構，主要的功能是用於探究兒童的成長與行為，對於所觀察到的行為提出一般性的原則並加以詮釋，它指出了在兒童遺傳結構上和環境之條件下，哪些因素會影響兒童的發展和行為改變，以及這些要素如何產生關聯。

一、成熟理論

成熟理論（maturationist theory）主張人類之發展過程主要是由遺傳所決定。人類之行為主要受內在機制，以有系統之方式，且不受環境影響的情況下指導著

發展的進行，進而影響個體組織的改變。

在遺傳上，兒童在成熟的時間產生行為逐漸外露（upholding）的過程。成熟理論學派認為當一些行為尚未自然出現時，即予以刻意誘導是不必要的，甚至造成揠苗助長。被強迫性地要求達到超過其成熟現狀發展的兒童，他們的發展不僅效率低而且須經歷低自我與低自我價值，但兒童的發展情況若不符期望中的成熟程度，則產生低學習動機，需要予以協助與輔導。

被視為兒童發展之父的霍爾（George Stanley Hall），其觀點影響了兒童心理學與教育學之領域，他的學生格賽爾（Arnold Gesell）更延續霍爾的論點，將其論點以現代的科學研究加以運用。

(一)霍爾

霍爾（G. Stanley Hall, 1844-1924）在哈佛大學跟隨心理學家詹姆斯（William James），取得博士學位，又轉往德國跟隨實驗心理學派（亦是心理學之父）馮德（Wilhelm Wundt）研究，回到美國後，便將實驗心理學之知識應用於兒童發展的研究，並且推展至兒童保育之應用。

霍爾的研究發展雖然採用不合科學系統研究之嚴謹要求，其論點反映發展是奠基於遺傳。兒童行為主要是受其基因組合之影響。其研究是招募一群對兒童有興趣的人來進行實地觀察（field observation），蒐集大量有關兒童的資料，企圖顯示不同階段兒童之發展特質。

霍爾的研究工作反映出達爾文進化論的論點，深信人類每一個體所經歷的發展過程類似於個體發展的順序，即是「個體重複種族演化的過程」（ontology recapitulates phylogeny）。兒童行為從進化的原始層面脫離出來，透過成熟，帶來兒童的行為及自然的活動。

(二)格賽爾

格賽爾（Arnold Gesell, 1890-1961）以更有系統的方式延續霍爾的研究，他待在耶魯大學的兒童臨床中心（Yale University Clinic for Child Development）近四十年的歲月，研究兒童的發展。他藉由觀察並測量兒童各種不同領域：生理、運動、語言、智力、人格、社會等之發展。格賽爾詳細的指述從出生至10歲兒童發展的特徵，並建立發展常模。

　　格賽爾的發展理論強調成熟在兒童發展之重要性，與霍爾不同之處是不支持發展的進化論點，但是相信兒童發展取決於遺傳，人類發展的能力及速率因人而異，故在兒童保育上要尊重每個人與生俱來的個人特質。至於環境對改變兒童行爲僅扮演次要的角色，應取決於人類內在具有的本質，而保育應配合兒童發展的模式，故教育更要配合兒童發展的基調，壓迫與限制只會造成兒童負面的影響（Thomas, 1992）。

　　成熟理論多年來在兒童發展領域深深地影響兒童托育。成熟學派論點的哲學觀點與盧梭的浪漫主義相符，支持「以兒童爲本位」的教育觀點。因爲後天環境對於個體的發展影響不大，所以，企圖擴展超越兒童之天賦能力，只會增加兒童的挫折與傷害，甚至揠苗助長。配合兒童目前的能力提供學習經驗，是較符合兒童發展與人性（本）之教育理念，同時亦是美國幼兒教育協會（National Association of Education for Young Children, NAEYC）所倡導的「適齡發展實務」（developmentally appropriate practice, DAP）的重要依據。基於這個觀點，兒童保育之教師（保育員）被要求本於兒童的「需求與興趣」來設計教學計畫，課程要配合兒童發展，並以遊戲爲主要的教學設計原則。

　　此論點同時也導引出學習準備度（readiness）的概念。假使兒童被評定爲尚無能力學習某些事，則教師必須等待兒童進一步成熟，這種準備度之觀點尤其在閱讀教學的領域更爲明顯。成熟學派對於幼兒早年學習所持有之取向是依賴個體之成熟機能，不同於往年教育學者所採用之介入論者（interventionist）的取向。後者針對失能兒童（disabled children）或處於危機邊緣之兒童（children at risk）所設計，主要是依據行爲主義之觀點，利用特殊介入模式來協助兒童符合學習的期望。

二、行爲理論

　　行爲理論（behaviorism theory）影響心理學的理論發展已超過一世紀之久，基本上是一種學習理論，但也一直被當作是一種發展理論，提出由經驗而引起之相對持久的行爲變化的機轉（mechanism）。它與成熟學派持有不同看法，此學派認爲除了生理上的成熟之外，個體的發展絕大部分是受外在環境的影響。人類之所以具有巨大的適應環境變化的能力，其原因就在於他們做好了學習的充分準備。學習理論之論點有四：(1)古典制約；(2)操作制約；(3)社會學習；以及(4)認知

行為主義，茲分述如下：

(一)古典制約

古典制約（classical conditioning）的原則是由巴夫洛夫（Ivan Pavlov, 1849-1936）所創立的，有時又稱巴夫洛夫制約。巴夫洛夫的古典制約原則探究了反應是由一種刺激轉移到另一種刺激的控制方法，他運用唾液之反射作用作為反應系統。

古典制約模型參見**圖3-3**，在制約之前，鈴聲是一中性刺激（neutral stimulus, NS），它僅能誘發一個好奇或注意而已，並不會產生任何制約化之行為反應。食物的呈現和食物的氣味自動地誘發唾液分泌（是一反射作用），即非制約反應（unconditioned response, UR）（流口水）的非制約刺激（unconditioned stimulus, US）（食物）。在制約試驗期間，鈴聲之後立即呈現食物。當狗在呈現食物之前已對鈴聲產生制約而分泌唾液，我們就說狗已被制約化。於是，鈴聲便開始控制唾液分泌反應，在鈴聲鈴響時才出現的唾液分泌反應稱作制約反應（conditioned response, CR）。此一原則先對動物實驗，再由華生（John B. Watson, 1878-1959）應用到Albert的小男孩身上，將新的刺激與原先的刺激聯結在一起，對新刺激所產生的反應方式相類似於其對原先刺激所做出的反應。

古典制約可以說明人一生中出現了大量的聯想學習。當一個特殊信號與某個表象、情緒反應或物體相互匹配之後，該信號便獲得了新的意義。在嬰兒期和幼兒期，隨著兒童依戀的發展，各種正性和負性的情緒反應便與人物和環境建立了制約作用。同樣的，恐懼也不能成為古典制約的作用，許多人可能回憶起一次恐怖經驗，如被蛇咬、溺水、挨打等，此恐懼反應可能與特定目標相聯結，而造成此人終其一生逃避那目標，正如俗語所言：一朝被蛇咬，十年怕草繩。

(二)操作制約

■桑代克

桑代克（Edward L. Thorndike, 1874-1949）採用科學方法來研究學習，他嘗試由聯結刺激與反應的過程來解釋學習，又稱為操作制約（operant conditioning）學習，強調學習中重複的作用和行為的結果。Thorndike利用貓逃出迷籠的行為，觀

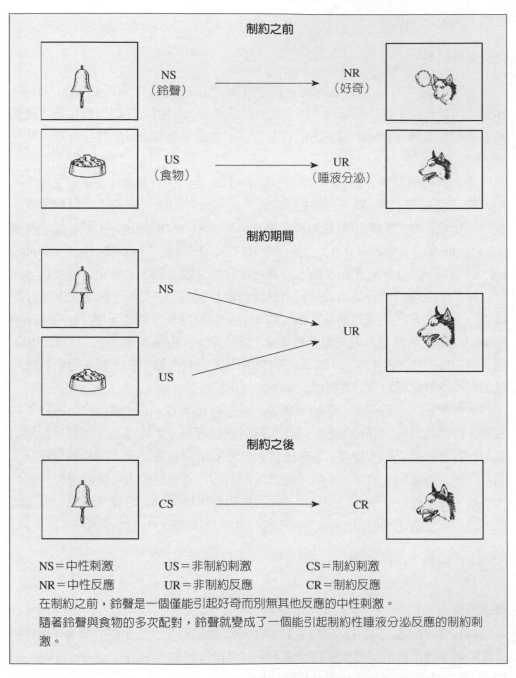

圖3-3　古典制約

資料來源：郭靜晃、吳幸玲譯（1994），頁114。

察到貓是利用嘗試錯誤（trial and error）的方法，學習過程中貓的盲目活動愈來愈少，行為愈來愈接近正確解決。他發展出一組定律來說明制約過程，其中最主要為效果率（law of effect），說明假如一個刺激所引起的反應是愉快、滿足的結果，這個反應將會被強化，反之會被削弱；練習率（law of exercise），主張個體經歷刺激與反應鍵之聯結次數愈頻繁，則聯結將會愈持久；準備率（law of readiness）則說明，當個體的神經系統對於行動容易產生反應的話，則學習會更有效果。

■斯金納

桑代克之效果率實為增強概念及操作制約概念之先驅，亦是斯金納（Burrhus F. Skinner）行為主義取向的基礎。斯金納對學習心理學與發展理論的貢獻，在於巧妙地將學習理論應用到教育、個人適應以及社會問題上。斯金納相信欲瞭解學習，必須直接觀察兒童在環境改變的因素下所產生的行為改變，其認為兒童表現出來的大部分行為，都是透過工具制約學習歷程所建立的。換言之，行為的建立端賴於行為的後果是增強或處罰而定，是受制於環境中的刺激因素。增強與處罰正是行為建立或解除的關鍵，增強被用於建立好的行為塑化（shaping good behavior），而處罰被用於移除不好的行為聯結（removal of bad behavior）。

增強物（reinforcement）有兩種，分為正增強（positive reinforcement）或負增強（negative reinforcement）。食物、微笑、讚美、擁抱可讓兒童產生愉悅的心情，當它們出現時，正向之行為反應連續增加，稱為正增強物（positive reinforcer）；反之，負增強物（negative reinforcer），如電擊、剝奪兒童心愛的玩物，當它們被解除時，正向行為反應便增加。另一個觀點是處罰（punishment），是個體透過某種嫌惡事件來抑制某種行為的出現。正增強、負增強及處罰的區別見**表3-1**。

表3-1　正增強、負增強和處罰的區別

	愉快的事物	嫌惡的事物
增加	**正增強** 小明上課專心給予記點，並給予玩具玩	**處罰** 小明上課不專心，給予罰站
剝奪	**處罰** 小明上課不專心，而不讓他玩所喜歡的玩具	**負增強** 小明增加上課的專心，以避免被處罰

資料來源：郭靜晃（2005），頁23。

(三)社會學習

社會學習論（social learning theory）認為學習是由觀察和模仿別人（楷模）的行為而學習（Bandura & Walters, 1963），尤其在幼兒期階段，模仿（imitation）是解決心理社會危機的核心，此外，青少年也深受同儕及媒體文化所影響，會將觀察的行為深入價值系統，進而學習行為。成人及社會提供了兒童及青少年生活中的榜樣（model），也就是身教，兒童藉以習得適應家庭和社會的生活方式。

班度拉（Bandura, 1971, 1977, 1986）利用實驗研究方法進行楷模示範對兒童學習的影響，結果表現兒童喜歡模仿攻擊、利他、助人和吝嗇的榜樣，這些研究也支持了班度拉的論點：學習本身不必透過增強作用而習得。社會學習的概念強調榜樣的作用，也就是身教的影響，榜樣可以是父母、兄弟姊妹、老師、媒體人物（卡通）、運動健將，甚至是政治人物。當然，學習過程也不只是觀察模仿這般簡單而已，一個人必須先有動機，並注意到模仿行為，然後個體對行為模式有所記憶，儲存他所觀察到的動作訊息，之後再將動作基模（訊息）轉換成具體的模仿行為而表現出來（郭靜晃等，2001）。換言之，行為動作的模仿學習是透過注意（attention）→取得訊息的記憶（retention）→行為產出（reproduction）→增強（reinforcement）。

(四)認知行為主義

過去的行為主義以操作與古典制約強調環境事件和個體反應之間的聯結關係，而卻忽略個體對事件的動機、期望等的認知能力。托爾曼（Edward Tolman, 1948）提出個體的認知地圖（cognitive map）作為刺激與反應聯結中的學習中介反應的概念，此概念解釋個體在學習環境中的內部心理表徵。米歇爾（Walter Mischel, 1973）認為要解釋一個人的內部心理活動，至少要考量六種認知因素：認知能力、自我編碼、期望、價值、目標與計畫，以及自我控制策略（參見圖3-4）。認知能力（cognitive competency）是由知識、技巧和能力所組成。自我編碼（self-encoding）是對自我訊息的評價和概念化。期望（expectancy）是一個人的操作能力、行為結果和環境事件的意義和預期。價值（value）是由一個人賦予環境中行為結果的相對重要性。目標與計畫（goal and plan）是個人的行為標準和達到標準的策略。自我控制策略（self-control strategy）是個體調節其自我行為的技術。

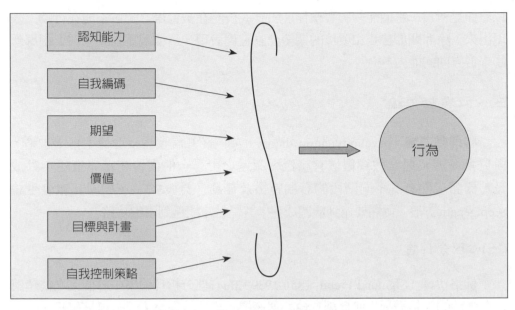

圖3-4 影響行為的六個認知向度

資料來源：郭靜晃、吳幸玲譯（1994），頁114。

　　這四種學習理論都對洞察人類行為有所貢獻（見**表3-2**），也說明人類行為習得的過程。古典制約能夠說明信號與刺激之間形成的廣泛聯想脈絡、對環境持久的情緒反應，以及與反射類型相聯繫的學習組織。操作制約強調以行為結果為基礎的行為模式的習得；社會學習理論增加了重要的模仿成分，人們可以透過觀察他人學習新的行為；最後，認知行為主義認為，一組複雜的期望、目標和價值可

表3-2 四種學習過程

古典制約	操作制約	社會學習	認知行為
當兩個事件在非常接近的時間內一起出現時，它們就習得了相同的意義並產生相同的反應	隨意控制的反應既可以加強，也可以消除，這取決於他和它們相聯繫的結果	新的反應可以透過對榜樣的觀察和模仿而習得	除了新的反應以外，學習者還習得了關於情境的心理表徵，它包括對獎賞和懲罰的期望、適當的反應類型的期望，以及反應出現的自然和社會環境的期望

資料來源：郭靜晃、吳幸玲譯（1994），頁125。

以看作是行為，它們能夠影響操作。訊息或技能在被習得之時並不能在行為上表現出來，除非關於自我和環境的期望允許它們表現。這種觀點強調了個人指導新的學習方向的能力。

三、心理動力論

心理動力論（psychodynamic theory）如同認知論學者皮亞傑與柯爾柏格，對兒童發展及兒童教育領域有廣泛、深遠之影響，他們皆認為兒童隨年齡成長，機體成熟有其不同階段的發展特徵及任務（見**表3-3**），如同認識發生論（epigenetic）般，個體要達到機體成熟，其學習才能達到事半功倍。

(一)心理分析論

佛洛伊德（Sigmund Freud, 1856-1939）的心理分析理論集中於個人之情緒與社會生活的人格發展，他更創立性心理發展。雖然該理論大部分已被修正、駁倒或扼殺，但許多佛洛伊德的最初假設仍存留於現代之人格理論中。佛洛伊德集中研究性慾和攻擊驅力對個體心理活動之影響，他認為強而有力的潛意識生物性驅力（drive）促成了人的行為（尤其是性與攻擊驅力）。佛洛伊德的第一個假定：人有兩種基本的心理動機，即：性慾和攻擊，他認為人的每一行為都源自個體之性慾和攻擊衝動的表現；第二個假定是人具有一種叫做潛意識的精神領域，它無法被察覺，是強大的、原始的動機儲存庫。無意識動機和有意識的動機會同時激發行為。佛洛伊德將此種假定應用到個人心理治療上，個人精神問題源自童年時期（尤其前五年）影響個人行為和情緒的潛意識衝突。佛洛伊德認為活動個人的意識和潛意識需要心理能量，稱為原慾（libido），集中於性慾或攻擊衝動的滿足，個體基本上的行為是追求快樂，避免失敗與痛苦，故心理能量激發個體兩種行為本能：生的本能（eros）及死的本能（thanatos）。隨著個體生理的成熟，性本能透過身體上不同的區域來獲得滿足，他稱之為個體之性心理發展階段（stage of psychosexual development）（見**表3-3**）。佛洛伊德也發展了獨特的心理治療模式，稱為精神分析（psychoanalysis），讓患者主述過去的歷史以及目前的狀況，利用夢的解析（dream interpretation）及自由聯想（free association）等技術，協助患者面對潛意識中的害怕與矛盾。心理分析論廣泛影響了心理學家、精神病醫師與精神分析師的思想，甚至也影響了日後的遊戲療法。

表3-3 各理論的發展階段

生理年齡及分期	性心理階段 （佛洛伊德）	心理社會階段 （艾力克森）	認知階段 （皮亞傑）	道德發展階段 （柯爾柏格）
0歲 乳兒期	口腔期	信任←→不信任	感覺動作期	
1歲 嬰兒期				避免懲罰
2歲 肛門期		活潑自動←→羞愧懷疑		服從權威
3歲 嬰幼兒期			前運思期	
4歲 性器期		積極主動←→退縮內疚		
5歲 幼兒期				
6歲				現實的個人取向
7歲 學齡兒童期	潛伏期	勤奮進取←→自貶自卑		
8歲			具體運思期	
9歲				
10歲				
11歲				和諧人際的取向
12歲			形式運思期	
13歲 青少年前期	兩性期	自我認同←→角色混淆		
14歲				
15歲				
16歲				
17歲				社會體制與制度取向
青少年後期 （18至22歲）	※		※	
成年早期 （22至34歲）	※	親密←→孤獨疏離	※	基本人權和社會契約取向
成年中期 （34至60歲）	※	創生←→頹廢遲滯	※	
成年晚期 （60至70歲）	※		※	
老年期 （70歲至死亡）	※	自我統合←→悲觀絕望	※	普遍正義原則

　　此外，佛洛伊德將人的人格結構分為本我（id）、自我（ego）及超我（superego）三種成分。本我是本能和衝動的源泉，是心理能量的主要來源，是與生俱來的。本我依據享樂原則（pleasure principle）表現生物性的基本需要，

此種思維稱作原始過程思維（primary process thought），特點是不關心現實的制約。自我是個人與環境有關的所有心理機能，包括知覺、學習、記憶、判斷、自我察覺和語言技能，負責協調本我與超我之間的衝突。自我對來自環境的要求做出反應，並幫助個人在環境中有效地發揮作用。自我依據現實原則（reality principle）來操作個體與環境互動及協調個人生物性之需求，在自我中，原始過程思維（即本我）要配合現實環境之要求，以更現實的取向來滿足個人的本我衝動，所以此思維為次級過程思維（secondary process thought）。次級過程思維即是一般我們在與人談論中所用的一般邏輯、序列思維，其必須要透過現實來體驗。超我包括一個人心中的道德格言——良心（conscience）以及個人成為道德高尚者的潛在自我理想（ego ideal）。超我為一個人的觀念，如哪些行為是適當的、可接受的、需要追求的，以及哪些是不適當的、不可接受的，提供一個良好的衡量，它也規定一個人要成為一個「好」人的志向和目標。兒童則是透過認同（identification）與父母與社會互動，在愛、親情和教養的驅使下，兒童積極地模仿他們的重要他人，並將社會準則內化，成為他們日後的價值體系及理想的志向。

(二)心理社會發展論

艾力克森（Erik Erikson, 1902-1994）是出生於德國的心理分析家，他擴展了佛洛伊德的精神分析論，並修正佛洛伊德的性心理發展，以社會化的概念解釋一般人（不限於病態人格），並擴及生命歷程發展的心理社會發展理論（psychosocial theory）。艾力克森主張個體在其一生的發展乃透過與社會環境互動所造成，成長是經由一連串的階段進化而成的（Erikson, 1968）（參見**表3-3**）。在人的一生中，由於個人身心發展特徵與社會文化要求不同，每一階段有其獨特的發展任務與所面臨的轉捩點（即心理危機），雖然這個衝突危機在整個人生中多少會經歷到，但此一時期特別重要，需要透過核心過程（central process），例如，幼兒期的模仿或認同、學齡兒童期的教育來化解心理社會發展危機，進而形成轉機，以幫助個體的因應能力，那麼個體行為則能獲得積極性地適應社會環境的變化，以促進個體的成長，更能順利地發展至下一個階段。艾力克森的心理社會發展理論強調解決社會衝突所帶來的心理社會危機，而非如佛洛伊德強調性與攻擊的衝突，因此，個體必須能掌控一連串的社會衝突，方能達到個體成熟（Erikson, 1982），衝突則是由於個體在文化上以及個體在社會所經歷

的處境所致。

心理動力論強調人際需要與內在需要在塑造人類人格發展中的重要性。佛洛伊德強調個人的性和攻擊衝動的滿足，而艾力克森則強調個人與社會互動中的人生發展，前者較著重童年期對成人行為之影響，而後者則強調個人一生中各個階段的成長。心理動力論認為兒童期的發展非常重要，同時也體察到如果我們冀望幼兒能成長為一健全的成人，則在幼兒階段便需要幫助他們解決發展上的衝突，而且成人與社會應扮演著重要的角色。此理論也深深影響兒童心理、教育及福利工作的實務者。

四、認知發展理論

認知（cognition）是經驗的組織和解釋意義的過程。解釋一個聲明、解決一個問題、綜合訊息、批判性分析一個複雜的課題皆是認知活動。而認知發展理論在1960年代之後除了一致性研究兒童智力發展的建構論點，研究也持續進行，理論也不斷修正，進而形成更周延的建構理論。建構理論（constructivist theory）主張個體是由處理經驗中所獲得的資訊，而創造出自己的知識，是針對理性主義和經驗主義兩者間對立之處而提出的一種辯證式的解決之道。這兩種理論的論點皆是探索個體是如何知悉世界萬物的方法。理性主義者（rationalism）視理性（即心智）為知識的來源，而經驗主義者（empiricalism）視經驗為知識的來源。建構主義者自1960年代之後才開始影響美國兒童發展和教育領域，其中以皮亞傑、維高斯基及布魯納為代表人物，其分別之論點，特分述如下：

(一)皮亞傑

皮亞傑（Jean Piaget, 1896-1980）是認知發展建構理論的先驅。他利用個案研究方法，長期觀察女兒，建立認知發展階段理論（參考**表3-3**）。除此之外，他長期蒐集一些不同年齡層的兒童解決問題、傳達夢境、道德判斷及建構其他心智活動之方法與資訊。皮亞傑主張兒童的思考系統是透過一連串階段發展而來，而且這些發展階段在各種文化中適用於所有的兒童。

皮亞傑假定，認知根植於嬰兒天生的生物能力（又稱之為反射動作），只要在環境提供充分的多樣性和對探索（遊戲）的支持，智力則會系統地逐步發展。

在皮亞傑的發展理論中有三個重要概念：基模、適應和發展階段。

■基模

依皮亞傑的觀點，兒童是經由發展基模來瞭解世間萬物的意義。基模（schema）是思考世間萬物要素的整合方式。對嬰兒而言，基模即行動的模式，在相似的情境當中會重複出現，例如嬰兒具有吸吮（sucking）和抓握（grasping）的基模，稍後隨基模逐漸分化及練習而發展出吸吮奶瓶、奶嘴和乳房的不同方式，或抓握不同物品的動作基模。基模是透過心理調節過程而形成的，它隨著個體成長與環境各個層面的反覆相互作用而發展，人終其一生皆不斷地產生並改變基模。

■適應

適應（adaptation）是兒童調整自己以適應環境要求的傾向。皮亞傑擴充演化論之適應概念，提出「適應導致邏輯思維能力的改變」。適應是一個兩方面的過程，也是基模的連續性與改變，此過程透過同化（assimilation）及順應（accommodation）。

同化是依據已有基模解釋新經驗，也是個體與外在互動造成過去基模的改變，同化有助於認識的連續性。例如有一幼兒小明認為留長鬍子的男性都是壞人，當小明遇到男性，他留著長長的鬍子，小明預料（認知）留鬍子的這位男性是壞人。在與這位陌生的留鬍子的男性在一起，小明認為這位男性是壞人。

適應過程的第二方面是順應，這是為說明物體或事件顯露出新的行為或改變原有基模，換言之，也是個體改變原有的基模以調適新的環境要求。例如小明如果與那位留著鬍子的男性相處的時間更久些，或與他互動，小明可能發現，這位男性雖留著鬍子，但他很熱情、親切並且很友善。日後，小明就瞭解到並非每個留著鬍子的男性都是壞人。

兒童即透過此兩個歷程增加其對世界的瞭解並增進個體認知的成長。在一生中，個體透過相互關聯的同化和順應過程逐漸獲得知識。為了得到新的觀點與知識，個體必須能夠改變其基模，以便區分新奇和熟悉的事物。個體之同化與順應之過程造成適應的歷程，也造成個體的心理平衡的改變。平衡（equilibrium）是在個人與外界之間，以及個人所具有的各個認知元素之間，求取心理平衡的一種傾向。當個體無法以既有的認知結構處理新經驗時，他們會組織新的心理型態，

以回復平衡的狀態（郭靜晃等，2001）。

■**發展階段**

皮亞傑的興趣在於理解人是如何獲得知識。認識（knowing）是一種積極過程，一種構造意義的手段，而不是瞭解人們知道哪些特定內容。皮亞傑的研究集中兒童探索經驗方式之基礎抽象結構，他對兒童如何瞭解問題的答案，比對答案本身更感興趣。基於這個觀點，他不斷觀察兒童如何獲知問題的答案過程，而創立了認知發展的基本階段理論，共分為四個階段：感覺動作期、前運思期、具體運思期和形式運思期。皮亞傑認為個體透過此四種認知成熟的基本模式成長，發展個體的邏輯推理能力。因此，他所指述的階段包含著能夠運用於許多認知領域的抽象過程，以及在跨文化條件下，在實際年齡大致相同的階段中觀察到的抽象思維過程。1960年代之後，許多研究兒童發展的學者除受皮亞傑理論之影響，也深入探究其理論，也有些人駁斥皮亞傑的理論並修正其理論而成為新皮亞傑學（neo-Piagetian theory）。

(二)維高斯基

維高斯基（Lev S. Vygotsky, 1896-1934）是一位蘇聯的心理學家，也是一位建構心理學的理論家，他原先是一位文學教師，非常重視藝術的創造，日後轉而效力發展心理學和精神病理學的研究。

維高斯基認為人同時隨著兩種不同類型的發展——自然發展和文化發展來獲得知識，創立「文化歷史發展理論」。自然發展（natural development）是個體機體成熟的結果；文化發展（cultural development）則是與個體的語言和推理能力有關。所以，個體之思考模式乃是個體在其成長的文化中，從他所從事的活動所獲得的結果。此外，進階的思考模式（概念思想）必須透過口頭的方式（即語言發展）來傳達給兒童。所以說來，語言是決定個體學習思考能力的基本工具；也就是說，透過語言媒介，兒童所接受正式或非正式的教育，決定了其概念化思考的層次。

維高斯基提出文化發展的三階段論，有一個階段又可再細分為一些次階段（Thomas, 1992）（見**表3-4**）。維高斯基認為兒童的發展是透過他們的「近似發展區」（zone of proximal development）或他們可以獨立自己運作。在這個區域

表3-4　維高斯基的文化發展階段

階段	發展內涵
階段一	思考是無組織的堆積。在此階段，兒童是依據隨機的感覺將事物分類（且可能給予任何名稱）
階段二	利用複合方式思考，兒童不僅依據主觀印象，同時也依據物體之間的連結，物體可以在兒童心中產生連結。兒童脫離自我中心思考，轉向客觀性的思考。在複合思考中，物體是透過具體性和真實性來進行思維操作，而非屬於抽象和邏輯的思考
階段三	兒童可從概念思考，也發展了綜合與分析能力，已具有抽象和邏輯思考能力

資料來源：Thomas, R. M. (1992), pp. 335-336.

中，兒童從比他們更成熟的思考者（如同儕或成人）提供協助，猶如建築中的鷹架（scaffolding）一般，支持並促使兒童發揮功能及學習新的能力。從維高斯基的觀點，學習指導著發展，而非先發展再有學習。維高斯基的理論近年來引起廣泛的注意，尤其是那些對皮亞傑理論有所質疑的兒童發展與教育學者，維高斯基的理論在語言及讀寫能力之教育應用上已有研究的雛型。

(三)布魯納

　　布魯納（Jerome S. Bruner, 1915-）如同維高斯基般，關心兒童思考與語言之間的關係，他提出三個認知過程：(1)行動模式（enactive mode）；(2)圖像模式（iconic mode）；(3)符號模式（symbolic mode）。

　　行動模式是最早的認知階段，個體透過動作與操作來表達訊息，大約在0至2歲的嬰兒期，嬰兒透過行動來表達他的世界，例如用手抓取手搖鈴表示他想說，或用吸吮物體表示他的饑餓。圖像模式約在2至4歲的幼兒期，兒童藉由一些知覺意象來表達一個行為，如用視覺的、聽覺的、觸覺的或動態美學的方式來表達其心中的圖像或其所目睹的事件。符號模式發展在5歲之後，由於兒童語言的擴增，可幫助其表達經驗並協助他們操作及轉化這些經驗，進而產生思考與行動，故語言成為兒童思考與行動的工具，之後，理解力得以發展。故兒童的認知過程始於行動期，經過了關係期，最後到達符號期，如同個體對事物的理解力般，一開始是透過動手做而達到瞭解，進而藉由視覺而獲得瞭解，最後是透過符號性的方式表達個體意念。

　　建構主義對幼兒發展的解釋，也影響日後幼兒保育及兒童福利。皮亞傑的認

知發展理論已被廣泛運用於幼兒的科學與數學領域的認知模式，維高斯基及布魯納的理論影響了幼兒閱讀與語言的領域，尤其在啓蒙讀寫之課程運作。

(四)柯爾柏格

柯爾柏格（Lawrence Kohlberg, 1927-1987）是生於美國的猶太人，由於生活中親身經驗到的道德兩難問題，1958年在芝加哥大學獲得博士學位，之後三十年，結合哲學、心理學及教育實務，致力於道德判斷發展歷程的研究（張欣戊等，2001）。柯爾柏格蒐集實徵資料，範圍遍及歐、亞、非三洲，包括工業化社會、開發中的社會、農業社會及部落社會，雖然他以個人建構爲道德原則的基礎，是相當西方式的個人主義，有時難以應用到部落社會，或以集體（社會）運作及和諧爲考量的東方社會。

柯爾柏格是皮亞傑道德認知論的追隨者，他又在皮亞傑道德發展理論（前道德判斷、他律道德判斷及自律道德判斷三階段）的基礎上，進一步修改與擴充，1950年代提出了他自己的一套兒童發展階段論（見**表3-3**）。

柯爾柏格與皮亞傑一樣，承認道德發展有一固定的、不變的發展順序，都是從特殊到一般，從自我中心到關心他人利益，而道德判斷要以其認知爲基礎，也皆強調社會之互動作用可以促進道德的發展。

道德發展的研究也吸引後面的學者研究兒童的道德情感（例如，良心、道德感化）、道德行爲（例如，攻擊行爲、利社會行爲、誘惑抵制），以及道德調節。這些研究應用對於社會上培養與教育兒童道德行爲有很大的啓發，尤其對於現代兒童少年價值的功利、行爲反常、受外在環境所誘惑，如果能有效地對兒童少年進行道德教育，探索兒童道德發展之心理機制，並促進兒童發展高層次的道德判斷，對於社會上之不良風氣及偏差行爲應可產生抑制作用，而促進兒童少年之發展及福利。

五、生態環境理論

生態環境理論（ecological theory）視兒童整個人爲其周遭環境系統所影響，此理論可應用解釋到兒童保育及兒童福利。此理論相對於個體之成熟論，是由Urie Bronfenbrenner（1917-）所倡導的。他認爲人類發展的多重生態環境，是瞭

解活生生的、成長中的個體如何與環境產生互動關係，他將環境依與人的空間和社會距離，分爲連環圖層的四種系統——微視、中間、外部和鉅視等系統（見圖3-5）。個體被置於核心，個體受其個人的原生能力及生物基因的影響，以及日後受環境互動中所形成個人的經驗及認知，稱之爲微視系統（microsystem），而與個體最密切的家庭或重要他人如照顧者、保母與個人互動最直接與頻繁，故影響最直接也最大。中間系統（messosystem）是各微視系統（如家庭、親戚、同儕、托育機構、學校、宗教機構等）之間的互動關係，兒童最早的發展即是透過與這些微視系統所組成之居間系統的接觸而達成社會化，進而瞭解最早的周遭環境。外部系統（exosystem）是指社會情境直接影響其中間系統的運作，間接地影響兒童的發展，例如父母的工作情境、學校的行政體系、政府的運作、社會制度或民間團體等等。最後是鉅視系統（macrosystem）是直接受到各個社會文化的意識形態和制度模式所影響，例如社會文化、社會意識形態和價值觀，直接影響外部系統、中間系統及微視系統的運作，再間接影響個體的發展。

在Bronfenbrenner的理論中，人類發展最重要的本質是透過與環境互動增加個體適應社會的能力。年幼的兒童因個人之成熟性不夠，受微視系統影響最大，隨著年齡的成長微視系統擴大，個體可從家庭、托育機構、學校、社區或宗教組

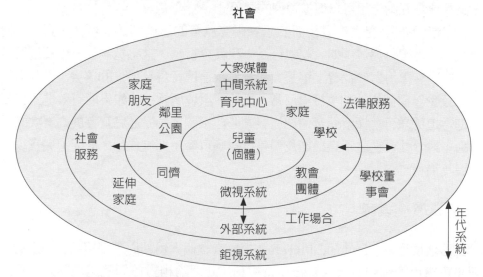

圖3-5　生態系統理論的系統組合

資料來源：郭靜晃（2005）。

織，甚至擴大個人生活圈與同儕接觸及多媒體的影響。就此理論運用到兒童托育，個體發展受個人基因遺傳、家庭及托育環境（空間、玩物、課程）、同儕機構行政與社會對托育價值的影響。

生態環境論著重兒童對於周遭環境的詮釋，以及這些詮釋是如何改變的。所以兒童發展工作者在解釋兒童行為之時，必須先瞭解兒童身處情境中的知覺，才能對兒童的行為有所體認。而兒童的行為深受環境中任何一個環節（系統）所衝擊，環境中家庭、學校、社區與文化皆息息相關，唯一是透過正面地影響兒童身處的社區及社會的改善，並透過這些環境的支持與協助，才能改善不好的發展因素，以促進正向的兒童發展。兒童身受其所處的家庭、社區、大眾傳播媒體、社會教育及福利政策，以及社會文化價值所影響，而兒童福利工作者更要整合兒童所處環境的各種資源，幫助兒童及其家庭適應環境的要求、期待及衝擊，培養身心健全的個體。

六、一般系統理論

一般系統理論係由生物學家柏塔蘭非（L. von Bertalanffy）所創，其於1920年起即開始發表相關論文，直至1972年辭世，始終不輟，貢獻甚大。一般系統理論乃屬「數學－邏輯」的領域，其任務在於形成並抽引通用於各種系統的一般原理原則。組織結構與歷程之間的互動關係，一直是組織理論中一個主要的論題，對於組織（organization）這個奧蘊的命題，「系統研究」（system approach）提供了一個可以作為描述、解釋與預測的參照架構。

系統乃是組織原素交互作用所形成的複合體，亦即一組相關聯的原素交互作用，追求共同目標的達成。一般系統理論的基本觀念中，有關系統的構成要素，是指透過它們彼此的交互作用可達成系統目的之組成部分；系統的界限，係指把系統與外在環境分開，將輸入與輸出要素分開而言。輸入是指穿透界限而進入系統內的所有因素；輸出則指從系統中輸送到外在環境或緊臨系統中之所有的能源與訊息；至於系統的目的，則指該系統對外在環境或緊臨系統所應實現的功能而言（黃昆輝，2000）。

一般系統理論不僅重視組織的結構，也會注意分析歷程的概念，亦即促使研究組織內次系統各構成要素或次系統彼此間之交互作用。簡言之，系統論兼重結構的靜態概念與歷程的動態概念。

然而一般系統理論的最大缺點，即是把人看得過於機械化；尤其在研析人類社會現象時，把社會當作一部機器來處理。故一般系統理論被認為是顯著的非人性化。其次，一般系統理論把社會現象視為自然現象，認為社會現象同樣依循自然法則而運作，這並不正確。再次，我們對系統概念的界定及評量所知有限，對於無數系統的變因，至今仍未有確當的方法加以界定和評量。

社會行政的歷程，牽涉到許多複雜的哲學觀、社會福利思潮、社政體系，也涉及組織發展的沿革、社會意識及民眾觀點……等；從社會系統理論的觀點而論，社會福利行政人員應兼顧組織效能與效率，提高成員的工作成就；慎訂法令規章與律則，降低衝突的發生頻率；強調合理歸屬與認同，激化高昂的服務士氣；重視訊息輸入與回饋，增進組織運作的實質效益；善用律則個殊與交叉，塑建優質的領導作為；運用良好的公共關係，強化專業的組織形象，如此，不僅可以讓成員對於組織有認同感、工作有成就感，也可以讓組織中形成積極支持的文化與氛圍，以發揮社會福利行政的功能。

從一般系統理論可獲得以下的主要啟示，就是：行政措施要通盤考慮並把握重點，宜訂定明確目標實施目標管理，應建立目標共識促進分工合作，須注重回饋作用增進行政績效，並應重視訊息輸入提升人員知能。

第三節　兒童福利的科學研究法

近代兒童發展研究最重要的特徵是方法科學化（張欣戊等，2001）。科學方法使我們創立了知識體系，事實上它是一種發展蘊含訊息的方法，這方法保證訊息正確的程序。進一步來說，科學研究是人類追求知識或解決問題的一種活動，藉由科學研究的活動，使人類能瞭解事實真相，進而解決問題，使人類生活素質得以提高。

兒童福利既是一項實務工作，也是一門對科學研究結果加以應用的學問。兒童發展研究最主要的目的在於瞭解兒童發展的連續性以及對於變化模式加以描述和解釋，而兒童托育研究的主要目的在於瞭解幼兒發展上的順序和預期的模式。兒童發展與兒童托育最常見的一個變項（variable）就是年齡，那是其他心理學所沒有的。研究年齡變化之研究設計有四種：回溯研究、橫斷研究、縱貫研究，以及族群輻合研究。

一、回溯研究

　　使用**回溯研究**（retrospective study）的研究者常會要求受試者回憶並描述他們早期的經驗。許多探討兒童教養的研究，利用父母對育兒經驗的追憶來評估兒童行為的模式。佛洛伊德詢問有精神症狀的成人其早期生活經驗，並從中嘗試找出早期經驗與其成年精神病症的關聯性；而研究家庭婚姻滿意度的研究者嘗試問結婚三十年的夫妻，他們在結婚二十年時、十年時及剛結婚時的互動情形或他們對婚姻的滿意情況；或父母對子女施虐之行為，瞭解其早期是否有受虐之經驗，或其父母言教的經驗。這一種方法可獲得一個人對過去事件所保留的記憶的材料，但我們不能確信是否這些事件確實像他們記憶那般；因為時間的轉移，有可能會使我們對往事意義的記憶產生變化；或因我們認知熟度的增加而影響我們的態度或對往事的記憶（Goethals & Frost, 1978）。

二、橫斷研究

　　橫斷研究（cross-sectional study），是在一個固定時間觀察數組不同年齡的兒童；同時，此種設計也可應用到不同社會背景、不同學校或不同社會團體的人來進行研究。這種設計可普遍應用於研究兒童及少年的生活狀況調查，研究者可以比較不同身心水準或不同年齡的兒童及少年，瞭解兒童及少年特定的身心發展領域是如何隨著年齡之不同而有所差異；此外，研究者也可比較各種不同社經水準的家庭，探討其育兒方式有何差異。如**圖3-6**所示，於2012年觀察10、15及20歲等三組兒童（他們分別出生在2002、1997及1992年），此研究設計便是橫斷研究法。

三、縱貫研究

　　縱貫研究（longitudinal study）指在不同時期反覆觀察。觀察間隔可能是短暫的，例如出生後的立即觀察或間隔幾天再觀察；觀察間隔也可能是一段長時間，如**圖3-6**所示，若在2012、2017及2022年，十年內分三次重複觀察某組出生於2002、1997及1992年的兒童（此組兒童在三次觀察時年齡分別為10、15及20

出生年 觀察年	2002	1997	1992
2012	10	15	20
2017	15	20	㉕
2022	20	㉕	㉚

→ 橫斷研究

↓

縱貫研究

註：㉕、㉚已超過青少年年齡層。

圖3-6 橫斷研究與縱貫研究

歲），此種研究設計是為縱貫研究。

縱貫研究的優點在於使我們能對一組個體的發展歷程做追蹤式重複，並從中瞭解個體隨著年齡的成長而產生身心行為的變化。縱貫研究法很難完成，尤其是受試者必須參與涵蓋相當長的年齡階段，如兒童時期到成年期。在這個階段中，受試者可能退出研究，造成受試者的亡失（mortality）；也有可能是調查者失去經費，或對研究計畫失去興趣，或者實驗方法已落伍了；也或者曾經是很重要的問題，現在已不再重要了，這些都可能是縱貫研究法難以繼續或完成的原因。

四、族群輻合研究

族群輻合研究（the sequential design）是將橫斷和縱貫兩種設計方法合為一種的研究方法（Schaie, 1965）。參與者的各組受試者叫作族群（cohort group），這些受試樣本是經由抽樣過程選定的，如圖**3-7**，受試者在年齡上相差一定的歲數，吾人在2012年進行研究時，選取10歲（2002年出生）、15歲（1997年出生）及20歲（1992年出生）的受試者，這是橫斷研究；然而每隔五年針對某一族群進行訪談，直到10歲受試者成長到20歲，這是縱貫研究；當某一族群的年齡超過20歲時就退出青少年研究，又再次抽取新的族群（研究時剛好是10歲），到了公元2017年時，只剩下15歲及20歲組，因此，研究者必須再抽取10歲（2007年出生），此時才能構成第二組的10歲、15歲及20歲組青少年，進行第二次的橫斷研究。而當2012年是10歲（2002年出生）及2017年是10歲（2007年出生），以及2022年也是10歲（2012年出生）是同期年齡的比較。族群輻合研究設計的各成分

列於圖3-7。

　　族群輻合研究是橫斷比較和縱貫比較的聯合，它是一種非常強而有力的發展研究方法。它不但可產生立即橫斷的比較，而且在五年或十年之後也可以產生縱貫的比較，此外也可以有相同年齡的族群比較（cohort comparison）。使用這種方法不僅可以瞭解年齡的成長改變，還可以瞭解社會和歷史的因素所造成的差異。

　　發展的改變雖然千變萬化，但研究方法仍是萬變不離其宗，所以是以橫斷研究和縱貫研究為基礎（張欣戊等，2001）。此外，研究發展的方法有很多種，每一種皆有優缺點，所以研究者所選擇的任何研究方法或設計必須適合研究者所要研究的問題。社會行為研究的方法有許多不同的分類，任何一種都可用在兒童發展與保育的研究上。應用最廣泛的兩種分類為質化（qualitative）研究和量化（quantitative）研究方法。質化研究方法是針對非數據性的觀察、面談或是書面資料的分析，最具知名的為應用在深度（in-depth）訪談中，用以瞭解兒童解決問題的策略和認知思考，此種方法也適用於研究道德發展、人際關係的發展和社會行為的研究。大部分兒童發展與保育的研究是量化研究，此種研究是針對數據的

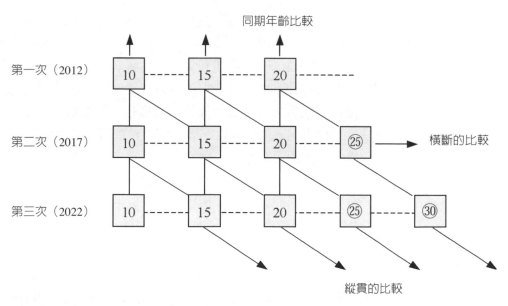

註：㉕、㉚已超過青少年年齡層。

圖3-7　族群輻合研究

測量與分析。上述兩種分類方式並非用來解釋研究設計的最好分類方法。接下來將介紹五種常用的兒童福利研究方法：觀察法、實驗法、調查與測驗法、個案研究以及訪談法。

(一)觀察法

觀察法是研究者基於研究目的，客觀記錄兒童在家庭或學校中的行為。這是研究兒童發展最古老的方式之一。皮亞傑在他的認知發展理論的形成中，就是對自己的孩子進行自然觀察。現今有些觀察者也將此種方法應用到家庭、學校、托育中心或托兒所進行觀察；也有的觀察者請受試者在人為的實驗情境中來進行觀察，以便進行人為的控制。前者稱為直接觀察法或自然情境觀察（natural setting observation）；後者稱為控制觀察法或實驗情境觀察（lab setting observation）。這種研究是在檢查各種有關的行為，優點是：(1)能夠隨時獲得自然發生的反應；(2)可讓正在發生的實際行為啟發研究者瞭解為何產生。缺點是：(1)究竟發生什麼行為，不同觀察者之間常常也難取得一致意見，因此當有兩個或兩個以上觀察者記錄同一情境時，為了證實他們的記錄是否具有一致性，我們還要評估其一致性的程度（degree of agreement）或進行評分者間信度（inter-rater reliability）考驗；(2)有些環境中活動過於頻繁，因而很難全部予以精確觀察，因此研究者必須掌握一些工具，如抽樣系統或錄影技術來幫助我們進行兒童行為觀察。

　　錄影技術提供我們一個有效觀察的工具，它既適合實驗情境，也適合自然情境的觀察。另外一個抽樣系統可分為時間取樣與事件取樣。時間取樣（time sampling）是在事先設定的時間內，以規律性間隔或隨機性間隔，觀察和記錄所選擇的行為。時間取樣中研究者要確定所觀察的行為是否具有代表性是很重要的。研究者可決定時間間距（time interval），例如以15秒、30秒或1分鐘為單位，在這段時間以外所發生的行為和事件則不加以記錄。另一種方法是事件取樣（event sampling），它是以事件發生為重點，而時間取樣是以時間為重點，兩者之間的步驟和結果都大不相同。事件取樣只選擇某一特定之事件作為記錄的對象。事件是指某特殊範圍的行為，例如兒童的攻擊行為或社會戲劇遊戲。當觀察這些特定行為時，我們必須先確定這些行為是否合乎操作型定義（operational definition），如果是，那麼就代表行為具有吾人想研究的屬性，再進行整個研究觀察與記錄。除了上述時間抽樣法及事件抽樣法外，觀察記錄法還可分為採樣記

錄法、日記式記錄法、軼事記錄法、檢核表法及量表法等。

(二)實驗法

　　實驗法主要是讓研究人員可以推論獨立變項（independent variable）與依變項（dependent variable）之間的因果關係。這是因為實驗法可以讓研究人員操弄（manipulate）、實驗或控制獨立變項（或處遇變項），並觀察依變項變化的研究設計。例如研究人員想要知道不同的托育環境（獨立變項）是如何影響兒童的適應行為（依變項），則可以用實驗設計來進行，或評估不同服務方案（獨立變項）之實施對標的兒童幸福感之提升（依變項）。

　　在實驗設計中，一組受試者通常會接受另一組不同的經驗或訊息〔通常稱為處遇（treatment）〕。接受處遇的受試組稱為實驗組（experimental group）；而不接受處遇的受試組則為控制組（control group）。這兩組在接受任何處遇之前，分派到實驗或控制組是根據隨機（即沒有順序、規則或型態的原則）選定（抽樣）及隨機分派的原則；換言之，各組的受試者在沒有接受處遇之前，假設他們之間是沒有差異的，之後這兩組行為上的差異就歸因於處遇的不同（這稱為組間控制，樣本為獨立）。在另一種實驗設計是只對一組受試者（沒有所謂實驗組及控制組之分），在接受處遇之前與之後，或在各處遇之間比較其行為的差異。這種處遇前後行為的差異是來自實驗處理的安排，這種設計稱為組內控制，樣本為相依。

　　實驗法的優點是具有解釋變項之間的因果關係，但限制乃是在於控制的應用；換言之，我們不能確定在實驗室的人為控制情境如何應用到真實世界的自然情境。例如把實驗控制的依戀行為（母親是否在場或陌生人是否在場時，孩子的行為反應）應用到家中，或教育機構時，孩子的行為可能會有所不同。

　　兒童福利的許多研究是採用準實驗法（quasi-experimental method）；也就是說，研究者也研究他們感興趣的因果關係的研究或變項，但他們並不實際操控它，例如研究時我們所抽取的樣本，其本身在抽樣時已包含了不同的家庭型態（例如單親或雙親家庭），或不同的父母教養態度（民主、權威或放任式的教養態度），對兒童、青少年或成人之影響。

(三)調查與測驗法

　　調查研究主要的目的是探索變項表面意義所隱含的事實，或描述變項在特定群體的分配，例如普查的研究就是以描述爲目的。當研究者想瞭解全國兒童的生活狀況而進行的調查是一普查的行爲，而且是以描述爲目的。調查研究是從大量樣本蒐集特定的訊息，方法可分爲問卷調查、電話訪談及親自訪談等。例如內政部對全國兒童進行家庭的訪查，調查內容則是針對成人對待兒童的行爲。調查的方法可以用來蒐集有關態度的訊息（你認爲老師可以對學生進行體罰嗎）；關於現有生活行爲和習慣的訊息（你每天可以自由運用的時間是多少）；關於知覺的訊息（你的父母是如何與你溝通）。

　　調查的問題可按標準型式準備好，對回答也按事先設定好的一系列類別進行登錄；這種方式是結構式的問卷，通常是以紙筆測驗方式進行。一份設計良好的調查問卷，問題陳述清楚，備有可選擇的答案，這些選擇答案不是模稜兩可或內容重複。另外調查的問題也可使用開放式的問題，讓受試者自由回答，再經研究者深度（in-depth）的深探（probing）以達到研究者的目的，這種問題及方式是屬於非結構式的問卷。也有結構式的問題加上非結構式的問題合併成爲半結構式的問卷。如果研究是讓受試者直接回答調查問題，受試者必須具備讀寫能力，否則要讓研究者讀出調查的問題讓受試者瞭解，以便他們能回答。調查法也可和觀察法合併，是讓研究者直接觀察受試者以得到研究問題的答案。

　　測驗法在形式與調查法相似。通常測驗被設計來測量某一種特殊的能力或行爲特質，如智力、成就能力，是以一組標準化（standardize）過的問題給兒童做；或讓幼兒做一些作業或工作（task），從中評定幼兒的特質。

　　測驗必須是可信（reliable）和有效的（valid）。當對同一受試者的每次測量都能得到幾乎同樣的分數或診斷時，則此測驗是可信的。測驗有信度（reliability）是指測量結果的誤差小。測量信度可被區分爲兩類：(1)穩定性（可參考再測信度、複本信度、評分者內信度等）；(2)一致性〔可參考郭靜晃與徐蓮蔭譯（1997）：折半信度、KR-20信度、α信度、評分者間信度等〕。該測驗若能測得本身所眞正要測量的內容時，則此測驗是有效的。設計測驗的人必須規定什麼是研究者想測量的；他們也必須提供證據，證明測驗確實測量了此一建構（Messick, 1989）。效度種類很多，主要目的是找出其測量的適當性，請參考相

關的效度內容，如內容效度、邏輯效度、效標關聯效度、建構效度等（郭靜晃、徐蓮蔭譯，1997）。

(四)個案研究

個案研究是對個人、家庭或社會群體做更深入的描述，目的在描述特定的人或群體的行為，通常用於描述個體經歷或考察與理論預見不一致的現象。目前日漸趨之若鶩的質化研究也常常應用此種研究設計。

個案研究可以各式各樣的訊息來源作為依據，包括訪談、治療過程的對話、長期觀察、工作記錄、信件、日記、回憶錄、歷史文獻等。

發展研究也常使用個案研究，如心理分析學派大師佛洛伊德曾用此方法澄清某些精神障礙疾病的起因；女兒安娜則描述一群孤兒（社會群體）的依戀發展，該研究描述第二次大戰期間生活在集中營裡的一群孤兒彼此的依戀，以及日後重返正常社會環境中，相互維持情感的策略。此外，皮亞傑對女兒進行長期觀察，並透過訪談技巧建立兒童的認知結構概念。

個案研究被批評不太科學，因為個體不能代表大規模群體，而是以一個案去概論（generalize）其他個體或群體，所以必須更加小心謹慎。另外，個案研究也被批評缺乏可靠性，因為不同的研究者對同一受試者進行研究，也可能因事件或對事件的詮釋不同而造成不同的觀點。

符合科學觀察標準的個案研究必須有明確的研究目的和蒐集資料的系統方法；同時真實的記錄及令人信服的個案資料，才能刺激兒童福利理論和實務的發展。

(五)訪談法

訪談法也可以和上述的研究方法共同使用，主要是以與個案者面對面的談話為依據。這個方法適用於個案研究，也適用於群體推論的研究。同時，訪談法可以是結構式或開放式的口頭調查。應用到兒童保育的研究時，研究者可將想得到的資料（基於研究目的）與父母、保育兒在兒童家中或保育機構中面對面的溝通，以達到瞭解幼兒行為或進行幼兒行為矯治工作的目的。

一個人的回答極易受訪談者的影響。訪談者可利用微笑、點頭、皺眉或看別處，故意或無意地表示贊成或不贊成，以期在建立親密關係和影響回答之間保持

一微妙的界限。

以上五種研究兒童發展與保育常用方法之定義及其優缺點，概要整理如**表 3-5**。

表3-5 兒童發展與保育常用五種方法的優缺點

方法	定義	優點	缺點
觀察法	行為的系統描述	記載不斷發展中的行為；獲得自然發生、沒有實驗干預的資料	耗費時間，故需要仔細訓練觀察者；觀察者會干擾正常發生的事物
實驗法	將其他因素保持恆定，通常改變一些條件而控制其他條件以分析其中因果關係	可檢驗因果關係假設，可控制和分離特殊變量	實驗室的結果不一定適合其他環境；通常只注意單向因果關係模式
調查與測驗法	對大群體問一些標準化問題	可從大樣本中蒐集資料；不大要求訓練；使用非常靈活方便	修辭和呈現問題的方式會影響作答；回答可能與行為無密切關係；測驗可能不適於學校或臨床環境
個案研究	對個人家庭或群體的深入描述	注重個人經驗的複雜性和獨特性	缺乏普遍性；結果可能帶有調查者的偏見，難以重複
訪談法	面對面的交談，每個人都可充分闡明他（她）的觀點	提供複雜的第一手資料	易受調查者成見的影響

資料來源：郭靜晃、吳幸玲譯（1994），頁27。

 ## 第四節　運用兒童發展知識於兒童福利實務

兒童發展在探討個人的先天與後天，也就是遺傳與環境對兒童在各層面，諸如認知、語言、生理、情緒、社會等的影響，而發展上的規律性造成個人差異，諸如文化、語言、社會階層及發展上之差異。兒童發展相關的知識與理論提供了一常態的、平均的發展趨勢，但是遺傳、環境及社會事件也會造成個人之影響，例如不平等的對待及特殊需求兒童的發展。兒童是國家未來的主人翁，有其社會生存的權利，如果兒童成長的環境與文化不能促進兒童達成一般或促進其潛能發展，社會工作服務則需發展、規劃各種不同的處遇計畫，落實兒童身心成長之需求及倡導兒童福利事業。

在現代社會發展中，兒童面臨一些不利生存的因子，例如，不被期望的出生、身心障礙兒童、重症病童、貧窮、出生率降低、猝死、家庭破碎，而造成流浪兒童、受虐兒童、愛滋病兒童或失親（依）的兒童。兒童福利之本質為促進兒童及少年身心健全發展、保障其權益，增進其福利（兒童及少年福利與權益保障法第1條規定），給予兒童少年一健全成長的環境、擁有快樂的童年、讓兒童免於恐懼、免於人身安全危險，以及免於經濟困頓之兒童照顧，這是執政當局，也是整體社會共同追求的願景，更是攸關國家人口素質及社會發展的指標，準此，世界各國皆積極地挹注經費、人力，制訂不同的服務方案，以確保兒童福利的保障，在執行各項兒童福利計畫時，宜先考量兒童不同年齡層次以及不同層面的發展。以下乃以兒童之年齡區分，就兒童福利之服務層面──「善種」、「善生」、「善養」、「善教」及「善保」之五善政策原則來敘述兒童福利應發展的方向與業務。

一、懷孕及胚胎期

　　兒童發展的起始在於精子與卵子受孕的一瞬間，此時期約266天，故父母先天遺傳基因的完善，才能排除不良的遺傳。為了預防不良遺傳，只能從婚前檢查及產前篩檢著手，故兒童福利工作者需要瞭解相關遺傳的生物學知識，與醫療單位結合資源，積極推展優生保健概念，以促進兒童「善種」規則。其有關服務有：

1.婚前健康檢查與遺傳諮詢服務。
2.婚前性教育與兩性教育的推展。
3.準父母教育。
4.對貧窮婦女及家庭給予營養補助。
5.胎教的倡導及對孕婦提供可能的支持方案。
6.對危機受孕父母做強制性的體檢。

二、嬰兒期

　　自出生至2週為新生兒，2週至2歲為嬰兒期，此時期是人生發展最快及最重

要的發展階段，在生命中的第一年裡，體重可成長至出生時的3倍；2歲時，運動、語言、概念形成的基礎已具備。在此時期的發展與保育、營養衛生保健、疾病預防及給予依戀及信任是必需的，此外，適當的教育也是相當重要的。兒童福利工作者除了積極善種兒童安全與健康生長之環境，發揮「善生」之精神，另一方面也要規劃支持及補充父母因不能親自照顧子女的教育計畫，例如，保母、托嬰所，以及提供兒童能多元參與學習及受到良好生活照顧，使其潛能得以發展之「善教」精神。此時期的兒童福利服務有：

1.提供親職教育。
2.提供量足質優的托嬰中心及家庭（保母）照顧。
3.安全教育的宣導。
4.倡導兒童生存、保護及發展的兒童權利，禁止兒童被販賣。
5.提倡家庭生活教育。
6.落實出生通報制。

三、學步期

學步期又稱嬰幼兒期，2至4歲左右，在此階段的幼兒總是活動不停、好問問題、幻想。在此階段的發展與保育，預防意外產生、營養衛生保健、親情與教育的提供是必需的。

在此時期的兒童福利服務除延續上一階段「善生」及「善教」的精神，更要保護兒童，尤其是弱勢兒童的發展權利，以落實「善保」的精神。相關兒童福利服務有：

1.倡導兒童不能單獨在家之法令、預防幼兒不當教養與照顧。
2.規劃各種補助方案，支持不利地位及高危險家庭的兒童照顧。
3.兒童保護的宣傳與落實。
4.規劃量足質優的托育機構。
5.發展篩選服務及早期療育服務。

四、幼兒期

　　從4至6歲，此階段的幼兒已受到複雜的社會所影響，在此階段的幼兒大多會去上托育機構（幼兒園），台灣在4至5歲左右托育率約有80%，而5至6歲的幼兒則有96%是在托育機構受到照顧與教育。除家庭與托育機構外，同儕團體、鄰里環境及電視對幼兒期的自我概念也產生具體影響，在此時期的發展與保育需要上，安全、營養、衛生及生活自理能力的培養也是相當重要的。因此，此時期的兒童福利服務要重視「善生」、「善教」、「善保」之外，也要加強促進兒童因成熟發展所衍生之各種生理與心理需求滿足的「善養」精神。此時期相關的兒童福利服務除延續上階段服務之外，還需要有：

1. 健全兒童托育政策，使兒童能獲得優質的照顧。
2. 淨化媒體，避免給予兒童心靈污染的節目、預防幼兒過早及過度使用3C產品。
3. 提供兒童及其家庭諮詢輔導服務。
4. 提高貧窮線，給予需要的家庭生活扶助或醫療及托育補助。
5. 提供兒童適當休閒、娛樂及文化活動。
6. 加強家庭之外的社區支援系統，以健全兒童成長環境。

五、兒童期

　　從6至12歲，又稱學齡兒童期或兒童後期，對於日後適應社會能力的培養相當重要，包括親子關係、同伴友誼及參與有意義的人際交往，對於日後因應青少年期的挑戰是必要的。此時期的兒童大多是快樂、充滿活力及有意願學習的。在發展與保育需要上，教育及培養技能可說是最為優先要務。此時期的兒童福利服務除需要有「善生」、「善教」、「善保」及「善養」的精神，相同服務除延續上一階段外，還需要有：

1. 規劃各種兒童課程照顧方案。
2. 兩性教育及性教育之推展。
3. 健全適齡適性及適文化之教育。

4.加強校園安全，防止校園霸凌及校安事件發生。
5.落實學校社工制度。

六、青少年前期

從生理的突然衝刺到生殖系統成熟，出現第二性徵，在此時期的少年歷經思春期的變化，約在10至18歲。除了生理的變化，還有明顯的認知成熟及對同伴關係特別敏感。這一階段的特點是確定對家庭的自主性及發展個人認同。在此階段發展與保養的需要上，性教育及獨立生活的培養，以及在同儕互動中產生正向之自我評價是必需的。此時期除了延續上一階段的兒童福利服務之外，加上此一階段正值青春期，需要有一些服務規劃，目標是滿足少年的身心發展，強調少年的發展性、保護性及育樂性。

1.預防中輟問題及少年犯罪。
2.強化生活輔導及社會技巧訓練。
3.規劃不同性質的安置機構。
4.提供少年家庭的處遇。
5.推展少年健康休閒。
6.預防未婚懷孕、生子及自殺事件產生。
7.強化就業準備及生涯發展。

 ## 本章小結

「人」的全人發展之起點是從個體受孕開始，一直到終老死亡為止，而兒童發展為全人發展中的一環，更是人類行為的詮釋。發展的基本概念是行為改變，但並非所有的行為改變都具有發展性。從社會學及心理學的觀點來看人生歷程，前者是隨著時間的推移而產生行為的改變（包括社會的變遷、結構、規範及角色等）；而後者指的是工作以及家庭生活階段順序排列的概念。本章從人類生命週期（發展階段）與全人發展的觀點，探討在不同的階段中每個個體所呈現的成長變化、發展與行為。

另外，本章探討了許多有關兒童發展的相關研究，最主要的目的在於瞭解兒童發展的連續性，以及對於變化模式加以描述和解釋，例如兒童托育研究主要目的在於瞭解幼兒發展上的順序和預期的模式（年齡變化的研究有回溯、橫斷、縱貫、族群輻合研究），另外也提到五種常用的兒童福利研究方法（觀察法、實驗法、調查與測驗法、個案研究以及訪談法）等。綜合上述所提到的各種研究方法（第一章第四節也探討了有關兒童福利服務相關研究），各有優缺點，所以無論使用何種研究方法，選擇時必須針對研究問題設計。

　　兒童福利的本質是為了保障兒童及少年的權益及建構一個健全的、快樂的成長環境，執行當局必須確切落實相關的福利政策，滿足兒童及少年的需求，進而使其身心能獲得健全的發展，這也是整體社會所共同追求的願景。

參考書目

一、中文部分

朱智賢（1989）。《心理學大辭典》。北京：北京師範大學出版社。

馬慶強（1996）。〈發展心理學〉。輯於高尚仁編著，《心理學新論》。台北：揚智文化。

張欣戊等（2001）。《發展心理學》（第三版）。台北：國立空中大學。

張春興（1991）。《張氏心理學辭典》。台北：東華書局。

郭靜晃（2005）。《兒童發展與保育》。台北：威仕曼。

郭靜晃、吳幸玲譯（1994）。《發展心理學：心理社會理論與實務》。台北：揚智文化。

郭靜晃、徐蓮蔭譯（1997）。《家庭研究方法》。台北：揚智文化。

郭靜晃、黃志成、陳淑琦、陳銀螢（2001）。《兒童發展與保育》。台北：國立空中大學。

陳怡潔譯（1998）。《人類行為與社會環境》。台北：揚智文化。

黃志成（1999）。《幼兒保育概論》（第二版）。台北：揚智文化。

黃昆輝（2000）。一般系統理論。載於國立編譯館（主編），《教育大辭書》（一）。台北：文景。頁17。

蘇建文等（1991）。《發展心理學》。台北：心理出版社。

二、英文部分

Atchley, R. C. (1975). The life course, age grading and age-linked demands for decision making. In N. Datan & L. H. Ginsberg (Eds.), *Life-span developmental psychology: Normative life crises*. New York: Academic Press.

Bandura, A. (1977). *Social learning theory*. Englewood Cliffs, NJ: Prentice-Hall.

Bandura, A. (1986). *Social foundations of thought and action: A social cognitive theory*. Englewood Cliffs, NJ: Prentice-Hall.

Bandura, A. (Ed.) (1971). *Psychological modeling: Conflicting theories*. Chicago: Aldine-Atherton.

Bandura, A., & Walters, R. H. (1963). *Social learning and personality development*. New York: Holt, Rinehart & Winston.

Brim, O. G., Jr. (1976). Theories of the male mid-life crisis. *The Counseling Psychologist, 6*, 2-9.

Clausen, J. (1986). *The life course: A sociological perspective*. Englewood Cliffs, NJ: Prentice Hall.

Elder, G. H. Jr. (1975). Age differentiation and the life course. *Annual Review of Sociology, 1*, 165-190.

Elder, G. H. (1981). Social history and life experience. In D. H. Eichorn, J. A. Clausen, N. Haan, M. P. Honzik, & P. H. Mussen (Eds.), *Present and past in middle life* (pp. 3-31). New York: Academic Press.

Erikson, E. H. (1963). *Childhood and society* (2nd ed.). New York: Norton.

Erikson, E. H. (1968). *Identity: Youth and crisis*. New York: Norton.

Erikson, E. H. (1975). *Life history and the historical moment*. New York: Norton.

Erikson, E. H. (1982). *The life cycle completed: A review*. New York: Norton.

Feldman, H., & Feldman, M. (1975). The family life cycle: Some suggestions for recycling. *Journal of Marriage and the Family, 37*, 277-284.

Gesell, A. (1952). Developmental pediatrics. *Nervous Child, 9*.

Goethals, G. R., & Frost, M. (1978). Value change and the recall of earlier values. *Bulletin of the Psychonomic Society, 11*, 73-74.

Hagestad, G. O., & Neugarten, B. L. (1985). Aging and the life course. In R. Binstock & E. Shanas (Eds.), *Handbook of aging and the social science* (pp. 35-61). New York: Van Norstrand Reinhold.

Hurlock, E. B. (1968). *Developmental psychology* (3rd ed.). NY: McGraw-Hill.

Katchadourian, H. A. (1976). Medical perspectives on adulthood. *Daedalus, 105*, 29-56.

Livson, F. B. (1981). Paths to psychological health in the middle years: Sex differences. In D. H. Eichorn, J. A. Clausen, N. Haan, M. P. Honzik, & P. H. Mussen (Eds.), *Present and past in middle life* (pp. 195-221). New York: Academic Press.

Messick, S. (1989). Meaning and values in test validation: The science and ethics of assessment. *Educational Researcher, 18*, 5-11.

Mischel, W. (1973). On the interface of cognition and personality: Beyond the person-situation debate. *Psychological Review, 80*, 252-283.

Miernyk, W. H. (1975). The changing life cycle of work. In N. Datan & L. H. Ginsberg (Eds.), *Life-span developmental psychology: Normative life crisis*. New York: Academic Press.

Moen, P., & Howery, C. B. (1988).The significance of time in the study of families under stress. In D. Klein & J. Aldous (Eds.), *Social stress and family development* (pp. 131-156). New York: Guilford Press.

Piaget, J. (1928/1952). *Judgment and reasoning in the child*. New York: Humanities Press.

Rindfuss, F., Swicegood, C., & Rosenfeld, R. (1987). Disorders in the life course: How common and does it matter? *American Sociological Review, 52*, 785-801.

Schaie, K. W. (1965). A general model for the study of development problems. *Psychological Bulletin, 64*, 92-107.

Thomas, R. M. (1992). *Comparing theories of child development* (3rd ed.). Belmont, CA: Wadsworth.

Tolman, E. C. (1948). Cognitive maps in rats and men. *Psychological Review, 55*, 189-208.

Chapter 4

各國兒童福利發展

- 美國的兒童福利
- 英國的兒童福利
- 日本的兒童福利
- 瑞典的兒童福利
- 德國的兒童福利
- 我國的兒童福利
- 本章小結

　　兒童問題由來已久，幾乎是有人類以來，即有孤兒、私生子、棄嬰等古老問題，但專業的兒童福利工作近幾十年才逐漸發展出來。以整個西方文明史觀之，兒童歷經兩段「非人」的生活，一是史前時代至西元400年之殺嬰（infanticide）期，亦即社會接受「殘害嬰兒生命」之事實，羅馬法律甚至認爲殺害小孩不是謀殺行爲，小孩常被當作玩具，從大人手中拋來拋去；其二是四至十三世紀之遺棄（abandonment）孩童期，在這段時期，兒童常被賣爲奴隸或僕人，甚至爲求能乞討更多金錢，殘忍地將淪爲乞丐的孩童斷手斷足（有時在現今社會也有所聞），以作爲「討錢的工具」（郭靜晃等，1997）。但隨著社會的變遷及基督教「博愛」的教義深入人心，兒童發展理論逐一問世，兒童始被社會所重視，加上科技發達及科學知識的發展，促進社會工作的專業發展與實務推廣，兒童福利學理被廣泛的研究及推展，兒童福利服務工作遂能成爲社會所公認的一門專業。

　　他山之石，可以攻錯，各國的兒童福利有不同的歷史背景及發展過程，但皆有一共通的歷程——從早期對兒童救濟、貧窮問題的人文關懷，到隨著社會福利思潮湧起，訂定政策、制頒法規、設立行政機關、民間的積極參與，遂成爲一門兒童福利專業。

　　本章將介紹美國、英國、日本、瑞典、德國以及台灣的兒童福利發展，一窺各國兒童福利發展的歷史沿革、福利設施與服務。

 ## 第一節　美國的兒童福利

一、影響兒童福利發展的因素

　　美國一向重視兒童福利，1909年由總統老羅斯福（Theodore Roosevelt）召開首次白宮兒童會議（White House Conference on Children and Youth），規定每十年召開一次，共有八屆，1981年起改在各州召開，使得兒童福利政策與方案能落實地方，並促成聯合國公布兒童權利宣言，因此，博得「兒童天堂」之美譽。美國兒童福利發展之重要因素歸納如下：

(一)觀念、知識的改變

■人道主義的發展

　　早期美國解決兒童問題的主要方式即是消滅其「來源」，尤其是對非期望中來臨的孩童，如墮胎、殺嬰及遺棄等記載史不絕書；但隨著社會演變加上宗教影響社會大眾的人道精神，並禁止傷害子宮中的胎兒，墮胎和殺嬰被視爲罪惡。尤其在1959年11月20日由聯合國通過「兒童權利宣言」（詳見第一章第二節），父母對子女支配的權力轉變爲以子女發展爲前提而教養及照顧子女，並提出十條兒童權利，以宣示兒童福利之十大原則。

■科學知識的發展

　　科學知識的發展，尤其對兒童心理學與兒童發展理論的創立與研究（可參閱第三章），加上自1960年代社會工作實務的發展，也增強對兒童福利的關心及研究，更使兒童福利工作成爲一門專業（可參閱第二章）。

(二)社會、經濟與政治的演變

　　美國歷經社會變遷也影響到對兒童及其家庭的價值改變，如1930年代的經濟大蕭條，1980年代貧窮家庭增加，也使得政府從最少干預的政策理念到擴大政府干預，尤其反映在稅賦上，除了白宮的兒童會議，也舉辦了白宮家庭會議，使原來只關心兒童的問題擴大至家庭，政策的導向也從個人的干預到獨立的家庭照顧。隨著對兒童的價值理念之改變，政府形成保護及干預家庭的政策，特此制頒法規，建立行政體系機制，再形成制度轉成兒童福利服務。除了政府編列預算經費，也促成兒童福利機構的創立（如教會、營利性兒童福利機構），形成家庭之正式與非正式之資源網絡，推廣兒童福利社會工作。

(三)家庭與兒童地位的提升

　　美國的家庭一直被期望能持續享有富裕、習慣於社會所提供抉擇之新自由。在1940年代的嬰兒潮（baby boom），以及1970年代美國經濟衰退，也衝擊到社會產生新問題——貧窮，加上自1960年兒童的出生率遞減（自1960至1977年至少減少25%），也提醒人們正視兒童的價值，更要關心兒童所身處的家庭，尤其自

1980年代的「福利體制改革」，政府提出各種方案，如失依兒童之家扶補助（Aid to Families with Dependent Children, AFDC）、啓蒙計畫（Head Start Program）、兒童津貼（Children's Allowances, CA）、負所得稅（Negative Income Tax, NIT）、婦嬰食物補助（Supplementary Food Program for Woman, Infants and Children, WIC）、家庭扶助方案（Family Assistance Program, FAP）、國民所得保險方案之全國補助（Universal Demogrant, UD）、全國所得保險計畫（National Income Insurance Plan, NIIP）、補充性安全收入（Supplementary Security Income, SSI）、薪資所得抵免（Earned Income Tax Credit, EITC）、社會服務的綜合補助（Block Grant）、較佳工作與所得計畫（Better Jobs and Income Plan）等，一直到2000年代，柯林頓（Bill Clinton）總統爲了因應AFDC的龐大經費支出及避免造成家庭對福利之依賴，將AFDC制度改成「需要家庭的暫時補助」（Temporary Aids to Needy Family, TANF）。在2006年，美國兒童人口有7,200萬左右，約有1,300多萬居住在貧窮之中，占約18.5%。兒童遭受虐待的人口有87萬，其中61%（約52萬）居住在寄養家庭，平均居住32.6個月（約兩年八個月），到2009年，約有70萬兒童遭受虐待，有380萬兒童接受家庭補助（Department of Health and Human Service, 2010）。

二、美國兒童福利之政策取向

美國兒童福利政策的形成，反映當時的時代背景，與因應社會環境變遷所衍生的人民與家庭需求，第一次的「失依兒童保育白宮會議」（White House Conference on the Care of Dependent Children, 1909），規範了日後兒童福利凸顯原生家庭（natural family）和家庭優先（family first）的政策取向，並且以家庭型態（cottage system）之機構收容方式改革的同時，仍然將家庭寄養服務（foster care service）視爲救助兒童時之最先考量（馮燕等，2000；郭美滿，1997），兒童福利甚至在1979年更明訂該年爲國際兒童年，呼籲全球共同重視人類更珍貴的資源——兒童，1981年之後，兒童會議改在各州舉行，充分凸顯各州之地方性和服務多元性，以落實符合基層需求的兒童福利政策與方案。在此期間，美國福利政策可分爲幾個發展階段——啓蒙期、創建期、大社會期、合夥期、新聯邦期及調整期。有關各期的大約年代及相關立法條件，請參閱**表4-1**。美國政府在兒童福利政策中的價值取向也經歷了自由放任到國家親權的積極干預，再回歸家庭權利與穩定的轉變，並成爲推動兒童福利事業發展的主導力量。

表4-1　美國兒童福利政策轉型之階段及立法條例

階段	年代	立法條例及依據
啓蒙期	1909	白宮兒童會議
	1912	聯邦兒童局成立
	1920	兒童福利聯盟建立
創建期	1935	社會安全法案通過實施
	1953	聯邦衛生、教育與福利部實施社會福利一元化具體措施
大社會期	1964	民權法案
		經濟機會法案
	1965	貧民健康保險
合夥期	1973	兒童虐待預防法案
	1975	社會安全法案二十條款
新聯邦期	1980	收養輔助與兒童福利改革法案
調整期	1995	與美國立約
	1996	個人責任及工作機會預算調整法案（HR3734）
	1997	收養法案備忘錄
	2005	福利預算削減法案
	2006	兒童及家庭服務改進法案

資料來源：謝依容等（1990）；Ambrosino et al.（2007）.

　　由**表4-1**可顯示出美國早期的兒童福利政策強調兒童權益，建立行政體制，到1930年代反映社會經濟大蕭條，強調社會安全；到1960年代重視家庭工作平權；1970年代重視兒童被虐待之事件；到1980年代兒童福利改革強調「家庭」取向，反映家庭稅賦，從之前側重保護弱勢兒童的殘補性（residual）政策，轉向保護家庭的預防性政策；直到1990年代民主黨總統柯林頓入主白宮後，特別重視兒童照顧及發展等預防性的兒童福利議題；在1997年4月及10月分別召開幼兒照顧和幼兒發展會議，甚至提撥經費，發展優質兒童照顧以及紓解家庭對幼兒照顧的壓力。

　　2001年布希總統（George W. Bush）入主白宮，強調共和黨一貫在福利政策方面所採取的保守主義（conservativism）意識形態，主張個人與家庭應負責照顧其個人的福祉，社會與國家對兒童及其家庭要能增強其獨立自主能力，達成獨立性的家庭照顧，以減少對社會之依賴（Mather & Lager, 2000）。

　　少年福利政策則始於二十世紀初，白宮兒童會議是兒童及青少福利發展之

先河，1912年成立聯邦兒童局爲專責機構。1971年尼克森總統（Richard Nixon）召開第七屆白宮兒童會議研究14至24歲青少年問題。目前美國聯邦政府實行選擇性的給付政策，針對「有需要」的家庭，由國家僅透過稅利（針對中、高所得家庭）或是社會救助體系（針對低所得家庭）提供給有需要的家庭最低水準的經濟支持；至於生育給付、親職假以及托育服務等，則被視爲是雇主的責任。

三、美國兒童福利之法規制度

美國衆議院（The United States House of Representatives）在1990年的一項報告中，指出有關兒童福利相關之法案，就有127項，可分爲收入輔助、營養、社會服務、教育訓練、保健與住宅等六大類（蔡文輝，1995）。

Pecora等人（1992）更將美國聯邦法案中有關兒童福利之服務及其政策擇出十二條，請參考**表4-2**所示。

在此之後，美國尙有1993年頒布的「家庭與醫療假法案」（Family and Medical Leave Act）以及1994年通過的「家庭增強法案」（Family Reinforcement Act）。前者提供雙親家庭醫療假，如因分娩、養育幼兒或醫療照顧所需，得有數週的短期休假（留職停薪），以照顧家庭；後者嚴格執行離婚後父親對子女應給予贍養費以作爲單親母親及其子女的經濟支持，並給予收養家庭減稅優待（林勝義，2002）。

四、兒童福利服務

美國是實施地方分權制度的國家，行政權集中在各州，聯邦政府只負責規劃、輔助與督導，而地方之州政府負責執行之責（郭靜晃等，1997，頁94-95）。兒童福利行政最高主管機關爲衛生及人群服務部（Department of Health and Human Service），負責統籌規劃人群服務之相關事務，其下又分爲衛生服務部及人群服務部。在人群服務部之下設置兒童家庭署（Administration for Children and Families）；而在兒童家庭署之下又有「兒童、少年及家庭處」（Administration of Children, Youth and Families），內設四個局，分別掌理兒童福利相關事務（馮燕，1998；林勝義，2002）：

表4-2 美國聯邦立法之相關兒童福利法規

法案	年代	目的
社會安全法案第4款	1935	制定失依兒童家庭補助計畫（AFDC），提供現金補助給低收入家庭的兒童
特別未成年兒童援助法案	1961	援助兒童的範圍由孤兒、單親擴大到父母雙方一方失業的兒童
社會保障修正案	1963	加強對困難兒童及家庭的緩助計劃
社會安全法案第19款修正案	1965	依據醫療補助方案，為合於收入規定的個人及家庭提供健康照顧
兒童虐待預防及處遇法案	1974	補助各州對兒童虐待與疏忽加以預防及處遇，並提出報告
少年審判及少年犯罪預防法案	1974	提供補助，促使各州減少對未成年人不必要的拘禁，並加以防治
殘障兒童教育法案	1975	要求各州為殘障兒童提供支持性教育、社會服務、個別教育計畫（IEP）、回歸主流
印第安兒童福利法案	1978	加強遷移管理，為世居美國的兒童及家庭提供多樣化服務方式
收養補助及兒童福利法案	1980	運用基金獎勵和手續上的改革，促進兒童安置的預防及永續計畫
社會安全法第20款修正案	1981	各州以聯邦基金，透過街區安排，提供多樣化的特別服務方案
自主生活創新法案	1986	為收養照顧的青少年準備在社區獨立生活時提供基金補助
家庭支持法案	1988	為低收入家庭財務補助制定新的措施，要求其須接受訓練及就業
農家法案（Farm Bill）	1990	貧苦兒童食物券（food stamp）的再確認是此法案的一部分
印第安兒童保護及家庭暴力預防法案	1991	每年撥款補助保留地種族實施兒童受虐個案之強制舉報及處置
個人責任及工作機會預算調解法案（HR3734）	1996	消除AFDC並以需要家庭之暫時協助的綜合補助取代，規定何種家庭享有多長之補助
收養法案備忘錄	1997	在2002年之前，盡量將家外安置之兒童找到永久的家或安排永久性之收養
福利預算削減法案	2006	減少個人及家庭對福利依賴，要求州政府提供工作機會以減少福利個案之依賴
兒童及家庭服務改進法案	2006	五年期間要提增家庭之安全及穩定

資料來源：Pecora et al. (1992), pp. 14-15; Ambrosino et al.(2007).

1.**兒童局**（Children's Bureau）：負責兒童福利政策擬訂，提供經費補助，協助州政府進行兒童福利服務方案的執行。過去主要工作在防止嬰兒死亡率、失依兒童及童工保護，到今日之兒童保護、寄養及收養服務。

2.**托育局**（Children Care Bureau）：撥款補助各州的低收入家庭，進行托育服務的研發及支援，以減輕家庭育兒負擔，增進托育品質。

3.**家庭及少年局**（Family and Youth Services Bureau）：對逃家少年提供緊急庇護，協助其發展獨立的能力；辦理教育宣導以預防逃家少女受到性侵害，並提供補助，讓社區、非營利組織辦理貧窮家庭少年的課後活動。

4.**啟蒙局**（Head Start Bureau）：針對低收入戶3到5歲兒童及其家庭，提供教育、營養和健康，以及社會和情緒發展等服務。

　　至於地方上的行政體系，會因地方分權而有不同的組織體制，但近年來已逐漸配合邦聯體制，在人群服務處設置「兒童與家庭福利科」（Division of Child and Family Welfare），運用社會工作方法（即兒童福利行政與社會個案工作、社會團體工作，以及社區工作），結合各業務，提供兒童及其家庭專業的服務（郭靜晃等，1997）。

　　邁入二十一世紀之後，美國政府盡量削減兒童福利預算，增加工作機會以減少個人及家庭對兒童福利的依賴，而且也為家外安置的兒童尋求永久之家，如親戚或收養機制，兒童局也鼓勵親戚收養兒童，力求家庭成為安全及穩定的場所。

　　目前美國的社會福利措施大致可分為四類：人力資源發展（human resource development）、社會保險（social insurance）、現金收入支持（cash income support），以及服務或實物代金計畫（programs that provide income in kind）（蔡文輝，1995；林勝義，2002）。兒童福利服務方案會因各州之需求不同，依Kadushin及Martin（1988）支持性、補充性及替代性分類，有不同的方案設計（參見**表4-3**）。

　　美國在兒童福利中定義對象涵蓋未滿18歲之兒童及少年，福利政策的現行措施也是橫跨教育、司法、勞工與衛生等多層級，藉此共同提供廣泛且完整的資源網絡。相關的部門組織包括：衛生及人群服務部下設有「兒童家庭署」，其中由「家庭及少年局」負責少年福利方案（如整合性兒童福利服務方案、家庭維繫方案）的推動；「勞工部」則提供職業訓練與就業機會，「工作訓練夥伴法案」（Job Training Partnership Act）是一種針對低收入家庭少年的福利服務；「教育

表4-3 美國兒童福利服務方案之內涵

福利服務內涵	服務項目	服務內容
支持性	家庭個案服務	1.兒童諮商 2.社區心理衛生 3.個案管理 4.心理輔導與治療 5.危機仲裁 6.父母教養能力及營養補助（WIC） 7.健康及心理衛生方案
支持性	兒童保護服務	1.家庭或少年法庭 2.兒童福利機構民營化 3.社會工作、醫療人員、心理輔導人員、警察之兒童保護團隊的預防措施 4.緊急反應服務（emergency response） 5.家庭維繫服務（IFPS）
支持性	未婚或未成年父母及其家庭服務	1.失依兒童之家庭扶助（AFDC） 2.青少年健康服務、預防與照顧法案 3.未婚媽媽之家
補充性	居家服務（低收入戶）	1.教養子女 2.維護健康 3.家庭管理
補充性	托育服務（低收入戶、情緒、身體、智能障礙兒童、不幸兒童）	1.適齡發展實務 2.教養、財政補助 3.啓蒙計畫 4.托育服務之品質與安全標準 5.證照制度 6.嚴格評鑑與督導
補充性	學校社會服務	1.個人及家庭輔導 2.學校與社區顧問諮詢 3.仲介協調、危機仲裁
補充性	失依兒童家庭補助計畫	1.兒童及家庭津貼 2.減稅、免稅 3.房屋津貼 4.食物券
替代性	寄養服務	1.緊急性寄養 2.短期性寄養 3.長期寄養
替代性	機構式服務	1.機構式教養 2.住宿治療 3.團體寄養服務
替代性	領養服務	1.社會工作服務 2.法律專業服務 3.合適家庭服務

資料來源：作者整理。

部」提供少年生活需求有關的福利工作，如校園毒品防制、防止輟學獎勵計畫等；司法部「少年司法與犯罪防治局」則在於協助處理少年幫派管束、社區獄後照顧、吸毒與傷害防制等工作，進一步建議成立「青少年服務局」，計畫少年輔導轉向制度，以教育刑法模式取代過去的懲罰模式。由家庭維繫方案與少年轉向制度等方案的評估實施，顯示美國對少年福利的重視，亦可窺見其對我國近年來兒童福利政策的影響。

此外，美國也應用第三部門，例如美國志願工作組織（Volunteers of America）倡導公共政策來提增青少年兒童及其家庭正向發展（positive youth development），例如課後托育方案、輔導、青少年發展、諮商、健康提升、夏令營、生活技巧訓練、緊急庇護及暫時居住庇護等服務，至2002年已服務超過33,600名個案及其家庭組織。美國志願工作組織在正向青少年公共政策的內容有：

1.強調青少年全人發展的正向發展哲學，以取代病態及缺陷模式。
2.強調法院、教育與社政系統，整合社區資源服務。
3.援引親職教育實務，強化父母教養技巧。
4.由地方及中央政府編列預算，提供青少年課後及假日營隊育樂方案與輔導措施。
5.鼓勵社區與企業建教合作。
6.增加青少年社區服務參與機會。

綜觀美國兒童福利之特色如下：

1.強調家庭自主功能，以「家庭」為政策取向。
2.美國實施中央地方分權，權責分明，各司其職。
3.歷任總統對兒童法案，每隔十年召開兒童福利法案外，全力支持福利相關法案實施。
4.具體福利措施結合營養、衛生、教育、司法等措施，提供多元福利服務，以滿足各類兒童及其家庭的需要。
5.運用社工專業輸送兒童福利服務。
6.強調父親對兒童及家庭應有照顧的責任，以減少對社會及國家的依賴。
7.要求家庭是安全及穩定的，盡量為兒童安排永久安置的家庭。例如應用親屬收養或家庭重建。

8.透過立法要孩子生活於永不落後的生活情景（leave no child behind,
　LNCB），即生活於安全、健康、迎頭趕上、避免貧窮，以及具有道德感的
　情境中。

9.運用專業社工，結合社區資源，提供兒童、少年及家庭專業之服務。

 ## 第二節　英國的兒童福利

一、影響兒童福利發展的因素

英國現有5,900萬人口，兒童約占1,600萬，1971年以來，因少子化減少了約
20%的兒童人口，其中近30%的兒童人口居住在貧窮之中。英國是世界上最早建
立社會福利制度的國家，早在西元325年（約中國的東晉時代）就有專門為窮人、
病人以及棄兒設置的庇護收容所（almshouse），是源於宗教教義而形成的慈善工
作，使得中世紀之前由修道僧侶專門設置的孤兒院（orphan asylum），成為這些
倖存且孤苦無依幼童的主要收容場所（Kadushin & Martin, 1988）；1601年，伊麗
莎白女皇頒布「濟貧法案」（The Elizabethan Poor Law），並指派貧民負責監督
濟貧法的執行（overseers of the poor），首開政府為興辦兒童福利之主體，更是兒
童福利立法的濫觴（李瑞金，1997），而且也是福利國家（welfare state）的典範
之一。

英國1989年才通過「兒童法案」（The Child Act），但1601年之前英國就重
視兒童的照顧問題，尤其對失去家庭保障的兒童、孤兒或棄嬰，一般是由兒童的
親戚、鄰居或宗教團體（大多為非正式之資源網絡）來加以照顧，中古世紀時教
會即負責教區內孤兒及貧民的照顧工作。十六世紀的宗教改革，使得教會無法再
收容貧民及孤兒，迫使他們成為遊民，造成當時的社會問題，才有十七世紀濟貧
法案的頒布。濟貧法確定了政府為保護失依兒童，明訂地方政府編列經費，準備
糧食負責兒童救濟的行政事務，主要是支持、鼓勵家庭、親戚或社區中其他家庭
代為扶養，政府予以補助，最後再由政府興辦救濟院做收容安置。

十八世紀工業革命，生產方式由機器代替手工，工廠制度和資本主義社會逐
漸形成，資本家為利用生產的剩餘價值，開始使用廉價童工與婦女。童工由於睡

眠不足、營養不良、空氣污濁而造成職業災害，缺乏陽光，又缺乏適當的休息，造成身心受到嚴重影響，甚至過勞。於是，英國政府在1802年頒布「健康與道德法案」（The Health and Morals of Apprentices Act），限定兒童工作時間每日不得超過十二小時，並禁止在晚上工作，這也是英國立法保護童工及兒童勞動權益的社會思潮與立法濫觴；1819年修正法令，禁止雇用9歲以下的童工，並於1833年制定「工廠法」。1880年實施普及性的國民義務教育，強調教育與保護工作的重要性，這不但是家庭的責任，更是國家責無旁貸的義務。1893年的「基本教育法案」（Elementary Education Act-Blind and Deaf Children），授權地方政府，支付盲聾生的特殊教育及設備費。除此之外，十九世紀新興的都市慈善組織本著救濟孤兒及貧窮兒童的濟貧原則，一方面糾責原生家庭親職行使的不當與失職，另一方面則提供親戚鄰里非正式的支持系統。1899年的「教育法案」（Education Act－Defective and Epileptic）將教育精神延伸至精神障礙兒童；1944年的「教育法」（Education Act）則提供普及性的身心障礙兒童之教育。

二、近代兒童福利之法規制度

二十世紀以來，英國先後在1918年通過「產婦與兒童福利法案」（Maternity and Child Welfare Act），規定地方政府得設立托兒所之權責，並由衛生部核發補助費，對孕婦、產婦及5歲以下幼兒提供保健服務。同時，在1918年英國為因應非婚生兒童的高死亡率設立「未婚媽媽及其子女全國委員會」（National Council for the Unmarried Mother and Her Child），之後改為「全國單親家庭委員會」（National Council for One-parent Families），主旨在聯合主要機構關懷非婚生兒童。1934年「牛奶法案」（Milk Act）頒布，全面為小學生供應營養午餐，提升兒童健康（始於1906年的教育法，提供部分學生餐飲，1914年因世界大戰需求人數激增，地方政府對經濟狀況較佳學生的家庭收費，1944年二次世界大戰期間，修訂的教育法案使得地方政府負責實務提供膳食及牛奶）。1945年「國民健康服務法」（National Health Service Act）頒布，地方教育機構負有行政監督學校保健服務。1946年通過「家庭補助法案」（Family Allowance Act）補助子女數眾多的家庭，使其能維護兒童的營養健康及接受教育的費用，並提供營養食物（如美國WIC）；同年修訂「國民健康服務法」，責成地方政府提供懷孕婦女及5歲以下幼兒保健服務，並要求地方政府及醫院設立兒童輔導部門提供預防及治療服

務，以為適應不良之兒童提供心理輔導。1948年通過「托兒所及保母條例法案」（Nurseries and Child Minders Regulation Act），為有幼兒的職業婦女提供托兒服務，各托兒所並接受地方衛生行政機關督導，保母在家照顧幼兒，也需要在地方政府註冊，並接受監督管理。1958年頒布的「收養法案」（Adoption Act）及1975年的「兒童法案」（Children Act）規定地方政府提供相關機構，照顧或領養未婚母親無法照顧子女的服務。1986年「社會安全法案」（Social Security Act）決定自1988年後地方政府停止供應付費營養午餐，對於領家庭給付（family credit），給予現金替代付費午餐。1989年通過「兒童法案」（The Child Act），整合兒童照顧養育及保護的重要法規（類似我國的兒童及少年福利與權益保障法），強調照顧及教育兒童是父母的基本任務，地方主管機關對於兒童照顧的家庭應提供廣泛的幫助，並以謀求兒童的最佳利益為目的（林勝義，2002）。英國如同其他發展國家一般，已將兒童最佳利益整合至家庭政策及兒童福利法規並形成制度（Jacqueline, 1994, p. 260; Buehler & Gerard, 1995）。

英國政府於1998年提出「穩健開始」（Sure Start）的方案，結合公私部門的兒童福利措施，呼籲父母相互合作提供入學前的兒童及其家庭照顧的服務（類似美國的啟蒙計畫），方案內容包括家庭訪視、提供育兒資訊、成立高品質的學習托育中心，並針對弱勢家庭的孩童提供特殊的服務（馮燕，1999；林勝義，2002）。在2007年聯合國兒童基金會對發達國家的兒童福利排名（兒童貧窮、父母和子女的關係為指標），英國在21個國家敬陪末座，同時也給英國社會敲響了警鐘。

英國有全世界稱羨的免費醫療制度及11年義務教育，大學生絕大部分（90%）都可以獲得政府所給的津貼。二十一世紀之後，英國政府致力於改善兒童教育及健康服務，提供家庭支持，幫助父母尋找工作，照顧兒童，並對抗青少年犯罪。有關英國兒童福利之立法沿革，整理於**表4-4**。

推動兒童福利業務的行政體系，英國是由社會安全部（Department of Social Security）掌管社會保險與社會行政，衛生部（Department of Health）掌管衛生保健與醫療服務，地方政府的社會服務部門（Social Service Department of Local Councils）掌管各種福利服務。英國如美國般，由中央政府立法，由地方政府負責服務輸送及監督之責。然而，英國地方政府組織，如英格蘭、威爾斯、蘇格蘭以及北愛爾蘭各有其不同之行政體系，故兒童福利服務輸送也有地區差異（林勝義，2002）。

表4-4　英國兒童福利相關之立法年鑑

立法名稱	年代	內容	負責部門
濟貧法案	1601	對失依兒童的保護	地方政府編列經費
健康與道德法案	1802	對童工的保護	中央政府
婚姻法	1857	強調夫妻皆有權利監督孩子，1891年更有諮詢孩子意願 1925年夫妻完全平權	中央政府
普及性的國民義務教育	1880	強調兒童教育及保護工作的重要性	中央政府
基本教育法案	1893	對於特殊教育的重視（對盲生及聾生）	地方政府編列經費
教育法案	1899	特殊教育延伸至精神障礙及兒童	地方政府編列經費 地方政府監督
產婦與兒童福利法案	1918	設立托兒所	衛生部核發補助費
未婚媽媽及其子女全國委員會（後改為全國單親家庭委員會）	1918	關懷非婚生兒童	中央政府
牛奶法案	1934	提供小學生營養午餐	地方政府編列經費
國民健康服務法	1945	學校提供保健服務	地方政府負責行政監督
家庭補助法案	1946	補助子女眾多家庭之食物及營養品	地方政府負責
國民健康服務法（修訂）	1946	孕婦及5歲以下幼兒之保健服務 兒童之心理輔導	地方政府及醫院
托兒所及保母條例法案	1948	設立家庭托育及托兒所	地方衛生行政機關督導
兒童法	1948	兒童應由家庭父母照顧	中央政府
收養法案	1958	地方政府設立相關機構提供未婚生子女之照顧	地方政府
兒童及少年法	1963	父母應對兒童及少年的照顧	中央政府
兒童法案	1975	地方政府設立相關機構提供	地方政府
社會安全法案	1986	未婚生子女之照顧停止全面性營養午餐提供，改由家庭給付，以現金代替	地方政府
兒童法案	1989	對兒童照顧養育及保護之規定	地方政府負責監督
穩健開始計畫	1998	整合公私部門，幼兒照顧往下紮根，鼓勵親師合作，提供弱勢家庭之照顧	地方政府監督
少年犯罪及偏差行為法	1998	接合法院及少年輔導專業提供少年犯罪處遇	中央政府

資料來源：作者整理。

三、兒童福利服務

英國地方政府對於兒童及其家庭福利措施，大致是根據1989年兒童法案規定為基礎，再配合社會變遷及地區情況而提供適當的服務，分析如下：

(一)一般兒童福利服務

■兒童津貼

兒童津貼（child allowances）包括家庭津貼（family allowances）與低收入兒童家庭津貼所得補助（family income supplement）兩種。家庭補助法案中規定，前者凡家中有兩個或兩個以上未滿16歲之子女，不管其家庭經濟狀況如何，均有權申請補助；後者凡專任工作的男性、寡婦、離婚者、背棄妻子或未婚媽媽，其子女未滿16歲或19歲以下的學生，經調查符合低收入資料，即可獲得補助。英國的兒童福利金（child benefit）在16-20歲之間，接受教育或培訓，在2021-2022納稅年度，每周可領取21.15英磅，每增加一名孩子，每周可多領取14英磅。單親家庭的孩子則可領取每周21.15英磅福利金。

■兒童稅金補貼

兒童稅金補貼（tax credits）取決於孩子出生時間，如果在2017年4月6日前後出生，其所取得款額會有所不同，由545～2,845英鎊不等。不過2021年之後兒童稅金補貼不再接受申請，改由通用津貼（universal credit）取代。

■婦幼福利服務

將婦幼保健服務工作交由各地方政府負責，並設有受過特殊訓練的護士擔任保健訪視員（health visitor）；兒童及孕婦也可到婦幼福利中心（Maternity and Child Welfare Centers）來請求指導。

■幼兒托育服務

英國反對兒童在家庭以外地方成長政策取向，在政府所提供托育服務相當有限的情形下，如由各地衛生所及民間團體辦理托兒所（day care），必須向當地保健機關立案，衛生所隨時派員指導。3歲以前之幼兒大多進入私人興辦托育機

構，由家長付費，5歲開始義務教育。8歲以前的兒童由地方政府負責普遍性設立保母提供家庭托育或課後照顧，地方政府給予小額補助，有些家庭則會選擇企業附設托兒所。英國幼兒3-4歲學齡前兒童可獲得每周15小時的免費托兒（nursery care），每學年38週，共570小時，而單親或低收入家庭，兩歲即可申請，一直到進小學為止。此外，英國家庭申請托兒服務的同時，可開設線上托兒服務帳戶（childcare account），每存入8英鎊政府補助2英鎊，每年最多政府補助2,000英鎊。

■學校社會服務

1. **學校保健室**：負責平時學生的保健維護健康事宜。
2. **學校營養餐**：從1946年家庭補助法案通過後，公立或私立學校一律提供免費午膳及牛奶與果汁。
3. **兒童保育委員會**：作為學校與家庭間之聯繫與溝通，並設有社工員。

(二)特殊兒童福利服務

1. **兒童輔導工作**：兒童輔導中心大多由各地教育局設立，是負責處理情緒困擾問題及兒童行為問題的機關。工作人員由精神科醫師、教育心理專家及精神病社會工作人員所組成。
2. **特殊教育**：近年來，英國政府為減輕財政負擔，對殘障兒童照顧採取醫療與教育並重做法。依地方教育行政機關對殘障兒童施予健康檢查與特殊教育，其義務年限最高為16歲。

(三)不幸兒童福利服務

1. **非婚生子女特別補助**：各地衛生局對未婚媽媽及其子女在產前產後提供免費照顧，並指派社工員協助及輔導，必要時安排合法的收養手續。
2. **失依兒童養護**：地方政府會安排失依兒童至寄養家庭，寄養父母可申請家庭津貼以維持兒童生活。另外在社區籌劃成立「兒童之家」，並由正常家庭父母照顧。寄養之前須由專業社工調查評估，並接受訪視。
3. **受虐兒童的保護**：依據兒童法案之規定，兒童遭受惡待（maltreatment）時，地方政府及兒童福利機構人員有權申請緊急保護令（emergency

order）、兒童評量令（child assessment order）、復元令（recovery order），藉以保護兒童安全，並提供緊急安置及保護；此外，警察單位亦可提供「警察保護」（police protection），做適當的轉介服務或提供尋人服務。兒童保護服務強調跨機構、跨專業的綜合服務。

綜觀英國兒童福利，有幾項特色值得討論：

1. 社會福利職責，中央政府與地方政府分工明確，地方政府負責兒童福利輸送。
2. 1989年通過兒童法案，都能依規定逐一落實，凸顯民主法治精神。
3. 處於弱勢家庭及困境的兒童，除提供必要的福利措施外，並連結社會工作及相關專業服務，使兒童權益獲得保障。
4. 政府除提供法定服務外，志願組織對兒童福利亦積極參與，結合公私部門及第三部門擴展兒童福利服務，並建構資源體系，也實施福利多元主義（welfare pluralism）的主張。
5. 兒童照顧延伸至少年，地方政府負有監督兒童少年被妥善照顧之責，尤其在健康、教育、情緒與社會發展，以及認定（性別與族群）等層面。

第三節　日本的兒童福利

　　日本是全世界嬰兒死亡率極低的國家，是美國的一半，大約只有0.52%，即使沒有十二年國教，但現今日本學生有95%的高中畢業、38%上大學的比率，大學畢業後工作的選擇也多。日本的福利發展受社會及經濟影響很大，主要是從所得維持及社會服務方案來投資兒童（Ozawa, 1991）。

一、影響兒童福利發展的因素

　　日本一向重視家庭倫理，認為養兒育女是家庭責無旁貸的天職。早期的兒童福利觀念源於宗教式及皇室貴族以慈善事業方式對社會貧困兒童施以救助，其後日本政府又陸續頒布一些禁止令、救護法、扶助法案等，並設置收容機構，此等法案及措施多為殘補式的兒童福利措施。日本在第二次世界大戰戰敗之後，戰禍

孤兒造成家庭解組，兒童亟須保護，因此日本政府1947年3月於厚生省（今為厚生勞働省）設置「兒童局」，並於同年12月公布「兒童福祉法」，日本的兒童福利透過立法，制訂政策，設有行政專責單位，也代表日本兒童福利已形成體制與制度（徐錦鋒，1984）。

從日本兒童福利發展的歷史觀之，日本早期從佛教傳入及其所倡導救世、助人的宗教志願服務，吸引皇族投入慈善事業，救濟工作也受基督教教義的影響。之後體制形成期有「兒童福祉法」及相關福利政策的頒布，建立體制，推展兒童福利事務至現代的體制變革期，共可為四期，茲分述如下（李鍾元，1981；李淑娟，2000）：

(一)宗教式慈善事業期（明治維新時代以前）

此時期始於約西元6世紀聖德太子開辦救濟院，到明治維新時代（1868-1912）日本成為君主立憲政體之前，有關兒童福利的相關政策與措施如下：

1. 西元593年，聖德太子建難波荒陵，收容貧病無依兒童；光明皇后設立悲田院，收容孤兒、棄嬰。
2. 西元764年，淳仁天皇派專人設專責機構負責收容孤兒。同時基督教傳教士到日本傳教，並積極推展救助孤兒的工作。
3. 西元1556年，設立養育院、救濟院等，並且雇用乳母養育之。同時於院中設置醫療設施，為其治療疾病。
4. 西元1690年，禁止成人遺棄親生子女，違者流放邊區。若遺棄他人子女者，判處終身監禁；若殺嬰者即遊行示眾後處死。

(二)體制形成期（明治維新時代至第二次世界大戰）

明治維新時代，日本成為君主立憲政體，自此日本門戶洞開，積極向世界先進國家學習新的觀念與體制，此時期也陸續建立具雛形的兒童福利概念，相關兒童福利政策及措施如下：

1. 西元1871年，政府下令配給孤兒撫養米。
2. 西元1873年，對有三個孩子以上的貧困家庭補助養育米。

3.西元1874年，制訂救助規則，對窮困者、殘疾獨居者及無謀生能力者可接
　受政府救助，13歲以下兒童與獨居者相同，每年可領7斗米。

4.西元1885年，設立東京感化院，收容性行不良的兒童。

5.西元1887年，創設岡山孤兒站。

6.西元1890年，創設博愛社。

7.西元1891年，設立龍野川學院，從事弱智兒童教育，同時也收容精神薄弱
　的兒童。

8.西元1900年，制定「感化法」，指導不良少年行為，對有遊蕩等不良行為
　且無家長監護之少年，強迫其入感化院。

9.西元1902年，成立「日本兒童研究會」，利用科學方法來研究兒童身心狀
　況。

10.西元1911年，制定「工廠法」，保護童工。

11.西元1921年，制定「兒童保護法案」，其目的在於保護產婦、嬰兒、孤
　　兒、棄嬰、失學兒童、貧困兒童、問題兒童、流浪兒童、弱智兒童等，並
　　且積極防止虐待兒童行為之產生。此法案乃為目前「兒童福利法」之前
　　身。

12.西元1922年，制定「少年法」及「感化教育法」，重視不良少年之訓教工
　　作。

13.西元1926年，舉行「第一次全國兒童保護團體會議」，研討有關兒童保護
　　的工作。同年制定「工人最低年齡法」，保護婦女及未成年童工。

14.西元1928年，制定「兒童扶助法案」，規定對貧困寡婦及其子女、棄兒
　　者，應予救助。

15.西元1933年，訂定「兒童虐待防止法」，禁止兒童虐待事件的發生及預防
　　政策。同年訂定「少年救護法」及實施「不良少年訓教法規」，對14歲以
　　下不良少年實施矯治教育。

16.西元1937年，公布「母子保護法」及「保健所法」，對13歲以下貧困兒童
　　提供救濟，及增加幼兒之營養衛生保健。

17.西元1938年，設置厚生省（類似西方國家的衛生福利部），其下設置兒童
　　課，確立地方政府之行政體制及中央集權化。

(三)兒童福利推展期（二次世界大戰後至1990年）

　　1945年，二次世界大戰戰敗後的日本，排除軍國主義，接受美國托管，朝向建設和平民主國家的社會改革推進，期間，制定憲法，再以憲法為根基，賡續制定「生活保護法」、「兒童福祉法」、「學校教育法」、「兒童憲章」、「障礙兒童保育法」等，積極建立兒童福利立法體制及推展兒童福利服務。相關立法及兒童福利措施分述如下：

1. 西元1945年，頒布「戰禍孤兒等保護對策綱領」，並依此綱領設置「社會局」。
2. 西元1946年，頒布「實施流浪兒童與其他兒童保護等緊急措施」的行政命令，側重消極性（殘補性）的兒童保護工作。
3. 西元1947年，中央政府厚生省設立「兒童局」，並且制定「兒童福祉法」。
4. 西元1950年之後，陸續展開全國性之兒童狀況調查。
5. 西元1951年，訂定「兒童節」，並制定「兒童憲章」，將兒童福利工作從貧困兒童擴及至一般兒童。
6. 西元1959年，於東京召開「國際兒童福利研究會議」；同年，聯合國通過「兒童權利宣言」。
7. 西元1961年，實施「兒童撫養津貼法」，地方政府並廣泛興建兒童福利機構（如兒童之家、心智重建院等）。
8. 西元1962年，兒童福祉法施行十五週年紀念，發表兒童福利白皮書，同時召開全國兒童福利會議，將兒童福利政策指標擴展至一般家庭。
9. 西元1964年，厚生省「兒童局」改為「兒童家庭局」，並施行「母子福祉法」，及「支持特別兒童撫養津貼等相關法律」。設支持性的兒童相談法，首開地方區域的兒童諮商與輔導。
10. 西元1965年，公布「母子保健法」。
11. 西元1971年，公布「兒童津貼法」。
12. 西元1974年，頒布「支付特別兒童撫養津貼」，同年實施「障礙兒保育」等措施，擴充特殊教育及障礙兒的保育政策。
13. 西元1975年，開辦教職員、護士及保母等之育兒假。

14.西元1981年，頒布「母子與寡婦福祉法」，擴展至單親家庭之兒童福利。

(四)兒童福利體制變革期（**1990年迄今**）

隨著時代及社會變遷，各國政府為因應人口老化及少子化之來臨，無不制訂質優的兒童照顧政策，日本也不例外。因此在推展兒童福利理念時，也從殘補式、特殊兒童之服務到一般家庭及著重預防及發展性的兒童福利服務，所以相關的兒童福利體制及策略也隨之改變。此期間有關之兒童福利政策及福利措施分述如下：

1.重視地方區域之福利服務及提供在宅服務。
2.訂特殊兒童保護擴展至一般兒童。
3.重視雙親共同養育子女的觀念。
4.推展「天使計畫」，建立支持父母養育子女之系統，推展健全的育成教育，並減輕父母教養子女之經費負擔等。
5.2003年頒布「少子化社會對策基本法」及「次世代育成支援對策推進法」，2004年制訂少子化社會對策大綱。
6.推展「新新天使計畫」（2005-2009年），提供社會不同托育之服務，如臨拖、假日托、夜托等。

日本的兒童福利相關立法（五章七十二條）年鑑及內容彙整於**表4-5**。

二、兒童福利行政

日本兒童福利的主管機關，在中央為「雇用均等‧兒童家庭局」，隸屬於厚生勞働省。其下設有：總務課、少子化對策企劃室、虐待防止對策室、家庭福祉課、保育課、母子保健課、育成環境課等，分別掌理並推動全國兒童福利行政業務；各級地方政府，也設有專門機構推動（如**圖4-1**），其重要機構及職掌分述如下（鄭淑燕，1986；郭靜晃等，1997）：

1.**雇用均等‧兒童家庭局**：隸屬於厚生勞働省，為日本最高兒童福利行政機關，前身為1947年的兒童局。對全國兒童及婦女福利做整體的規劃，並指導監督地方政府兒童福利業務之執行。

表4-5　日本的兒童福利相關立法年鑑及內容

階段	年代	立法條例及依據
宗教式慈善事業期	西元6世紀	開辦救濟院，收容老人、棄嬰、窮人
		頒布禁止令、救護法、扶助方案
體制形成期	1871	配給孤兒養育米
	1873	三個孩子以上的貧困家庭補助養育米
	1874	制訂救助規則
	1885	設立東京感化院
	1887	創設岡山孤兒站
體制形成期	1890	創設博愛社
	1891	設立龍野川學院，從事弱智兒童教育，同時也收容精神薄弱的兒童
	1900	制定「感化法」
	1902	成立「日本兒童研究會」
	1911	制定「工廠法」，保護童工
	1921	制定「兒童保護法案」，此法案為目前「兒童福利法」前身
	1922	制定「少年法」及「感化教育法」
	1926	舉行「第一次全國兒童保護團體會議」
		制定「工人最低年齡法」
	1928	制定「兒童扶助法案」
	1929	成立貧民救濟法
	1933	訂定「兒童虐待防止法」
		訂定「少年救護法」及實施「不良少年訓教法規」
	1937	公布「母子保護法」及「保健所法」
	1938	設置厚生省（健康福利部），其下設置兒童課
兒童福利推展期	1945	頒布「戰禍孤兒等保護對策綱領」，並依此綱領設置「社會局」
	1946	頒布「實施流浪兒童與其他兒童保護等緊急措施」
	1947年3月	設立兒童局，隸屬厚生省
	1947年12月	中央政府厚生省設立「兒童局」，並且頒布「兒童福祉法」
	1950	訂定「生活保護法」，西元1950年之後，陸續展開全國性之兒童狀況調查
	1951	訂定「兒童節」，並制定「兒童憲章」
	1958	通過國民健康保險法
	1959	於東京召開「國際兒童福利研究會議」
		聯合國通過「兒童權利宣言」
		通過國民年金法

（續）表4-5　日本的兒童福利相關立法年鑑及內容

階段	年代	立法條例及依據
兒童福利推展期	1961	實施「兒童撫養津貼法」
	1962	發表兒童福利白皮書
		召開全國兒童福利會議
	1964	厚生省「兒童局」改為「兒童家庭局」
		施行「母子福祉法」及「支持特別兒童撫養津貼等相關法律」
		設支持性的兒童相談法，首開地方區域的兒童諮商與輔導
	1965	公布「母子保健法」
	1970	制定「身心障礙兒對策基本法」
	1971	公布「兒童津貼法」
	1972	實施兒童津貼
	1974	頒布「支付特別兒童撫養津貼」
		實施「障礙兒保育」等措施
	1975	開辦教職員、護士及保母等之育兒假
	1981	頒布「母子與寡婦福祉法」
	1990～	重視地方區域之福利服務及提供在宅服務
	2000	從特殊兒童擴展到一般兒童保護
		提供雙親養育子女優質環境
		推展天使計畫
		少子化社會對策大綱（2004）
		新新天使計畫（2005-2009）
		廣設實施臨時、假日、夜間托育及鄰里社區育幼支援
	2001	修正「兒童福祉法」，防制兒童性交易及性剝削，以及強化兒童權利
	2003	全國青少年發展政策
	2004	青少年政策白皮書
		支持單親對子女照顧
	2008	家庭照顧假法頒布
	2011	兒童保護規定：學校強制要報告兒童虐待事件

資料來源：作者整理。

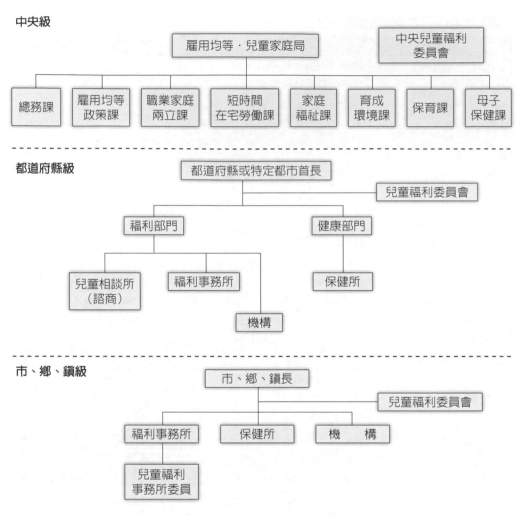

圖4-1　日本兒童福利行政機構組織系統

資料來源：鄭淑燕（1986）；日本厚生勞　省網站。

2.**中央兒童福利委員會**：為一諮詢及調查單位，在中央、都道府縣及各市鄉鎮皆有設置，前身為兒童福利審議會，以調查、審議有關兒童、產婦、精神薄弱兒童之福利事項為目的之單位。

3.**健康部門**：設於都道府縣級，主要負責婦女及幼童之保健服務，下設有保

健所（市、鄉、鎮級也有設置）。

4.**福利部門**：設於都道府縣級，執行有關「兒童福祉法」之業務，尤其對兒童遭受惡待之保護，以及對兒童之照顧與扶助。其下設有兒童相談所、福利事務所及兒童福利機構（如育嬰所、育幼院、保育所、特殊兒童教養院、少年養護院、托兒所等）。

5.**兒童相談所**：設於都道府縣級，其主要提供兒童諮商、兒童問題診斷與治療之機關。

6.**福利事務所**：乃根據「社會福利事業所」所設置的機關，設於都道府縣級及市、鄉、鎮級，是一全盤性綜理社會福利行政的機關，也管理兒童福利行政業務。

7.**保健所**：設於都道府縣級及市、鄉、鎮級政府，為兒童保健醫療中心機關，也是公共衛生行政之專門行政機關。

三、兒童福利措施

根據日本「兒童福祉法」第7條對日本兒童措施之定義，及第36至44條所規定的各種兒童福利措施之目的，現將十三種兒童福利措施分述如下（引自李淑娟，2000，頁94-96）：

1.**助產措施**：指基於保健上的必要，對於因經濟原因未能入院生產之產婦，予以入院助產為目的之措施而言。依日本「醫療法」之規定，助產設施包括醫院與助產所兩種（「兒童福祉法」第36條）。

2.**育嬰院（乳兒院）**：指將未滿1歲之乳幼兒，予以入院留養為目的之措施而言，於必要時可延長留養期限至滿2歲止（「兒童福祉法」第37條）。

3.**母子保護措施（母子寮）**：指將無配偶或類似情形之子女及其應監護的兒童，予以入院保護為目的之措施而言（「兒童福祉法」第38條）。

4.**托兒所（保育所）**：指將保護人每日委託之缺乏保育的嬰兒或幼兒，予以保育為目的之措施而言（「兒童福祉法」第39條）。

5.**兒童福利措施（兒童厚生施設）**：亦即兒童衛生福利措施，是指兒童樂園、兒童館、保健所等，給予兒童健全的遊樂設施、增進兒童健康，且陶冶其情操為目的之措施而言（「兒童福祉法」第40條）。

6.**兒童養護措施**：指將無保護人、被虐待以及其他環境上需要養護的兒童，予以入院養護為目的之措施而言（「兒童福祉法」第41條）。

7.**精神薄弱兒童設施**：係提供精神薄弱兒童之通勤由專人予以保護接送，並教導其獨立生活所需之知識技能為目的之設施（「兒童福祉法」第42條之2）。

8.**盲聾啞兒童措施**：指將盲童、聾啞童予以入院保護，並予與獨立生活所需之必要輔導或救助為目的之措施而言（「兒童福祉法」第43條）。

9.**虛弱兒童措施**：指賦予身體虛弱之兒童適當的環境，以謀求增進其健康為目的之措施而言（「兒童福祉法」第43條之2）。

10.**肢體殘障兒童措施**：指將上肢、下肢或身體機能不健全之兒童予以治療，並予與獨立生活所需之必要知識技能為目的（「兒童福祉法」第42條之2）。

11.**重度身心障礙兒童措施**：指將重度智能不足，以及重度肢體殘障兒童予以保護、治療，並指導其日常生活為目的之措施（「兒童福祉法」第42條之2）。

12.**情緒障礙兒童短期治療措施**：指將輕度情緒障礙、年齡未滿12歲之兒童予以短時間收容，或由其保護人通勤接送入所矯治為目的（「兒童福祉法」第43條之2）。

13.**教護院**：指將不良行為或具有不良行為之虞的兒童，予以入院教護為目的之措施而言（「兒童福祉法」第44條）。

綜觀以上十三種兒童福利措施，可知道前六者為一般性社會的保護措施，擔任兒童的保護與育成；後七者為針對身心缺陷的兒童，為需要特殊保護、教育及訓練而設置的（參考**圖4-2**）。

隨著社會變遷的影響，日本兒童的生活環境產生了變化，如核心家庭上升、職業婦女增加、高離婚率，以及人口老化，促使日本政府積極適度增訂及修改兒童福祉法，以提供更有彈性及質優的托育服務。此外，為了培育健全的下一代，日本政府也有各種促進指導，例如在縣市設兒童館、兒童樂園，促使兒童健康；推展兒童體驗活動，促使兒童在自然生活體驗，發揮創造力；對都市嬰兒之家庭提供健全培育之諮詢服務；及安排小學低年級兒童做課後照顧之健康活動（江亮演等編著，1996）。

措施類別	對象	措施目標、內容及法令根據		
殘障兒童福利措施	肢體殘障或智力殘障兒童	在　宅	殘障兒童諮商輔導 殘障兒童日間照顧 肢體殘障兒童醫療指導 肢體殘障兒童復健醫療 提供義肢裝設 在宅服務員	兒童福祉法
		機構設施	肢體殘障兒童之家 盲聾啞兒童福利之家 智能不足兒童福利之家 重度身心殘障兒童福利之家 智能不足兒童復健之家	兒童福祉法
		津　貼	特別兒童扶養津貼補助	智能不足者福祉法
				有關特別兒童扶養津貼支付之法令
兒童保育措施	缺少保育之嬰幼兒	保　育	托育所設置經營	兒童福祉法
嬰幼兒與母親保健措施	孕婦與嬰幼兒	預　防	研究調查，母子健康手冊贈送孕婦、嬰幼兒健康檢查	母子保健法
		早期發現	保健指導 1歲6個月及3歲兒童健康檢查 早產兒養護醫療	
		早期治療	小兒慢性特定疾病之研究與治療	
單親（母子）家庭福利措施	母子單親家庭；寡婦	協助自立	母子、寡婦福利資金貸款 母子諮商員有關諮商、指導	母子及寡婦福祉法
			寡母與未成年子女之家設施經營 寡母與未成年子女家庭照顧人員派遣	兒童福祉法
		生活補助	兒童扶養津貼給付	兒童扶養津貼法
健全兒童身心發展福利措施	一般兒童、孤兒行為不良兒童情緒障礙兒童	健全其身心的發展	兒童館；兒童遊樂設備	兒童福祉法
			媽媽聯誼會，兒童培育聯誼會兒童津貼給付	兒童津貼（補助）法
		養育援助	養護院	
		不良行為預　防	兒童諮商所、諮商、指導教養院，情緒障礙兒短期治療設施	兒童福祉法

圖4-2　日本兒童家庭福利措施

資料來源：鄭淑燕（1986）。

日本內閣於2004年提出青少年政策白皮書，主要內容依據2003年12月公布的「全國青少年發展政策」形成。白皮書分為三部分：日本青少年的現況、青少年的相關政策與措施、參考文獻。第一部分青少年現況，描述青少年的人口、健康與安全、教育、勞動、青少年犯罪等內容；第二部分青少年相關政策與措施則包括「完整與系統性的政策提供以協助青少年健全發展」、「不同年齡層的政策」、「特殊情況下的青少年政策」、「建構合適的環境以提供青少年足夠的支持」等內容。

綜觀日本推展兒童、少年福利工作，有下列八個特色：

1.明確兒童福利政策，不管積極性促進兒童身心發展或消極性推展兒童及少年保護政策；健全的行政組織。

2.強調兒童及少年與家庭式緊密聯繫，提供兒童與家庭不同的需求及服務措施，例如，健康保險、兒童津貼、兒童養育津貼、產假、育嬰假等。產假期間每天補助8,000日元，孩子出生到未滿一歲，在家照顧孩子可領半薪；孩子出生後可以領取國家養育金，0-3歲每月1.5萬，3-6歲每月1萬日元，第三胎1.5萬日元，小學畢業到15歲，每月補貼1萬日元。

3.企業界也提供兒童、少年福利供給責任，提供員工所需要的企業托育服務及設施。

4.重視兒童、少年休閒娛樂，充分運用各種兒童福利機構，增添兒童遊樂設施，辦理兒童健康活動體驗諮詢。

5.中央與地方政府之分工，中央制訂法規與政策，地方政府負責執行與監督。

6.兒童福祉法能反映社會變遷，並由消極性朝向預防性及發展性之服務及政策規劃。

7.對青年就業及家庭提出具體措施，支持就學及托兒照顧，以刺激家庭生育意願，減少少子化的趨勢惡化。

8.強調學校社工要負起保護兒童的責任，強制通報。

第四節　瑞典的兒童福利

　　瑞典（Kingdom of Sweden）位於北歐，介於挪威與芬蘭，也是北歐三小國之一，全長1,600公里，面積449,964平方公里（約為台灣的12.43倍）人口超過900萬，集中在3%的土地，國民所得26,000元（約為台灣的2倍）。瑞典在二次世界大戰時，族群只有一個，但自1960年代之後湧入世界各地移民，現已成為多種族的國家。1990年代失業率約8%至12%。

　　瑞典奉行社會民主體制，強調提供國家公共服務及環境規劃來滿足人民高品質生活條件。瑞典採行慷慨的社會保險系統及社會安全制度（不經資產調查的普及性取向）（Furniss & Tilton, 1977）。瑞典在1995年有全世界最高婦女參與工作（約有80%），男性有85%。婦女大部分工作於照顧體系，如護士、幼兒保育員或社會工作者，約有三成比例只是部分工時，男人只有5%，而全國有42至45%的比率是女性公職人員（Bjdrnstrom, 1996）。

　　瑞典從1930年代開始，瑞典逐步打造舉世稱羨的福利國家（welfare state），創造了「從搖籃到墳墓」全面性、普及性的福利體制。瑞典福利國家被學術界稱為「社會民主主義」模式（social democracy），而社會民主主義模式最重要的精神與目標在於促進「平等」（包括機會與資源分配）且不虞匱乏的社會。二次世界大戰後，瑞典的社會福利政策建立了一套全面性且於體制上能兼顧普遍性與高水準的社會保障制度，包含年金保險、醫療保險、失業保險、殘疾人士保險、家庭補貼、住房補貼和社會救濟制度。由於兼顧了「普遍性」與「高水準」，瑞典的社會保障制度被公認為世界上最為完善的（姚蘊慧，1999）。瑞典福利國家體制的意識形態來自於社會民主主義思想，因此也被稱作社會民主主義模式福利國家。社會民主模式秉持普遍主義的精神與去商品化的社會權（陳嘉霖，2006）。

　　瑞典的兒童福利是由法律（例如社會服務法、未成年照顧法）來規定兒童需求、兒童最佳利益；兒童權利、父母的責任以及政府的介入權利；1980年代之後雖有財政危機，但對公共服務之措施並沒有緊縮的現象。瑞典主要透過預防（prevention）、調查（investigation）、社會支持與居家處遇（social support and in-home treatmat）及照顧（care）措施來架構整個兒童福利輸送服務（Sanders et al., 1996）。

一、影響兒童福利政策之因素

完全就業及促進男女平等是瑞典社會福利體制的主要目標，瑞典社會人口老化程度嚴重，婦女生育意願不高，職業婦女比率高（約占70%，而有7歲以下兒童家庭之婦女就業約占80%），兩性平等狀況高，尤其1934年曾任瑞典商業部長，也是經濟學家的麥德爾教授及其夫人（Gunnar Myrdal & Alva Myrdal）在其出版《人口問題的危機》（*Crisis in the Population Question*）一書中，指出瑞典人口有逐漸減少的潛在危機，此書也促使瑞典政府特別重視家庭及兒童福利措施（林勝義，2002）。之後，瑞典政府發展強調兒童照顧是國家責任，尤其瑞典採取混合經濟與民主決策方式，一方面致力提高就業率，以促進經濟發展；另一方面以民生為念，認為照顧人民生活是國家的使命，提高國民生活水準是國家的責任。瑞典採高稅收之政策，平均國民繳納稅金約占所得收入的40%，而政府用於社會福利的經費約占國民生產總額的30%，政府運用這些福利經費提供國民在所得維持、醫療、教育、老人及兒童福利等層面有最低限度的保障（江亮演等編著，1996）。在兒童福利及婦女福利的層面上，瑞典提供普及性兒童照顧政策，供給高品質托育服務，以支持婦女就業，甚至強調兒童照顧父親也應負責任，並建立親職假（parental leave）、兒童照顧假，以及公共托育，以鼓勵父母生育，並倡導兩性平等（詳見**表5-5**）。此外，除了兒童照顧政策外，瑞典也本著國家照顧之政策取向，配合衛生及教育提供醫療及社會支持系統，使得兒童在其人生各個階段，接受國家資源來達成其所需發展的任務，並培育優質國民。

二、兒童福利之法規與體制

瑞典也與其他OECD各國一樣，從十九世紀末開始引進社會保險，並建立社會安全制度，例如1891年制定「健康保險法」，1901年頒布「工業意外保險法」，1913年實施國民年金，1914年頒布「失業保險法」，直到1947年開始實施普及性的家庭津貼，之後也頒布有薪親職假法案。

除此社會保險法規之外，瑞典對於兒童福利措施，主要還是透過立法，以保障就業婦女及其子女之權益，配合親職假及公立托育服務（public day care），推展兒童福利事務。

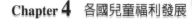
　　瑞典1960年制定了「兒童及少年福利法」（Child and Youth Welfare Act），規範受虐兒童及犯罪少年的強制性保證，隔年頒布「兒童照顧法」（Child Care Act），規範學前兒童與學齡兒童的托育服務。1982年訂頒「社會服務法」（Social Service Act）（「兒童及少年福利法」及「兒童照顧法」也併入該法案中）。此法案第12條規定有關兒童及青少年照顧，第25條是對於兒童及青少年保護的特別規定（林勝義，2002）。此外，在1974年實施普及性的家庭津貼制度，以保障眾多子女家庭之最低生活水準；1975年實施「學前教育法」，為入小學前一年之幼兒，提供一天3小時免費的學前教育。有關瑞典兒童福利的相關法規及年鑑，詳見**表4-6**。

三、兒童福利服務

　　瑞典的兒童福利政策採取國家干預主義，基本上由政府承擔兒童照顧及家庭支持的責任，而且沒有限制性（普及性）。其主要的福利服務措施有：

表4-6 瑞典相關兒童福利法規及紀事

法規類別	年代	法規	內容
社會保險	1891	健康保險法	享有醫療免費之照顧
	1901	工業意外保險法	工安意外之保險給付
	1913	國民年金	被保險人在參加某一年數之後，於老年或死亡（殘廢），提供本人或家屬長期按期年金給付
	1934	失業保險	失業勞工之保險
兒童福利	1944	公共托育政策	公辦托兒所
	1947	兒童津貼	對家中兒童給予現金補助
		有薪親職假	提供父母休假並給薪在家中照顧兒童
	1960	兒童及少年福利法	受虐兒童及犯罪少年之強制性保護
	1961	兒童照顧法	學齡前及學齡兒童之托育服務
	1974	家庭津貼	保障子女眾多之家庭最低生活水準，給予現金補助，每位兒童每月有750克朗
	1975	學前教育法	入讀小學前一年，免費一天3小時的學前教育
	1980	社會服務法	對貧窮的社會補助（透過資產調查）
	1982	社會服務法	兒童及青少年的照顧與保護
	1990	家庭政策	提供家庭安全、好的養育子女環境、性別平等

資料來源：作者整理。

(一)育嬰假（產假）

父母一方可允許在母親生產完後有360天，領有八成薪的育嬰假，並享有90%的工資，父（母）在育嬰假中可享有給付年金（三個月全職，六個月半職或十二個月四分之一日職的補償年金）。此外，父母一年中有60天給薪的親職假（給八成薪），父母在子女7歲之前，可享有每天減少2個工作小時的福利。新法改革要求地方政府提供失業家庭的家庭諮詢及托育服務（Bjdrnstrom, 1996）。

(二)托育服務

瑞典採取公共托育政策，自1944年起實施公辦托兒所（全日托）由地方政府興辦。托育機構工作稱為學前機構，包括托兒所、母親俱樂部和幼稚園；此外也有政府訂立家庭教育機構（採半日托），但由家長付費。1975年實施「學前教育法」（Preschool Act），對6歲兒童實施每天3小時免費學前教育。托兒所和學前教育是由衛生福利部管轄，但7歲之後是由義務教育之教育部管轄，學齡前托育業務是由地方政府社會福利委員會負責營運。

(三)家庭協助服務

1982年實施「社會服務法」，其中規定：對育有子女之家庭，其當父母因無法照顧子女時，由地方政府的社會福利委員會安排家庭協助服務，家庭因生病或生產而無法親自照顧子女時，由專業之家事服務人員協助家務；此外，若兒童因生病而無法上托育機構，由一般家庭主婦兼職幫忙照顧小孩。

(四)家庭津貼

1974年起瑞典實施普及式之家庭津貼制度，其目的是為了讓家中育有較多子女數的家庭，保障其最低生活水準，只要是年齡未滿16歲（學生19歲）之兒童，均可領取家庭津貼。此外，父母也可享有住家津貼，在學青少年之學生津貼及給薪親職照顧津貼。

(五)家庭之家

瑞典大多是以寄養家庭作為兒童保護的主要措施（例如受虐兒童及犯罪青少

年）。1982年「社會服務法」將寄養家庭改爲「家庭之家」（family homes），以示尊重個人隱私，去除兒童被標籤化。另外有「處遇、住宅之家」（treatment or residential homes）協助青少年戒毒或戒酒之治療（林勝義，2002）。

(六)兒童收容、安置服務

瑞典對於兒童收容與安置，政策上是以家庭之家爲優先，再者才考慮機構收容，而機構收容也是以短期、暫時性爲考量，最終目標是協助兒童及早回歸正常生活。有關瑞典之兒童收容、安置機構之類型有五種，分述如下：

1. **嬰兒之家**：對於母親亡故或家庭產生變故，而無人撫養之1歲以下嬰兒。
2. **母親之家**：失依孕婦，或未成年媽媽之安置。
3. **母子之家**：失依孕婦生產後仍需被照顧，母子一起安置養護。
4. **暫時收容之家**：養育1歲以上兒童之家庭在養育中發生問題，便進入此種機構，接受短期照顧並解決問題，以期能返回原生家庭。
5. **特別之家**：家庭有身心障礙兒童，以及暫時收容的轉介，也申請進入特別之家接受照顧與養護。

綜觀瑞典之兒童福利，具有下列特色：

1. 國家介入兒童照顧政策，提供公共托育體制及社會保障制度，以刺激人口生育及鼓勵婦女就業；另一方面，提供安心生育環境，如稅制優惠、育嬰假及育嬰保險、彈性工時等。
2. 學前教育及托育能合一，由社會福利單位統籌，以達到事權統一及資源整合之效。
3. 多樣化及彈性的托育服務，應由公部門負責推動。
4. 中央與地方分權負責，中央負責法規制定，而地方負責業務執行及監督之責。
5. 兒童收容、寄養強調個人意願及尊重隱私，並以「家庭之家」方式實施，去除寄養兒童被標籤化及去機構化之人性考量。

 ## 第五節　德國的兒童福利

　　德國在俾斯麥統一帝國之後，鑑於工人階級的大量成長，為避免原有的社會秩序被推翻，因此藉由社會政策的制訂來拉攏支持社會民主黨的工人階級，社會保險的開辦便從此時開始。雖然已經過了一百多年，但德國現今的保險模式與原創者俾斯麥所規劃的模樣並沒有太大的改變，雖然對勞工的保障已不再有薪資的限制，然而根據社會地位劃分的保障體系，仍然維持著。

　　二次大戰之後德國分裂，導致德國的政黨重組，隨者德國的分裂，根植於階級和宗教因素而產生的社會分裂也隨之變動，原先代表天主教的中間黨被基督民主黨所取代，而基督民主黨的家庭政策受到宗教道德價值強烈的影響，包括新教和天主教的影響。戰後，德國要負擔大量戰敗的賠款，但基於過去的工業能力及基礎（know how）之下，整個國家也漸漸從戰敗中復甦，除了經濟發展，整個國家在福利制度採取保守主義，不像瑞典的國家提供（介入），強調家庭照顧是父母責任，尊重市場機能，以及雇主的提供，政府只負責社會保險的機制。因此，大致可歸納出受到天主教影響的基民黨家庭政策的幾個特點：

　　1.強調家庭的倫理價值，而在婚姻法中強調家庭存續的重要性。
　　2.基於家庭的自然本質，國家必須避免直接介入家庭生活中。換言之，國家的家庭政策只是在避免那些可能導致家庭結構功能崩解的社會力量。
　　3.國家除了避免介入家庭生活，同時還積極補貼那些提供福利的私人組織，尤其是宗教性團體，使其提供諮詢等社會服務以及設施。
　　有關德國的兒童及少年福利內容，敘述如下：

一、健康保險

　　保險範圍包括生育給付，適用於具有懷胎12週的投保年資者，或在產前一個月至第四個月間曾有連續就業者。給付標準採現金給付，發放女性勞工產前六週與產後八週淨薪資的全額。德國的健康保險是屬於醫療保險的一支，和養老保險、事故保險、失業保險及護理保險是謂德國的五大保險，分述如下：

1. **醫療保險**（Die Krankenversicherung）：幾乎所有德國公民都參加醫療保險，包括職工及其家屬子女、退休人員、失業者、農民等。職工按不同的職業參加不同保險公司的社會醫療保險。職工一旦生病，可到與其保險公司合作的醫院或開業醫生處看病。保險公司負責支付醫生的治療費用（包括藥品、藥物和輔助工具及住院醫療費用等）。如屬必要的療養，也由保險公司完全或部分支付療養費用。除此之外，醫療費用還包括生育補助、家庭補助以及病人家庭護理。職工享有病假工資，病假在6周內，由僱主發給全部工資（有幾個勞資協定還延長了這個期限），在此之後，醫療保險機構支付最長期限為78周的病休補貼。超過78周者，則領取社會救濟金。

德國的社會醫療保險實行「社會共濟」原則，每個人所交納的醫療保險費只跟其經濟能力相關，與其年齡、性別及健康狀況無關。這一「社會共濟」原則還體現在投保人的配偶和子女的免費醫療保險上，即單身投保人與養家帶口的投保人，如果收人相等，那麼他們所交納的醫療保險費也相等，但後者卻是全家受保。

2. **養老保險**（Die Rentenversicherung）：德國的養老保險分為三種：法定養老保險、企業補充養老保險和私人養老保險。根據法律規定，所有的工人和職員都參加法定養老保險，自由職業者如醫生、律師、藝術工作者等一般參加私人養老保險。法定養老保險是德國社會福利保障的支柱。它保證就業者退休後能夠保持適當的生活水準。如投保者者死亡，其家屬可得到一定百分比的養老金。通常年滿65歲者即可領取養老金。在某些前提條件下，年滿63歲或60歲即可領取養老金。養老金數額原則上與投保人的勞動工資、交納時間長短相關。

支付養老金並非養老金保險的唯一任務。保險機構在發放養老金的同時，還要採取相應的措施，以避免僱員過早地結束職業生涯，而單純依靠養老金度日，也就是說，它要為投保者工作能力的保持、提高與恢復服務。與這些措施相關的待遇被稱之為「職業康復」，例如保證他們的療養並在他們由於健康原因不得不學習一種新的職業時提供資助。

3. **事故保險**（Die Unfallversicherung）：在德國，所有僱員和農民按法律規定都參加事故保險，自由職業者可自願投保。學生和兒童也屬於受保險保護的範圍。

4. **失業保險**（Die Arbeitslosenversicherung）：所有僱員原則上都參加失業保險，費用由僱員和僱主各承擔一半，同時政府也提供一定的補貼。失業保險待遇是多種多樣的，首先佔第一位的即是失業保險金，並支付有關職業培訓的費用。另外，支付旨在維持和創造就業崗位措施的費用、開展職業介紹和職業諮詢、進行對殘疾人的職業促進等等，這也是失業保險的重要組成部分。

失業保險金額是與失業者失業前的工資水準相關的，而且失業保險金並不是無限期發放的，發放期限的長短既與以前交納保險費就業時間的長短有關，又與失業者年齡高低有關，一般情況下，失業保險金發放一年。

5. **護理保險**（Die Pflegeversicherung）：1995年1月1日開始實施的護理保險是德國一種新的保險制度，其主要目的是爲了保障老年人及病殘人員在需要護理情況下的權利。以前對老人及病弱人員的護理主要是在家庭內部進行，如今在德國已找不到所謂「大家庭」的蹤影，這一原本由自我負責的部分現在也由社會來承擔了。憑藉護理保險償付的保險金，將來可使絕大多數需要護理的人將有可能至少在經濟上憑自己的力量來掌握自己的命運。

二、特別津貼

主要是針對單親家庭給予的特別幫助。根據「生活維持法」（Maintenance Advance Act）規定，若家中兒童無法得到另一家長的經濟支持，則可申請由公基金法給予救助金。此種救助金只有12歲以下的兒童得以申請，且金額約只有兒童津貼的一半。

三、救助

1. **兒童零用金**：家中小孩年齡在18歲以下，便可獲得零用金，每個小孩每個月可得到270馬克，家中第三個小孩則可獲得300馬克，第四個及往後的小孩爲350馬克，但這筆零用金的加總數額不得超過每戶家庭的所得扣除額。若小孩仍在就學或正在接受職業訓練，且每年收入所得不超過14,040馬克者，則可繼續申請兒童零用金。

2.**預防性的健康救助**（vorbeugende gesundheitshilfe）：主要有健康檢查及孩童、青少年、母親與老人的休息療養。

四、福利服務

1.**家庭教養協助**：針對已婚或單親的家庭提供子女諮詢工作或家庭婚姻諮詢工作，如果父母因更換職業而居無定所，則提供少年安置服務。

2.**教養協助**：針對少年行為問題或身心發展有障礙的少年，提供社會團體工作、家庭協助員到家的外展服務、日間團體教養和家庭或機構的安置教養（曾華源、郭靜晃，1999）。

3.**托兒所**（day nurseries for the under-threes）：收托年齡層為0至3歲以下，政府立法讓父母享有最長三年的親職假及教育津貼做報償。

4.**幼稚園**（kindergarten）：收托年齡層為3至6歲幼兒，只提供半天的服務，不分公私立，多為免費。

5.**國小幼兒班或學校幼稚園**（vorklassen or schulkindergarten）：為已屆學齡但能力尚未發展成熟的兒童所準備的免費訓練機構，通常附設於小學。

6.**特殊幼兒教育訓練**（sonderkindergarten or forderkindergarten）：專門收容失能幼兒提供訓練的教育機構。

德國的「兒童福利協會」（The German Child Welfare Association）主要促進歐洲兒童及少年福利服務與政策的發展，並將其導向科學化的研究，推動成立「歐洲兒童與少年福利政策」專家委員會。

第六節　我國的兒童福利

一、影響兒童福利發展的歷史沿革

我國兒童福利的思潮比世界各國更早，距今三千多年前即已啟蒙，並漸進貫徹於歷代施政中，但因缺乏規劃及系統，尤其缺乏法制，所以無法建立體制。《易經》中即以「蒙以養正」，揭櫫了育幼思想；孔子（西元前551至479年）於

《禮記‧禮運‧大同篇》的「幼有所長」，揭示了「幼吾幼以及人之幼」之博愛情懷；《周禮‧地官司徒篇》將「慈幼」列入保息六政之首。春秋戰國之《管子‧入國篇》標舉「慈幼」及「恤孤」為入國九要之二。越王勾踐（西元前494年）更以具體之生育補助方式普及施於父母；漢高祖（西元前200年）以家庭補助方式實施於育有子女之家庭；南北朝西魏文帝（西元535年）明令保護兒童不得任意販賣；唐文宗（西元827年）以替代性方式將孤兒交給近親收養，朝廷給糧兩個月。

宋朝對兒童救濟工作更不遺餘力，更將兒童福利理念具現化。宋朝所做之措施仿若現今之兒童收容安置、家庭補助、急難救助等兒童福利服務。其對棄嬰孤兒方面的安置服務，像是慈幼局之類設置辦法的縝密周全，也儼然有如現代育幼院經營規模；連帶地，對於孤貧的兒童，政府也考慮給予受教育的就學機會（王順民，2004）。

清代據《大清會典》所記載的保息之政有十項，其中一項「養幼孤」即為現今兒童福利事務（郭靜晃等，1997）。清代地方性質的慈善組織亦繼承著明末的救濟傳統藉以推動，包括：育嬰堂、普濟堂、施棺善所等等以濟貧為前提的民間志願福利。以收養照顧棄兒的育嬰堂為例，不僅只是短暫的救濟，並且形成一套縝密的育嬰網絡，而是以長期性的策劃為目標，同時也由於善堂收入的正規化，也使得育嬰堂成為清朝時期民間慈善機構制度化發展的一個重要實例，並且大幅度領先同一時期歐洲的棄嬰救濟制度（參見**表4-7**）（梁其姿，1997）。

總之，中國社會大致上呈現出來的是早熟的福利思想，但福利作為卻未臻成熟。發展的軌跡包括從殷商時期（西元前1751年）開始長達將近三千年偏屬於臨時搶救性質的「兒福理念化階段」，演變至兩宋時期（西元960年）的「兒童具現化階段」，以迄於明清時期（西元1368年）以民間私部門為主的「兒童自力救濟階段」；連帶地，對於孤苦無依幼童的保護措施主要也是依循著道德意識形態之文化決定論的思考邏輯。除此之外，相關的各項濟助施為也隱含著政治經濟的結構性考量（politics of charitable practices），而這多少也凸顯了慈善組織的育幼服務在整個中國皇朝帝國侍從福利體制裡的殘補與邊緣性格（王順民，2004）。

民國建立之後，兒童福利機構相繼成立，兒童福利行政的雛形遂逐漸形成，從召開全國兒童福利會議、頒布兒童福利之行政法規，到建立我國兒童福利制度。政府撤退來台後，從頒布「兒童福利法」，合併成為「兒童及少年福利法」，到「兒童及少年福利權益與保障法」，大致可分為四個發展階段，茲分述如下：

表4-7　清朝保嬰措施對照表

名詞稱謂	育嬰堂	保嬰會
運作年代	十七世紀中葉	十九世紀中葉
運作性質	半官方性質	民間性質
運作單位	棄嬰個人	棄嬰及其貧困家庭
運作型態	院內收容、集中化	院外救濟、分散式
運作方式	1.以會員的捐銀雇請乳婦，育養棄嬰，三年為期，到時招人領養 2.規範乳母的行為，要求乳母住進堂內，而且乳婦之夫不准入住，同時一婦只育一嬰，以保證嬰孩可以得到足夠的乳汁，而一般乳育三年始斷乳 3.乳婦不得擅自出堂，並且定期檢查嬰孩健康，如有疏忽而使嬰兒衰弱，乳婦受罰甚至被逐出 4.規條中註明安排棄嬰的出路	1.給予有新生嬰兒的窮苦之家每月一斗米及錢二百丈，為期五個月，五個月後如果還是無法撫養嬰兒，便安排送至育嬰堂收容 2.新生嬰兒如果是遺腹子，除了酌增每月的補助外，受濟的期限會增至到四年，如果母親產後身故，則又會額外給予每月五百錢的乳哺銀補助 3.備有常見的兒科藥，並且為幼兒接種疫苗 4.重視嬰孩的教育與職訓
運作經費	地方紳矜捐贈	地方紳士捐贈
運作特色	官方認可、民辦官督 官民合資、財務正規化 建立管理制度	補充育嬰堂的不足、就地取材利用當地資源、強化社區居民認同、嬰兒存活率較大、按個別家庭需求提供補助
運作後果	官僚化、管理不善	劃分值得救濟與否、影響範圍較小

資料來源：梁其姿（1997）。

(一)兒童福利的倡導期（民初至抗戰時期至遷台）

　　民國建立後與西方先進國家交流，1909年第一次白宮兒童會議及後續所發表的兒童權利宣言，國人逐漸注意兒童福利工作，及經由熱心公益人士倡議，我國兒童福利工作隨即展開。

　　1917年，熊希齡等人創造「慈幼局」，收容因水災而無家可歸之兒童，1920年改名為「北平香山慈幼院」。1923年北平私立燕京大學社會系首開兒童福利課程，1928年社會開始重視婦嬰保健工作，進而成立「中華慈幼協會」在各地推展兒童福利工作。1934年及1936年分別舉行有關兒童福利之全國性會議。1938年提倡新生活運動促進總會婦女指導委員會，在蔣主席夫人指導下，設立「戰時兒童保育會」，從事戰區難童的急救及教育工作（林勝義，1986）。

1938年行政院中央賑濟委員會在各戰區搶救難民與難童，亦分別在後方及安全地帶設置兒童教養院所。1940年5月，中央政府增設社會部，之後，各省在1942年間先後設置社會處，自此之後，我國兒童福利工作有了政府專門單位負責策劃與推展，兒童福利工作也因此受行政體系的監督。在此期間，中國正處於抗戰時期，社會行政部門一方面不僅致力於戰禍難童之救濟工作，另一方面訓練兒童福利人才，建立兒童福利制度，推展社區兒童服務，我國也在此期間先後頒布保護童嬰運動辦法要點、獎懲育嬰育幼事業暫行辦法、育幼院設置辦法與組織章程、普設工廠托兒所辦法、兒童營養標準、兒童教養機關標準、兒童福利工作競賽辦法等，使兒童福利行政之推展有所依循（林勝義，1986）。除此之外，於1941、1944及1946年先後召開全國性的兒童福利會議，對我國兒童福利政策的制訂及實際工作和推展很有助益。

(二)兒童福利體制的新興期（政府遷台至1973年「兒童福利法」公布前）

　　1949年因內戰，政府南遷廣州並精簡行政組織及人員，將原社會部併入內政部社會局，繼續辦理社會福利行政及其他相關事宜。除此之外，光復初期也陸續制訂育幼院服務機構教養之相關法規，例如，「台灣省立救濟院組織規程」、「台灣省育幼院組織規程」、「台灣省育幼院兒童入院出院辦法」，以及「台灣省救濟育幼院所家庭補助辦法」等以作為遷台之後政府實施社會救濟之法源依據（孫健忠，1995）。

　　1955年為因應農忙季節，農家婦女需參與協助農作而無法妥善照顧學齡前的幼兒，省政府社會處配合農林、財政及農會等相關單位，研擬籌辦「農忙托兒所推行辦法」，於鄉鎮設立農忙托兒所。其後，由於農村婦女於農閒季節亦忙於農村家庭副業，於是農忙托兒所更名為長期的農村托兒所。

　　1959年，內政部修正「托兒所設置辦法」，將收托對象從滿月到6歲，分為托嬰及托兒所，收托方式分為全日托、日托及半日托三種。1962年，聯合國兒童福利基金會（UNICEF）援助我國兒童之社會服務工作，除撥款支援台灣的農忙及農村托兒所外，並支援在彰化設立「台灣省兒童福利工作人員研習中心」（現已撤至南投縣草屯鎮）（劉修如，1965）。1965年頒布「民生主義現階段社會政策」，工作重點包括改善公私立救濟設施、擴展院外救濟，以及救濟貧苦老幼人民維持最低生活水平的政策目標，將部分地價稅和土地增值稅充當社會福利基金

的使用（林勝義，1986）。1970年，政府為貫徹UNICEF資助在台實施十九項計畫，並研討有關兒童少年發展計畫方案，並加強聯繫配合、規劃人力資源、促進國家建設，乃邀請衛生、教育、福利、司法各部門主管之相關學者、專家及機構負責人共160人，召開「全國兒童少年發展研討會」，會議中除研訂「中華民國兒童少年發展方案綱要」，並組成「中華民國兒童少年發展策進委員會」，對我國兒童福利政策之推動，頗具引導性的貢獻。

(三)兒童福利的拓展期（1973至1993年「兒童福利法」第一次修正前）

1972年，我國退出聯合國，也失去了聯合國兒童基金會對我國的援助。1973年2月為因應聯合國兒童基金會對我國兒童福利事務的贊助及支援，通過「兒童福利法」，並於同年7月頒布「兒童福利法施行細則」，從此我國兒童福利工作有了立法依據，也使得我國兒童福利能依法行政，將兒童福利工作推展至另一個新紀元。

然而，張笠雲（1983）質疑1973年所制定的「兒童福利法」是在國際政治壓力下制定完成的，不是本諸兒童需求加以制定，就法令文五章三十條之內容除了對兒童最佳利益之宣誓外，也規定三級政府之責任，強調所有兒童的普通照顧，但因缺乏專業的人力及相關子法的配合，對於兒童福利服務之效果雖有限，但具有擴展兒童福利服務之積極性。

自1973年「兒童福利法」頒布，有了母法依據外，行政機關依實際業務需要，紛紛訂頒子法，擴展了「兒童福利法」之執行，例如，1975及1979年分別在台北召開「第一次全國兒童福利業務研討會」及「第二次全國兒童福利研討會」。1983年內政部函頒「托兒所工作人員訓練實施要點」及「托兒所工作人員訓練課程」；同年內政部又發布「兒童寄養辦法」。1984年，頒布「加強兒童青少年福利服務實施要點」；同年12月也制頒「特殊教育法」。1986年4月及5月分別在台北、台中、高雄召開「第三次全國兒童福利與專業人員研討會」。1989年制定「少年福利法」；同年，各縣市也紛紛設置兒童保護專線，提供兒童保護諮詢與服務，日後也設立全國熱線服務080-422-110（現已納入家庭暴力113專線）及失蹤兒童少年協尋專線080-049-880。

(四)兒童福利的建制期（**1993年「兒童福利法」第一次修正迄今**）

　　自1973年「兒童福利法」頒布，歷經二十年，台灣在社會變遷下——小家庭增加、兒童受虐事件頻傳、兒童人口失蹤等，於1993年第一次修正「兒童福利法」，將修文增加至五十四條，此修正本著「關愛為先，保護為要」，將「兒童福利法」能更呼應當時之社會背景，也使兒童福利政策能根植於親情，補足於社區，落實於社會。1994年5月，為了配合「兒童福利法」新增條文內容之實施，也同時修正「兒童福利法施行細則」。1995年制定「兒童福利專業人員資格要點」。1997年公布「兒童福利專業人訓練實施方案」。1998年6月制定「家庭暴力防治法」。隔年1999年公布「家庭暴力防治法施行細則」。1999年4月，「兒童福利法」第二次修正；7月14日內政部公布實施「兒童局組織條例」；同年11月20日兒童局正式成立，局址設立於台中市黎明路，成為兒童福利之專責行政單位。2000年6月14日，「兒童福利法」第三次修正及修正「兒童福利專業人員訓練實施方案」。2002年「兒童福利法」第四次修正，並於2003年5月將「兒童福利法」與「少年福利法」合併為「兒童及少年福利法」。2004年12月完成「兒童及少年福利機構設置標準」。2007年7月制定「兒童及少年性交易條例」。2008年5月「兒童及少年福利法」第一次修正（第30及58條）；2008年8月兒童及少年福利法第二次修正（第20條）。2009年公布「兒童及少年福利機構專業人員資格及訓練實施計劃」；2009年6至7月「兒童及少年福利法」第三次修正。2011年11月修改為「兒童及少年福利與權益保障法」；2014年6月4日公告「兒童權利公約施行法」；因應社會事件演變以及國際接軌，將聯合國權利公約國內法化，以落實兒少最佳利益為優先考量。

　　綜觀自國民政府1949年遷台以來五十多年的變遷與發展，固然在不同時空脈絡及社會發展之變遷環境下，台灣從原先以救濟為主之育幼院→解決農忙托兒→都會地區之托育服務→兒童福利立法→兒童保護→兒童安全→兒童福利專業化→兒童福利專責行政單位等發展軌跡，也使得我國兒童福利從殘補式走向預防式及主導式的發展及服務。

二、兒童福利體制

　　自1973年頒布「兒童福利法」以來，政府有了行政建制，並依法規劃兒童福

利服務事項，並制訂兒童福利專業人員資格要點及訓練實施方案，從此我國兒童福利有了專業的體制。

「兒童福利母法」訂頒之後，政府也相繼公布相關子法，以便兒童福利業務之推展。有關我國兒童福利相關法令及相關內容請參考**表4-8**。

我國兒童福利行政也在「兒童福利法」頒布之後有了依據，在中央為內政部（1999年之後改為兒童局，為一專責單位，2013年起改為衛生福利部），直轄市為社會局，縣（市）政府為社會局（課）（有關兒童福利行政請參考第七章）。

表4-8　我國兒童福利相關法令之年鑑

福利發展階段與年代	法令與內容	法令依據	相關內容
萌芽期	易經	蒙以養正	育幼思想
	禮運（約西元前500年）	大同篇	幼吾幼以及人之幼之博愛情懷
	春秋戰國	管子入國篇	慈幼及恤孤
	越王勾踐（西元前494年）		普及性生育補助
	漢高祖（西元前200年）		家庭補助
	南北朝之魏文帝（西元535年）		兒童保護
	唐文宗（西元827年）		近親收養
	宋朝		兒童收容安置、家庭補助、急難救助、兒童教育
	清朝	大清會典	養幼孤
倡導期	1917年	慈幼局	收容因水災而無家可歸之兒童
	1920年	將慈幼局改名為北平香山慈幼院	同上
	1923年	北京燕京大學社會系	首開兒童福利課程
	1928年	中華慈幼協會	推展婦嬰保健
	1934年		第一次全國兒童福利會議
	1936年		第二次全國兒童福利會議
	1938年	戰時兒童保育會	戰區兒童之急救與教育
		兒童教養院	收容戰區之難民與兒童
	1940年	中央增設社會部	社會福利之最高行政機關

（續）表4-8　我國兒童福利相關法令之年鑑

福利發展階段與年代		法令依據	相關內容
倡導期	1942年	各省設置社會處 頒布保護童嬰運動辦法要點 　獎懲育嬰育幼事業暫行辦法 　育幼院設置辦法與組織章程 　普設工廠托兒所辦法 　兒童營養標準 　兒童教養機關標準 　兒童福利工作競賽辦法	各省之最高社會福利機關
新興期	1949年	台灣省立救濟院組織規程 台灣省救濟育幼院所家庭補助辦法 台灣省育幼院兒童入出院辦法 台灣省育幼院組織規程	社會救濟之法源依據
	1955年	農忙托兒所推行辦法	為農村兒童辦理托育服務
	1959年	托兒所設置辦法	收托對象普及至6歲以下之幼兒
	1962年	設立台灣省兒童福利工作人員研習中心	提供兒童福利工作人員專業訓練
	1965年	民主主義現階段社會政策	改善公私立救濟設施 擴展院外救濟 救濟貧苦老幼人民維持最低生活水準 將部分地價稅和土地增值稅充當社會福利基金
	1970年	召開全國兒童青少年發展研討會	研討會分衛生保健、教育訓練、社會福利及司法保護四組，並通過「中華民國兒童少年發展方案綱要」，組成「中華民國兒童少年發展策進委員會」
拓展期	1973年	頒布兒童福利法及兒童福利法施行細則	共有五章三十條條文
	1975年	全國兒童福利業務研討會	
	1979年	全國兒童福利研討會	
	1981年	兒童福利業務人員研究中心擴充為社會福利人員研習中心	

（續）表4-8　我國兒童福利相關法令之年鑑

法令與內容 福利發展階段與年代		法令依據	相關內容
拓展期	1983年	托兒所工作人員訓練實施要點 托兒所工作人員訓練課程 兒童寄養辦法	全文十五條條文
	1984年	加強兒童青少年福利服務實施要 　點 特殊教育法	
	1986年	全國兒童福利與專業人員研討會 　（於台北、台中、高雄三地分 　別舉行）	
	1989年	少年福利法制頒 各縣（市）設置兒童保護專線	080-422-110，後來納入家暴專 線改為080-422-113
		失蹤兒童少年協尋專線	080-049-880
建置期	1993年	兒童福利法第一次修訂	共有六章，五十四條條文 重視家庭責任 從消極性的兒童保護到積極性 　的兒童扶助
	1994年	兒童福利法施行細則修訂	
	1995年	頒布兒童福利專業人員資格要點	專業人員分為保育人員（及助 理保育人員）、社工人員、保 母人員、主管人員
	1997年	頒布兒童福利專業人員訓練實施 　方案	
	1998年6月	制定家庭暴力防治法	
	1999年	家庭暴力防治法施行細則	
	1999年4月	兒童福利法第二次修正	
	1999年7月	公布兒童局組織條例	
	1999年11月	兒童局成立於台中	
	2000年6月	兒童福利法第三次修正	
	2000年7月	兒童福利專業人員訓練實施方案 　修正	
	2002年	兒童福利法第四次修正	
	2003年	合併兒童福利法及少年福利法並 　頒布兒童及少年福利法	共有七章，七十五條條文

（續）表4-8　我國兒童福利相關法令之年鑑

福利發展階段與年代	法令與內容	法令依據	相關內容
建置期	2004年	兒童及少年福利機構設置標準 兒童及少年福利機構專業人員資格要點修訂	專業人員為保母人員、教保人員（及助理教保人員）、社工人員、保育人員、生活輔導人員、心理輔導人員、早期療育人員及機構主管人員
	2007年	兒童及少年性交易條例	
	2008年5月	兒童及少年福利法第一次修正	
	2008年8月	兒童及少年福利法第二次修正	
	2009年	兒童及少年福利機構專業人員訓練實施計畫	
	2011年	「兒童及少年福利與權益保障法」	共七章，一百十八條條文
	2014年	兒童權利公約施行法	共五十四條

資料來源：作者整理。

 本章小結

　　本章介紹美國、英國、日本、瑞典、德國及我國之兒童福利發展現況，世界各國政府對於兒童福利政策制訂及預算規劃等問題，無不竭盡所能，更結合各種資源及力量，以發揮最大之效用，進而提升兒童之福利及教育品質，讓下一代能夠獲得最好的照顧。綜觀世界先進各國有關兒童福利之發展，都是歷經了「慈善事業」→「立法」→「建立行政體系」→「有組織的服務」→「專業化」的發展軌跡，台灣也不例外，甚至朝向國際化接軌。

　　無論如何轉變，其最終之目的是希望兒童的權益能受到最大的保障，在健全的政策及專業體制下，兒童福利的推動才得以順利進行，希望從其他先進國家之兒童福利服務政策內涵中，擷取其菁華，供作國內制訂相關政策時的參考。

 參考書目

一、中文部分

王順民（2004）。〈兒童福利服務的新思維——育幼院機構照顧服務的困境、轉折與展望〉。發表於「二十一世紀福利國家社會安全議題研討會」。台北：中國文化大學。

江亮演、洪德旋、林顯宗、孫碧霞編著（1996）。《社會福利與行政》。台北：國立空中大學。

李淑娟（2000）。〈各國兒童福利的發展〉。輯於馮燕等編著，《兒童福利》。台北：國立空中大學。

李瑞金（1997）。〈英國兒童福利簡介〉。輯於周震歐主編，《兒童福利》（修訂版）。台北：巨流圖書公司。

李鍾元（1981）。《兒童福利：理論與方法》。台北：金鼎圖書公司。

林勝義（1986）。《兒童福利行政：兒童福利概要》。台北：五南圖書公司。

林勝義（2002）。《兒童福利》。台北：五南圖書公司。

姚蘊慧（1999）。《民主社會主義與福利資本主義之緣起與實踐——意識形態與國家發展觀點之分析》。國立政治大學中山人文社會科學研究所博士論文，台北市。

孫健忠（1995）。《台灣地區社會救助政策發展之研究》。台北：時英出版社。

徐錦鋒（1984）。《兒童福利法之比較研究》。中國文化大學兒童福利研究所碩士論文。

張笠雲（1983）。《我國殘障福利法與社會救助法執行之規劃與成效評估之研究》。行政院研考會專案研究。

梁其姿（1997）。《施善與教化：明清的慈善組織》。台北：聯經出版事業公司。

郭美滿（1997）。〈寄養服務〉。輯於周震歐主編，《兒童福利》（修訂版）。台北：巨流圖書公司。

郭靜晃等（1997）。〈各國兒童福利簡介〉。輯於周震歐主編，《兒童福利》（修訂版）。台北：巨流圖書公司。

陳嘉霖（2006）。《民主社會主義與第三部門》（未出版之碩士論文）。中國文化大學中

山學術研究所，台北市。

馮燕（1998）。〈我國中央兒童局的功能與意義〉。《社區發展季刊》，81，29-48。

馮燕（1999）。〈新世紀兒童福利的願景與新作法〉。《社區發展季刊》，88，104-117。

馮燕、李淑娟、謝友文、劉秀娟、彭淑華編著（2000）。《兒童福利》。台北：國立空中大學。

曾華源、郭靜晃（1999）。《少年福利》。台北：亞太圖書公司。

劉修如（1965）。《社會福利行政》。台北：國立編譯館。

鄭淑燕（1986）。日本兒童福利行政組織。《社區發展季刊》，36，54-57。

謝依蓉、浮絲曼、黎文貞、張毓娟（1990）。《兒童福利概論》。台北：啓英文化。

蔡文輝（1995）。〈美國一般家庭之福利服務〉。《二十一世紀兒童福利政策》（頁279-306）。台中：中華兒童福利基金會。

二、英文部分

Ambrosino, R., Heffernan, J., Shuttlesworth, G., & Ambrosino, R. (2007). *Social work and social welfare: An introduction* (6th ed.). New York: Thomson, Brooks/Cole.

Bjdrnstrom, U. (1996). Children's right in a dual-earner family context in swedan. In H. Winter Berger (Ed.), Children on the way from marginality to wards citizenship-Childhood policies: Conceptual and practical issues. International Seminar in Montebello, Canada, 16-20, Oct. 1995.

Buehler, C., & Gerard, J. M. (1995). Divorce law in the United States: A focus on child custody. *Family Relations, 44*, 439-458.

Department of Health and Human Service (2010). Rationale for making State child welfare policy information more widely available. http://www.childwelfarepolicy.org/about_us.

Furniss, N., & Tilton, T. (1977). *The care for the welfare state*. Bloomington, IN: Indiana University Press.

Jacqueline, R. (1994). The best interest principle in French Law and practice. *International Journal of Law, Policy and the Family, 8*, 259-280.

Kadushin, A., & Martin, J. A. (1988). *Child welfare services* (4th ed.). New York: Macmillan.

Mather, J. H., & Lager, P. B. (2000). *Child welfare: A unifying model of practice*. Belmont, CA:

Brooks/Cole, Thomson Learning.

Ozawa, M. N. (1991). Child welfare programs in Japan. S*ocial Service Review, 65*, 1-21.

Pecora, P. J., Whittaker, J. K., Maluccio, A. N., Barth, R. P., & Plotnick, R. D. (1992). *The child welfare challenge: Policy, practice, and research*. New York: Aldine De Gruyter.

Sanders, R., Jackson, S., & Thomas, N. (1996). The balance of prevention, investigation and treatment in the management of child protection services. *Child Abuse & Neglect, 20* (10), pp. 899-906.

三、網站

日本厚生勞働省。http://www.mhlw.go.jp/

第二篇

制度篇

Chapter 5

兒童福利政策

- 緣起：打造一個兒童天堂
- 兒童福利政策發展取向
- 兒童照顧政策的發展歷程
- 工業國家兒童照顧支持政策的服務內涵
- 我國兒童及少年福利政策之依據
- 我國兒童及少年福利實施內容
- 兒童及少年福利政策白皮書
- 本章小結

第一節　緣起：打造一個兒童天堂

　　兒童福利已不再是單純的人道主義問題，至少目前世界潮流對兒童福利努力的目標，不再是消極地針對特別需要救濟和保護的不幸兒童，而是更進一步地積極保護每位兒童的權益，包括：兒童托育、教育、衛生及社會各方面的福利事業，甚至也是一個國家文明的重要指標。兒童福祉與兒童照顧攸關國家的永續發展，許多先進國家，如美國、加拿大、英國、紐西蘭等提撥大筆預算，一方面減輕家庭照顧幼兒的負擔，一方面提供最好的支持育兒措施與照顧方案，讓國家的新巨輪能在最關鍵的時刻獲得最好的照顧。投資兒童就是投資未來，今日不做，明日就會後悔，爲了培養下一世紀優質的人口，規劃整體的兒童照顧政策與服務方案有其必要性（周慧菁，2000；郭靜晃，1999）。兒童福利政策可以說是運用一切有效的社會資源，滿足兒童時期生理、心理、社會環境的特殊需求，促使兒童得以充分發揮其潛能，達成均衡且健全發展之目的的計畫與方案。

一、兒童福利政策概論

　　所謂「**政策**」，常會因研究者所研究之對象性質的不同而見解互異；Lasswell及Kaplan（1950）指出：「政策乃係爲某項目標、價值與實踐而設計之計畫；政策過程則包括：各種認同、需求和期望之規劃、頒布與執行」；Easton（1953）將其界定爲：「對整個社會所從事權威性之價值分配。」；而Dye（1975）則指出政策乃是：「政府選擇作或不作爲的行爲」。由此可知，公共政策即政府透過政府機關、團體或個人，從許多可行方案中選優而行，以解決某一項社會問題（俞筱鈞、郭靜晃，2004）。

　　在探討社會福利政策時，需求（need）的概念是基本且必要的。事實上，大部分的福利服務方案也正是爲了因應需求的不同而被設計與提供的。然而，需求的界定不可避免地會含括到某些的價值判斷與價值選擇，就此而言，社會福利政策釐定過程當中的首要工作便是希冀能夠更清楚地找出確認需求的方法以及掌握有關需求的各種假設（McKillip, 1987）。

　　在社會福利領域裡最常被援引的需求類型是Bradshaw的類型區分，據以

區分出自覺性需求（felt need）、表達性需求（expressive need）、規範性需求（normative need），以及比較性需求（comparative need）（詹火生譯，1987）。只不過，需求指標本身作為一項社會和文化性的建構，並且與時俱變，就此而言，如何在人們真正的需求（real need）與一般性及規範性需求間取得一個平衡點，這會是一項基本的課題思考。連帶地，扣緊兒童福利的關懷旨趣，即便僅僅是在規範性需求的單一思考面向底下（參見**表1-2**），這也點明出來：對於兒童相關人身權益的保障與看顧是深邃且複雜的，而亟待更為完整、周全的思考。

　　在多元主義下，公共政策對資源的分配過程中，兒童係為明顯的弱勢族群，如何使兒童獲得適切而合理的對待，便是兒童福利政策所要努力的標竿。兒童福利更是社會發展的產物，兒童福利政策更反映社會當時的兒童福利理念。總而言之，對於兒童福祉的看顧是作為文明社會與福利國家的一項發展性指標，就此而言，諸如：受虐保護、重病醫治、危機處遇、緊急安置，以及孤兒照顧等等以問題取向為主的弱勢兒童福利工作，固然有其迫切執行的優先考量，但是，以正常兒童為主體所提供的發展取向的一般兒童福利工作，則同樣地不可偏廢，比如，兒童的人權、休閒、安全與托育服務等。終極來看，如何形塑出一個免於恐懼、免於人身安全危險，以及免於經濟困頓的兒童照顧服務（child care services）的生活環境，這既是當前兒童局努力的目標，更是整體社會共同追求的願景。

　　至於，這項攸關到戶政、社政、勞工、警政、醫療、衛生、司法、教育、傳播等等業務項目的兒童福利服務，隱含著從制度層次的組織變革擴及到社會與文化層次的全面性改造。就此而言，從兒童福利規劃藍圖的工作時程來說，有關整體兒童照顧政策（holistic child care policy）的擘劃與建構，自然是有現實的迫切性與理想的正當性。兒童福利工作能否有效執行，端賴有與時俱進的明確政策作為引導，再依引導制定具體周全的法規，再透過適切的兒童福利行政運作，始能發揮功效。

二、兒童福利政策的轉變

　　近年來，我國由於經濟與社會發展快速，國民所得已超過12,000美元，並且政治結構也日趨民主化，然社會的長期成長卻未能同步跟進，導致家庭和社會不論在結構層面、功能內涵均起了相當的變化（郭靜晃，1999）。這些轉變造成家庭兒童照顧負擔愈加沉重，婦女轉至就業市場更使照顧的功能遭到嚴重挑戰，因

此，台灣有愈來愈多的幼童不再是由母親或家人留在家中照顧，而是接受政府或民間團體所提供的托育服務（余多年，1999）。

從傳統的理念而言，除了父母雙亡或是不適任時，母親留在家中照顧幼兒是天經地義的事，兒童照顧根本不是問題，也沒有所謂的兒童照顧需求（余多年，1999）。但二十世紀末期由於社會與經濟發展快速，導致家庭與社會不論在結構層面、功能內涵均起了相當變化，兒童照顧及福利政策也產生一些轉變，茲分述如下：

(一)兒童人口減少

2002年，12歲以下兒童人口數共計361萬1,832人，至2003年減為351萬7,927人，至2004年減為341萬3,894人，至2005年的329萬4,247人、2006年的317萬6,997人、2007年的305萬8,061人、2008年的296萬3,650人、2009年的280萬8,328人及2010年的271萬1,482人。在總人口所占的比率中，則由2002年的16.04%下降至2003年的15.56%、2004年的15.05%下降至2005年的14.47%，及2006年的13.88%下降至2007年的13.32%，六年中兒童人口數呈現穩定減少之趨勢，從1996年至2000年間，0至12歲兒童每年平均約減少3萬名兒童，而2006年底之兒童相較於2007年底減少達11萬8,936人，而2007至2010年更減少將近34萬7,000人。2020年的全台總新生嬰兒只有165,249名，2021年降至153,820名新生兒出生。此乃我國人口結構趨向老化、少子化之社會現象（內政部，2011）。

兒童出生人數雖減少，但由於今日公共衛生及醫藥的進步、有效的避孕方法，使兒童在父母的愛與期望中誕生，因此，今日之兒童較諸以往更加受到家庭與社會之關注；再加上台灣社會已呈現老人化社會，老年人口逐年增加，平均餘命亦增加，未來的人口依賴比率也逐年增加，而未來兒童及少年成年後之負擔比例也將加重，是以社會及政府愈來愈重視兒童福利「質」的提升。

(二)家庭結構與功能的改變

家庭是人類生活中最初的社會化團體，雖然家庭在經歷生命週期（life cycle）的不同階段時，會引起結構上的改變，包括：家庭形成（結婚、同居）、家庭擴大（收養、養育子女）及家庭解組（家庭成員離家、離婚）等。除此之外，家庭環境、結構、功能及生存方式等方面的變化往往是家庭因應外在壓力及

需求，或自行選擇新生活方式的結果，家庭的任何變動，都將對依附家庭而生長的兒童，產生巨大之影響。

現代社會至少要保存下列五種家庭功能：生育的功能、照顧兒童的功能、提供社會化之教育功能、規範性行為的功能以及提供親情資源之功能（Zastrow, 1986）。社會變遷使得家庭產生巨大之變化，如離婚率上升、促使單親家庭增加、家庭之親情功能瓦解、促使兒童受虐或婚暴事件增多，也使得空殼婚姻（empty shell marriage）增加。

台灣根據內政部統計處（1997）編印的《中華民國85年台灣地區兒童生活狀況調查報告》指出，我國家庭結構以核心家庭（占59.79%）為主要之家庭型態。由於家庭組織規模的縮小與社會生活步調的快速，過去傳統農業社會對家庭養兒育女的家庭支持，也在現在社會中逐漸式微。這些社會變遷反映出離婚率上升、單親家庭驟增（1995年台灣地區兒童生活狀況調查中，約占3.28%，到了2010年，高達9.81%）。由於漸增的離婚率促使單親家庭數穩定成長，也使兒童面臨生長在單親家庭，單親母親大多需要外出工作（約達90%），以維持家庭經濟收入，這更加顯現兒童照顧的重要性。此外，我國已婚婦女勞動率也有逐年增加的趨勢，其中育有6歲以下子女的婦女勞動參與率則平均在40%以上（行政院主計處，1997）；再加上兩性工作不平權，同工不同酬，婦女平均工資為男性的71.6%，這也顯現婦女就業率提增對家庭的經濟貢獻，但也同時顯現家庭需要以家庭為取向之兒童照顧政策來支持他們因家庭與工作所帶來的角色壓力（郭靜晃，1999）。而在一般的家庭，尤其家庭育有學齡前兒童，他們仍是以「在家由母親帶」的托育方式為最高（占52.06%），且最期待政府辦理「增設各種公立托育機構」（重要度為31.46%）之兒童福利措施（內政部統計處，1997）。至2007年底我國共有4,008所托兒所，收托23萬8,220餘名幼兒，2009年底只剩3,825所托兒所，收托23萬6,942名幼兒，加上約有55,679名的專業保母（內政部，2011）。這些轉變皆明白顯示我國現代家庭對兒童照顧需求的殷切，而且政府也積極推展兒童托育服務專業化，以提升托育服務專業素質。

(三)經濟成長

我國近十年來，國民所得已超過12,000美元，年平均漲幅為9.75%，富裕的經濟生活，使得一般國民希求更精緻的生活品質。此種現象就如同Kadushin及

Martin（1988）所提及：經濟的高度成長，將促使社會更有能力支持、照顧生理、心智上殘障，以及父母無力養育的兒童。尤其我國社會因應工商發展、社會快速變遷、家庭組織結構的演變、核心家庭及雙薪家庭的形成，衝擊著傳統價值觀與家庭照顧兒童功能，導致兒童被疏忽、虐待，也使得我國父母需要以兒童福利服務來支持父母照顧子女及輔導與保護孩子（劉邦富，1999）。

因此，較諸以往，兒童權益受到重視，是必然的潮流，政府的責任，便是順應民意的需求，提供適當的服務。我國在1993年第一次修訂「兒童福利法」，修文增加至五十四條，另於1999年4月做第二次修正，並於11月中央成立專責單位──兒童局，各級政府並陸續配合訂頒各項福利措施，以建構國內兒童福利之輸送服務，並以兒童權益、照顧、保護等福利工作為首要任務。2003年「兒童福利法」及「少年福利法」合併為「兒童及少年福利法」，並歷經多次修訂，於2011年11月30日修訂為「兒童及少年福利與權益保障法」，以落實兒童及少年福利及權益。

此外，政府為因應外籍配偶家庭組成增加、人口低度成長以及人口老化議題，也於2005年制訂「家庭政策」，並於2008年訂定「人口政策」，以期提供兒少及其家庭有更多的資源與支持，以減少因社會變遷所衍生的相關問題。

(四)社會大眾對兒童福利觀念的轉變

由於兩性觀念日趨平權，加上通貨膨脹的壓力，使得婦女紛紛投入工作職場，再加上工作機會增加，也不需要太多勞力之工作，諸此種種造成家庭角色功能面臨重新調整，養兒育女不再是女性一個人之責任。這也使得原來家庭教養小孩相同之議題一直被定位為私領域（private sphere）的概念，屬於家庭的責任；相對地，男性的角色為公領域（public sphere），男性主外，在外負責賺取薪資（breadwinners），而女性主內，則是在家中扮演照顧者、支持者的角色（housekeepers）（余多年，1999）。

(五)兒童權益擴張，落實國家親權

兒童雖是獨立的個體，但因沒有足夠的能力及社會地位，所以導致社會資源的分配受到忽視，甚至更定義為「無聲音的群體」。儘管社會對兒童的觀念及賦予地位不斷地有提升與進步的現象，但相對於成人而言兒童還是不當地被認為

是父母的擁有物或私產（馮燕，1999）。另一方面，從兒童利益的觀點，過去由於兒童從被視為是家長的資產，雖然早在二十世紀初期，許多先進國家就開始介入家庭兒童照顧領域，但是政府介入的角度、關懷點是在支持家庭與婦女。雖然1924年國際聯盟通過兒童權利宣言，1959年發表兒童權利宣言，不過僅限於補充家庭功能之不足。反觀台灣，鑑於舊有「兒童福利法」部分條文內容已難以符合現今社會需求，尤其在保護及處遇方面及兒童福利機構管理等規定，實有修正及充實的必要。因此內政部於1993年第一次修正通過「兒童福利法」，更積極規範兒童權益及價值觀念，例如將兒童認為是準公共財（quasi-public goods），並以「兒童福利法」規定國家親職，言明政府對於未受保護及受侵害的兒童可以剝奪父母的監督權，並轉移監護權至國家，並將早期以問題為取向，針對特殊需求兒童提供救助、保護、矯正、輔導及養護等措施，轉以發展取向為主；針對一般兒童所提供之服務及福利措施包括：衛生保健、兒童托育教育及司法保護等。發展脈絡由消極扶助到積極關懷，從特殊性到普遍性，從機構收容到以家庭為基礎。

自1993年「兒童福利法」修正，1989年「少年福利法」公布以來，也已歷經多年，隨著社會環境與家庭結構的變遷，兒少福利需求日新月異，在輔導工作上也面臨另一新的挑戰。加上兩法除了年齡之差異，在業務上也互有重疊，內政部遂於1998年9月10日邀集中央及直轄市、縣市機關及民間團體共同會商決議，以「合併修法」為原則，研修兒童及少年法。研修內容除了將兒童年齡擴大至18歲，也新增落實保障無國籍之兒童人權，加強各目的事業主管機關之橫向分工、原生家庭功能、兒童個案保密工作、人權保護、兒童財產信託、媒體分級以保護兒童，以及增列兒童遊戲場管理等法規。近年來為因應社會問題及在專家團體的倡導下，「兒童及少年福利法」於2011年11月30日修訂為「兒童及少年福利與權益保障法」。

家庭結構演變、核心及雙薪家庭的形成衝擊著傳統價值觀與家庭照顧幼兒功能，致兒童被疏忽、虐待事件時有所聞，加上兒童福利服務、輔導與保護工作需求日殷，社會大眾期盼中央能有一專責機構以提供多元的、及時的專業服務，此種殷盼也一併在1993年的「兒童福利法」之修正條文中明訂（第6條）。長達六年多的期盼中，兒童局終於在聯合國的「兒童權利宣言」公告四十年後的1999年11月20日「國際兒童人權日」正式掛牌運作。兒童局的成立，除了落實「兒童福利法」立法精神，對全國兒童而言，更是有了一個中央專責單位，掌管兒童權

益，更能有接納無聲音團體（兒童之聲）的功能，這也象徵我國兒童福利工作邁向二十一世紀的開端及新紀元，更能展現政府想辦好兒童福利工作的強烈企圖心，也凸顯政府積極參與兒童福利工作之推展與維護兒童權益的決心（內政部，2000）。

兒童福利政策涉及層面廣泛，也觸及各個行政部門，本章茲以兒童福利之主管行政機關——兒童局，所負責之兒童照顧以及兒童及少年白皮書為例，闡述各國與我國相關的措施。

 ## 第二節　兒童福利政策發展取向

在社會變遷之下，台灣面臨社會經濟環境快速轉變、婦女勞動參與率逐年增加（尤其是有年幼子女的婦女）、生育比率逐年下降，以及家庭組成結構的變遷、轉型，使得「雙薪家庭」（dual-earner family）、「單親家庭」（single-parent family）的數量增加，而非正式的社會支持網絡卻不如從前緊密，親戚、鄰里協助照顧兒童的比例日益減少，結果造成家庭照顧兒童負擔愈見沉重，家庭中的兒童以及父母親受到最大影響。

二十世紀之前，養育、照顧兒童的相關議題一直被定位為私領域的概念，屬於家庭的責任，而這樣的概念將男性的角色預設在公領域，負責賺取薪資，而女性則留在私領域的家庭中，扮演著照顧者、支持性的角色。可是當女性參與公領域的事務愈來愈多時（特別是勞動市場的工作），私領域中的兒童照顧已不再是婦女可以獨立承擔與面對的問題（余多年，1999）。兒童照顧需求的提出與婦女福利是息息相關的，也藉由近年來婦女團體積極的投入以及社會壓力，使得兒童照顧可以擺到檯面上成為公開的問題（陳美伶，1991）。當婦女主動要求國家分擔兒童照顧責任時，意味著國家對家庭照顧兒童必須有更多的干預。

隨著社會的變遷以及家庭結構的改變，家庭對於國家提供社會福利的需求日益殷切；然而，國家與家庭之間的分工往往引起很大的爭議。政府對於主要福利供給者的態度傾向常影響福利政策的制訂與執行。本節即擬從國家對於兒童照顧職責的發展取向探討政府與家庭分工觀念的改變，以及對於兒童照顧實務的影響。兒童福利政策發展取向分四部分來探討：(1)自由放任主義；(2)國家干涉主義；(3)尊重家庭與雙親權利；(4)尊重兒童權利與自由。分別說明如下（Harding,

1997；俞筱鈞、郭靜晃，2004；彭淑華，1995）：

一、自由放任主義及父權制下的兒童福利政策

此觀點源於十九世紀，但在二十世紀仍被廣泛採用。「自由放任主義」（laissez-faire）或「**最少干預主義**」（minimalism）係指政府應盡量減少扮演照顧兒童的角色，政府應尊重雙親與孩子關係的隱私權與神聖性。「父權制」（patriarchy）係指成年男性的權力凌駕婦女及兒童之上。在父權制的理念下，父親的角色被界定為工具性與任務性取向，屬於公共領域的世界。婦女則被歸類於家庭私有領域，必須在家中善盡照顧老人、兒童、或丈夫的責任。婦女若投入勞動市場則是觸犯男女分工的鐵律，須受道德的譴責。因此，自由放任主義雖然強調基於家庭的私密性而不應干預此私有領域，但政府仍透過對於傳統男女分工鐵律的維繫介入家庭事務。Fiona Williams（1989）分析十九世紀迄今國家干預家庭的過程，其實主要仍在限定婦女的母職角色為其干預目的，以維持資本主義社會及父權主義社會的結構性需要（Williams, 1989）。因此，雖有部分持此觀點的代表學者同意若是兒童接受極端不適當的雙親照顧應予以特殊安置外，家庭的權力與家人的關係不容被剝奪。此意即強調政府應盡量避免介入家庭事務，兒童照顧應為家庭的權責，政府應減少參與。

自由放任主義強調**家庭與政府角色的分立**。此種對於家庭自主性的維護信念直至今日仍深植於西方社會中。即使社會工作員（指政府雇用，代表政府干預的人員）常介入家庭事務中，但社會工作員往往較易於接受雙親的解釋，而不輕易使用強制權即是一例（Harding, 1997）。因此，支持自由放任主義者認為國家對於兒童照顧的角色應遵守下列兩個基本原則：

1. **對家庭的干預減至最低**：愈有為的政府應愈尊重家庭的自主性與個人的自由權，同時採取最低干預原則，普遍而言，對政府與家庭是有益的。
2. **父母養育子女的方式有充分的決定權**：父母的照顧加強父母與兒童間的特殊連結（bond），政府的介入是有害的。

自由主義及父權制觀點明確規範了政府干預的情況，主張照顧孩子及教育孩子為家庭的職責，政府則退居幕後擔任監督及補充的角色。政府對於家庭私密性

的干預應減至最低程度，而僅在對於兒童福祉有相當遠害的情境下，公權力方可介入。

二、國家干涉主義及兒童保護下的兒童福利政策

此種觀點與十九世紀末、二十世紀初政府介入福利事務有密切的關聯。「**國家干涉主義**」（state paternalism）及「**兒童保護**」（child protection）係指政府應主動積極介入家庭事務，避免兒童遭受不適當的照顧，以兒童福祉為優先考慮。在此種觀點下，國家介入兒童保護與照顧是適當的，但政府的干涉常具權威性，且忽視了兒童與原生家庭間的親情關係。國家干涉主義強調孩童的重要地位，雙親的權利與自由則在其次。因此，當父母無法妥適照顧兒童時，高品質的替代性照顧（substitute care）是絕對有必要的。政府可對不適任父母採取強制帶離小孩的措施。

異於自由主義觀點對於政府干預的限制，國家干涉主義強調政府公權力的介入，而其主要目的即在於對兒童的保護。因此，兒童不再被視為父母永久的資產。對於兒童的照顧，父母應如同受託者用心經營，以兒童福祉為依歸。若父母未能提供適當的照顧，則此經營權將由國家強制收回，並安排更適當的人負責照顧。雖然此派觀點較自由主義觀點獲得更多的支持，且可透過立法及國家法權積極保障兒童福祉，然而卻貶抑了原生家庭與子女間親情之連結，強調「親權的剝奪」、「忽視孩童自身的觀點與想法」，以及「過度強調兒童福祉而忽略了家庭及社會政策的整體性」等皆引起相當多的爭議，也因此衍生了第三種觀點——「家庭及雙親權利」的政策取向出現。

三、尊重家庭與雙親權利取向下的兒童福利政策

「家庭與雙親權利」的政策取向（the birth family and parents＇rights）與第二次世界大戰後福利國家的擴展有密切的關係。此派觀點強調原生家庭對於雙親和兒童相當重要，同時此種親子關係應盡可能被維繫。即使因為特殊理由使得父母與子女必須分開時，仍應盡量加強父母與子女之間的聯繫。政府所扮演的角色既不像自由主義般消極干預或像國家干涉主義般積極干預，而是著重在支持家庭、保護與維繫家庭的發展。政府提供家庭所需的各種服務以確保家庭的整合，

共同建立一個共識——兒童與其原生家庭的關係應盡可能被維繫，此對整個家庭或社會具有相當大的益處。

「家庭與雙親權利」取向顯然異於前面兩大觀點。此派觀點與自由放任主義雖然同樣強調政府有限的干預，但後者為政府消極的不干預，前者則**重視心理性與生理性連結的價值**。原生家庭是兒童成長、養育與發展的最佳場所，這不僅立基於父母與子女血緣上的生物性連結（biological bond），同時亦能滿足親子間的心理性連結（psychological bond）。 此觀點不僅尊重父母養育子女的權利，同時亦重視父母與孩子彼此之間的情感性需求。因此，雖然政府亦介入家庭事務中，但政府的角色是支持性的。

與國家干涉主義相比較，支持「家庭與雙親權利」取向者認為，國家干涉主義過度強調「父母的責任」（parental duties）， 而忽略了「父母的權利」（parental rights）；強調兒童為獨立於父母的個體，而忽略了早期親子之間的互動關係。因此，對於「家庭與雙親權利」的肯定無非是對前兩大發展觀點的反省與調整。雖然此派觀點亦贊成較廣泛的國家干預，但卻非強制性的，且以支持家庭為主的介入角色可避免政府職權的過度擴張（Antler, 1985）。

原生家庭照顧兒童的角色應被肯定與支持；替代性照顧應是最後一種選擇，或是以「父母」 與「替代照顧者」 共同照顧（shared care）為原則。若採用替代性照顧方式，孩童應盡可能與原生家庭密切聯繫，若有可能可再重返其原生家庭。

另外，在福利國家觀念的思潮下，政府的福利措施往往被視為人民應享的福利權。政府應滿足人民的基本需求，以維繫家庭的功能與成長。強調「家庭與雙親權利」的觀點使得政府所提供的福利措施應朝著家庭維繫與家庭重塑方向著手，並針對特殊群體加強處遇，以保障兒童與家庭之權益。

四、尊重兒童權利與自由取向下的兒童福利政策

「兒童權利與自由」政策取向係尊重孩子的自主性。此派觀點認為孩童如大人般為一獨立的個體，兒童的觀點及想法應受到尊重與肯定。兒童應被賦予較多類似成人的地位，以減少來自成人的壓制或不合理的待遇。因此，應透過法律與政策來保護孩童，確保兒童的權益。然而，對於兒童是否能承受如成人般的壓力與責任則尚未有定論。但賦予兒童較多的權利與自由，並表達自身的感受與看法

則是此派觀點的基本共識。

此種價值理念，特別是較極端的觀念（例如，孩童被賦予類似成人的地位），在目前相關兒童照顧的法律與政策尚未真正落實。然而由於與前述的三種觀點取向相異甚大，對未來與兒童照顧相關的法律、政策與實務工作有相當的引導性。此種意識形態視兒童為獨立的個體，應尊重兒童的觀點、感覺、期望、選擇與自由，兒童應享的權利不是成人所能決定的。然而，兒童是否足夠成熟，可以獨自做決定也令人質疑。若視兒童為獨立個體這個觀點來看，此與國家干涉主義的觀點相似，兒童權利觀點較強調兒童的自主性、自我決定權，兒童有能力界定其情境並獨立做出決定；而並非像干涉主義中兒童的權益係由親生父母、替代父母、法院或社會工作員來解釋或決定。

目前，力倡兒童權利的國家有挪威及瑞典，並且在其立法、政策或實務工作上強調兒童的自主權及其他相關權利；而在英國及威爾斯，雖然沒有立法的支持，但對於兒童的想法及觀點非常的重視。加拿大及紐西蘭亦在兒童權益相關的立法上加以檢討修訂。可想而知，尊重兒童權利與自由的觀點將逐步為人們所接受，並逐步引導未來與兒童照顧相關法律或政策的修訂。然而，兒童的成熟度是否高到足以做出正確的決定，且孩童對其自我想法的表達能力與意見的穩定程度仍難以克服。雖然尊重兒童權利與自由是發展的新趨勢，但目前大多數國家對於兒童照顧政策的發展與觀點仍偏向第三種，亦即認為政府對於兒童照顧應採取支持性的干預，以維繫與發揮家庭功能。

綜合上述，「兒童福利政策」是國家為協助家庭及父母分擔兒童照顧責任所進行的干預措施。國家對於家庭的態度，亦即意識形態，將影響國家採取的干預程度及具體的干預政策；換言之，上列之意識形態也可以區分為新左派與新右派的觀點來看國家與家庭之分工：

1. **新左派**（New Left）：此觀點融合了傳統馬克思主義、修正後的馬克思主義及女性主義觀點，若跳開福利國家與資本主義本質的批判不談，新左派基於現實考量，提出主動性的社會政策，支持全面性的國家干預作為轉換資本主義以建立社會主義未來的重要計畫。馬克思主義關注經濟的生產關係及勞資雙方的階級衝突，家庭屬於私領域，在公共或經濟領域中不具份量，因此，很少針對家庭做討論。直到1960年代婦女運動以及女性主義的發展，才將家庭提升到理論層次來討論，比如其對於家庭的看法為父權主

宰是壓迫婦女的問題來源；家務和照顧是兩性共同的責任；支持家庭內的
兩性平等與家庭外的階級平等。因此，主張國家干預的目的在平衡經濟制
度與家庭制度整體的福祉，國家和家庭分工的目的在於使所有的──不分
性別、地位和階級都能享有相同的社會福利和國家支持（陳美伶，1991）。

2.**新右派**（New Right）：又稱「新保守主義」，其思想內涵可分為兩部分，
一是古典的個人主義和自由放任思想，另一則為對戰後福利國家和社會主
義國家的批判反省。追求個人最大的自由與維持自由市場經濟是其最堅持
的原則，主張最少的國家干預和最大的個人自由，反對福利國家，但是允
許在不妨礙個人自由與市場機能的前提下，以資產調查方式提供少量的社
會福利，維持最低的生活保障；強調國家福利的民營化（privatization）。
在兒童照顧政策方面，界定社會福利的主要供給者為家庭和自由市場，國
家退居幕後擔任監督和補助的角色，鼓勵營利機構或私人企業自辦托兒所
（陳美伶，1991；李明政，1994）。

新左派和新右派皆認為國家與家庭在兒童照顧方面皆負有責任，只是在兩者
的分工責任與干預目標上有所差異（參見**表5-1**）。關於兒童的照顧過程，新左派
也提出看法，認為成人總是基於兒童沒有能力判斷其最佳利益的前提假設下對兒
童為所欲為，年齡也構成兒童在家庭中附屬的階級地位（陳美伶，1991）。

表5-1　新右派、新左派家庭與國家干預態度比較

態度	新左派	新右派
家庭形式	不限制	核心家庭
婦女就業	支持	有條件的支持
工作與家庭	整合	隔離
婦女地位	平權	附屬、依賴
主要照顧者	兩性	婦女
國家干預之目的	支持個人選擇	支持家庭責任
主要福利供給者	國家	家庭、市場
福利目標	平等	安全
國家與家庭分工	支持	反對
社會政策規劃	經濟與家庭整合	家庭附屬於經濟制度

資料來源：陳美伶（1991）。

第三節　兒童照顧政策的發展歷程

　　從歷史研究的演變中可以發現不同類型的福利國家將社會事故納入社會安全制度的過程，通常都是循序、漸進的。其中有關工業意外的勞工賠償，往往是最先被採納的福利模式。之後，疾病、殘障保險、老人年金，以及失業保險才相繼地被接納。至於「家庭津貼」的項目，則是由於被界定為可由婦女來擔當，因此「家庭津貼」方案最晚才引進——顯然，社會政策抑或社會立法背後的意圖是值得進一步探究的（王順民、郭登聰、蔡宏昭，1999）。

　　倘若由社會福利系統來看兒童照顧政策的發展歷程，期間歷經第二次世界大戰、貧窮的再發現（rediscovery of poverty）與因經濟不景氣所影響的福利國家緊縮等重大事件的影響，可細分為四個時期，每個時期各有其政策發展方向，分別說明如下：

一、十九世紀末到第二次世界大戰結束（1945年以前）

　　在十九世紀期間，快速的都市及工業化導致社會經濟環境歷經巨大的變化，雖有部分家庭因此而受益，但大多數人仍過著低薪、貧困的生活，甚至處於高危險且不健康的工作環境中。然而，各國政府並未察覺出問題的嚴重性並提出適當的對策因應，因此，高貧窮率、高嬰幼兒死亡率，以及因國家問題所導致的生育率降低等，皆引起了大眾對貧窮家庭、兒童養育、兒童照顧、兒童保護等問題的重視（Gauthier, 1996; Kamerman & Kahn, 1989）。

　　在高貧窮率問題部分，由於勞工的薪資收入不足以支付家中小孩的養育費用，生活負擔沉重的問題未能獲得解決，終於導致罷工事件的發生，最後以發放兒童津貼給育有子女的已婚勞工來解決問題，不過這項措施卻為育有子女的已婚勞工帶來了雇用歧視的問題。於是1918年成立的「地方均等基金會」（Local Equalization Funds）改由雇主依員工數的比例來分擔經費，而不再依已婚員工數來分擔成本，以支付津貼給需要者（Gauthier, 1996）。此時，雇用歧視的問題才不再發生，雇主也會基於經濟因素的考量，開始依不同行業別來分擔兒童照顧成本，減輕員工負擔，為家庭津貼奠定根基。

另外，因工作、生活環境差所導致的嬰幼兒高死亡率方面，部分國家採取了生育給付及親職假等的相關政策因應。但不同的認知及態度有不同的對策訴求，國家也認知到必須提出對策因應。有些國家認同全職的家庭主婦對兒童發展與整個家庭是較好的，除非金錢收入對婦女有非常重要且實質的幫助（例如，勞動階級對金錢收入的需要），女性才會被認同有需要從事有酬工作，例如，英國、德國；相對地，瑞典與法國則較認同及接受婦女就業，國家也提供給付與法律的保障，以支持及保護女性就業。不過，政府對於那些因金錢需要而必須就業的孕婦提供因應的對策，普遍受到各國的認同，至於親職假給付、兒童照顧措施等也獲得初步的發展（余多年，1999）。

接著，針對生育率下降的問題，由於當時歐美國家正值整裝軍備，企圖向外擴張的重要階段，因此，支持生育的呼聲便成為主要的政治議題之一。最重要的是形成了家庭養育子女的經濟負擔應由全民共同負擔的共識。例如，在法國方面，於1930年代建立了家庭津貼制度，針對育有子女的已婚員工給予補助，給付水準依子女數的多寡成正向攀升，財源則是來自雇主的社會安全稅（Kamerman, 1996）。至此，國家介入干預的全國性家庭津貼獲得充分發展。

但是由於各國間對人口政策採取不同的態度，相對地在家庭津貼制度上也有不同的對應，例如，英國由於在高度的都市化及人口密集的因素影響下，並未制訂支持生育的政策，而以支持家庭為其目標。另外，有些國家認為家庭津貼的成本過高，並且會使家長推卸照顧兒童的責任，因此，對家庭津貼給付水準的爭議，常徘徊在保障最低生活水準上，並在領取給付的限制上，規定須資產調查或是只給第三個以後出生的小孩（余多年，1999）。1914年英國首先以分居特別津貼方式，給予軍人的妻子與小孩現金給付，使其有能力繼續扶養小孩。這項津貼在1925年轉換成寡婦與孤兒年金，成為英國年金體制的一環。在第一次世界大戰前後，也有多個歐洲國家實施寡婦與孤兒年金給付。美國則是實施寡婦津貼，提供寡婦一筆現金，使其有能力在家照顧幼兒，避免小孩被送到孤兒院（Gauthier, 1996）。針對各國在1945年以前給予家庭照顧兒童現金給付體制的實施現況（詳見**表5-2**）。

表5-2　國家給予家庭照顧兒童現金給付體制的實施現況：1945年以前

國家	實施年度	體制名稱
寡婦與孤兒津貼		
比利時	1924	寡婦／孤兒保險*
法國	1928	寡婦／孤兒保險*
德國	1911	寡婦／孤兒年金*
紐西蘭	1926	寡婦／孤兒年金**
英國	1914	分居津貼
	1925	寡婦／孤兒年金**
美國	1911	母親年金**
其他給予家庭照顧兒童的現金給付		
比利時	1930	家庭津貼
法國	1913	給予大家庭的救助給付
	1918	分娩津貼
	1923	給予大家庭的給付
	1932	家庭津貼
德國	1936	家庭津貼
紐西蘭	1926	家庭津貼
英國	1944	家庭津貼
美國	1935	失依兒童的救助給付（ADC）

註：*社會保險制度的一部分。

　　**免繳費（non-contributory）體制（社會救助制度的一部分）。

資料來源：余多年（1999）。

二、第二次世界大戰後到50年代末期（1945-1960）

在1940、1950年代，「社會公民地位」的概念開始在大英國協及北歐國家發酵，「全民性」的家庭津貼開始為一些國家所採用（張世雄，1996）。家庭津貼逐漸成為社會安全體系中另一項重要的社會安全制度。在此階段，「貝佛里奇報告書」（The Beveridge Report）扮演著關鍵性的角色（鄭清風編譯，1993）。但貝佛里奇式的社會安全體系係因循社會保險原則，實際上並非全民性的，因此，從事家務工作的家庭主婦是無法納入社會體系保障中的。第二次世界大戰後，女性勞動需求遞減，加上對婦女回歸家庭照顧小孩的觀念盛行，使得女性在社會安全

體系中更處於不利的地位。雖然如此，在親職假給付方面仍爲多數國家所採用，給付期間有較長的擴增，給付金額也朝向以一定比例的薪資替代（詳見**表5-3**）。

　　採用全民性家庭津貼的國家所顯現的意涵在於：「國家普遍認同，不論父母的職業、地位或收入狀況，所有的兒童應該都要得到補助。」因此，國家採取普及式的津貼給付來承擔兒童的照顧成本。但是，雖然法國與瑞典採行全民性家庭津貼制度，但其立意在於提高生育率，其次才是減輕家庭經濟負擔（Kamerman, 1996）。雖然多數的工業國家皆同意並採取承擔部分兒童照顧成本的制度，不過，由美國1935年施行的「羅斯福新政」（New Deal）、失依兒童的救助（Aid to Dependent Children, ADC）計畫中可發現，聯邦政府雖然有給付給單親家庭，並逐漸擴增給付對象，但是一直沒有擴及到全民性。直到1954年的所得稅法中，才加入兒童照顧扣減額（tax deduction）的規定。

表5-3　部分OECD國家家庭津貼政策第一次立法之給付內容

期間	立法年度	國家	給付類型	給付範圍
二次大戰前	1926	紐西蘭	普及式	第三個及以上小孩
	1930	比利時	與就業相關	給所有小孩
	1932	法國	與就業相關	給所有小孩
	1937	義大利	與就業相關	給所有小孩
二次大戰期間	1939	荷蘭	與就業相關	第三個及以上小孩
	1941	澳洲	普及式	給所有小孩
	1944	加拿大	普及式	給所有小孩
	1945	英國	普及式	第三個及以上小孩
二次大戰後	1946	挪威	普及式	第三個及以上小孩
	1947	盧森堡	與就業相關／普及式	給所有小孩
	1947	瑞典	普及式	給所有小孩
	1948	奧地利	與就業相關	給所有小孩
	1948	芬蘭	普及式	給所有小孩
	1952	丹麥	普及式	給所有小孩
	1954	德國	與就業相關	第三個及以上小孩
	1971	日本	與就業相關／普及式	第三個及以上小孩

資料來源：余多年（1999）。

1959年，除日本與美國外，幾乎所有國家皆立法施行家庭津貼制度，藉以達成社會平等的目的，作爲國家進行垂直重分配的工具。而美國在戰後，因深信私部門的重要性，在有限政府的意識形態下，資產調查形式的給付〔例如，ADC及失依兒童之家庭扶助（Aid to Families with Dependent Children, AFDC）〕並未擴張成爲普遍性質的家庭津貼制度（Hantrais, 1993；余多年，1999）。

三、1960年代初期到1970年代中期（1960-1975）

由於1960年代歐美工業國家「貧窮的再發現」，兒童貧窮問題開始受到部分國家的重視，進而開始思索應如何調整所得重分配的功能。例如，法國在1970年代將原有的家庭津貼附加許多補充性津貼，並對有特殊需求的風險群，包括：育有子女、單親低所得家庭給予補充性的給付。而美國則在AFDC的給付資格上限定須接受就業輔導、增加工作福利（workfare）的取向，給付領受者必須就業或是即將就業（Atkinson, 1994; Kamerman, 1996；石婉麗，1995；陳小紅，1989）。

除透過所得重分配外，Friedman的累退稅理念也受到部分國家的採用，例如，美國於1974年立法通過EITC計畫（Earn Income Tax Credit），針對低所得、有小孩的家庭給予稅式補助，包括：扣除額（tax deduction）、稅額抵減（refundable tax credit），以及針對家庭養育兒童的免稅額（tax exemption）三種。前兩種屬於稅式支出（tax expenditure）範圍。扣除額是一種間接的所得移轉；稅額抵減則是直接性的所得移轉；而免稅額則可視爲是一種稅式津貼（tax allowance），給予課稅優惠，不納入納稅人課稅所得內（Hayes et al., 1990; Gilbert et al., 1993）。西德在1975年則是通過給予所有家庭稅額抵減的政策，以改變原先賦稅免稅額只利於中、高所得收入家庭的制度（Kamerman & Kahn, 1989）。另外，加拿大在1979年也開始提供稅額抵減給所得低於下限的家庭，以解決中、低所得家庭因家中小孩而增加的照顧成本及經濟壓力（鄭清風編譯，1993）。

整體而言，在兒童照顧支持政策上，北歐國家開始扮演領導的地位，一方面發展更多的公立托育服務設施，鼓勵婦女就業，保障女性就業的權利；另一方面，則建立更完善的法定產假及親職假制度，包括：對工作的保障、留職留薪產假、親職假等，讓家長有更多選擇的機會。雖然如此，還是有許多國家傾向讓女性留在家中照顧小孩，例如，澳洲、加拿大、紐西蘭及美國等，也因此針對保護懷

孕中的職業婦女及後續照顧幼兒的責任等問題皆不在其兒童照顧政策的保障中。

四、1970年代末期至今（1975-1989）

1970年代末期，經濟的不景氣導致許多國家緊縮財政支出，社會安全支出首當其衝成爲被刪減的對象，尤其是普及性的家庭津貼給付，例如，降低給付水準（如英國及美國）或納入排除高所得家庭之類的給付限制條件等（如加拿大與澳洲）（Gauthier, 1996）。除此之外，透過稅制提供家庭兒童照顧支持的間接性支出，在此時期仍受到部分國家的重視。在1970年初期，有部分國家係基於稅式優惠的不公平（較利於中、高所得家庭），將原先免稅額形式改成扣除額、稅額抵減的形式，在此時期，這項改革仍爲一些國家接受，並加以跟進（見**表5-4**）。綜觀各國現存兒童養育、照顧稅式支出制度，事實上仍以兒童免稅額爲主要類型，兒童照顧扣除額爲另一項較重要的稅式支出，稅額抵減的接受度仍低（余多年，1999）。因此，在家庭津貼制度改革的過程中，有許多國家嘗試藉由整合家庭津貼與兒童照顧、養育稅額抵減，扣除額與免稅額政策等，來彌補在家庭津貼給付水準上的削減，或是消除因增加給付而形成每位兒童的給付金額不同，不符平衡理念的現象（Gauthier, 1996）。

表5-4　部分OECD國家家庭（兒童）津貼體制

國家	最初立法年度	給付條件（制度類型）	給付類型（一般條件）	給付水準*	財源
比利時	1930	與就業相關（社會保險）	未滿18歲子女	10.4%（隨子女人數的增加，給付水準愈高）	雇主承擔7%薪資稅，不足部分由政府負擔
法國	1932	普及式（全民制度）	至少有兩個未滿16歲子女	7.1%（隨子女人數增加給付愈高，但第五個以後則減低	雇主承擔5.4%薪資稅，政府支出1.1%歲收
義大利	1937	與就業相關（社會保險）	未滿18歲子女	0.0%（1988年納入資產調查條件，達到製造業男性平均薪資水準者無法領取）	雇主負擔保費4.84%（1997年後開始就業受雇者負擔2.48%，1997年2.48%，1998年3.34%）
荷蘭	1939	普及式	未滿16歲子女	7.4%（子女年齡愈大，給付水準愈高）	政府以稅收支付（全民制度）

（續）表5-4　部分OECD國家家庭（兒童）津貼體制

國家	最初立法年度	給付條件（制度類型）	給付類型（一般條件）	給付水準*	財源
澳洲	1941	普及式（全民兼社會救助模式）	未滿16歲子女	3.4%（1988年納入資產調查的限制，但所得限制條件優厚，製造業的男性平均薪資並未達到所得限制條件）	政府以稅收支付
加拿大	1944	普及式（全民制度）	未滿18歲子女	2.4%	政府以稅收支付
英國	1945	普及式（全民制度）	未滿16歲子女	6.3%	政府以稅收支付
盧森堡	1947	普及式（全民制度）	未滿18歲子女	8.3%（隨子女人數愈多給付愈高，但第四個及以後子女給付水準則降低；另隨子女年齡愈大，給付愈多）	政府以稅收支付（但自雇者須繳納0.7%的所得作為費用）
瑞典	1947	普及式（全民制度）	未滿16歲子女	7.2%（第三個及以上子女可領取補充給付）	政府以稅收支付
奧地利	1948	普及式（全民制度）	未滿19歲子女	11.3%	雇主繳納4.5%薪資稅，州政府依人數每人補助24先令（shilling）；另部分聯邦所得做家庭津貼平準基金
丹麥	1952	普及式（全民制度）	未滿18歲子女	5.2%	政府以稅收支付
德國	1954	普及式（全民制度）	未滿16歲子女	4.9%（隨子女人）數增加給付愈高	政府以稅收支付
日本	1971	普及式（雇主責任兼救助模式）	3歲以下子女	四口之家年收入日元372萬2,000元以下	受雇者：雇主負擔總成本的70%（約0.11%薪資稅），國庫負擔0%，縣為5%，市為5%　自雇者：國庫66.6%，縣16.7%，市16.7%

註：*代表「1990年家庭津貼金額與製造業男性平均薪資的比例」。

資料來源：Gauthier, A. H. (1996); Social Security Administration (1996); 石婉麗（1995）；余多年（1999）。

在此時期，人口與家庭議題仍持續受到關注，許多國家在兒童照顧支持政策方面皆出現有關人口與家庭的政策提議。例如，義大利、波蘭及西班牙因快速的人口變遷與生育率過低的問題而受到重視。另一方面，要求國家直接提供普及性的公共托兒服務措施已不再受到普遍的認同。在福利多元主義的旗幟下，部分歐洲國家的政策關懷轉向接受由私人或第三部門提供的兒童照顧服務。由政府支持實施多樣化托育服務、提供家長更多時間於親職功能的發揮，以及補助便利女性調和工作與家庭取向的政策漸受歡迎（Kamerman & Kahn, 1994）。

五、1989年至今

考量到「聯合國憲章」所揭示的原則，體認人類家庭所有成員的固有尊嚴及其平等與不可剝奪的權利，乃是世界自由、正義及和平的基礎；銘記各國人民在聯合國憲章中重申對基本人權與人格尊嚴及價值之信念，並決心在更廣泛之自由中，促進社會進步及提升生活水準；體認到聯合國在「世界人權宣言」及「國際人權公約」中宣布並同意，任何人均享有前述宣言及公約所揭示之一切權利與自由，不因其種族、膚色、性別、語言、宗教、政治或其他主張、國籍或社會背景、財產、出生或其他身分地位等而有任何區別。

回顧聯合國在「世界人權宣言」中宣布：兒童有權享有特別照顧及協助；確信家庭為社會之基本團體，是所有成員特別是兒童成長與福祉之自然環境，故應獲得必要之保護及協助，以充分擔負其於社會上之責任；體認兒童應在幸福、關愛與理解氣氛之家庭環境中成長，使其人格充分而和諧地發展；考量到應充分培養兒童使其可在社會上獨立生活，並在「聯合國憲章」所揭櫫理想之精神，特別是和平、尊嚴、寬容、自由、平等與團結之精神下獲得養育成長。

銘記1924年之「日內瓦兒童權利宣言」，與聯合國大會於1959年11月20日通過之「兒童權利宣言」揭示兒童應獲得特別照顧之必要性，並經「世界人權宣言」、「公民與政治權利國際公約」（特別是第23條及第24條）、「經濟社會文化權利國際公約」（特別是第10條），以及與兒童福利相關之各專門機構及國際組織之章程及有關文書所確認；銘記「兒童權利宣言」中所揭示：「兒童因身心尚未成熟，因此其出生前與出生後均需獲得特別之保護及照顧，包括適當之法律保護」。

　　回顧關於兒童保護和兒童福利，特別是國內和國際寄養和收養辦法的社會和法律原則宣言，「聯合國少年司法最低限度標準規則」（北京規則）以及「在非常狀態和武裝衝突中保護婦女和兒童宣言」之規定，體認到世界各國皆有生活在極端困難情況之兒童，對這些兒童需要給予特別之考量；適度斟酌每一民族之傳統與文化價值對兒童之保護及和諧發展的重要性，體認國際合作對於改善每一國家，特別是發展中國家兒童生活條件之重要性；準此，「兒童權利公約」是聯合國各會員國依此協議制定之。

　　聯合國於1989年11月20日在荷蘭海牙通過首部具法律約束的國際公約——「兒童權利公約」（Convention on the Right of the Child, CRC），是最具普世價值、視兒少為公共財、尊重兒童是權利的主體不是被保護的客體的國際公約，目的在保障兒少在公民、經濟政治和文化社會中的權利。聯合國「兒童權利公約」及兩個任擇議定書（Optional Protocol）正式生效，讓兒童人權更被重視及保護。因為兒童是未來的主人翁、社會上的弱勢族群及兒童身心快速發展，但他們的需求往往被忽略或誤解。準此，「兒童權利公約」維護兒童權利之四大原則：「生存及發展權」、「禁止歧視」、「兒童最佳利益原則」及「尊重兒童意見」（郭靜晃，2013；王順民、李麗芬、林淑女，2021）。台灣在2014年11月20日制定「兒童權利公約施行法」，為因應社會事件、行政組織改造以及落實與公約接軌的必要性，之後也促成兒少權法的十次修正。

　　綜合上述，整個兒童照顧政策隨著時間的推移而造成社會的變遷，歐美國家隨著當時社會之背景及所發生事件的不同，衍生出各種不同的政策及對策措施，也造成兒童照顧政策走向制度化及立法化的取向。1989年聯合國制定「兒童權利」公約，朝向法制約束力及普世性的依準。

第四節　工業國家兒童照顧支持政策的服務內涵

　　Andersen（1990）於福利資本主義的研究中假設：「只有透過對各國歷史意識形態的傳統以及其社會、經濟、政治背景的討論，並瞭解這些因素將形塑現今決策者的行動，才能清楚瞭解福利國家的本質。」以此為出發點，其依資本主義福利國家在需要去商品化的程度，將福利國家分為三大類型（Esping-Andersen, 1990; Esping-Andersen & Micklewright, 1991）：

1. **自由主義或殘餘模式**：此類型國家通常認為自由市場將帶給最大多數人福利，而國家只有在家庭或市場失靈下才會干預。國家所提供的給付是殘補式的，強調資產調查，同時帶有社會烙印的負面效果，例如，美國、加拿大及澳洲等。

2. **保守或組合主義模式**：在此模式中，教會扮演著舉足輕重的角色。福利提供經常是以職業為基礎，並給予公務人員更加優渥的福利給付。已婚婦女常被排除在個人年金、失業給付權利等保障之外；此類型的國家有德國、奧地利、法國及義大利等。

3. **社會民主或制度模式**：其特徵在於福利與工作的相互融合及完全就業的保障上，並以完全就業的獲得作為福利制度的根基。此模式的福利提供是制度性的，極少需要資產調查，福利給付的對象是全民性的，強調平等主義。

在本章中，作者選取了瑞典、法國、德國、日本與美國等五個工業國家，試圖針對其兒童照顧支持政策做一探討與比較（見**表5-5**）。

一、瑞典

完全就業及增進男女平等是瑞典福利體制的主要目標。政府承擔了支持家庭中兒童照顧的責任，特別是對職業婦女的支持。瑞典的兒童照顧政策及其婦女高就業率可說是社會民主福利國家的成果，兒童照顧支持的提供是普及式的，同時也是高品質托育服務供給的範例。政府除了讓婦女能同時兼顧職場及家庭的責任外，還讓父親在兒童照顧上能有更多發揮的空間，例如，親職假、兒童照顧假，以及公共托育的提供等，以充分顯現性別平等的意涵。在現金給付方面，其目的在於鼓勵生育，給付水準低於法國。

二、法國

由於法國的生育率過低，因此，政府提供了普及式的兒童照顧支持措施，輔以資產調查，給予家庭支持，特別是給予第二個、第三個及之後小孩的經濟支持計畫。其兒童照顧支持政策的內容包括：高給付水準的生育給付、親職假、公共托育服務，以及為因應家長在就業與家庭責任間的調和問題，以維持大家庭形式的環境來增進女性就業的可近性及提升生育率，進而保護兒童的利益。

表5-5 工業國家福利體制特色與學齡前兒童照顧支持政策的取向及給付水準

項目別	瑞典	法國	德國	日本	美國
福利體制特色					
政治文化意識形態	集體主義 社會民主主義 民粹主義	集體主義	集體主義 父權家庭主義	有機體主義 儒家家庭主義 保守主義	個人主義 自由主義
福利國家結構	民主組合主義	福利組合主義	福利組合主義	準組合主義	福利多元主義
給付權利基礎	公民權	工作、公民權	工作、公民權	需要、工作	需要、工作
福利分配原則	普及式	職業地位 普及式	職業地位 普及式	限制對象 職業地位	限制對象
福利提供的主要機制	公民權保障 社會保險	社會保險	社會保險	社會救助 企業福利	社會救助 社會保險
福利行政管理機制	中央 地方政府	組合式的自治管理	組合式的自治管理	組合、市場與政府的混合	市場、地方與中央政府混合
階級意識	低	高	高	中	低
左派政黨的影響力	高	中高	中	低	低
右派政黨的影響力	中	高	中	高	高
國家對福利干預程度	高	中高	中	低	低
所得重分配程度	高	中	中	低	低
家庭的責任	微小	有限	中等	重要	重要
市場的角色	微小	有限	有限	重要	重要
資產調查角色	微小	有限	有限	重要	重要
提供公共服務態度	高	高	中	中低	低
對完全就業的態度	高	中	中低	高	高
社會現象					
生育率狀況	中低	中低	低	低	中
人口老化程度	高	中低	高	中	低
女性就業率情況	高	中	中	中	中高
兒童貧窮率情況	低	低	低	低	高
性別平等狀況	高	中	低	低	低
對支持生育的態度	支持	高度支持	中性	高度支持	中性
對支持家庭的態度	支持	高度支持	支持	支持	支持
對有年幼子女婦女就業的態度	高度支持	高度支持	保守	保守	支持

（續）表5-5 工業國家福利體制特色與學齡前兒童照顧支持政策的取向及給付水準

項目別	瑞典	法國	德國	日本	美國
現金給付					
家庭津貼	重要（中高）	重要（高）	重要（中）	微小（中低）	無（低）
稅式優惠	微小	微小	有限	微小	重要
兒童照顧救助	微小	適中（中高）	有限	適中	重要
生育親職假					
生育給付	重要（高）	適中（中）	適中（中）	適中（中）	有限（低）
親職假	重要（高）	適中（高）	重要（中高）	適中（中低）	微小（低）
公共托育服務	重要（高）	適中（高）	適中（中）	有限（中低）	微小（低）
婦女年金給付權利	高	中	高	中低	低

註：在生育親職假一項中，括弧外說明為國家政策趨向的強度，括弧內說明則是就給付水準比較而言。

資料來源：余多年（1999）。

三、德國

德國的兒童照顧支持政策不鼓勵女性參與勞動市場，也不願充分地提供公共托育服務，對女性親自照顧幼兒有較高的認同感，鼓勵傳統男主外，女主內的家庭運作模式。政府雖然承擔部分支持家庭的責任，但主要還是由家庭、社區及慈善團體負擔起責任。雖然如此，政府在親職假的延伸假期上卻有相當的偏好，在年金制度上也認同採計婦女留在家中照顧幼兒時的年資，讓母親能留在家中照顧自己的小孩，並保障其工作的延續。

四、日本

日本由於強調家庭對兒童有照顧的職責，因此，政府傾向支持傳統家庭模式的社會保險、相關的普及性（或選擇性）現金給付以及公共托育服務的支持措施，但僅提供最小給付對象與給付水準；另一方面也鼓勵市場及雇主對兒童照顧提供支持系統，因而形成了一種混和多樣模式的制度類型。

五、美國

美國所提供的兒童照顧支持政策主要是針對「有需要」的家庭，國家僅透過稅制（針對中、高所得家庭）或是社會救助體系（針對低所得家庭）提供給有需要的家庭低水準的經濟支持。由於政府實行選擇性的給付政策，針對生育給付、親職假，以及托育服務的提供等，則被視為是雇主的責任，國家僅供最低水準的給付。

 ## 第五節　我國兒童及少年福利政策之依據

如第四章所述，台灣的兒童福利發展自1955年政府訂定托兒所設置辦法作為「因應農忙時節的臨時性托兒所」的法規依據，為政府因應「女性投入農忙工作」而介入家庭照顧子女之始；女性被視為次級勞動力，照顧兒童還是女性主要的責任。1973年，政府為了得到聯合國兒童福利基金會的援助，促成「兒童福利法」通過；在世界糧農組織援助方案停止後，轉而由政府全面接管托兒所業務。政府接掌部分兒童照顧業務，但仍處被動狀態，「兒童福利法」的通過其宣示性大於實質性。

1980年以後，政府才開始制定法規以規範或提供滿足兒童照顧的福利服務，包括1981年修正「托兒所設置辦法」、同年台北市率先訂定「托育中心設置立案標準」；到1990年代，除托育外的兒童照顧政策議題也相繼被提出（如津貼、育嬰假）。1996年之後，兒童津貼更因選舉而成為熱門話題，但實際執行上仍以補助弱勢兒童為主，尚未有普及性兒童津貼。2002年，「兩性工作平等法」通過，雖宣示性大於實質性，但女性因性別角色期待受困於兒童照顧者角色的事實被凸顯，而這也使兒童照顧體系建構開始完整。

綜觀至今，兒童照顧議題朝三方面發展：(1)兒童托育方面，主要還是以民間提供為主，政府僅扮演補充角色；(2)津貼部分則成為選舉時爭論不休的議題，但迄今除了「幼兒教育券」外，仍未有普及性的兒童津貼；(3)至於育嬰假與相關親職假，除早期為籠絡公職人員而制定相關法規，「兩性工作平等法」的通過，對工作雙親親自提供兒童照顧，並未見曙光。整體而言，台灣現階段兒童照顧政策

仍是以「殘補性」的方式提供弱勢兒童，仰賴私部門或自願部門來提供，服務輸送以地方政府為主導角色，而中央政府大部分僅做輔導角色，例如，輔導地方政府辦理兒童福利專業人員訓練、輔導地方政府辦理評鑑、發放托育津貼，以及推動社區保母支持系統、規劃中低收入戶幼童托教補助及研究幼托整合方案。

以Howard Leichter在1979年提出影響政策的四個因素來檢視台灣兒童照顧發展過程：

1.**情境因素**：包括層出不窮的托兒所意外事故、失業潮引發的失業家庭兒童短期照顧補助等。
2.**結構因素**：兒童照顧政策受結構因素影響甚鉅，人口結構改變、婦女勞動參與率與家庭型態變革等，都是促使兒童照顧需求浮現的主因。
3.**文化因素**：傳統男主外、女主內的觀念與「愛的勞務」，讓婦女甘心奉獻照顧家庭，使女性工作與家庭必須兼顧；而自解嚴以來，政黨活動熱絡，喊價式選舉大開福利之門，也促成兒童津貼的提出與相關兒童政策支票。
4.**環境因素**：受到西力東漸，台灣福利受美國殘補式福利的影響頗深，因此，政府對於提供福利服務也顯得躊躇不前，由1973年「兒童福利法」立法通過後，直到二十年後的1993年才有第一次修法可見一斑。之後經過四次修法，並於2003年5月28日與「少年福利法」合併為「兒童及少年福利法」，2011年11月30日修訂為「兒童及少年福利與權益保障法」。

透過四個因素分析，更能瞭解台灣兒童照顧政策走向，特別是受到結構因素與文化因素影響，左右政府對兒童照顧政策的介入，建構政府介入角色。

我國有關兒童及少年福利政策主要是依據憲法之基本國策（第四節社會安全）、社會福利政策綱領及社會福利政策綱領實施方案，茲分述如下：

一、中華民國憲法

1.憲法第153條第2項規定：「婦女兒童從事勞動者，應按其年齡及身體狀態，予以特別之保護。」
2.憲法第155條規定：「國家為謀社會福利，應實施社會保險制度。人民之老弱殘廢，無力生活，及受非常災害者，國家應予以適當之扶助與救濟。」

3.憲法第156條規定：「國家為奠定民族生存發展之基礎，應保護母性，並實施婦女、兒童福利政策。」

4.憲法第157條規定：「國家為增進民族健康，應普遍推行衛生保健事業及公醫制度。」

二、社會福利政策綱領

行政院1993年7月14日第2389次院會審議核定通過，1993年7月30日修正核定之「社會福利政策綱領」實施要項中第三部分福利服務之第14點規定：「對於需要指導、管教、保護、身心矯治與殘障重建之兒童與其父母、養父母、監護人提供親職教育與社會服務；並提供周延兒童托育與育樂服務，以保障兒童權益，健全其身心發展。」另第15點規定：「健全少年身心發展，滿足少年對於教養、輔導、服務、育樂之各類需求，以增進少年福利。」之後，社會福利政策綱領也在2012年1月9日經行政院函修正核定。

三、社會福利政策綱領暨實施方案

此項方案行政院亦於1993年7月14日審議通過，1993年7月30日修正核定。該方案第三部分福利服務中：

1.第5點規定：「建立完善兒童保護體系暨諮詢輔導服務網絡。」

2.第6點規定：「對發展遲緩之特殊兒童建立早期通報系統，並按其需要提供早期療育、醫療或就學等相關方面之特殊照顧。」

3.第7點規定：「研訂兒童福利機構設置與管理準則暨其專業人員資格標準與訓練辦法，並規劃家庭托兒保母專業制度。」

4.第8點規定：「訂定獎勵公民營機構設置育嬰室、托兒所等各類兒童福利設施及優待兒童、孕婦措施之辦法。」

5.第9點規定：「建立少年保護網絡，結合各級政府相關單位、民間團體、機構共同參與。」

6.第10點規定：「獎勵民間單位設立各類少年福利機構，提供少年各項需求服務。」

7.第11點規定：「鼓勵地方政府設置青少年福利服務中心，並結合區域內相關機關，以加強中心功能提供區域性諮商輔導及支持性服務。」

綜合上列之依據，我國兒童及少年福利之政策仍以補救性為重，較少涉及發展性及預防性之政策取向，這三者各有不同的強調及著重點。補救性係針對已發生的問題，予以解決或舒緩有礙個人或社會健康發展的障礙；預防性政策是滿足青少年一般普及性的需要，防範不良問題出現，建立健康成長之基礎；而發展性政策具有前瞻未來提高素質及鼓勵承擔之特點。

事實上，這三種類型在各國兒童少年政策是同時採行、同時存在，也有互補作用。再從兒童少年工作觀點亦可分為兩種取向，一種是以「問題為導向」（problem-oriented）之殘補式政策，著重在兒童少年問題預防，主要工作重點在兒童及少年福利、犯罪與藥物濫用防制，兒童少年保護與處遇等，過去我國及日本偏重於此政策取向；另一種是以「人力資源為導向」（human resource-oriented），著重對兒童及少年投資概念，工作重點在就業輔導與訓練、促進兒童及少年志願服務學習、加強國際視野與領導力、累積未來社會之人力資本（human capital）與社會資本（social capital），如加拿大、澳洲、紐西蘭、新加坡等（青輔會，2004）。

四、聯合國「兒童權利公約」

因應社會事件演變以及與國際接軌將「兒童權利公約」國內法制化，於2014年6月公告「兒童權利公約施行法」，準此，國內兒少權法歷經九次修法，並依法新增條文制定相關實施辦法，讓法令更符合社會變遷的實際生活，同時也落實以兒少最佳利益的優先施行原則。

 ## 第六節　我國兒童及少年福利實施內容

我國的兒童福利政策，主要是針對兒童的問題及需求，並以家庭為核心，結合社區的力量，融合「國家干涉主義」與「家庭雙親權力」之優點的政策取向，以促進兒童生理、心理、社會的成長與發展（鄭鈞元，2004）。我國的兒童及少年福利，自國民政府1949年遷台以來六十多年的變遷與發展，固然在不同時空脈

絡及社會發展之變遷環境下，台灣循著從原先救濟為主之育幼院→解決農忙托兒→都會地區之托育服務→兒童福利立法→兒童保護→兒童安全→兒童福利專業化→兒童福利專責行政單位→兒童福利及少年福利合併立法→家庭政策→人口政策等發展軌跡，也使得我國兒童福利從殘補式走向預防式及主導式的發展軌跡。

2003年所制定的「兒童及少年福利法」，將兒童局負責的業務擴大，同時，少年業務也移至兒童局，並充實行政業務部門，藉以落實對於兒童及少年的關懷與照顧。然而，隨著社會變遷、政黨輪替以及選擇政見之影響，兒童局的業務也面對政策更迭及現實考量，衍生許多應急式救濟取向的福利措施，但因受福利經費排擠而限制了一般性及預防性福利的規劃。

另一方面，兒童局的組織人力並未因應服務範疇的擴大而調整，反而在政府組織再造計畫中，成立不到十三年的兒童局，面臨被裁撤的命運，兒童局業務被整併到「社會及家庭服務署」及「保護服務司」。根據行政院研討會所提出的行政院組織架構規劃中，有關衛生醫療與社會福利業務，整合成立「衛生福利部」，設置八個業務司、六個行政輔助處以及五個附屬機關（含「署、局」單位）。「社會及家庭服務署」的主責工作要項包括：衛生署國民健康局衛生保健、兒童及青少年保健業務、內政部兒童局所有業務、原社會司社區、家庭政策業務。依目前政府所規劃的「社會及家庭服務署」業務內容相當龐雜，且缺乏以兒童少年為主體性的組織規劃，更難積極回應兒少健康與福利需求，原先在1993年所立法以兒童為本位的主管機關之概念已消失。

我國的兒童及少年福利內容包括：

一、保險

全民健康保險是一種強制性的社會保險，於1995年3月1日正式開辦，目的為提供全民平等就醫的權利。保險給付範圍為綜合性醫療給付，包含了門診、住院、中醫醫院、診所、分娩、復健服務、處方藥品、預防兒童保健服務、居家照護服務及慢性疾病復健。

二、津貼、補助

(一)中、低收入戶兒童托育津貼

中央、直轄市、縣市政府對於中、低收入戶或家庭寄養之兒童,給予托育津貼補助。

(二)育兒津貼政策

針對夫妻雙方都是受雇者,綜合所得稅稅率未達20%(家庭綜合所得淨額在113萬元以下),家庭有5歲以下幼兒,有托育需要,並將幼兒送給具有專業證照保母人員照顧的家庭,每月補助新台幣3,500元,2022年8月起,每月補助提高至新台幣5,000元。對中、低收入戶或家中有發展遲緩、身心障礙兒童托育者,每月補助新台幣5,000元。

(三)托育補助

0-3歲之家庭將幼兒交與公共化、準公共化或保母的家庭可領取托育補助。公共化托嬰中心一般家庭每月補助4,000元,中低收入家庭6,000元,低收入家庭8,000元; 準公共化一般家庭7,000元,中低收入家庭9,000元,低收入家庭11,000元。2022年8月起將各增1,500元,公共化一般家庭5,500元,中低收入家庭7,500元,低收入家庭9,500元;準公共化一般家庭9,500元,中低收入家庭11,500元,低收入家庭14,500元。

三、救助

(一)兒童寄養家庭補助

社會局會按月補助每名兒童、少年寄養費用,但補助費用依照各縣市政府規定而有差異。

(二)中低收入戶兒童及少年生活補助

各縣市政府於家庭總收入平均分配全家人口，每人每月未超過內政部規定當年度最低生活費1.5倍，其父母、養父母雙亡，或一方死亡、重病、失蹤、服刑等另一方無力扶養之兒童及少年，發給中低收入戶兒童及少年生活扶助費，每名兒童每月補助約新台幣1,400至1,800元生活扶助費，提供其經濟協助，以度過困境。

(三)托育補助

1. **幼兒免學費教育補助**：滿5歲就讀公立園所或私立合作園所的兒童，得享免學費補助；另經濟弱勢（年所得70萬元以下），再加額補助其他就學費用。

2. **中低收入戶幼童托教補助**：內政部與教育部針對中低收入戶年滿5足歲實際就讀（托）於已立案公、私立幼稚園、托兒所（含村里托兒所）之幼童托教費用補助。公立每月繳費上限1,500元／月，非營利2,500元／月，準公共化3,500元／月，私立每月補助3,500元；2022年8月起繳費上限前三類各降500元（公立1,000元，非營利2,000元，準公共化3,000元），私立則補助每月5,000元。

(四)3歲以下兒童醫療補助

為使3歲以下兒童獲得適切的健康照顧，促進其身心正常發展，減輕家庭負擔，出生日起至年滿3歲之兒童參加全民健康保險者，補助項目為門診及住院部分負擔費用。

(五)低收入家庭暨弱勢兒童及少年醫療補助

協助低收入戶暨弱勢兒童繳納健保欠費、水痘疫苗注射、發展遲緩兒童療育、訓練及評估費、住院期間看護、膳食費及住院部分負擔費等。

(六)中低收入家庭3歲以下兒童健保費補助

只要符合中低收入家庭3歲以下兒童資格者，即能享有全民健保保費補助。

(七)低收入戶生活補助

　　家中若有15歲以下兒童，每人每月加發新台幣2,200元生活補助費；就讀高中職以上者，每人每月新台幣5,000元生活補助費。

(八)原住民幼兒托教補助

　　就讀公立幼稚園每人每學期最高補助新台幣8,500元，私立幼稚園每人每學期最高補助新台幣1萬元。

(九)弱勢兒少緊急生活扶助

　　18歲以下的兒童或青少年，父母若有失業、入獄服刑、離婚、患有重大疾病、藥酒癮及精神疾病等高危險因子，且經調查評估有經濟急困者，即給予每月新台幣3,000元的緊急生活扶助。

(十)早期療育費用補助

　　促進發展遲緩兒童及早接受療育，掌握其最佳療效期，使發展遲緩兒童的障礙程度減至最低，並減輕發展遲緩兒童家庭之經濟負擔，協助其維持家庭功能，降低社會成本，依規定補助低收入戶者，每名每月最高補助新台幣5,000元，非低收入戶者，每名每月最高補助新台幣3,000元。

(十一)特殊境遇婦女之子女傷病醫療補助

1. 未滿6歲之子女，參加全民健保，無力負擔自行負擔之費用者，凡在健保特約醫療院所接受門診、急診及住院診治者，依全民健康保險法規定應自行負擔之費用，每人每年最高補助新台幣12萬元。
2. 補助6歲以上未滿18歲之子女參加全民健保，無力負擔且未獲其他補助或保險給付者，自行負擔醫療費用超過新台幣5萬元部分，每人每年最高補助新台幣12萬元。

四、福利服務

(一)兒童及少年社區照顧輔導支持系統

整合教育、衛生及社政相關資源，結合民間公益團體提供遭遇困難兒童及少年諮商、課輔、寄養安置、親職活動等服務，並以培訓志工推動社區認輔制度方式，逐步建立社區兒童少年照顧輔導支持系統，積極予以協助及支持。

(二)隔代及單親家庭子女教養及輔導計畫

針對有教養困難問題之隔代及單親家庭進行定期訪視、親職教育、諮詢服務、心理輔導及治療、行為輔導、課業輔導、寒暑假生活輔導營隊等各項外展服務，增進家庭的親職教養能力與支持，協助兒童及少年在成長過程中有良好的照顧，預防或協助解決家庭問題，避免其受到疏忽，減少行為偏差事件。

(三)外籍配偶弱勢兒童及少年家庭外展服務

鑑於外籍配偶因語言溝通及文化背景的差距，除須面臨婚姻適應的困難外，在教導子女方面也有認知方面的差距，為提供正確的親職照顧知能，辦理外籍配偶弱勢兒童外展服務及親職教育研習與親子活動，其透過訪視輔導、志工課業輔導、成長團體、親子活動及親職教育講座等相關輔導措施，協助外籍及大陸配偶子女在成長過程有良好的生活適應，增進親子關係。

(四)外籍配偶及弱勢家庭兒童學前啟蒙服務計畫

協助外籍配偶及弱勢家庭兒童透過學前親子共讀、親子活動等，增加其親子閱讀表達能力及社會發展能力，以增強文化刺激不足之兒童語言、認知等發展。

(五)「家事商談」服務

結合司法院與各地方法院合作辦理「離婚案件之未成年子女及其家長諮商或商談服務」，透過商談人員協助離婚夫妻尋求雙方均滿意的衝突解決方式，包括離婚後的子女監護權歸屬、生活、探視、教養、居住及財物分配等各種安排，

協助家長保持正向、良性的互動關係，促進雙方和平理性溝通，共同合作教養子女，減少雙方與子女因離婚造成的傷害，進而保障子女成長權益。

(六)兒童及少年保護服務

設置24小時婦幼保護專線「113」，提供兒童保護諮詢、舉報、失蹤兒童協尋及親職教育等服務，積極輔導地方政府辦理諮詢、緊急安置、輔導、轉介、實施強制性親職教育及家庭維繫重建輔導服務；另建置完成「兒童保護個案管理資訊系統」及分級辦理兒童保護社會工作人員訓練，積極提升整體服務效能。

(七)保護個案家庭處遇服務

針對通報確定為兒虐個案，積極輔導地方政府辦理家庭處遇服務（包括家庭維繫方案及家庭重整方案）；另規劃專業人員相關訓練，積極且整體提升保護個案家庭處遇知能，以恢復及促進受虐家庭功能，防止虐待情形再度發生，並協助家外安置之兒童及少年返回家庭。

(八)兒少保護與家庭暴力防治

為有效防治兒童及少年虐待事件，落實兒童虐待通報及辨識兒虐高風險家庭，俾讓公權力及時介入以防患於未然，除函頒實施「落實兒童及少年保護家庭暴力與性侵害事件通報及防治工作實施方案」外，並成立「兒童及少年保護與家庭暴力防治小組」，藉由整合社政、勞政、教育、衛生、法務、戶政、警政及營建等系統之中央及地方資源，深入鄰里社區，建構縝密的通報、救援與保護服務網絡，以有效防治家暴及兒童虐待事件發生。

(九)高風險家庭處遇服務

有鑑於兒虐事件重在預防，爰訂頒「高風險家庭關懷輔導處遇實施計畫」，動員勞工、教育、衛生及民政系統人員協助發掘高風險家庭，並輔導地方政府結合民間兒福團體，辦理高風險家庭關懷輔導處遇服務，針對有兒虐危機家庭，就其家庭需求提供訪視、輔導、親職教育諮詢服務、心理輔導、行為輔導、課業輔導、家庭生活輔導、社會救助等各項處遇服務，預防兒虐事件之發生。

(十)協助失蹤兒童及少年之查尋工作

失蹤兒童及少年之協尋，係屬警政主管業務；惟為擴大協尋功能，兒童局亦結合兒童福利聯盟合作設置「失蹤兒童少年資料管理中心」，以「0800-049-880」──「您失蹤幫幫您」專線，提供協尋、宣導及父母親心理諮商輔導等服務。

(十一)中輟、失蹤逃家或虞犯之兒童少年犯罪防治

1. **辦理家庭外展服務**：為降低國、高中生中途輟學或逃家，衍生家庭及社會問題，結合民間社會福利團體，針對中輟、失蹤逃家之虞犯兒童或少年，適時介入並提供定期訪視、電話諮商輔導、心理輔導、課業輔導及親職教育之家庭外展服務，以協助中輟、逃家兒少重返校園。
2. **辦理邊緣少年高關懷團體輔導工作**：結合民間公益團體針對邊緣、非行少年辦理休閒輔導活動，由專業人員引領活動並融入輔導教育，以期從活動中導正其行為及偏差價值觀，以落實少年身心健全發展之任務。

(十二)少年轉向服務

依據「少年事件處理法」規定，強化少年保護措施，輔導各直轄市、縣（市）政府協助司法人員對非行少年之轉介服務或安置輔導處遇等工作提供相關資源。

(十三)兩性關係諮詢及未婚懷孕處遇服務

為推動性教育及未婚懷孕宣導工作，配合衛生署辦理「推動少年性教育方案」，編列經費專案補助辦理「兩性關係諮詢及未婚懷孕處遇服務」專線，對於青少年兩性交往及未婚懷孕的兒童及少年提供預防性活動、心理輔導及治療計畫。

(十四)兒少網路色情及性交易預防

兒童局定期召開「兒童及少年性交易防制督導會報」，凡經檢警查獲或救援有從事性交易或有從事性交易之虞者，均由當地社政主管機關指派社工人員做緊急安置及陪同偵訊，保護受害人權益及協助案情瞭解及處理。

第七節　兒童及少年福利政策白皮書

　　本節主要是以內政部所委託的兒童及少年福利白皮書之研究發現，建基於家庭為本位的「家庭照顧」為優先的兒少福利政策白皮書（郭靜晃、王順民、賴宏昇，2009）。此政策白皮書採用文獻法蒐集台灣社會變遷下之兒童少年生活關係以建構其問題與需求，並從政策、立法、制度、福利服務等面向探討兒少現況；再輔以菁英焦點座談以綜整共識。最後，研究建構兒童及少年福利政策主軸：「充權家庭功能」、「經濟安全」、「兒童照顧與安全」、「兒童及少年保護」以及「優質生活環境」，分述如下：

一、充權家庭功能

　　為使家庭正常且能充分應有之功能，政策目標應以家庭職責為優先，家庭及社會力量次之，國家介入為後。其做法可提供家庭親職教育、諮詢輔導等各項支持，藉以強化父母教養職能，可規劃「提升家族支持力量」方案，重建家族互助、社會互助觀念，並給予適當優惠的鼓勵，藉由家族或社會力量來支持家庭。此外，政府亦應規劃預防性、支持性家庭福利服務，普及親職教育、婚姻諮詢，並透過親職教育券增進家長參與意願，達到增權家庭的目標（見**圖5-1**）。

二、經濟安全

　　經濟安全策略的目標先濟貧，再安貧，後脫貧，即以扶助經濟弱勢為優先，進一步擴大經濟保障涵蓋面，最後提供工作所得保障方案，協助經濟弱勢者脫貧，其具體做法包括放寬中低收入者申請標準；擴大健保補助對象，減免低收入邊緣戶保費；規劃未列冊身心障礙者扶助服助。另外，給予地方政府依其需求彈性提供經濟保障方案，或由中央政府規劃兒童津貼或父母津貼、提高養育三名以上未成年子女者之免稅額；長期失業者之子女教育補助；新婚首次購屋及生育子女換屋優惠利率等，藉由前述工作擴大經濟保障涵蓋面。

　　此外，在脫貧策略方面，落實工作家庭所得保障方案，對經濟弱勢者提供非重勞力低技術取向之職業訓練及就業機會，或規劃家庭發展帳戶方案，協助經濟

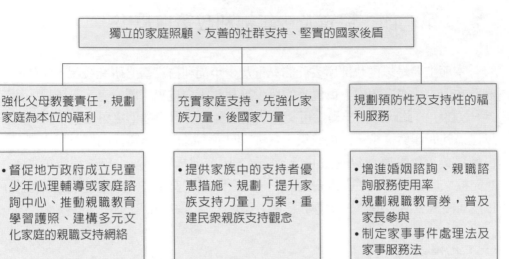

圖5-1　充權家庭功能的策略目標

弱勢家庭脫貧，達到以工作福利脫貧之目標。

　　總之，未來兒童及少年福利政策有關經濟安全的策略，除了過去單純以救濟式、殘補式的扶助之外，應更加強安貧與脫貧工作，協助家庭以其自身力量維持經濟安全（參見**圖5-2**）。

三、兒童照顧與安全

　　兒童照顧與安全的政策規劃，首先，充實0至2歲幼兒照顧支持體系，其具體作為包括強化社區保母托育系統；倡導在家照顧，增強親子依附關係；加強對弱勢家庭的兒童照顧友持。其次，盡速健全早期療育服務體系，其具體作為包括加強早期療育服務體系的平行聯繫；推動全面施行學前幼兒發展檢核篩檢；提供弱勢家庭「發展遲緩兒童早期療育補助」；設置罕見疾病醫療救濟基金等。再者，建立兒童安全的成長環境，推動居家安全自我檢核；全面檢測公共遊戲區設施；杜絕霸凌事件；結合社區力量，掃除不良場所等工作來達成此目標。最後，要建立友善的社會環境，提供包括2至6歲兒童教育學費特別扣除額；育嬰假期間的薪資替代水

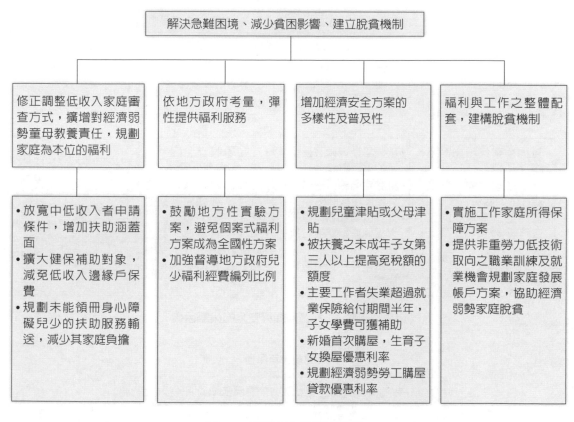

經濟安全

解決急難困境、減少貧困影響、建立脫貧機制

| 修正調整低收入家庭審查方式，擴增對經濟弱勢童母教養責任，規劃家庭為本位的福利 | 依地方政府考量，彈性提供福利服務 | 增加經濟安全方案的多樣性及普及性 | 福利與工作之整體配套，建構脫貧機制 |

- 放寬中低收入者申請條件，增加扶助涵蓋面
- 擴大健保補助對象，減免低收入邊緣戶保費
- 規劃未能領冊身心障礙兒少的扶助服務輸送，減少其家庭負擔

- 鼓勵地方性實驗方案，避免個案式福利方案成為全國性方案
- 加強督導地方政府兒少福利經費編列比例

- 規劃兒童津貼或父母津貼
- 被扶養之未成年子女第三人以上提高免稅額的額度
- 主要工作者失業超過就業保險給付期間半年，子女學費可獲補助
- 新婚首次購屋，生育子女換屋優惠利率
- 規劃經濟弱勢勞工購屋貸款優惠利率

- 實施工作家庭所得保障方案
- 提供非重勞力低技術取向之職業訓練及就業機會規劃家庭發展帳戶方案，協助經濟弱勢家庭脫貧

圖5-2　經濟安全的策略目標

準；鼓勵企業推動彈性工時等方案，以達成本項政策之目標（見**圖5-3**）。

四、兒童及少年保護

在兒童保護策略的規劃，除賡續辦理現有業務外，應以家庭支持為先，家庭維繫重整為次，家外安置為後，其作為包括透過建立高風險家庭評估制度及資料庫；並建構高風險家庭服務策略與處遇模式，以落實兒少保護處遇；其次，應建立全國家外兒少安置資訊整合系統；並設置中途機構，彈性延長安置年齡，以強化安置機構少年之自立生活能力。再者，針對高風險家庭服務及兒童少年偏差行

兒童照顧與安全

圖5-3　兒童照顧與安全的策略目標

兒童少年保護

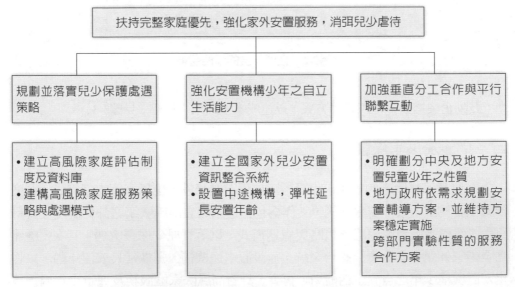

圖5-4　兒童少年保護的策略目標

為防制工作，應提供地方政府依需求規劃服務方案，並以跨部門實驗合作方案模式，開創新的處遇模式，藉以加強各部門垂直分工合作與平行聯繫互動（參見**圖5-4**）。

五、兒童少年優質生活環境

　　兒童少年優質生活環境的策略應以充實社會力量、保障兒少權益、培力自主發展為其目標，其具體作為包括落實兒童及少年權益；建立兒童少年正確兩性互動觀念；建立兒童少年正確法律觀念；落實廣播電視之監理與電腦網路內容分級制度；設立青少年福利服務中心暨青少年就業服務據點；落實青少年生涯規劃輔導機制；開創短期就業輔導方案；鼓勵青少年參與社會、國際交流、公共服務；規劃社區自立生活方案；改善社會風氣、發展青少年正向資產等，藉以建構有利於兒童少年健全成長與發展的優質生活環境（見**圖5-5**）。

　　兒童及少年福利政策之規劃方向包括「先家庭、次社會、再國家」的家庭支持策略；「先補救、次一般、後特殊」的經濟安全策略；「充實照顧支持體系、

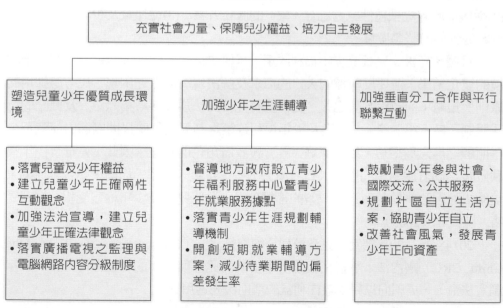

圖5-5　優質生活環境的策略目標

健全早療服務體系、建立安全成長環境」的兒童照顧與安全策略;「家庭支持爲先、家庭維繫重整爲次、家外安置爲後」的兒童少年保護策略;以及「充實社會力量、保障兒少權益、培力自主發展」的優質生活環境策略。並由此等策略方向擬訂相關目標,研究具體做法,期盼藉此作爲建構兒童及少年福利政策白皮書之規劃參考(郭靜晃、王順民、賴宏昇,2009)。

 ## 本章小結

　　兒童及少年福利政策的發展,早期係以問題取向爲主,即針對有特殊需求的兒童及少年,如被遺棄、貧困失依、受虐、行爲偏差、情緒困擾、發展遲緩、身心障礙、非行兒童及少年等,提供關懷、救助、安置、保護、輔導、養護或矯正等措施;換言之,也是較偏向殘補式的處遇模式。近年來,在兒童及少年政策的取向較以生態、增強、充權增能的理論,漸漸採用發展及預防取向(development and prevention oriented)爲主,將服務對象擴及一般兒童及少年健全生活之所需,包括衛生保健、托育服務、教育、就學、休閒娛樂,以及司法保護等領域,並建立服務網絡。換言之,此發展的趨勢是:(1)從不幸特殊到一般關懷的健全成長;(2)從機構收容之積極性家庭維存(繫)的服務方案;(3)從兒童及少年之個案本身到家庭生態的整體考量。

　　具體、完善的兒童及少年福利政策,需要決策者評估社會變遷及預測未來環境的變化結果,並要反映標的人口的需求及解決現有的問題困境,思考應採用的原則與策略;而政策制訂之後,更需要有完善的法規(參考第六章)及健全的行政體制(參考第七章)。兒童及少年福利政策之制訂是反映民間團體對兒童及少年照顧之理念與價值,以及家庭、社會與政府角色的定位。因此,兒童及少年福利政策之制訂應對標的服務人口考慮到公平、正義、效率、均衡、整合等原則,更應去除因政黨輪替而造成政策的搖擺動盪,致使兒童及少年權益受損,福利受害(陳武雄,2003)。

　　2014年11月20日制定「兒童權利公約施行法」(Convention on the Right of the Child, CRC)國內法,承續了我國向來重視的兒童與少年的權益保障(於2011年制定法令),更朝向以兒少最佳利益的準則優先適用。

 參考書目

一、中文部分

內政部統計處（1997）。《中華民國85年台灣地區兒童生活狀況調查報告》。台北：內政部。

內政部（2000）。《兒童及少年福利促進委員會89年第一次會議——內政部兒童局工作報告》。台北：內政部。

內政部（2002）。《內政統計年報》。台北：內政部。

內政部（2003）。《內政部92年度預算總目錄》。台北：內政部。

內政部（2004）。《中華民國92年社政年報》。台北：內政部。

內政部（2011）。《100年度社政年報》。台北：內政部。

內政部統計處（1997）。《中華民國85年台灣地區兒童生活狀況調查報告》。台北：內政部。

王順民（1999）。〈兒童福利的另類思考——以縣市長選舉兒童福利政見為例〉。《社會福利服務——困境、轉折與展望》（頁39-68）。台北：亞太出版社。

王順民（2002）。〈兒童保護與安置政策〉。輯於中國文化大學社會福利學系主編，《當代台灣地區青少年兒童福利展望》。台北：揚智文化。

王順民、李麗芬、林淑女(2021)。《兒童權利公約到兒少權法的增修變革析論》。台北：洪葉文化。

王順民、郭登聰、蔡宏昭（1999）。〈結論：福利國家發展的歷史比較〉，《超越福利國家?!——社會福利的另類選擇》（頁58-65）。台北：亞太出版社。

石婉麗（1995）。《家庭變遷中實施兒童津貼意義之探討——以現行國家經驗為主》。國立中正大學社會福利研究所碩士論文。

行政院主計處（1997）。《中華民國社會指標統計——民國73年至85年》。台北：行政院。

余多年（1999）。《各國學齡前兒童照顧支持政策之研究》。國立中正大學社會福利研究所碩士論文。

李明政（1994）。《意識形態與社會政策模型》。台北：冠志出版社。

青輔會（2004）。《青少年政策白皮書》。台北：行政院。

周慧菁（2000）。〈21世紀從0歲開始〉。《天下雜誌教育特刊》，11月，24-31。

南投縣政府社會局（2003）。「南投縣政府92年度社政概算（預算案）調查表」。南投：南投縣政府。

俞筱鈞、郭靜晃（2004）。《學齡前兒童托育問題之研究》。行政院研考會委託研究。

張世雄（1996）。《社會福利的理念與社會安全制度》。台北：唐山出版社。

郭靜晃（1999）。〈邁向二十一世紀兒童福利的願景——以家庭為本位，落實整體兒童照顧政策〉。《社區發展季刊》，88，118-131。

郭靜晃、王順民、賴宏昇（2009）。《兒童及少年福利政策白皮書》。內政部兒童局委託研究。

陳小紅（1989）。〈1980年美國社會福利政策的改革方向與啓示〉。《經社法制論叢》，4，1-17。

郭靜晃（2013）。《兒童福利概論》。台北：揚智文化。

陳武雄（1996）。〈整合福利政策、法規、措施之理念與作法——社會福利的理念與實踐〉。84年度國家建設研究會社會福利分組會議。

陳武雄（2003）。〈兒童及少年福利法之剖析〉。《社區發展季刊》，102，131-143。

陳美伶（1991）。《國家與家庭分工的兒童照顧政策——台灣、美國、瑞典的比較研究》。國立台灣大學社會學研究所碩士論文。

彭淑華（1995）。〈我國兒童福利法政策取向之評析〉。《社區發展季刊》，72，25-40。

馮燕（1999）。〈新世紀兒童福利的願景與新作法〉。《社區發展季刊》，88，104-117。

馮燕（2002）。《2002年兒童人權指標調查報告》。台北：中國人權協會。

詹火生譯（1987）。《社會政策要論》。台北：巨流圖書公司。

劉邦富（1999）。〈迎接千禧年兒童福利之展望〉。《社區發展季刊》，88，97-103。

鄭清風編譯（1993）。《主要工業國家社會安全政策》（勞工保險研究叢書之二十）。台北：台閩地區勞工保險局。

鄭鈞元（2004）。〈各國兒童福利的發展〉。載於彭淑華主編，《兒童福利》。台北：群英出版社。

二、英文部分

Atkinson, A. B. (1994). On targeting social security: Theory and western experience with family benefit. In D. van de Walle & K. Nead (Eds.), *Public spending and the poor: Theory and evidence* (pp. 25-68). Baltimore: The John Hopkins University Press.

Antler, S. (1985). The social policy context of child welfare. In J. Laird & A. Hartman (Eds.), *A handbook of child welfare: Context knowledge, and practice*. New York: The Free Press.

Dye, T. R. (1975). *Understanding public policy*. Englewood Cliffs. NJ: Prentice Hall.

Easton, D. (1953). *The political system*. New York: Alfred A. Knopf.

Esping-Andersen, G. (1990). The three worlds of welfare capitalism. Cambridge: Polity Press.

Esping-Andersen, G., & Micklewright J. (1991). Welfare state models in OECD countries: An analysis for the debate in central and Eastern Europe. In G. A. Cornia & S. Sipos (Eds.), *Children and the transition to the market economy* (pp. 35-68). Aldershot: Avebury Publishing.

Gauthier, A. H. (1996). *The state and the family: A comparative analysis of family policies in industrialized countries*. Oxford: Clarendon Press.

Gilbert, N., Specht, H., & Terrell, P. (1993). *Dimensions of social welfare policy* (3rd ed.). Englewood Cliffs, NJ: Prentice-Hall.

Hantrais, L. (1993). Women, work and welfare in France. In J. Lewis (Ed.), *Women and social policies in Europe* (pp. 116-137). Aldershot: Edward Elgar.

Hayes, C. D., Palmer, J. L., & Zaslow, M. J. (eds.) (1990). *Who cares for America's children? : Child care policy for the 1990s*. Washington D C: National Academy of Sciences Press.

Harding, L. F. (1997). *Perspectives in child care policy* (2nd ed.). London: Longman.

Kadushin, A., & Martin, J. A. (1988). *Child welfare services* (4th ed.). New York: Macmillan Publishers.

Kamerman, S. B. (1996). *Child and family policies: An international overview*. New York: Cambridge University Press.

Kamerman, S. B., & Kahn, A. J. (1989). Family policy: Has the United State learned from Europe? *Policy Studies Review, 8*(3), 581-598.

Kamerman, S. B., & Kahn, A. J. (1994). Family policy and the under-3s: Money, services and time in a policy package. *International Social Security Review, 47* (3-4), 31-43.

Lasswell, H. D., & Kaplan, A. (1950). *Power and society: A framework for political inquiry*. New Haven: Yale University Press.

McKillip, J. A. (1987). *Need analysis: Tools for the human services and education*. Newbury Park, CA: Sage Publications.

Social Security Administration (1996). Social security programs throughout the world-1997. United States Government Printing.

Williams, S. F. (1989). *Social policy: A critical introduction*. Oxford: Blackwell.

Zastrow, C. (1986). *Introduction to social welfare institutions: Social problems, services and current issues* (3rd ed.). Chicago: Dorsey Press.

三、網站

內政部戶政司（2000）。台閩地區身心障礙者人數按年齡分。取自http://www.moi.gov.tw /w3/stat/topic/topic143.htm，檢索日期：2000年9月1日。

內政部戶政司（2003）。少年人口數12至17歲者。取自http://www.moi.gov.tw/w3/stat/gender/s02-01.xls，檢索日期：2003年7月1日。

內政部志願服務資訊網（2003）。2003年台灣地區少年福利工作人員實際人數。取自http://vol.moi.gov.tw/，檢索日期：2003年7月1日。

內政部志願服務資訊網（2004）。社會福利績效考核總報告。取自http://volnet.moi. gov. tw/sowf/29/audit_2.htm#社會福利施政計畫效能，檢索日期：

內政部兒童局（2003）。托兒所統計表。取自http://www.cbi.gov.tw /all-benefits.php?t_type=s&h_id=37，檢索日期：2003年12月24日。

內政部兒童局（2003）。兒童人口概況。取自http://www.cbi.gov.tw/all-demo.php，檢索日期：2003年5月6日。

行政院主計處（2001）。2001至2003年中央政府預算編列與社會福利支出。取自http://www.dgbas.gov.tw/，檢索日期：2001年12月。

行政院青年輔導委員會（2003）。青少年政策推動方案。取自http://www.youthrights.org. tw /data/data_1.pdf，檢索日期：2001年12月。

財團法人國家政策研究基金會（2002）。92年度兒福預算檢視弱勢兒童處境。取自http://old.npf.org.tw/publication/ss/091/ss-b-091-009.htm，檢索日期：2013年9月3日。

Chapter 6

兒童及少年福利法規

- 兒童及少年福利法立法過程
- 兒童福利法修正後的特色（1993年）
- 兒童及少年福利法合併修法重點及未來推展方向
- 兒童及少年福利與權益保障法
- 兒童權利公約施行法
- 本章小結

　　政府依法行政，所以兒童及少年福利的行政措施必須依據兒童及少年福利法規行事，而社會立法更是落實社會政策的具體表現；兒童及少年福利行政所規劃的福利服務是基於兒童及少年福利法規，兒童及少年福利法規源於政策，這三者之間的關係除了相互關聯之外，還要反映社會變遷中的兒童需求與問題（參考圖6-1）。兒童及少年福利之實務，一則要滿足兒童的需求，符合兒童及少年的最佳利益，二則要以專業方法與技術解決兒童及少年所遭受之影響其身心發展的問題。

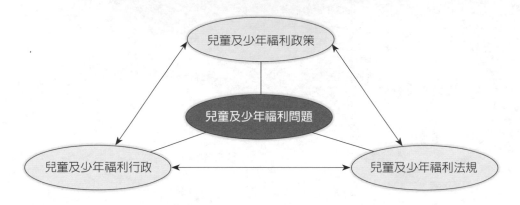

圖6-1　兒童及少年福利法規、行政與政策的關係

資料來源：謝友文（2000）。

　　「兒童及少年福利法規」目的為推動兒童及少年福利工作的法令規定，也是兒童及少年福利的法律與命令；也就是說，兒童及少年福利法規規定在現實社會生活中，人與人之間在有關兒童福利之層面關係的規範與準則。此外，也透過國家立法機關依一定的程序制訂，命令各級行政機關就其職務事項遵守相關之規範及準則。

　　兒童及少年福利法規可分為廣義與狹義之定義。前者係為整合政府不同部門的相關業務，從整體、全面的角度來看，係指凡是能夠增進兒童福祉之各種法規的總稱；後者專指「兒童及少年福利法」及其相關附屬法規，係針對政府現行兒童及少年福利主管機關的業務，從兒童及少年福利專業、特定的角度著眼（謝友文，2000）。謝友文（2000）進一步列舉兒童及少年福利法規有八種推動兒童及少年福利事務的重要功能，列舉如下：

1.有效推動兒童及少年福利政策。

2.經由法規揭示的理念目標、哲理精神，可作爲推展兒童及少年福利工作的指引方向。

3.透過制訂法規，訂定明確規範，建立相關制度、標準，可供適切遵循。

4.涉及有關部門之組織職掌及權限，事關重大。

5.攸關人民的權利義務，尤其兒童權益方面，影響深遠。

6.有利於兒童及少年福利措施的執行落實。

7.維持制度之公平性，有利於監督管理。

8.發生問題或爭議時，可爲判斷基準。

　　我國兒童及少年福利的推展，依現行法令規定，以社會福利行政機關爲主體。但就整體觀點而言，兒童及少年福利工作牽涉的範圍並不只社政部門而已，有關兒童少年各種權益及福利的保障，還包括政府部門中教育、衛生、司法、勞工、新聞傳播等層面，才能有效推動整體性的兒童及少年福利工作（謝友文，1987，2000；鄭淑燕，1992）。現行有關兒童少年相關之條文，除了「兒童及少年福利法」是最根本推動兒童及少年福利之法律之外，尚有「優生保健法」從善種、善生的觀點，保護兒童的健康；「幼稚教育法」爲善教之相關法令；「國民教育法」、「強迫入學條例」規定6至15歲之國民應受國民義務教育，並強迫入學；「特殊教育法」對資賦優異與身心障礙兒童提供特殊教育；「勞動基準法」規範雇用童工及其保護之條件；「民法」對兒童基本權利、行爲能力的保護、父母子女、監護、扶養、家庭等均有所規定；「刑法」對未滿14歲人之行爲，明訂加以保護規定（鄭淑燕，1992）；另外，「全民健康保險法」爲增進全體國民（包括兒童）健康，提供醫療保健服務；「少年事件處理法」對兒童及少年觸犯刑罰法令的行爲時，應如何處理及保護的規定；「衛星廣播電視法」規定節目內容不得妨害兒童及少年之身心健康等。

　　現階段我國與兒童及少年福利有關的各類法規，涵蓋範圍甚廣；謝友文（1987）將其歸納分類爲八類：(1)一般基本法規；(2)福利服務與救助類法規；(3)教育類法規；(4)衛生保健類法規；(5)司法保護類法規；(6)勞動類法規；(7)新聞傳播類法規；(8)其他類法規。

　　兒童及少年福利行政立於法規，法規出自於政策，有關我國兒童及少年福利之行政體系，有兒童福利之政策（第五章有專章敘述）、兒童及少年福利行政（將於第七章討論），以及本章兒童及少年福利法規。本章分為四個部分：(1)「兒童及少年福利法」立法過程；(2)「兒童福利法」修正後的特色（1993）；(3)「兒童及少年福利法」合併修法重點及未來推展方向；(4)「兒童及少年福利與權益保障法」。

第一節　兒童及少年福利法立法過程

　　「兒童福利法」是我國推動兒童福利、兒童保護工作之用法，為維護12歲以下兒童身心健康，促進兒童正常發育，保障兒童福利，並加強推展我國兒童福利工作，政府於1973年2月8日制定公布，以作為推展及執行我國兒童福利工作之根據，並建構國內兒童福利服務之基模。

　　政府於1973年制定「兒童福利法」，實施後，其間因社會結構改變，兒童福利問題也日益複雜，為尋求提供兒童較大之福利及受虐兒童保護之措施，政府復於1993年修正「兒童福利法」，擴大對兒童福祉照顧。此外，對12歲以上未滿18歲之少年，政府並於1989年制定「少年福利法」，藉以增進少年福利，健全少年身心發展，並提高父母及監護人對少年之責任感。自此，我國對於18歲以下之未成年人規劃了較完整的建置及保障。上開法律將對18歲以下未成年人之福祉照顧，區別兒童及少年分別予以規範，雖在強調兒童重保育、少年重輔導之不同成長過程。惟兒童及少年在保護、福利措施及相關需求上有其延續性及一致性，且此二法之性質有所雷同，而規範確有其差異與不足之處，以致在執行上常衍生困擾；再者，隨社會及家庭環境結構變遷，兒童及少年福利需求日新月異，在輔導上亦面臨許多新的挑戰，觀諸聯合國兒童權利公約及其他國家有關兒童法律之立法，多無類似國內以年齡區隔立法之情事，實有必要將二法予以整合為一，以強化政府及民間機構、團體對兒童及少年之保護工作，落實對兒童及少年之福祉照顧（立法院，2004）。

　　歷經1993、1999、2000、2002年四次修正，「兒童福利法」2003年5月28日與「少年福利法」合併成為「兒童及少年福利法」，分為七章，包括總則、身分權益、福利措施、保護措施、福利機構、罰則及附則，共七十五條。「兒童福利

法」制定之後，隨著社會情況的改變，需要有計畫地因應，時時須加以修正與充實，才能發揮與時俱進、歷久彌新的良法美意；否則，本身條文仍屬陳舊過時或聊備一格而已。因此，「兒童福利法」的修訂與訂定，對推動兒童福利工作及政府主管機關內訂定相關辦法或附屬法規，都有助於執行兒童福利相關工作的依據（謝友文，2000）。

　　法律將政策法制化，兒童福利政策須經由法制化過程，才能成為具體的「兒童福利法」，因此「兒童福利法」的制定過程，如同各種法律的制定，有一定的程序。我國「兒童福利法」於1972年1月25日立法院制定全文三十條，在1973年2月8日經總統台統（一）義字第620號令制定公布，歷經四次修正；第一次修正1993年1月18日立法院修正全文五十四條，1993年2月5日經總統華總（一）義字第0475號令修正公布；第二次修正是1999年3月30日立法院修正第26條條文，1999年4月21日經總統華總（一）義字第8800084030號令修正公布；第三次修正是2000年5月26日，立法院刪除第8條條文，並修正公布第2、3、6、7、9、22-24、26、31、32、3及46條條文，2000年6月14日經總統華總（一）義字第8900147040號令修正公布；第四次修正是2002年5月31日立法院修正第17及25條條文，2002年6月26日經總統華總（一）義字第09100125170號令修正公布。之後，「兒童福利法」與「少年福利法」二法合併修正為「兒童及少年福利法」。

　　在這之前，「少年福利法」在1989年1月10日由立法院制定全文三十二條，1989年1月23日經總統華總義字第0415號令制定公布；第一次修正是2000年5月26日立法院修正第3、4、7、20、27條條文，2000年6月14日經總統華總（一）義字第8900147020號令修正公布；第二次修正2002年5月30日立法院修正第9、11-16、18、19條條文，2002年6月26日經總統華總（一）義字第09100125190號令修正公布。

　　「兒童福利法」及「少年福利法」二法合併修正為「兒童及少年福利法」，經行政院於2002年6月20日函送立法院審議，業於2003年5月2日三讀通過，5月28日總統公布施行。自2009年之後，歷經十餘次議商會議，終於提出修正為「兒童及少年福利與權益保障法」，並於2011年11月30日公布（參考**圖6-2**）。

一、兒童福利法制定之立法過程

　　我國「兒童福利法」草案，一開始是內政部於1960年間草擬，但因時機尚未成熟，故遲至1966年才將草案報請行政院審核（劉曉秋，1997），歷經多次

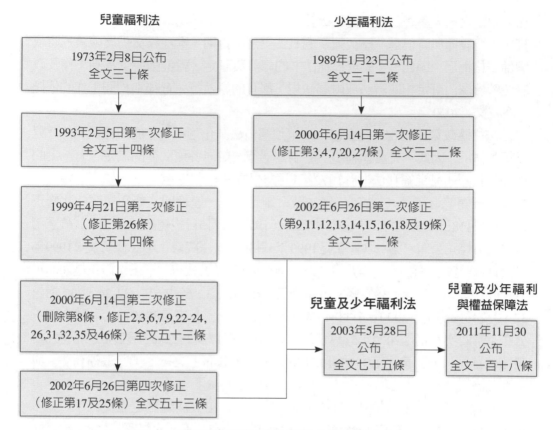

圖6-2　兒童福利法及少年福利法公布及修正時程

資料來源：作者整理。

開會商討，終於在1973年間完成立法（周建卿，1986；馮燕等，2000；賴月蜜，2003），在此期間經行政與立法機關提案、議會及公布的過程（參考**圖6-3**）。

二、兒童福利法修法過程

在「兒童福利法」公布施行後，雖對我國兒童福利工作的推展有了法律依據，但在社會變遷中促使社會環境丕變，造成兒童問題層出不窮，兒童身心發展受到不良影響及兒童權益極需重視，例如，江玉龍等（1997）研究就發現台灣受虐兒童嚴重，以及馮燕、郭靜晃、秦文力（1992）對1973年公布的「兒童福利

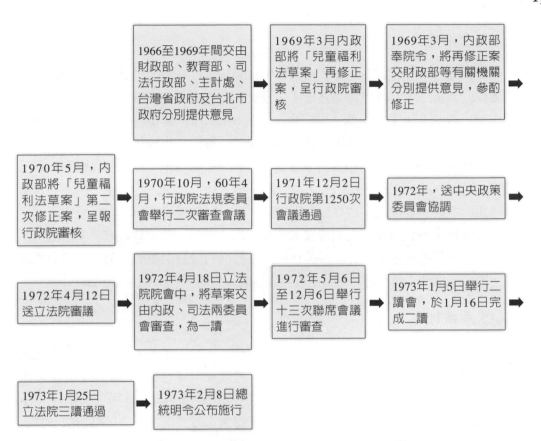

圖6-3 兒童福利法制定過程

資料來源：賴淑惠（1983），頁93-94。

法」在二十年中執行的種種困難及阻礙其執行成效，加上1990年所成立的民間團體──「兒童福利聯盟」有鑑於兒童問題的嚴重惡化，諸此種種皆有修法的呼籲。除此之外，民主進步黨政策白皮書更載明：「1973年兒童福利法的通過，明顯地是在因應聯合國兒童基金會從1963年至1972年間對我國的支助，隨著我國退出聯合國，聯合國兒童基金會也隨之撤離台灣，我國兒童福利法就在隔年通過，以反映給國際社會看的法規。」（民進黨，1993）因此，「兒童福利法」就在此社會變遷所衍生的兒童問題及社會需求而展開修法的歷程。

(一)兒童福利法

　　「兒童福利法」在1993年、1999年、2000年，以及2002年歷經四次修法（參考圖6-2），除了上述兒童問題逐漸惡化及民間與學術界的呼籲，故有「兒童福利法」第一次修正。第二次修正則配合刑法第10條增訂第5項將「姦淫」一詞改為「性交」，故在「兒童福利法」第26條第10款「姦淫」也改為「性交」。第三次修正係因精省後，將所有原條文中涉及「省」的相關規定，一律加以刪除，或為相關之修改，有第2、3、6、7、9、22-24、26、31、32、35及46條，共十三條條文。第四次修正係明訂第17條兒童安置時，得向撫養義務人酌收安置兒童所需之生活費、衛生保健費及其他與寄養或收容有關之費用；其收費規定，由直轄市、縣（市）主管機關定之。另修訂第25條對兒童福利機關之規範，明訂其接受捐助者，應公開徵信，並不得利用捐助為設立目的以外之行為（賴月蜜，2003）。

(二)少年福利法

　　「少年福利法」於1989年1月23日經總統令公布，此法係指12歲以上未滿18歲之人為少年，制定宗旨為增進少年福利、健全少年身心發展、提高父母及監護人對少年之責任感。有關少年福利措施包括：輔導就學就業、困苦失依少年生活扶助、不幸少年收容、安置輔導、保護、寄養、教養等。「少年福利法」共有三十二條。第一次修訂在2000年6月14日經總統令公布，因配合精省之故，將原修正條文中涉及「省」的相關規定一律加以刪除，或為相關修改，修正第3、4、7、20、27條，共五條條文。第二次修正為2002年6月26日，經總統令公布，其中皆對相關的行政措施做細部修訂。例如，第9條增列一項：對「寄養家庭之遴選、審核、輔導、評鑑、獎懲及收費等事項之規定，由當地主管機關訂定之」；第11條配合修訂，明訂父母應給付「少年所需之生活費、衛生保健費及其他寄養或收容教養等費用」。第12條增訂，就少年福利機構「其設立規模、面積、設施及人員配置等事項之標準，由中央主管機關定之」。「少年福利機構就其所提供之設施或服務，得收取費用；其費額，由各該主管機定之。」第13條增訂，「少年福利機構之設立要件、申請程序、審核期限、籌設、許可及其他應遵行事項之辦法，由中央主管機關定之」。第14條增加但書條款，即「由財團法人附設者，得免再辦理財團法人登記」。第15條增訂兩項，「少年福利機構接受私人或團體之捐

贈，應妥善管理及運用。其屬現金者，應設專戶儲存，專作增進少年福利之用。但捐贈者有指定用途者，應專款專用」。「依前項規定所受之捐贈，應辦理公開徵信。」第16條增訂，「少年福利機構不得利用其事業，為不當之宣導或兼營營利事業」。第18及19條增訂，「對顧客之年齡、身分有疑者，得請其出示身分證明；無身分證明或不出示證明者，應拒絕供售其菸、酒、檳榔吸食」及「應拒絕其出入該場所」。其次修正有第9、11-16、18、19條，共九條條文。

第二節　兒童福利法修正後的特色（1993年）

雖然民進黨（1993）的社會政策白皮書指出我國「兒童福利法」之制定是因應我國退出聯合國，因應聯合國兒童基金會對我國之支助只是做給國際社會看的。蔡漢賢（2002）卻指出：「兒童福利法歷經十三年的研擬，瓜熟蒂落乃是情理之常，說外交受挫才通過，似過分牽強。」在事隔二十多年，事實如何卻難以釐清。但不可否認，我國福利法之制定、公布，對於我國兒童福利行政及推展兒童福利工作卻是功不可沒。

「兒童福利法」在歷經二十年的社會變遷，影響之因素包括國內兒童虐待問題頻傳，加上民間團體及學術界的呼籲，終於在1993年有了第一次修訂，修訂後的「兒童福利法」內容，共有五十四條條文，分為六章：第一章總則，第二章福利措施，第三章福利機構，第四章保護措施，第五章罰則，以及第六章附則。主要內容摘要如下：

1.第一章　總則（第1至12條）：
　(1)宗旨、對象。
　(2)出生通報制。
　(3)優先保護權。
　(4)中央及地方政府主管機關與其職掌。
　(5)兒童福利專業訓練。
　(6)兒童福利經費來源。
2.第二章　福利措施（第13至21條）：
　(1)地方政府執行兒童福利具體措施。

(2)不幸兒童之保護安置。

(3)責任報告制。

(4)一般優待措施。

3.第三章　福利機構（第22至25條）：

(1)一般兒童及不幸失依兒童福利機構之設立。

(2)非營利兒童機構設立條件。

(3)政府輔導評鑑及獎懲。

4.第四章　保護措施（第26至42條）：

(1)保護行為。

(2)收養條件與程序。

(3)法定兒童管教責任。

(4)兒童保護程序。

(5)兒童安置。

(6)特殊兒童之特殊照護。

5.第五章　罰則（第43至52條）：

(1)對兒童犯罪者刑罰加重。

(2)第四章各項違法行為之罰鍰。

6.第六章　附則（第53與54條）。

1993年之修正比1973年所公布的「兒童福利法」，在觀念上帶有一些新改變，分述如下：

1.輔導雛妓並懲罰嫖妓者。

2.司法中對非行兒童的處罰由輔導替代矯治。

3.對不適任家長有最具威脅性的「親權轉移」措施。

4.對未善盡保護養育之父母以親職教育及輔導替代懲罰。

5.公權力介入兒童保護。

又此次修正，援引了一些新的制度，分述如下：

1.出生通報制（第2條）。

2.建立殘障兒童指紋檔案（第2條）。

3.責任報告制（第18條）。

4.收養制度（第27至29條）。

5.兒童保護制（第15-17、26、30-31、35、48條）。

6.兒童非行的輔導制度（第38條）。

7.發展遲緩兒童早期療育制度（第13、23、42條）。

8.兒童福利專業人員制度（第11、24條）。

1993年之後，爲了配合1999年刑法修正案，2000年因精省之修法配合及2002年對兒童安置及捐助之公開徵信之條文修訂，使得「兒童福利法」內容，修訂成爲五十三條條文，仍爲六章，歸納計有八項主要特色（謝友文，2000）。

1.具體宣示兒童福利理念與倫理（第1條）。

2.闡明家庭與社會對兒童共同的責任（第3、4、5條）。

3.重視全體兒童的權益（第2、4、22、23、26、27條）。

4.強化兒童福利行政體系（第6、7、8、9、10、11條）。

5.擴大兒童保護措施範圍（第26-42條）。

6.催生相關配套制度，全面落實兒童福利政策（第2、18、35、38、42、48條）。

7.明訂相關委任立法及適度授權地方政府（第10、11、12、20條）。

8.具體多樣的罰則，兼俱輔導與加重處罰（第43-52條）。

綜合本節所述，「兒童福利法」之制定宗旨在於推動兒童福利工作，貫徹兒童福利政策，但法規要隨社會變遷所衍生的問題情境，日後要適時加以充實及修正。我國「兒童福利法」歷經二十九年四次修正，當然徒法不足以執行，在法規上還要擴充子法來充實架構及內容，並且依法建立行政體系，才能有效推動兒童福利工作。

第三節　兒童及少年福利法合併修法重點及未來推展方向

一、兒童及少年福利法合併修法之歷程

　　為因應兒童及少年不斷出現的新議題，避免兒童及少年之資源重疊及行政體制的整合，以及順應先進國家的兒童法及1989年聯合國兒童權利公約，其所指之「兒童」，皆以18歲以下為規範，故民間團體自1997年起，即針對「兒童福利法」與「少年福利法」二法之合併及其相關議題，不斷地開會研討，更具體地區分為實務、學術及法條等三組，歷經六十餘次的會議，研修版本。除擬訂修法版本外，亦發起成立「兒童及少年福利法修法促進聯盟」，努力為修法遊說及萬人連署活動，以促加速修法通過。

　　民間版本早於2001年9月，即先由林志嘉立法委員提案連署，送請立法院審議，惟因屆期不繼續，無法在當期完成修法，但仍發揮引起朝野關注之效，繼而，在隔年4月，民間版本再由立法委員秦慧珠、周清玉等為提案人，在立法院第五屆新會期提出。而官方版本，自兒童局於1999年11月成立以來，即開始著手兒童及少年福利合併修法的工作，歷經六次審查會，於2001年6月送行政院審查，故在2002年6月間，共計有行政院版、楊麗環委員等、周清玉委員等、秦慧珠委員等、台灣團結聯盟黨團等五個版本在立法院審議中，而各版本分別依序在立法院第五屆第一會期第四、八、九、十、二十次會議報告後決定：「交社會福利及衛生環境委員會與相關提案併案審查」（立法院，2003）。之後，在2002年12月立法院社會福利及衛生環境委員會將這五案合併，併案審查「兒童及少年福利法修訂草案」，終於，一讀逐條討論部分，分別在2002年12月25日及2003年3月19日完成，而同年4月29日之二讀及5月2日之三讀，皆在SARS（嚴重急性呼吸道症候群）陰影的籠罩下，快速而無聲地通過。

　　兒童及少年福利法之合併修法，除了合併現行「兒童福利法」及「少年福利法」外，還參照現行「兒童及少年性交易防治條例」，將適用對象擴大為18歲以下之兒童及少年，並充實章節架構及內容，共分為七章七十五條，增加第二章身分權益。

基本上，依「兒童及少年福利法」整體的內容與規定來看，除了詳細列舉各目的事業主管機關之權責和罰責外，亦對執行工作之細節做較為完備之規定，以更有效的保護和處理兒童及少年被侵害的權益。諸如：(1)嚴格規定出生通報責任，妥善解決棄嬰、非婚生子女無戶口或其他因素而造成之戶口問題，以及收養和出養過程中的必要行為，以便兒童及少年在成長過程中，就醫、就學和就養權益得以維護；(2)落實早期療育資料建檔、建構發展遲緩評估與早期療育服務之網絡；(3)保障3歲以下兒童以免因為家庭經濟因素而無法獲得醫療照顧；(4)對於提供不當的教養、未善盡教養和利用兒童及少年謀利之父母得實施強制性親職教育；(5)代替父母或監護人協助、輔導和安置兒童及少年之條件；(6)詳細規定安置保護程序和應有之作為；(7)扶養人不支付費用時，為保護兒童及少年，主管機關應先行支付。

　　雖然「兒童及少年福利法」的修訂條文不少，但仍有未盡之處。因其內容偏重於將過去較不完備的部分加以補正，以利執行，並加重處罰的部分。其中第5條規定：「政府及公私立機構、團體處理兒童及少年相關事務時，應以兒童及少年之最佳利益為優先考量；有關其保護及救助，並應優先處理。」顯示積極發展性的福利工作仍未被考慮。再者對於少年福利之法規增修甚少，這與實際少年成長上所面對之需求仍有差距，有待日後增補修正之參考。此外，徒法不足以自行，亦期待施行細則能有較完備之補充，以及主管機關能盡力協調相關目的事業主管機關，確切落實對兒童及少年的保護與福利工作，以增進兒童及少年的成長（郭靜晃，2003）。

二、兒童福利法、少年福利法與兒童及少年福利法之比較

　　「兒童福利法」及「少年福利法」合併後之「兒童及少年福利法」，除適用對象範圍擴大外，其內容也根據「兒童福利法」及「少年福利法」不足的部分做補強。**表6-1**中將「兒童福利法」、「少年福利法」及合併後之「兒童及少年福利法」之條文、頒布日期、立法目的、保障對象、主管機關、經費來源、相關福利保護措施以及特色進行比較。

三、兒童及少年福利法重點

　　賴月蜜（2003）針對「兒童及少年福利法」提出有四十七條重點，分述如下：

表6-1　兒童福利法、少年福利法與兒童及少年福利法之比較

項目	兒童福利法	少年福利法	兒童及少年福利法
條文	五章（總則、福利措施、福利機構、保護措施、罰則）原三十條，修正後為五十四條	五章（總則、福利措施、福利機構、保護、罰責）共三十二條	七章（總則、身分權益、福利措施、保護措施、福利機構、罰責、附則）共七十五條
頒布日期	1973年1月25日 1993年2月5日第一次修正	1989年1月23日	2003年5月28日
立法目的	為維護兒童身心健康，促進兒童正常發育，保障兒童福利，特制定本法	為增進少年福利，健全少年身心發展，提高父母及監護人對少年之責任感，特制定本法	為促進兒童及少年身心健全發展，保障其權益，增進其福利
保障對象	所稱兒童，指未滿12歲之人	所稱少年，係指12歲以上未滿18歲之人	所稱兒童，指未滿12歲之人 所稱少年係指12歲以上未滿18歲之人
主管機關	兒童福利主管機關：在中央為內政部；在直轄市為直轄市政府；在縣（市）為縣（市）政府 兒童福利主管機關在中央應設置兒童局；在直轄市及縣（市）政府應設置兒童福利專責單位。 司法、教育、衛生等相關單位涉及前項業務時，應全力配合之	少年福利主管機關：在中央為內政部；在直轄市為直轄市政府；在縣（市）為縣（市）政府	在中央為內政部；在直轄市為直轄市政府；在縣（市）為縣（市）政府。 前項主管機關在中央應設兒童及少年局；在直轄市及縣（市）政府應設兒童及少年福利專責單位目的事業主管機關——可分為衛生、教育、勞工、建設、工務、消防、警政、交通、新聞、戶政、財政等單位
經費來源	兒童福利經費來源如下： 1.各級政府年度預算及社會福利基金 2.私人或團體捐贈 3.兒童福利基金	少年福利經費之來源如下： 1.各級政府年度預算及社會福利基金 2.私人或團體捐贈	兒童及少年福利經費來源如下： 1.各級政府年度預算及社會福利基金 2.依本法所處之罰鍰 3.其他相關收入
福利措施	1.規定縣（市）政府應辦理的兒童福利措施〈13〉 2.提供家庭生活扶助或醫療補助〈14〉 3.緊急保護，安置或其他處分〈15〉 4.無依兒童之照顧——寄養或機構安置〈17〉 5.責任通報義務〈18〉 6.建立個案資料及保密義務〈19〉	1.進修、接受職業訓練或就業之輔導 2.輔導保護安置事由及指定監護人 3.無依少年之扶助 4.父母、養父母或監護人之協助義務	1.直轄市、縣（市）政府自辦或鼓勵、輔導委託民間辦理的兒少措施〈19〉 2.3歲以下兒童醫療照顧措施〈20〉 3.發展遲緩、身障兒童及少年指紋資料之建立、兒童及少年福利法檔案管理、早期療育、醫療、就學，以及轉介服務〈21-23〉 4.少年進修、接受職業訓練或就業輔導〈25〉

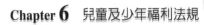

（續）表6-1 兒童福利法、少年福利法與兒童及少年福利法之比較

項目	兒童福利法	少年福利法	兒童及少年福利法
福利機構	1.一般機構：如托兒所、兒童樂園、兒童福利服務中心、兒童康樂中心、兒童心理及其家庭諮詢中心、兒童醫院、兒童圖書館等 2.收容機構：如育幼院、兒童緊急庇護所、智能障礙兒童教養院、傷殘兒童重建院、發展遲緩兒童早期療育中心、兒童心理衛生中心等	各級主管機關為辦理少年福利事業，應設少年教養、輔導、服務、育樂及其他福利機構對於遭遇不幸之少年，應專設收容教養機構 少年福利機構，得單獨或聯合設立；其設立規模、面積、設施及人員配置等事項之標準，由中央主管機關定之 少年福利機構就其所提供之設施或服務，得收取費用；其費額，由各該主管機關定之	兒童及少年福利機構分類如下： 1.托育機構 2.早期療育機構 3.安置及教養機構 4.心理輔導或家庭諮詢機構 5.其他兒童及少年福利機構
保護措施	1.對兒童特定行為之禁止，任何人對於兒童不得有下列行為： (1)遺棄 (2)身心虐待 (3)利用兒童從事危害健康、危害性活動或欺騙之行為 (4)利用身心障礙或畸形兒童供人參觀 (5)利用兒童行乞 (6)供應兒童觀看閱讀聽聞或使用有礙身心之電影片、錄影節目帶、照片、出版品、器物或設施 (7)剝奪或妨礙兒童接受國民教育之機會或非法移送兒童至國外就學 (8)強迫兒童婚嫁 (9)拐騙、綁架、買賣、質押兒童，或以兒童為擔保之行為 (10)強迫、引誘、容留、容認或媒介兒童為猥褻行為或性交 (11)供應兒童毒藥、毒品、管制藥品、刀械、槍砲、彈藥或其他危險物品 (12)利用兒童攝製猥褻或暴力之影片、圖片	1.禁止吸菸、飲酒、嚼檳榔 2.禁止出入不良場所 3.禁止吸毒、施用毒品，及觀看不良錄影帶、書刊 4.禁止從事有害身心之行為 5.發現足以影響少年身心健康之情事者，應通知當地主管機關、警察機關或少年福利機構。警察機關或少年福利機構接獲通知後，應迅即處理，並通知主管機關；處理遭遇困難時，應即交由主管機關處理，並予必要之協助 6.監護權宣告停止	1.兒童及少年行為之禁止 2.物品之分級 3.禁止兒童及少年出入危害其身心健康之場所 4.禁止兒童及少年充當不當場所之侍應工作 5.對兒童及少年特定行為之禁止 6.孕婦行為之禁止 7.不得使兒童獨處之情形 8.相關機構協助、輔導或安置 9.兒童及少年需通報處理情形 10.兒童及少年罹患性病得協助就醫 11.兒童及少年緊急保護、安置之處理 12.繼續安置 13.接受訪談、偵訊或身體檢查之處理 14.家庭發生變故兒童及少年之安置或輔助 15.個案資料之建立及定期追蹤評估 16.追蹤輔導及福利服務 17.不得揭露足以識別兒童及少年姓名身分之資訊 18.停止親權或監護權、終止收養關係 19.兒童及少年之財產管理

（續）表6-1　兒童福利法、少年福利法與兒童及少年福利法之比較

項目	兒童福利法	少年福利法	兒童及少年福利法
保護措施	(13)帶領或誘使兒童進入有礙其身心健康之場所 (14)其他對兒童或利用兒童犯罪或為不正當之行為 2.兒童行為之禁止： (1)父母、養父母、監護人或其他實際照顧兒童之人，應禁止兒童吸菸、飲酒、嚼檳榔、施用毒品、迷幻物品或管制藥品或其他有害身心健康之物質。任何人均不得供應前項之物質予兒童 (2)父母、養父母、監護人或其他實際照顧兒童之人，應禁止兒童出入酒家、酒吧、酒館（店）、舞廳（場）、特種咖啡茶室、賭博性電動遊樂場及其他涉及賭博、色情、暴力等其他足以危害其身心健康之場所 (3)父母、養父母、監護人或其他實際照顧兒童之人，應禁止兒童充當前項場所之侍應或從事其他足以危害或影響其身心發展之工作 3.兒童收養之相關規定		
特色	1.以禁止對兒童不當行為之相關保護措施為主 2.對兒童收養應以兒童之最佳利益，以及7歲以上兒童之收養應尊重兒童意願	1.輔導有意進修或就業少年進修、職訓或就業 2.安置或輔導家庭發生重大變故而無法生活於其家庭者 3.為受不當對待之少年提供保護與安置 4.對無力維持生活者給予生活扶助或醫療補助 5.規定少年之監護人應配合與協助主管機關或福利機構之措施	1.嚴格規定出生通報責任，妥善解決棄嬰、非婚生子女無戶口或其他因素所造成之戶口問題，以及收養和出養過程中的必要行為，以便兒童及少年成長過程中，就醫、就學和就養權益得以維護 2.落實早期療育資料建檔、建構發展遲緩評估與早期療育服務之網絡

（續）表6-1　兒童福利法、少年福利法與兒童及少年福利法之比較

項目	兒童福利法	少年福利法	兒童及少年福利法
特色		6.各級機關應設教養、輔導、服務、育樂及其他福利機構以辦理少年福利事業 7.明文規定少年不當行為	3.保障3歲以下兒童以免因為家庭經濟因素而無法獲得醫療照顧 4.對於提供不當的教養、未善盡教養和利用兒童少年謀利之父母得實施強制性親職教育 5.代替父母或監護人協助、輔導和安置兒童及少年之條件 6.詳細規定安置保護程序和應有之作為 7.扶養義務人不支付費用時，為保護兒童及少年，主管機關應先行支付

(一)第一章　總則

1.擴大適用對象，18歲以下之兒童及少年皆適用本法之保護（第2條）。

2.明訂各機關權責之劃分，強調兒童福利服務之科際整合，以及行政上橫向聯繫之重要（第9條）。

3.明文規範兒童及少年福利諮詢委員會之成立，及其成員之組合、開會次數，避免委員會流於形式（第10條）。

4.增加兒童及少年福利經費，明訂依本法所處之罰鍰，專罰專款方式，列入兒少福利經費（第12條）。

(二)第二章　身分權益

1.加強出生通報，明訂胎兒出生後七日內，接生人應將其出生之相關資料通報戶政及衛生主管機關備查；並由中央衛生主管機關統一訂定出生通報表（第13條）。

2.尊重兒童及少年意願，當兒童及少年對收養事件不同意時，非確信認可被收養，符合其最佳利益，法院應不予認可；增列出養必要性之審核，以維護兒童及少年在原生長家庭成長之權利（第14條）。

3.增設收養資訊中心，保存出養人、收養人及被收養兒童及少年之身分、健康等相關資訊之檔案，以避免近親結婚、遺傳疾病之發生，及維護出養人、收養及被收養兒童及少年三方之權利（第17條）。

4.增設機構收養制度，父母或監護人因故無法對其兒童及少年盡扶養義務時，於聲請法院認可收養前，得委託有收出養服務之兒童及少年福利機構，代覓適當之收養人，以杜絕販賣子女及非法媒介等情事發生（第18條）。

(三)第三章　福利措施

1.對於不適宜在家庭內教養之兒童及少年，得予以安置之規定，擴大安置對象，將逃家之兒童及少年，亦增列為得予以安置之對象（第19條）。

2.增列兒童課後照顧之規定，得由直轄市、縣（市）政府指定所屬國民小學辦理，其辦理方式、人員資格等相關事項標準，由教育部會同內政部定之（第19條）。

3.增訂政府應規劃實施3歲以下兒童醫療照顧措施，必要時並得補助其費用（第20條）。

4.擴大指紋資料建立之制度，即疑似發展遲緩兒童或身心障礙兒童及少年之父母或監護人，得申請警政主管機關建立疑似發展遲緩兒童或身心障礙兒童及少年之指紋資料（第21條）。

5.建立早期療育通報系統，即各類兒童及少年福利、教育及醫療機構，發現有疑似發展遲緩兒童或身心障礙兒童及少年，應通報直轄市、縣（市）主管機關。直轄市、縣（市）主管機關應將接獲資料，建立檔案管理，並視其需要提供、轉介適當之服務（第22條）。

6.明訂各機關對早期療育之職責，及父母親應盡配合之義務（第23條）。

(四)第四章　保護措施

1.擴大規範兒童及少年不良閱聽物品之範圍，並將飆車及參與飆車的行為增列為兒童及少年禁止之行為（第26條）。

2.明訂媒體分級制度，即出版品、電腦軟體、電腦網路應予分級；其他有害兒童及少年身心健康之物品經目的事業主管機關認定應予分級者，亦同

（第27條）。

3.增列福利機構除對非行兒童及少年之協助與輔導外，亦得予以安置；且安置期間之必要生活費、衛生保健費、學雜各費及其他相關費用，由扶養義務人負擔（第33條）。

4.中央主管機關應統一訂定對於兒童及少年非行行為之禁止與違反兒童及少年保護事件之通報與處理辦法（第34條）。

5.擴大保護範圍，兒童及少年罹患性病或有酒癮、藥物濫用情形者，應予以強制性治療（第35條）。

6.擴大保護安置之期限，緊急安置不得超過72小時，繼續安置以三個月為限；但必要時，得聲請法院延長，不限次數（第37條）。

7.將原安置抗告期間五日延長為十日；明訂直轄市、縣（市）主管機關對於安置期滿或依法撤銷安置之兒童及少年，應繼續予以追蹤輔導一年（第38條）。

8.安置期間，兒童及少年之父母、親友等對兒童及少年之探視，應經主管機關之許可；而主管機關為許可時，應尊重兒童及少年之意願（第39條）。

9.增列安置期間，對兒童及少年隱私權之保護，不得為非必要之訪談、偵訊、訊問或身體檢查；必要進行時，應由社工員陪同（第40條）。

10.增列對兒童及少年保護事件及目睹暴力兒童及少年之家庭處遇計畫（第43條）。

11.對於依少年事件處理法所轉介或交付安置輔導之兒童及少年及其家庭，當地主管機關應予以追蹤輔導，並提供必要之福利服務（第45條）。

12.對於兒童及少年保護案件，增列媒體及文書禁止揭露兒童及少年之身分資訊，且任何人亦不得於媒體、資訊或以其他公開方式揭示有關該兒童及少年之姓名及其他足以識別身分之資訊（第46條）。

13.增訂對兒童及少年財產之保護，即有事實足以認定兒童及少年之財產權益有遭受侵害之虞者，主管機關得請求法院就兒童及少年財產之管理、使用、收益或處分，指定或改定社政主管機關或其他適當之人任監護人或指定監護之方法，並得指定或改定受託人管理財產之全部或一部（第49條）。

(五)第五章　福利機構

　　兒童及少年福利機構，依類別分為：托育機構、早期療育機構、安置及教養機構、心理輔導或家庭諮詢機構及其他等，而主管機關依兒童及少年福利機構類別，訂定機構標準（第50條）。

(六)第六章　罰則

1.接生人違反通報義務，提高罰鍰處新台幣6,000元以上3萬元以下（第54條）。

2.父母、監護人或其他實際照顧兒童及少年之人，未盡管教兒童及少年職責，違反第26條第2項規定情節嚴重者，提高罰鍰處新台幣1萬元以上5萬元以下（第55條）。

3.明訂供應毒品、非法供應管制藥品或其他有害身心健康之物質予兒童及少年者，處新台幣6萬元以上30萬元以下罰鍰（第55條）。

4.明訂供應有關暴力、猥褻或色情之出版品、圖畫、錄影帶、影片、光碟、電子訊號、電腦網路或其他物品予兒童及少年者，處新台幣6,000元以上3萬元以下罰鍰（第55條）。

5.父母、監護人或其他實際照顧兒童及少年之人，違反禁止兒童及少年進出不良場所者，提高罰鍰處新台幣1萬元以上5萬元以下；前項場所應拒絕兒童及少年之進入，違反者，提高罰鍰處新台幣2萬元以上10萬元以下，並公告場所負責人姓名（第56條）。

6.父母、監護人或其他實際照顧兒童及少年之人，違反禁止兒童及少年為不良場所之侍應者，提高罰鍰處新台幣2萬元以上10萬元以下；任何人不得利用、雇用或誘迫兒童及少年在前項場所，違反者，提高罰鍰處新台幣6萬元以上30萬元以下，公告場所負責人姓名，並令其限期改善；屆期仍不改善者，除情節嚴重，由主管機關移請目的事業主管機關令其歇業者外，令其停業一個月以上一年以下（第57條）。

7.違反第30條，對兒童及少年禁止行為之規定者，提高罰鍰處新台幣3萬元以上15萬元以下罰鍰，情節嚴重者，並得公告其姓名（第58條）。

8.違反媒體分級辦法第30條第12款規定者，加重處新台幣10萬元以上50萬元

以下罰鍰，並得勒令停業一個月以上一年以下（第58條）。

9.增訂違反第31條第2項任何人不得強迫、引誘或以其他方式使孕婦爲有害胎兒發育之行爲規定者，處新台幣1萬元以上5萬元以下罰鍰（第59條）。

10.增訂違反第32條兒童獨處禁止之規定者，處新台幣3,000元以上15,000元以下罰鍰（第60條）。

11.增訂違反第17條第2項、第34條第5項、第44條第2項、第46條第3項等保密責任而無正當理由者，處新台幣6,000元以上3萬元以下罰鍰（第62條）。

12.增訂違反兒童及少年個人資料保護第46條第1項規定者，各目的事業主管機關對其負責人及行爲人，得各處新台幣3萬元以上30萬元以下罰鍰，並得沒入第46條第1項規定之物品（第63條）。

13.增訂兒童及少年之父母、監護人、實際照顧兒童及少年之人、師長、雇主、醫事人員及其他有關之人違反第47條第2項配合義務規定而無正當理由者，處新台幣6,000元以上3萬元以下罰鍰，並得按次處罰，至其配合或提供相關資料爲止（第64條）。

14.擴大親職教育輔導之時數爲8至50小時，並提高拒不接受親職教育之罰鍰爲新台幣3,000元以上15,000元以下罰鍰；經再通知仍不接受者，得按次連續處罰，至其參加爲止（第65條）。

15.提高未辦立案或禁止事項之處罰，即違反第52條第1項規定者，由設立許可主管機關處新台幣6萬元以上30萬元以下罰鍰並公告其姓名，並命其限期申辦設立許可，屆期仍不辦理者，得按次處罰；經設立許可主管機關依第52條第1項規定，令其立即停止對外勸募之行爲，而不遵令者，由設立許可主管機關處新台幣6萬元以上30萬元以下罰鍰並限期改善；屆期仍不改善者，得按次處罰並公告其名稱，並得令其停辦一日以上一個月以下；兒童及少年福利機構有違反規定情節嚴重者，設立許可主管機關應通知其限期改善，屆期仍不改善者，得令其停辦一個月以上一年以下（第66條）。

(七)第七章　附則

1.擴大本法適用範圍，即18歲以上未滿20歲之人，於緊急安置等保護措施，準用本法之規定（第69條）。

2.成年人對兒童及少年犯罪加重其刑二分之一部分，以故意犯為限（第70條）。

3.以詐欺或其他不正當方法領取本法相關補助或獎勵費用者，主管機關應撤銷原處分並以書面限期命其返還，屆期未返還者，依法移送強制執行；其涉及刑事責任者，移送司法機關辦理（第71條）。

4.增訂扶養義務人不依本法規定支付相關費用者，如為保護兒童及少年之必要，由主管機關於兒童及少年福利經費中先行支付（第72條）。

四、合併修法後，未來兒童及少年福利推展方向

徒法不足以自行，展望未來，在兒童及少年福利法合併修法之後，我國兒童及少年福利工作的推展還有很長的路要走。陳武雄曾當過最高社會行政主管（社會司長），以他個人之實務經驗建議，兒童及少年福利法合併修法之後，應朝向下列重點推展（陳武雄，2003），同時有些項目也是內政部兒童局未來的工作重點，分列如下（內政部，2004）：

1.加速建構完整兒童及少年福利法規體系。

2.積極研商訂定幼托整合方案。

3.賡續推動「社區保母支持系統」。

4.落實兒童及少年保護工作。

5.建置「發展遲緩兒童早期療育個案管理資訊系統」。

6.規劃辦理兒童及少年照顧方案。

7.推動外籍配偶家庭子女親職教育。

8.結合社會資源有效防杜兒童及少年犯罪。

9.強化兒童及少年網路安全認知。

10.致力提升寄養家庭的照顧品質與能力。

11.寬列推展兒童及少年福利經費預算。

12.加強培訓兒童及少年福利專業人才。

13.落實主管機關及各目的事業主管機關之權責分工。

第四節　兒童及少年福利與權益保障法

「兒童及少年福利法」自2003年5月28日經總統公布後施行，歷經六年後於2009年5、6月間，兒童局提出局版修正草案，而民間機構由台灣少年聯盟及陳節如立法委員亦提出委員版修正草案，經5、6月間，由兒童局召集學者專家、地方政府執行業務相關單位及中央目的事業主管機關人員，召開十餘次議商會議，提出兒童及少年福利法修正草案，最後送立法院，業經2011年11月30日修正為「兒童及少年福利與權益保障法」，其立法特色分述如下：

一、「兒童及少年福利與權益保障法」立法特色

2011年11月30日修正之「兒童及少年福利與權益保障法」，共分成七章，一百十八條，包括「總則」、「身分權益」、「福利措施」、「保護措施」、「福利機構」、「罰則」以及「附則」。修法特色請參考**表6-2**。

二、「兒童及少年福利與權益保障法」通過條文對照

有關本次立法與過去兒童及少年福利法之差異對照，請參閱**表6-3**。

「兒童福利法」從1963年立法至2011年之修法工程，從宣誓式立法到捍衛兒童及少年福利與權益，有其必然性及正當性，透過立法工程更具其權威性、普及性及合法性。國家有公權力干預家庭，提供兒童及少年照顧之責，而兩性平權、滿足兒少身心需求、落實兒童權利，皆在此法有明顯的進步。此外，本法也表明了執行業務落在地方之責；至於行政之垂直整合有了機制，但對於平行整合之機制以及計畫給兒童及少年何種權益保障，卻是重要的肇始，「徒法不足以自行」更說明未來行政機制運作與協調的重要性。

表6-2　兒童及少年福利與權益保障法的修法特色

1. 對於無法確認身分及國籍之兒童與少年，增訂其在國內可享受與國內兒少同等權益條文，包括健保、就學等項，以回應社會對於「不能沒有你」案件的省思
2. 健全兒少閱聽環境，加強新聞紙及網際網路內容的管理機制，增訂新聞紙不得報導事項，違反者最重可處罰50萬元；另賦予網際網路平台業者對兒少應採取防護措施之責任，違反者最重可處罰30萬元
3. 在收出養制度方面也做了大幅度的變革，為避免販嬰情事發生，未來除了一定親屬間之收養外，收出養的媒合都必須委託經許可之機構或團體代為辦理，違反者最重可處罰30萬元。且在法院認可收養前，得請收養人接受準備教育課程、精神鑑定及藥酒癮檢測等
4. 為減少非專業人員照顧而發生嬰幼兒意外事件發生，規定未來提供居家式托育服務者，應向直轄市、縣（市）主管機關辦理登記後才可擔任，違者，最重得處以3萬元以下罰鍰
5. 將村（里）幹事增列為兒童及少年保護責任通報人，以更加落實兒少保護機制，違反者最重得處罰3萬元。另於保護網絡納入村（里）長及公寓大廈管理服務人員，使防護網更為嚴密
6. 為維護兒少隱私權利，修正條文擴大媒體不得報導兒少身分資訊之對象，包括監護權爭訟事件當事人或刑事案件當事人等，但如為維護公共利益，亦訂有排除條款
7. 為維護兒童及少年人身安全，也規定犯性侵害罪、嚴重精神疾病或嚴重行為不檢者，不得擔任兒童及少年福利機構負責人及工作人員的消極資格
8. 為保障建教合作學生勞動權益，規定學校應協助學生與機構簽訂書面定型化契約規定，以落實保障建教生之權益與福利
9. 對於接受司法處遇的兒童少年，為盡速協助其復歸社會與家庭，規範各機關應整合資源，提供就學、就業等服務，以增進其社會化
10. 為強化本法對於受虐兒少發現、保護及處遇、中輟等非行兒童及少年之輔導，以及其他福利相關工作之成效，規定學校應設置輔導或社會工作人員

資料來源：整理自立法院全球資訊網。

表6-3　兒童及少年福利與權益保障法通過條文對照

兒童及少年福利法	兒童及少年福利與權益保障法
總則章	
本法所定事項，主管機關及各目的事業主管機關應就其權責範圍，針對兒童及少年之需要，尊重多元文化差異，主動規劃所需福利，對涉及相關機關之兒童及少年福利業務，應全力配合之 主管機關及各目的事業主管機關權責劃分如下： 1. 主管機關：主管兒童及少年福利法規、政策、福利工作、福利事業、專業人員訓練、兒童及少年保護、親職教育、福利機構設置等相關事宜	本法所定事項，主管機關及目的事業主管機關應就其權責範圍，針對兒童及少年之需要，尊重多元文化差異，主動規劃所需福利，對涉及相關機關之兒童及少年福利業務，應全力配合之 主管機關及目的事業主管機關均應辦理兒童及少年安全維護及事故傷害防制措施；其權責劃分如下： 1. 主管機關：主管兒童及少年福利政策之規劃、推動及監督等相關事宜

（續）表6-3 兒童及少年福利與權益保障法通過條文對照

兒童及少年福利法	兒童及少年福利與權益保障法
2.衛生主管機關：主管婦幼衛生、優生保健、發展遲緩兒童早期醫療、兒童及少年心理保健、醫療、復健及健康保險等相關事宜	2.衛生主管機關：主管婦幼衛生、生育保健、發展遲緩兒童早期醫療、兒童及少年身心健康、醫療、復健及健康保險等相關事宜
3.教育主管機關：主管兒童及少年教育及其經費之補助、特殊教育、幼稚教育、兒童及少年就學、家庭教育、社會教育、兒童課後照顧服務等相關事宜	3.教育主管機關：主管兒童及少年教育及其經費之補助、特殊教育、幼稚教育、安全教育、家庭教育、中介教育、職涯教育、休閒教育、性別平等教育、社會教育、兒童及少年就學權益之維護及兒童課後照顧服務等相關事宜
4.勞工主管機關：主管年滿15歲少年之職業訓練、就業服務、勞動條件之維護等相關事宜	4.勞工主管機關：主管年滿15歲或國民中學畢業少年之職業訓練、就業準備、就業服務及勞動條件維護等相關事宜
5.建設、工務、消防主管機關：主管兒童及少年福利機構建築物管理、公共設施、公共安全、建築物環境、消防安全管理、遊樂設施等相關事宜	5.建設、工務、消防主管機關：主管兒童及少年福利機構建築物管理、公共設施、公共安全、建築物環境、消防安全管理、遊樂設施等相關事宜
6.警政主管機關：主管兒童及少年保護個案人身安全之維護、失蹤兒童及少年之協尋等相關事宜	6.警政主管機關：主管兒童及少年人身安全之維護及觸法預防、失蹤兒童及少年、無依兒童及少年之父母或監護人之協尋等相關事宜
7.交通主管機關：主管兒童及少年交通安全、幼童專用車檢驗等相關事宜	7.法務主管機關：主管兒童及少年觸法預防、矯正與犯罪被害人保護等相關事宜。
8.新聞主管機關：主管兒童及少年閱聽權益之維護、媒體分級等相關事宜之規劃與辦理	8.交通主管機關：主管兒童及少年交通安全、幼童專用車檢驗等相關事宜
9.戶政主管機關：主管兒童及少年身分資料及戶籍相關事宜	9.新聞主管機關：主管兒童及少年閱聽權益之維護、出版品及錄影節目帶分級等相關事宜
10.財政主管機關：主管兒童及少年福利機構稅捐之減免等相關事宜	10.通訊傳播主管機關：主管兒童及少年通訊傳播視聽權益之維護、內容分級之規劃及推動等相關事宜
11.其他兒童及少年福利措施由各相關目的事業主管機關依職權辦理	11.戶政主管機關：主管兒童及少年身分資料及戶籍等相關事宜
	12.財政主管機關：主管兒童及少年福利機構稅捐之減免等相關事宜
	13.金融主管機關：主管金融機構對兒童及少年提供財產信託服務之規劃、推動及監督等相關事宜
	14.經濟主管機關：主管兒童及少年相關商品與非機械遊樂設施標準之建立及遊戲軟體分級等相關事宜

（續）表6-3　兒童及少年福利與權益保障法通過條文對照

兒童及少年福利法	兒童及少年福利與權益保障法
	15.體育主管機關：主管兒童及少年體育活動等相關事宜 16.文化主管機關：主管兒童及少年藝文活動等相關事宜 17.其他兒童及少年福利措施，由相關目的事業主管機關依職權辦理
身分權益章	
無	主管機關應會同戶政、移民主管機關協助未辦理戶籍登記、無國籍或未取得居留、定居許可之兒童、少年依法辦理有關戶籍登記、歸化、居留或定居等相關事項
福利措施章	
直轄市、縣（市）政府，應鼓勵、輔導、委託民間或自行辦理下列兒童及少年福利措施： 1.建立發展遲緩兒童早期通報系統，並提供早期療育服務 2.辦理兒童托育服務 3.對兒童及少年與其家庭提供諮詢輔導服務 4.對兒童及少年與其父母辦理親職教育 5.對於無力撫育其未滿12歲之子女或被監護人者，予以家庭生活扶助或醫療補助 6.對於無謀生能力或在學之少年，無扶養義務人或扶養義務人無力維持其生活者，予以生活扶助或醫療補助 7.早產兒、重病兒童及少年與發展遲緩兒童之扶養義務人無力支付醫療費用之補助 8.對於不適宜在家庭內教養或逃家之兒童及少年，提供適當之安置 9.對於無依兒童及少年，予以適當之安置 10.對於未婚懷孕或分娩而遭遇困境之婦嬰，予以適當之安置及協助 11.提供兒童及少年適當之休閒、娛樂及文化活動 12.辦理兒童課後照顧服務 13.其他兒童及少年及其家庭之福利服務 前項第9款無依兒童及少年之通報、協尋、安置方式、要件、追蹤之處理辦法，由中央主管機關定之 第1項第12款之兒童課後照顧服務，得由直轄市、縣（市）政府指定所屬國民小學辦理，其辦理方式、人員資格等相關事項標準，由教育部會同內政部定之	直轄市、縣（市）政府，應建立整合性服務機制，並鼓勵、輔導、委託民間或自行辦理下列兒童及少年福利措施： 1.建立發展遲緩兒童早期通報系統，並提供早期療育服務 2.辦理兒童托育服務 3.對兒童、少年及其家庭提供諮詢服務 4.對兒童、少年及其父母辦理親職教育 5.對於無力撫育其未滿12歲之子女或受監護人者，視需要予以托育、家庭生活扶助或醫療補助 6.對於無謀生能力或在學之少年，無扶養義務人或扶養義務人無力維持其生活者，予以生活扶助、協助就學或醫療補助，並協助培養其自立生活之能力 7.早產兒、罕見疾病、重病兒童、少年及發展遲緩兒童之扶養義務人無力支付醫療費用之補助 8.對於不適宜在家庭內教養或逃家之兒童及少年，提供適當之安置 9.對於無依兒童及少年，予以適當之安置 10.對於因懷孕或生育而遭遇困境之兒童、少年及其子女，予以適當之安置、生活扶助、醫療補助、托育補助及其他必要協助 11.辦理兒童課後照顧服務 12.對結束安置無法返家之少年，提供自立生活適應協助 13.辦理兒童及少年安全與事故傷害之防制、教育、宣導及訓練等服務

（續）表6-3 兒童及少年福利與權益保障法通過條文對照

兒童及少年福利法	兒童及少年福利與權益保障法
	14.其他兒童、少年及其家庭之福利服務 前項第5款至第7款及第10款之托育、生活扶助及醫療補助請領資格、條件、程序、金額及其他相關事項之辦法，分別由中央及直轄市主管機關定之 第1項第9款無依兒童及少年之通報、協尋、安置方式、要件、追蹤之處理辦法，由中央主管機關定之
無	下列兒童及少年所使用之交通載具應予輔導管理，以維護其交通安全： 1.幼童專用車 2.公私立學校之校車 3.短期補習班或兒童課後照顧服務班及中心之接送車 前項交通載具之申請程序、輔導措施、管理與隨車人員之督導管理及其他應遵行事項之辦法，由中央教育主管機關會同交通主管機關定之
各類兒童及少年福利、教育及醫療機構，發現有疑似發展遲緩兒童或身心障礙兒童及少年，應通報直轄市、縣（市）主管機關。直轄市、縣（市）主管機關應將接獲資料，建立檔案管理，並視其需要提供、轉介適當之服務	各類社會福利、教育及醫療機構，發現有疑似發展遲緩兒童，應通報直轄市、縣（市）主管機關。直轄市、縣（市）主管機關應將接獲資料，建立檔案管理，並視其需要提供、轉介適當之服務 前項通報流程及檔案管理等相關事項之辦法，由中央主管機關定之
保護措施章	
醫事人員、社會工作人員、教育人員、保育人員、警察、司法人員及其他執行兒童及少年福利業務人員，知悉兒童及少年有下列情形之一者，應立即向直轄市、縣（市）主管機關通報，至遲不得超過24小時： 1.施用毒品、非法施用管制藥品或其他有害身心健康之物質 2.充當第28條第1項場所之侍應 3.遭受第30條各款之行為 4.有第36條第1項各款之情形 5.遭受其他傷害之情形 其他任何人知悉兒童及少年有前項各款之情形者，得通報直轄市、縣（市）主管機關 直轄市、縣（市）主管機關於知悉或接獲通報前二項案件時，應立即處理，至遲不得超過24	醫事人員、社會工作人員、教育人員、保育人員、警察、司法人員、村（里）幹事及其他執行兒童及少年福利業務人員，於執行業務時知悉兒童及少年有下列情形之一者，應立即向直轄市、縣（市）主管機關通報，至遲不得超過24小時： 1.施用毒品、非法施用管制藥品或其他有害身心健康之物質 2.充當第47條第1項場所之侍應 3.遭受第49條各款之行為 4.有第51條之情形 5.有第56條第1項各款之情形 6.遭受其他傷害之情形 其他任何人知悉兒童及少年有前項各款之情形者，得通報直轄市、縣（市）主管機關

（續）表6-3　兒童及少年福利與權益保障法通過條文對照

兒童及少年福利法	兒童及少年福利與權益保障法
小時，其承辦人員並應於受理案件後四日內提出調查報告 第1項及第2項通報及處理辦法，由中央主管機關定之 第1項及第2項通報人之身分資料，應予保密	直轄市、縣（市）主管機關於知悉或接獲通報前二項案件時，應立即處理，至遲不得超過24小時，其承辦人員並應於受理案件後四日內提出調查報告 前三項通報及處理辦法，由中央主管機關定之 第1項及第2項通報人之身分資料，應予保密
無	醫事人員、社會工作人員、教育人員、保育人員、警察、司法人員、村（里）幹事、村（里）長、公寓大廈管理服務人員及其他執行兒童及少年福利業務人員，於執行業務時知悉兒童及少年家庭遭遇經濟、教養、婚姻、醫療等問題，致兒童及少年有未獲適當照顧之虞，應通報直轄市、縣（市）主管機關
無	直轄市、縣（市）主管機關於接獲前項通報後，應對前項家庭進行訪視評估，並視其需要結合警政、教育、戶政、衛生、財政、金融管理、勞政或其他相關機關提供生活、醫療、就學、托育及其他必要之協助 前二項通報及協助辦法，由中央主管機關定之
福利機構章	
兒童及少年福利機構分類如下： 1.托育機構 2.早期療育機構 3.安置及教養機構 4.心理輔導或家庭諮詢機構 5.其他兒童及少年福利機構 前項兒童及少年福利機構之規模、面積、設施、人員配置及業務範圍等事項之標準，由中央主管機關定之 第1項兒童及少年福利機構，各級主管機關應鼓勵、委託民間或自行創辦；其所屬公立兒童及少年福利機構之業務，必要時，並得委託民間辦理	兒童及少年福利機構分類如下： 1.托嬰中心 2.早期療育機構 3.安置及教養機構 4.心理輔導或家庭諮詢機構 5.其他兒童及少年福利機構 前項兒童及少年福利機構之規模、面積、設施、人員配置及業務範圍等事項之標準，由中央主管機關定之 第1項兒童及少年福利機構，各級主管機關應鼓勵、委託民間或自行創辦；其所屬公立兒童及少年福利機構之業務，必要時，並得委託民間辦理 直轄市、縣（市）主管機關為辦理托嬰中心托育服務之輔導及管理事項，應自行或委託相關專業之機構、團體辦理

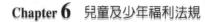
（續）表6-3 兒童及少年福利與權益保障法通過條文對照

兒童及少年福利法	兒童及少年福利與權益保障法
無	第23條第1項第11款所稱兒童課後照顧服務，指招收國民小學階段學童，於學校上課以外時間，所提供之照顧服務 前項兒童課後照顧服務，得由各該教育主管機關指定國民小學辦理兒童課後照顧服務班；或由鄉（鎮、市、區）公所、私人、團體申請設立兒童課後照顧服務中心辦理之 前項兒童課後照顧服務班與兒童課後照顧服務中心之申請、設立、管理、人員資格、設施設備、改制及其他應遵行事項之辦法，由中央教育主管機關定之 直轄市、縣（市）主管機關為辦理兒童課後照顧服務班及中心，應召開審議會，由機關首長或指定之代理人為召集人，成員應包含教育學者專家、家長團體代表、婦女團體代表、公益教保團體代表等
無	托嬰中心應為其收托之兒童辦理團體保險 前項團體保險，其範圍、金額、繳費方式、期程、給付標準、權利與義務、辦理方式及其他相關事項之辦法，由直轄市、縣（市）主管機關定之
無	兒童及少年福利機構或兒童課後照顧服務班及中心，不得有下列情形之一： 1.虐待或妨害兒童及少年身心健康 2.供給不衛生之餐飲，經衛生主管機關查明屬實 3.提供不安全之設施或設備，經目的事業主管機關查明屬實 4.發現兒童及少年受虐事實，未向直轄市、縣（市）主管機關通報 5.違反法令或捐助章程 6.業務經營方針與設立目的不符 7.財務收支未取具合法之憑證、捐款未公開徵信或會計紀錄未完備 8.規避、妨礙或拒絕主管機關或目的事業主管機關輔導、檢查、監督 9.對各項工作業務報告申報不實 10.擴充、遷移、停業、歇業、復業未依規定辦理 11.有其他情事，足以影響兒童及少年身心健康

資料來源：整理自立法院全球資訊網。

 第五節　兒童權利公約施行法

　　台灣為實施聯合國「兒童權利公約」（Convention on the Rights of the Child），健全兒童及少年身心發展，落實保障及促進兒童及少年權利，特制定「兒童權利公約施行法」。透過兒童權利公約施行法之制定，將兒童權利公約於台灣「國內法化」。「兒童權利公約施行法」共有十條，分述如下：

第一條：為實施聯合國一九八九年兒童權利公約（Convention on the Rights of the Child，以下簡稱公約），健全兒童及少年身心發展，落實保障及促進兒童及少年權利，特制定本法。

第二條：公約所揭示保障及促進兒童及少年權利之規定，具有國內法律之效力。

第三條：適用公約規定之法規及行政措施，應參照公約意旨及聯合國兒童權利委員會對公約之解釋。

第四條：各級政府機關行使職權，應符合公約有關兒童及少年權利保障之規定，避免兒童及少年權利受到不法侵害，並積極促進兒童及少年權利之實現。

第五條：各級政府機關應確實依現行法規規定之業務職掌，負責籌劃、推動及執行公約規定事項，並實施考核；其涉及不同機關業務職掌者，相互間應協調連繫辦理。

　　　　政府應與各國政府、國內外非政府組織及人權機構共同合作，以保護及促進公約所保障各項兒童及少年權利之實現。

第六條：行政院為推動本公約相關工作，應邀集兒童及少年代表、學者專家、民間團體、機構及相關機關代表，成立兒童及少年福利與權益推動小組，定期召開會議，協調、研究、審議、諮詢並辦理下列事項：

　　　　一、公約之宣導與教育訓練。

　　　　二、各級政府機關落實公約之督導。

　　　　三、國內兒童及少年權利現況之研究與調查。

四、國家報告之提出。

五、接受涉及違反公約之申訴。

六、其他與公約相關之事項。

前項兒童及少年代表、學者專家、民間團體及機構代表之人數不得少於總數二分之一。

第一項小組成員，任一性別不得少於三分之一。

第七條：政府應建立兒童及少年權利報告制度，於本法施行後二年內提出第一次國家報告，其後每五年提出國家報告，並邀請相關專家學者及民間團體代表審閱，政府應依審閱意見檢討、研擬後續施政。

第八條：各級政府機關執行公約保障各項兒童及少年權利規定所需之經費，應依財政狀況，優先編列，逐步實施。

第九條：各級政府機關應依公約規定之內容，就其所主管之法規及行政措施於本法施行後一年內提出優先檢視清單，有不符公約規定者，應於本法施行後三年內完成法規之增修或廢止及行政措施之改進，並應於本法施行後五年內，完成其餘法規之制（訂）定、修正或廢止及行政措施之改進。

第十條：本法自中華民國一百零三年十一月二十日起施行。

本章小結

綜合本章所述，「兒童及少年福利法」制定的宗旨在於推動及貫徹政策內涵。從合併後的整體內容與規範來看，除了對各目的事業主管機關之權責和罰責詳細列舉外，亦對執行工作之細節做較為完備之規定，以更有效的保護和處理兒童及少年被侵害的權益。「兒童及少年福利法」自2003年5月28日經總統公布後施行，雖然「兒童及少年福利法」的修訂條文不少，但仍有未盡之宜，任何政策皆有其不足之處，只要能在現有之基礎上不斷地努力，改善缺失，相信每一新的階段都是一個嶄新的開始。

面對社會變遷衍生的種種問題，兩法合併自能補強不足的部分，「兒童福利法」本質偏重於保育，而「少年福利法」之本質在於輔導，故針對兒童及少年真

正的需求，提供專業的福利服務，歷經合併修法後的第六個年頭，民間由陳節如立法委員帶領少年機構及團體大幅提出修法草案，兒童局也積極回應，並於5、6月間召開十餘次研商共識，訂定兒童及少年福利法修正草案，經立法委員修正及拍板通過，於2011年修改爲「兒童及少年福利與權益保障法」。爲因應接軌國際及迎合國內社會事件和組織改造，更於2014年11月20日通過「兒童權利公約施行法」。

　　透過法規體制的完備、落實相關法規、充實服務的內涵、提升專業的訓練、積極推動各項教育，以及善用社會資源力量，才能建構出完善的兒童及少年福利制度，爲兒童及少年謀取最大的福利。

 參考書目

一、中文部分

內政部（2004）。《中華民國92年社政年報》。台北：內政部。

立法院（2004）。〈兒童及少年福利法〉，《法規資源引介》，66，1-13。立法院國會圖書館編印。

立法院（2003）。立法院第五屆第二會期社會福利及衛生環境委員會第十四次全體委員會議記錄。《立法院公報》，第92卷第六期委員會記錄。

民進黨（1993）。《民主進步黨社會政策白皮書》。民進黨政策研究中心。

江玉龍、王明仁、翁慧圓（1997）。《中華兒童福利基金會推動兒童及少年保護工作回顧、現況與展望》。兒童保護十六新聞五年回顧，中華兒童福利基金會。

周建卿（1986）。〈我國兒童福利政策及立法的演進和展望〉。《社區發展季刊》，33，26-35。

郭靜晃（2003）。〈建構青少年安全成長的福利體系〉。《社區發展季刊》，103，1-3。

馮燕、郭靜晃、秦文力（1992）。《兒童福利法執行成效之評估》。行政院研考會委託研究。

馮燕、李淑娟、謝友文、劉秀娟、彭淑華編著（2000）。《兒童福利》。台北：國立空中

大學。

陳武雄（2003）。〈兒童及少年福利法之剖析〉。《社區發展季刊》，102，131-143。

曾華源、郭靜晃（2003）。〈對新版兒童及少年福利法的分析與批判——一部與少年現實需要有差距的法規〉。《社區發展季刊》，103，90-103。

劉曉秋（1997）。〈我國兒童福利的發展〉。輯於周震歐主編，《兒童福利》。台北：巨流圖書公司。

蔡漢賢（2002）。〈法規訂修〉。輯於葉肅科、蔡漢賢主編，《50年來的兒童福利》。台中：內政部兒童局。

鄭淑燕（1992）。〈關愛就是情，保護更是愛——兒童福利政策與措施的發展取向〉。《社區發展季刊》，58，103-107。

賴月蜜（2003）。〈兒童及少年福利法合併修法之歷程與爭議——民間團體推動修法之經驗〉。《社區發展季刊》，103，50-65。

賴淑惠（1983）。《我國兒童福利政策之研究》（頁93-94）。國立政治大學公共行政研究所碩士論文。

謝友文（1987）。《青少年兒童福利政策與法規彙編》。台北：桂冠圖書公司。

謝友文（2000）。〈兒童福利法規與行政體制〉。輯於馮燕等著，《兒童福利》。台北：國立空中大學。

二、網站

立法院全球資訊。http://www.ly.gov.tw/innerIndex.action。

Chapter 7

兒童及少年福利體系
的組織與運作

- 兒童及少年福利行政體系的組織及其運作
- 民間資源參與兒童及少年福利服務之探討
- 政府興辦兒童及少年福利服務的相關措施
  與探討
- 本章小結

兒童福利有廣義和狹義之分。廣義的兒童福利是指一切針對全體兒童的，促進兒童生理、心理及社會潛能最佳發展的各種措施和服務，它強調社會公平，具有普適性。狹義的兒童福利是指面向特定兒童和家庭的服務，特別是在家庭或其他社會機構中未能滿足其需求的兒童，如孤兒、殘疾兒童、流浪兒、被遺棄的兒童、被虐待或被忽視的兒童、家庭破碎的兒童、行為偏差或情緒困擾的兒童等，這些特殊困難環境中的兒童往往需要予以特別的救助、保護、矯治。因此，狹義的兒童福利強調的同樣是社會公平，但重點是對弱勢兒童的照顧。狹義的兒童福利一般包括實物授助和現金津貼兩個方面，如實行各種形式的兒童津貼、對生育婦女的一次性補助，以及單親父母各種待遇等（于凌雲，2008）。

兒童福利行政是指政府機關或公共團體促進兒童身心健全發展與正常生活的行政過程。兒童福利行政是社會福利行政的重要一環，它使兒童的健康成長有了社會制度和運行機制上的保障，兒童福利行政的高效運行促進了兒童福利中關於救治、預防、發展等一系列功能的真正實現。

兒童及少年福利透過政策與立法，建立行政體系，推動兒童及少年福利業務。各國政府在各層次之政府機關皆設有專司單位（參考第四章），我國也不例外，由專司單位推動兒童及少年福利業務。

本章將針對我國兒童及少年福利體系的行政組織和運作以及民間資源參與兒童及少年福利服務做一探討，茲分為三節——行政體系的組織及其運作、民間資源參與兒童及少年福利服務，以及兒童及少年福利服務的相關措施與承諾，分別加以描述之。

第一節　兒童及少年福利行政體系的組織及其運作

陸士楨、任偉、常晶晶（2003）指出兒童福利行政的概念主要有三個方面：(1)行政的主體是社會各種類型的福利機構。這些機構由政府主辦，由民間組織，有自身服務的目標和章程，但對象都是兒童，或以兒童為主。(2)兒童福利行政的目標是促進兒童的福利；兒童福利行政是增進兒童福利、促進兒童發展的一種有效手段。因為與兒童福利相連，在行政公平與效率的選擇中，更突出公平的理念和特色。(3)兒童福利行政是一個動態的過程，它的重點在於對人力、物力資源的利用以及持續的、不斷提高的服務提供；另外，從兒童福利運行的角度，兒童

福利行政本身即爲一個與外界不斷發生關係的動態系統：兒童福利行政是社會福利行政中的重要一環，它使兒童的健康成長有了社會制度和運行機制上的有力保障，兒童福利行政的高效運行促進了兒童福利中關於救治、預防、發展等一系列功能的眞正實現。

一、兒童及少年福利行政體系組織

行政組織是針對推行公共事務所建立的行政機關，屬於行政組織或科層體制組織的一種（沈俊賢，1992）；而張潤書（1986）也引述了Weber的觀點，認爲此類行政組織應具備下列五種條件：

1.機關內的各個部分有固定的權力範圍，通常備有法律明文規定。
2.上下單位間有層級統屬的關係，上級單位對下級單位有指揮、監督及命令之權，而下級對上級則有絕對服從之義務。
3.辦公人員一般都需要經過專門的知識訓練；唯有具備規定資格的人才可被錄用。
4.辦公人員領取固定的薪水，可依照一定的步驟升遷，且可以把自己的工作當作終身的生涯。
5.處理行政事務必須遵循一定的規則和程序。

兒童福利行政過程主要用來解釋滿足兒童需求的程序和手段。美國社會福利學者Walter A. Friedlander曾指出社會福利工作的8個具體程式，兒童福利行政的基本程序可以劃分爲如下幾項，前三項強調的是兒童福利政策的計畫與決定，而後五項則側重於兒童福利的具體執行過程（陸士楨、任偉、常晶晶，2003），分述如下：

1.圍繞兒童發展與問題發掘事實，分析社會中兒童的情況並決定符合兒童需要的社會服務的方向和目標。
2.決定達成兒童福利目標的最佳途徑，包括兒童福利總體目標的分解，對於具體兒童福利項目的設計等等。
3.在全社會範圍內設計與分配用於兒童福利的社會資源，這既包括對整個社會資源中兒童福利投入比率的設計，也包括對於兒童福利資源的具體劃分。

4.建立兒童福利的組織結構與工作分配機制，在全社會整合兒童福利部門和機構的力量，劃分職能範疇，形成兒童福利的有效運行機制。

5.兒童福利機構工作人員的部署，這是對於兒童福利工作者的組織和指揮，它是實現兒童福利目標的關鍵步驟，也是兒童福利行政的保證。

6.督導與控制有關兒童福利的人事及經費，檢查與評估是保證行政運行高效率的重要手段，在兒童福利行政運行中，人事與經費的檢查和控制直接關係到福利投入和最終的實效。

7.記錄與結算，這是兒童福利行政過程必要和不可缺少的步驟。

8.供給財源，兒童福利需要大量的財力支撐，兒童福利行政既要爭取盡可能多的政府支持，把更多的資金用於兒童福利，還要動員爭取社會資源，保證兒童生存狀況的不斷改善。

兒童及少年福利工作的推展，首藉福利立法的基礎。各個國家因開發程度（工業化、經濟化及社會進步程度），立法內容各有所不同；然而就福利提供者的部門分工而言，各國大多採取福利多元觀點（welfare pluralism perspective）。而提供兒童福利者，可分成四個部門：家庭（私人部門）、民間團體（志願部門）、企業部門（商業部門），以及政府部門（法定部門）（馮燕等，1992）。法定部門的福利服務，即是本節所探討的兒童及少年福利行政機關。兒童及少年福利行政機關可以依其職權分成：行政官署、輔助機關、諮詢機關，以及執行機關等四大類。各國的兒童福利立法，例如，德國、日本、以色列、韓國，以及我國等國家，體例上大致偏重在專門行政機關以及諮詢機關的職掌，有特別的規定。我國「兒童福利法」在2003年與「少年福利法」合併為「兒童及少年福利法」，2011年修訂為「兒童及少年福利與權益保障法」，共分為總則、身分權益、福利措施、保護措施、福利機構、罰則及附則七章，共一百一十八條。其中對於有關福利服務組織、控制及監督方面，皆有明文規定。

我國兒童福利行政體系的建構，係按「兒童及少年福利與權益保障法」第6條之規定：「本法所稱主管機關：在中央為內政部；在直轄市為直轄市政府；在縣（市）為縣（市）政府。」又主管機關的職掌明列該法的第7、8、9條。

此外，「兒童及少年福利與權益保障法」第82條第1、2項也規定：「私人或團體辦理兒童及少年福利機構，以向當地主管機關申請設立許可者為限；其有對外勸募行為或享受租稅減免者，應於設立許可之日起六個月內辦理財團法人登

記。未於前項期間辦理財團法人登記，而有正當理由者，得申請核准延長一次，期間不得超過三個月；屆期不辦理者，原許可失其效力。」第84條第1、2項規定：「兒童及少年福利機構不得利用其事業爲任何不當之宣傳；其接受捐贈者，應公開徵信，並不得利用捐贈爲設立目的以外之行爲。主管機關應辦理輔導、監督、檢查、獎勵及定期評鑑兒童及少年福利機構並公布評鑑報告及結果。」因此，無論公立或私立福利機構，還有依法辦理的兒童及少年福利財團法人，都不能忽略其應受主管行政機關的監督與管理。

我國兒童福利各級主管機關可分爲中央、直轄市、縣市及鄉鎮市區等三個層級，其兼辦兒童福利業務之情形，茲分別說明如下：

(一)中央兒童及少年福利行政組織

中央主管兒童福利的行政機關爲內政部兒童局，係按1999年7月14日公布之內政部兒童局組織條例規定，兒童局設綜合規劃組、福利服務組、保護重建組及托育服務組等四科經辦兒童社政業務。2003年9月1日，將原內政部中部辦公室社區及少年福利科業務及人員先行移撥兒童局設防制輔導組，同時將組織編制修正，送立法院及人事行政局審議。

內政部兒童局人員之編制，設有局長、主任秘書、視察、設計師，另設有會計室（負責依法辦理歲計、會計及統計事項）；人事室（負責依法辦理人事管理事項）；秘書室（掌理文書、印信、出納、庶務、議事、編印等事項）（參見圖**7-1**）。

依「兒童及少年福利與權益保障法」第10條規定：「主管機關應以首長爲召集人，邀集兒童及少年福利相關學者或專家、民間相關機構、團體代表及目的事業主管機關代表，協調、研究、審議、諮詢及推動兒童及少年福利政策。前項兒童及少年福利相關學者、專家及民間相關機構、團體代表不得少於二分之一，單一性別不得少於三分之一。必要時，並得邀請少年代表列席。」內政部於1974年1月成立「兒童福利促進委員會」（現爲兒童及少年福利促進委員會），該會依其組織規程規定，設置主任委員1名，由內政部長兼任，委員21至27人，由主任委員就專家、學者及業務有關單位人員分別聘請或指派之。該委員會後來分設兒童福利、老人福利及殘障福利三組，依委員的意願參加之，其任務爲兒童、老人、殘障福利事業之研究、諮詢、審議及協調事項；福利措施發展之規劃、調查及評鑑

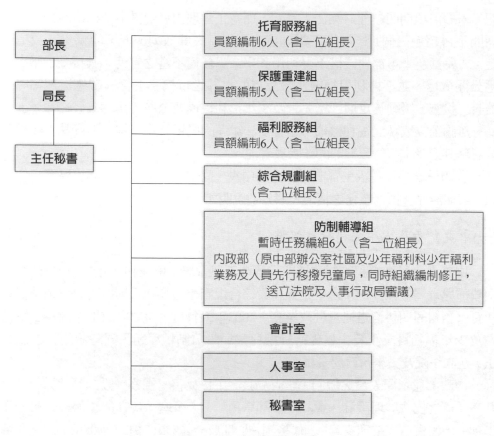

圖7-1　內政部兒童局組織架構

資料來源：內政部兒童局網站。

名次；人員培養、訓練之研議事項；各有關單位配合推行之聯繫事項；聽取有關
之重要措施報告；其他有關工作事項（內政部，1981）。每半年開會一次，各組
每三個月開會一次，必要時得召開臨時會議，其決議事項，由內政部參酌辦理或
行文分送各有關單位辦理之。其目的在求學術與行政的密切配合。2003年之兒童
及少年福利政策諮詢委員會每年至少開會四次，討論相關兒童及少年福利議題。

　　2013年內政部社會司（有關社會福利業務）、兒童局、衛生署配合行政院組
織法之修訂合併成為衛生福利部，結合醫療的衛生署業務以及社會福利業務，
以建構精簡、效能及彈性的衛生醫療及社會福利體制（參見**圖7-2**）。未來體制

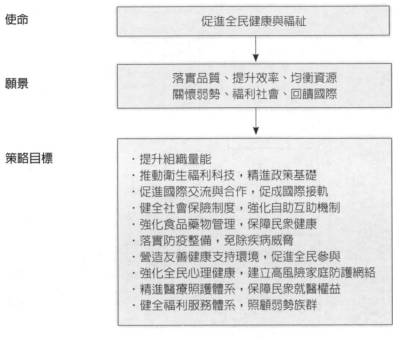

圖7-2 衛生福利部組織目標與策略

資料來源：衛生福利部網站。

除了結合醫療衛生與社會福利業務，以利於政策及資源整體調配，以因應人口高齡化、總生育率下降、新移民增加、人口結構改變，提供全人照顧的衛生福利服務。衛生福利部的行政組織（參見**圖7-3**），除了現有衛生署業務併入由內政部移入之單位〔計有社會司、兒童局、家庭暴力及性侵害防治委員會、國民年金監理會、社會福利工作人員研究中心，以及社會福利機構（13家）〕外，有關兒童及少年健康及福利業務之單位有心理及口腔健康司、國民健康署、保護服務司、社會救助及社工司、護理及健康照護司、綜合規劃司，其掌理事項分述如下：

1.**心理及口腔健康司掌理事項**：

(1)心理健康促進及自殺防治。

(2)精神疾病防治及照護。

(3)毒品及其他物質成癮防治。

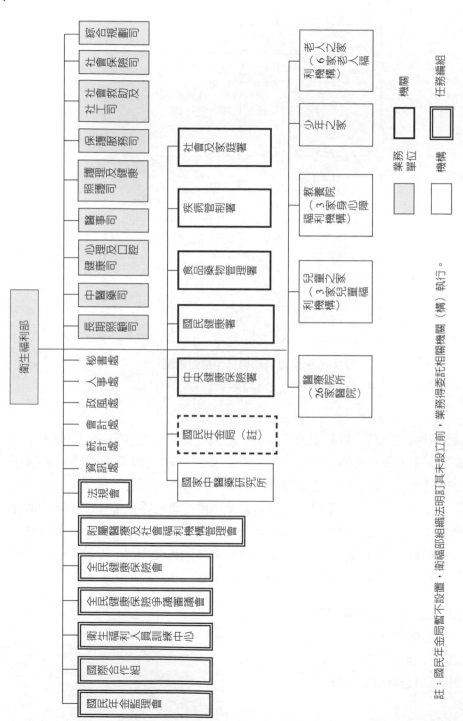

圖7-3 衛生福利部行政組織架構圖

資料來源：衛生福利部網站。

註：國民年金局暫不設置，衛福部組織法明訂其未設立前，業務將委託相關機關（構）執行。

(4)家庭暴力及性侵害加害人處遇政策規劃與推動。

(5)口腔健康政策規劃與推動。

(6)口腔醫療服務體系與品質提升。

(7)其他有關心理健康、精神醫療及口腔健康事項。

2.**國民健康署掌理事項**：

(1)訂定健康促進政策及法規。

(2)建構健康友善的支持環境。

(3)規劃及推動生育健康、婦幼健康、兒童及青少年健康、中老年健康、菸品及檳榔等健康危害防制、癌症、心血管疾病及其他主要非傳染疾病防治。

(4)國民健康監測與研究發展及特殊健康議題等健康促進業務。

3.**保護服務司掌理事項**：

(1)性騷擾防治政策規劃、法規研訂、救濟及調解制度建立、教育宣導及研究發展事項。

(2)家庭暴力防治政策規劃、法規研訂、被害人保護服務方案、教育宣導及研究發展事項。

(3)性侵害防治政策規劃、法規研訂、被害人保護服務方案、教育宣導及研究發展事項。

(4)兒童及少年保護政策規劃、法規研訂、被害人保護服務方案、教育宣導及研究發展事項。

(5)兒童及少年性剝削防制政策之規劃、推動及相關法規之研訂。

4.**社會救助及社工司掌理事項**：

(1)低收入戶及中低收入戶救助政策之規劃、推動及相關法規之研訂。

(2)遊民服務政策之規劃、推動及相關法規之研訂。

(3)災民收容體系與慰助之規劃及督導。

(4)急難救助及公益勸募政策之規劃、推動及相關法規之研訂。

(5)社會工作專業與人力資源、社區發展及志願服務政策之規劃、推動及相關法規之研訂。

(6)社政業務系統與社會福利諮詢專線之規劃、管理及推動。

(7)其他有關社會救助及社會工作等事項。

5.護理及健康照護司掌理事項：

(1)規劃研訂長期照護政策及相關業務發展。

(2)規劃研訂護理人力資源政策及發展。

(3)離島地區醫療照護品質提升業務。

(4)一般護理之家管理（含設置標準）、輔導與品質維護。

6.綜合規劃司掌理事項：

(1)年度施政方針、施政計畫及中長程個案計畫之研擬、規劃及協調。

(2)衛生福利政策之研究發展、考核及評估。

(3)重大個案計畫之管制、考核及評估。

(4)行政效能提升與便民服務業務之規劃、推動、督導及考核。

(5)衛生福利刊物之出版與管理。

(6)其他有關綜合規劃事項。

(二)直轄市兒童及少年福利行政組織

台北市於1967年升格為直轄市，設社會局；高雄市於1978年7月改制，亦設社會局。此為省市兒童福利行政的主管機關，其行政職掌分述如下：

■台北市政府社會局

以八科五室一中心及附屬單位來推動社會工作（參見**圖7-4**）。

1.組織職掌：

(1)人民團體科：社會團體、工商業及自由職業團體、合作社、社區發展協會及社會福利相關基金會等會務輔導事項。

(2)社會救助科：弱勢市民生活扶助、醫療補助、急難救助、災害救助、社會保險補助、以工代賑、平價住宅管理及居民輔導等事項。

(3)身心障礙者福利科：身心障礙者有關之權益維護、福利服務及相關機構之監督與輔導等事項。

(4)老人福利科：老人有關之權益維護、福利服務及相關機構之監督與輔導等事項。

(5)婦女福利及兒童托育科：婦女有關之權益維護、福利服務、性別平權倡導及相關機構之監督與輔導；兒童托育業務及相關機構之監督與輔導等

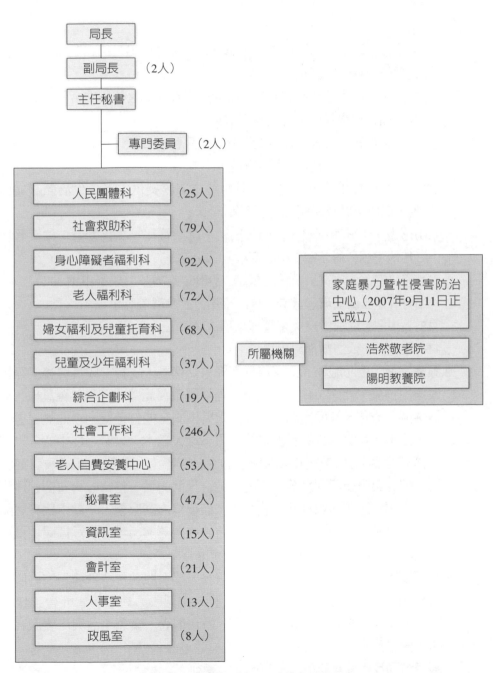

圖7-4 台北市政府社會局組織架構圖

資料來源：台北市政府社會局網站。

事項。

(6)兒童及少年福利科：兒童及少年有關之權益維護、福利服務及相關機構之監督與輔導等事項。

(7)綜合企劃科：社會福利政策、制度、施政計畫之規劃整合與研究發展及社會福利有關基金之管理等事項。

(8)社會工作科：社會工作直接服務、遊民輔導庇護、社會工作專業發展、社會工作師管理及志願服務等事項。

(9)老人自費安養中心：老人安養中心之服務提供、老人生活照顧文康活動、健康指導及相關專業服務等事項。

(10)秘書室：辦理庶務、採購、出納、財產管理、文書管考、檔案管理及其他不屬各科、室、中心事項。

(11)資訊室：社政資訊系統之規劃、設計、維護及管理等事項。

(12)會計室：依法辦理歲計、會計事項，並兼辦統計事項。

(13)人事室：依法辦理人事管理事項。

(14)政風室：依法辦理政風事項。

2.**服務宗旨**：救助服務、不同族群與對象之保護、支持、成長與發展等福利政策與措施、社區工作、志願服務等均屬業務範疇，可說包羅萬象，但相信透過全方位、多面向的策略、政策與措施定能打造福利台北城溫馨、安全、公平、互助、尊嚴且優質的形象。以人為本、以家庭為中心、以基本經濟安全為基礎是未來本局施政的主軸，不幸、危機、高風險個案的保護、輔導與照顧則列為第一優先，結合民間力量、整合社會資源、建構無縫隙之福利服務網絡亦將強化紮根，而倡導志願服務、鼓勵市民參與關懷行列，用愛心共譜城市之美，讓台北少些疏離與冷漠，增添溫暖與扶持，讓福利融入市民生活，服務成為人生目的。

3.**服務項目**：兒童與少年服務、托育服務、婦女服務、特殊境遇家庭服務、銀髮族服務、身心障礙者服務、低收、中低收入戶服務、社會工作師服務、人民團體服務、社區發展服務、遊民服務、緊急事故與災變服務、生活危機服務。

4.**服務時間及相關資訊**：

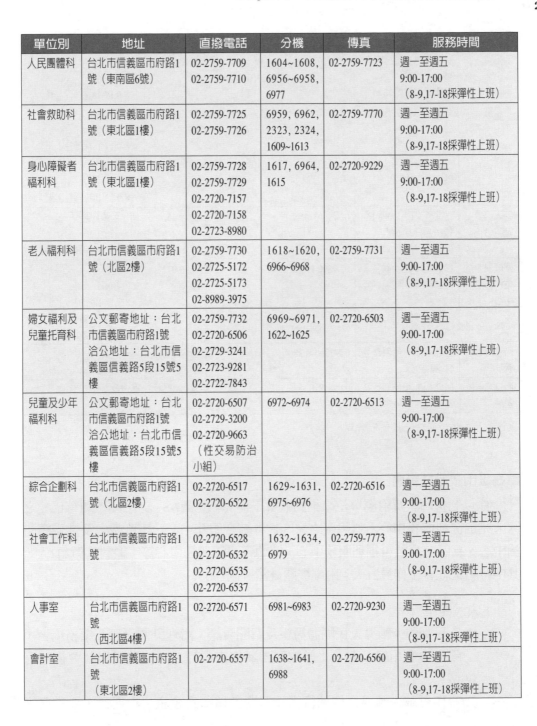

單位別	地址	直撥電話	分機	傳真	服務時間
人民團體科	台北市信義區市府路1號（東南區6號）	02-2759-7709 02-2759-7710	1604~1608, 6956~6958, 6977	02-2759-7723	週一至週五 9:00-17:00 （8-9,17-18採彈性上班）
社會救助科	台北市信義區市府路1號（東北區1樓）	02-2759-7725 02-2759-7726	6959, 6962, 2323, 2324, 1609~1613	02-2759-7770	週一至週五 9:00-17:00 （8-9,17-18採彈性上班）
身心障礙者 福利科	台北市信義區市府路1號（東北區1樓）	02-2759-7728 02-2759-7729 02-2720-7157 02-2720-7158 02-2723-8980	1617, 6964, 1615	02-2720-9229	週一至週五 9:00-17:00 （8-9,17-18採彈性上班）
老人福利科	台北市信義區市府路1號（北區2樓）	02-2759-7730 02-2725-5172 02-2725-5173 02-8989-3975	1618~1620, 6966~6968	02-2759-7731	週一至週五 9:00-17:00 （8-9,17-18採彈性上班）
婦女福利及 兒童托育科	公文郵寄地址：台北市信義區市府路1號 洽公地址：台北市信義區信義路5段15號5樓	02-2759-7732 02-2720-6506 02-2729-3241 02-2723-9281 02-2722-7843	6969~6971, 1622~1625	02-2720-6503	週一至週五 9:00-17:00 （8-9,17-18採彈性上班）
兒童及少年 福利科	公文郵寄地址：台北市信義區市府路1號 洽公地址：台北市信義區信義路5段15號5樓	02-2720-6507 02-2729-3200 02-2720-9663 （性交易防治小組）	6972~6974	02-2720-6513	週一至週五 9:00-17:00 （8-9,17-18採彈性上班）
綜合企劃科	台北市信義區市府路1號（北區2樓）	02-2720-6517 02-2720-6522	1629~1631, 6975~6976	02-2720-6516	週一至週五 9:00-17:00 （8-9,17-18採彈性上班）
社會工作科	台北市信義區市府路1號	02-2720-6528 02-2720-6532 02-2720-6535 02-2720-6537	1632~1634, 6979	02-2759-7773	週一至週五 9:00-17:00 （8-9,17-18採彈性上班）
人事室	台北市信義區市府路1號 （西北區4樓）	02-2720-6571	6981~6983	02-2720-9230	週一至週五 9:00-17:00 （8-9,17-18採彈性上班）
會計室	台北市信義區市府路1號 （東北區2樓）	02-2720-6557	1638~1641, 6988	02-2720-6560	週一至週五 9:00-17:00 （8-9,17-18採彈性上班）

單位別	地址	直撥電話	分機	傳真	服務時間
政風室	台北市信義區市府路1號 （東北區2樓）	02-2720-6575	1642, 1643, 6989, 6990	02-2720-6580	週一至週五 9:00-17:00 （8-9,17-18採彈性上班）
秘書室	台北市信義區市府路1號 （北區2樓）	02-2720-6555	1645~1647, 6993, 6994	02-2720-6552	週一至週五 9:00-17:00 （8-9,17-18採彈性上班）
資訊室	台北市信義區市府路1號（北區3樓）	02-2722-1472	1603, 6995	02-2720-6986	週一至週五 9:00-17:00 （8-9,17-18採彈性上班）
老人自費安養中心	台北市文山區興隆路4段109巷30弄6號	02-29393145-7		02-2938-4624	週一至週五 9:00-17:00 （8-9,17-18採彈性上班）
家庭暴力暨性侵害防治中心	台北市中正區新生南路1段54巷5弄2號	02-2396-1996		02-2396-0722	週一至週五 9:00-17:00 （8-9,17-18採彈性上班） 24小時專線 2396-1996分機226，227（全年無休）
市立陽明教養院	台北市士林區凱旋路61巷4弄9號	02-2861-1380-2		02-2862-1034	週一至週五 8:30-17:00
市立浩然敬老院	台北市北投區知行路75號	02-2858-1081		02-2858-3858	週一至週五 8:30-17:00

資料來源：台北市政府社會局網站。

■高雄市政府社會局

係以七科四室及附屬單位來推動社會工作（參見圖7-5）。附屬機關有仁愛之家、兒童福利服務中心、無障礙之家、長青綜合服務中心、家庭暴力及性侵害防治中心、五區綜合社會福利服務中心、婦幼青少年活動中心等；編制員額202人，其中待納編社會工作員21人；附屬機關員額編制150人。

1.人民團體科：

　(1)人民團體：輔導人民團體籌組及召開會議；辦理社團考評及業務講習，健全會務組織及財務；鼓勵社團參與市政建設，協助推展社會福利服務。

　(2)合作行政：輔導合作社籌組及召開各種法定會議；辦理合作社業務講

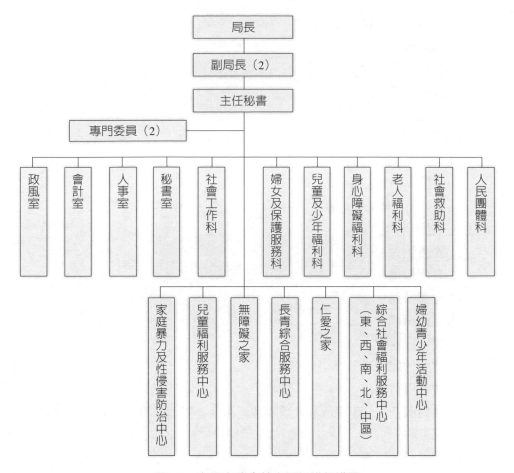

圖7-5 高雄市政府社會局組織架構圖

資料來源：高雄市政府社會局網站。

習，增進專業知識；辦理合作社考評，發展業務，健全社務及財務，維
護社員權益。

(3)社區發展：輔導社區組織；建立社區自主；建立社區特色；輔導辦理社
區福利服務。

2.社會救助科：

(1)低收入戶生活及就學扶助。

(2)中低收入戶生活及教育扶助。

(3)低收入戶「脫貧自立計畫」。

(4)醫療補助。

(5)急難及災害救助。

(6)保險補助。

(7)安置照顧。

(8)街友收容安置。

(9)以工代賑。

(10)建置社政資訊系統。

其他服務：成立「社會救助金專戶」、辦理平價住宅服務。

3.老人福利科：

(1)安置頤養。

(2)醫療保健。

(3)經濟扶助。

(4)社區照顧。

(5)餐食服務。

(6)文康休閒服務。

(7)敬老優待。

(8)其他服務：每年發放老人重陽敬老禮金、辦理重陽節敬老系列活動。

4.身心障礙福利科：

(1)社區照顧服務。

(2)經濟補助。

(3)保險補助。

(4)收容養護服務。

(5)輔具服務。

(6)個案管理。

(7)就業服務。

(8)就學服務。

(9)租賃房屋及購屋補助。

(10)交通優惠服務。

設置綜合福利服務中心。

辦理各項福利活動及扶持身障團體運作。

成立身心障礙者權益保障推動小組。

成立各類身心障礙福利服務點。

5.兒童及少年福利科：

(1)托育服務：托育機構管理、生育及育兒補助、托育補助、保母服務。

(2)兒童及少年福利：保護扶助；兒童及少年經濟扶助；醫療補助；兒童及

少年權益促進；其他。

6.婦女及保護服務科：

(1)一般婦女福利服務。

(2)特殊境遇婦女福利服務。

(3)單親婦女福利服務。

(4)單親家庭服務中心。

(5)單親母子家園。

(6)單親個案管理服務。

(7)研發女性產業、充權婦女能量。

(8)外籍及大陸配偶輔導服務。

7.社會工作科：

(1)保護性服務。

(2)志願服務。

(3)社會福利機構協調聯繫。

(4)資源結盟。

(5)研究發展。

(6)辦理社會工作師業務。

(三)縣市及鄉鎮市區兒童及少年福利行政組織體系

目前台灣省各縣市中，兒童福利行政主管機關乃依「台灣省各縣市政府組織
規程準則」規定，人口150萬以上者，設社會局；人口50萬以上未滿150萬者，設
社會科；人口未滿50萬者設社會課。此即為我國地方政府的兒童福利行政主管機
關。

目前我國兒童福利行政體系是依附於社政單位之中（參見**圖7-6**），依現行

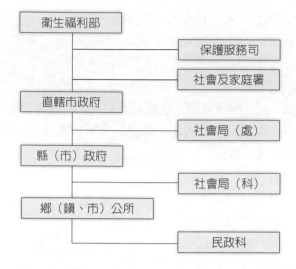

符號說明：－表隸屬關係，｜表指導關係。

圖7-6 我國兒童福利行政體系組織架構

資料來源：修改自郭靜晃、曾華源（2000）。

政府行政組織規定，衛生福利部下設保護服務司、社會及家庭署；直轄市社會局（處）下設社會福利科；縣（市）社會局（科）下設社會福利股，負責兒童福利事務；鄉（鎮、市）公所則由民政科主管。以下以新北市及桃園縣政府社會局為例說明。

■新北市政府社會局

新北市社會局係以九科四室及附屬單位來推動社會福利服務工作，其組織架構參見**圖7-7**，有關工作掌司分述如下：

1.**服務宗旨**：讓新台北少些疏離與冷漠，增添溫暖與扶持，讓福利融入市民生活，服務成為人生目的。

2.**服務項目和對象**：

(1)人民團體科：

①人民團體籌組許可立案登記。

②人民團體會務輔導。

③推動民間團體參與福利服務。

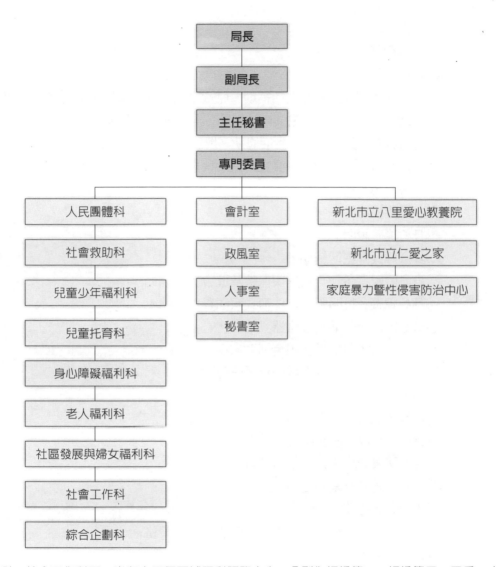

註：社會工作科下，尚有十四個區域福利服務中心，分別為板橋第一、板橋第二、三重、土城、文山、北海岸、新莊、泰五林、永和、中和、七星、瑞芳、樹鶯及蘆洲區域福利服務中心。

圖7-7　新北市政府社會局組織架構圖

資料來源：新北市政府社會局網站。

④合作社立案登記、輔導。

⑤公益勸募管理。

(2)社會救助科：

　①低收入戶輔導：家庭生活補助、兒童生活補助、就學生活補助、生育補助、以工代賑、住宅興修建補助、全民健康保險補助。

　②急難救助：喪葬補助、生活慰助、傷病慰助、車資補助。

　③天然災害救助：風災、震災、重大火災爆炸、水災、土石流、及其他災害善後救助。

(3)身心障礙福利科：

　①身心障礙證明。

　②身心障礙者生活補助。

　③身心障礙者參加全民健康保險及社會保險補助。

　④身心障礙者日間照顧及住宿式照顧費用補助。

　⑤身心障礙者生活及醫療器具補助。

　⑥身心障礙者租賃房屋租金補助。

　⑦低收入戶、中低收入醫療看護補助。

　⑧居家喘息服務。

　⑨辦理失能身心障礙者居家服務。

　⑩低收入戶身心障礙者義齒補助。

　⑪身心障礙者專用停車位識別證。

　⑫敬老、愛心及愛心陪伴悠遊卡。

　⑬手語翻譯服務。

　⑭視覺障礙者定向行動暨生活自理能力訓練服務。

　⑮預防走失手鍊。

　⑯身心障礙者個案管理服務暨轉銜服務。

　⑰私立身心障礙者福利機構立案。

　⑱公益彩券經銷商資格審查。

(4)老人福利科：

　①中低收入老人生活津貼。

　②中低收入老人特別照顧津貼。

③低收入戶老人公費安置照顧。

④申設老人福利機構。

⑤中低收入老人住屋修繕補助。

⑥獨居老人關懷服務。

⑦敬老、愛心及愛心陪伴悠遊卡。

⑧松年大學。

⑨（中）低收入戶老人裝置假牙補助。

⑩緊急救援服務。

⑪老人公寓。

⑫社區照顧關懷據點。

⑬推展行動式老人文康休閒巡迴服務。

⑭65歲以上老人參加全民健康保險應自付之保險費補助。

⑮中低收入老人重病住院看護補助。

⑯65歲以上未滿70歲中低收入老人全民健康保險自付保險費補助。

(5)兒童少年福利科：

①弱勢兒童及少年生活扶助。

②弱勢兒童及少年醫療補助。

③兒童及少年安置寄養服務。

④兒童及少年收出養服務。

⑤兒童及少年安置及教養機構立案輔導及管理。

⑥公設民營少年（女）緊急短期安置機構設置與管理。

⑦安置費用撥付及安置少年就學補助。

⑧弱勢家庭兒童少年社區照顧服務。

⑨少年福利服務中心設置及管理。

⑩少年自立生活協助服務。

⑪未成年少女未婚懷孕服務。

⑫法院交查監護權訪視調查。

⑬司法轉向後續追蹤服務。

⑭兒童安全方案規劃與辦理。

⑮性剝削犯罪行為人強制輔導教育。

⑯青春專案辦理、補助辦理兒少相關活動。

⑰兒童少年保護措施之裁罰、權益保障。

⑱兒童少年諮詢小組規劃與執行。

(6)社區發展與婦女福利科：

①社區發展：社區發展協會輔導，社區發展方案推動，社區人才培訓，社區評鑑、表揚，社區服務方案補助。

②婦女服務：婦女福利工作推展、婦女大學、婦女權益倡導、單親家庭短期住用住宅、新住民服務工作、特殊境遇家庭服務、性騷擾防治工作推展、「好孕啓程　幸福樂活」車資補助。

③志願服務：志願服務備案（查）管理及榮譽卡核發，志願服務團隊輔導、幹部培訓，志願服務工作推廣及計畫補助，志工日系列活動辦理，志願服務相關評鑑、會報及表揚。

(7)社會工作科：

①脆弱家庭受理通報。

②社會工作師執業管理。

③社會工作員人事管理及在職訓練。

④社會福利服務中心運作管理。

⑤弱勢家庭兒童及少年緊急生活扶助。

⑥社會工作暨相關科系組所實習業務。

(8)兒童托育科：

①私立托嬰中心管理與輔導。

②公共托育中心設置及管理與輔導。

③公共托育中心親子館服務。

④父母未就業家庭育兒津貼。

⑤0至2歲保母托育補助。

⑥弱勢家庭兒童臨時托育補助。

⑦發展遲緩兒童早期療育費及交通費。

⑧育兒指導暨學前啓蒙服務。

⑨早期療育個案管理及通報服務。

⑩發展遲緩兒童在宅服務。

⑪發展遲緩兒童社區定點療育服務。

⑫托嬰中心托育（主管）人員及保母專業人員訓練。

⑬居家托育之登記、輔導、管理及監督。

(9)綜合企劃科：

①社會局暨所屬機關系統發展與推廣相關服務。

②新北市議會相關事務。

③辦理社會局各項重要施政計畫、施政成果之核定及管考業務。

④辦理社會局為民服務、區政等業務。

⑤辦理社會局公文時效、人民申請、人民陳情申訴案件之管制考核業務。

⑥標準化文件作業管制考核。

⑦委託研究計畫及出版品業務審核作業。

⑧社會福利手冊彙編。

⑨參訪社會局綜合業務。

⑩辦理社會局新聞行銷及例行性記者會。

■桃園市政府社會局

　　桃園市政府社會局九科四室來推動社會福利工作，其組織架構參見**圖7-8**，有關工作職掌及服務項目、服務宗旨分述如下：

1.**服務宗旨**：「安老、扶幼、福利家庭」建立完善福利服務網絡、加強弱勢族群生活照顧，落實各項福利服務工作，是桃園縣推展社會福利工作的目標。因應人口老化問題、新移民家庭問題、新貧（近貧）家庭日增問題，加強規劃辦理社區關懷據點、外籍配偶家庭生活適應輔導及各項社會救助事項；除此之外，普及幼兒托育服務、建構社區保母支持系統、強化身心障礙者福利服務、加強防治性侵害及家庭暴力等都是必須持續辦理的重要事項。現代的社會追求創新、追求公平，更追求永續發展。盼望將服務的品質透過行政的效率化、服務的人性化，使服務的供給能持續擴展，除拉近與民眾需求的差距，更希望與民眾建立良好互動，共同為建構穩定安全的生活福祉攜手努力。

2.**服務項目**：

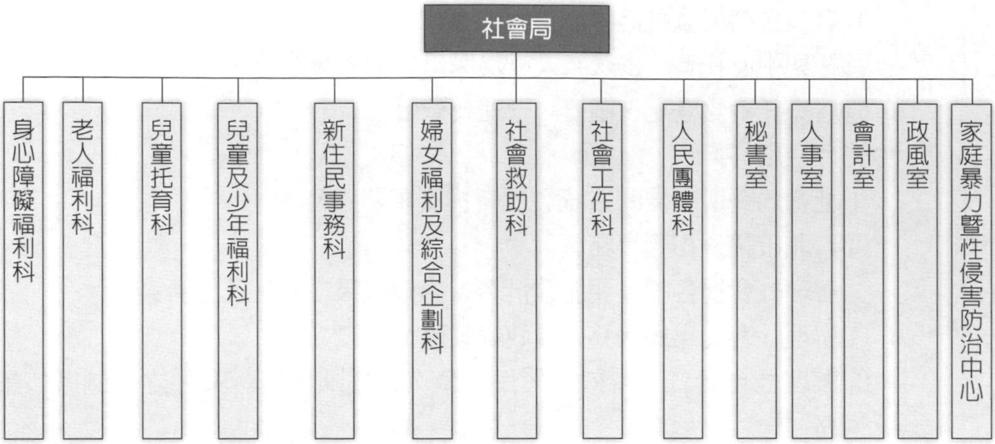

社會局

身心障礙福利科 | 老人福利科 | 兒童托育科 | 兒童及少年福利科 | 新住民事務科 | 婦女福利及綜合企劃科 | 社會救助科 | 社會工作科 | 人民團體科 | 秘書室 | 人事室 | 會計室 | 政風室 | 家庭暴力暨性侵害防治中心

註：在社會發展科底下設有桃園縣志願服務推廣中心、桃園縣社區培力暨推廣中心；社會工作科底下設有大園、八德、楊梅及新屋、平鎮、龍潭、大溪及復興、蘆竹、龜山、中壢及觀音、桃園家庭服務中心；婦女福利及綜合規劃科底下設有婦女館、南區單親家庭服務中心、北區單親家庭服務中心、外籍配偶家庭服務中心；兒童及青少年福利科下設有南區青少年活動中心、八德、大園托育資源中心、山海區、南區、北區早期療育社區資源中心；老人福利科下設有南區、北區老人文康活動中心；身心障礙者福利科下設有桃園縣綜合性身心障礙福利服務中心。

圖7-8　桃園市政府社會局組織架構圖

資料來源：桃園市政府社會局網站，https://sab.tycg.gov.tw/home.jsp?id=30530&parentpath=0,30481。

(1)婦女福利及綜合企劃科：統籌桃園市社會福利政策、制度規劃及執行、社會局施政計畫之規劃、社會福利績效考評規劃整合、研究發展及管制業務、法制、特殊境遇家庭福利服務、婦女福利與權益倡導等事項。

(2)身心障礙福利科：身心障礙者生活、托育扶助與照顧、機構及團體輔導與管理、福利需求評估、個案管理及生活重建服務、權益保障及公益彩券盈餘分配基金管理等事項。

(3)人民團體科：人民團體輔導、辦理慶典活動、社區發展組織與輔導、志願服務、合作社輔導與籌組、財團法人社會福利基金會輔導及管理等事項。

(4)兒童及少年福利科：兒童及少年福利政策推動及相關權益維護與辦理各

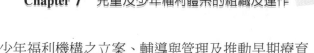

項福利服務、兒童及少年福利機構之立案、輔導與管理及推動早期療育服務等事項。

(5)社會救助科：低收入戶生活扶助與照顧、急難救助、醫療補助、災害救助、遊民輔導、社會救助金專戶管理、公益勸募輔導、公益信託基金輔導與管理、國民年金所得未達一定標準補助及以工代賑等事項。

(6)老人福利科：老人有關之權益維護、福利服務、文康休閒、長期照顧、社區照顧，及相關機構之監督與輔導等事項。

(7)兒童托育科：兒童托育業務、居家托育管理、兒童發展及托嬰中心之立案、輔導與管理等事項。

(8)社會工作科：脆弱家庭關懷服務、社會資源開發與整合、福利服務諮詢、福利服務方案之推動、社會工作專業訓練及社會工作師執業管理等事項。

(9)新住民事務科：新住民福利規劃與執行、新住民事務會報、新住民家庭福利服務、新住民多元培力發展及新住民綜合等事項。

綜合上述，目前有關兒童福利業務之推廣，由上到下的層級，以及由政府到民間的行政結構，可由**圖7-9**得知。

二、兒童及少年福利行政組織的運作

我國行政組織的運作主要是靠法定的行政監督權來對下屬機關進行行政監督，以達到層層管制之目的。而行政監督乃是上級機關管制、考核下級行政機關行政績效的手段。至於福利服務之提供除了法定之政府行政部門之外，在福利服務多元化之下，還有民間機構及團體的來源，所以，要確保福利服務輸送體系得以運作及產生其應有的績效，實有賴於政府與民間共同參與，並建立服務輸送網絡，以確保兒童福利服務得以有效運作。

福利服務輸送體系係指組織體系或組織群體從環境中獲取資源，再將此資源轉化為福利方案或服務提供給案主，其中涉及服務組織所形成的網絡結構以及輸入、投入、轉換、儲存、產出、輸出及回饋等過程。目前，我國兒童福利輸送體系的運作主要是依賴法定的兒童福利體系、兒童福利服務機構和學術研究及壓力團體，其中的福利服務輸送之網絡如**圖7-10**。

衛生福利部

（設有綜合規劃司、社會保險司、社會救助及社工司、保護服務司、護理及健康照護司、醫事司、心理及口腔健康司、中醫藥司）

· 兒童福利法規及政策之研擬事項。
· 擴大辦理托育津貼措施，優先照顧弱勢家庭幼童就托福祉。
· 推動托兒與學前教育整合工作，健全我國學前幼兒教保體系。
· 建立完整托育服務輸送網絡，提供社會大眾完善精緻之托育服務品質，達成專業托育之理想目標。
· 積極配合「加強學童視力保健五年計畫」，辦理托兒所、課後托育中心幼童視力保健，減低幼兒罹患近視比率。
· 訂定「社區保母支持系統實施計畫」，藉以將保母人員培訓、保母與家長間之媒合轉介、保母之在職訓練與輔導建立制度，以提升社區保母服務的品質。
· 兒童福利專業人員之規劃訓練事項。
· 兒童福利機構設置標準之審核事項。
· 國際兒童福利業務之聯繫及合作事項。
· 兒童之母語及母語文化教育事項。
· 有關兒童福利法令之宣導及推廣事項。
· 其他全國性兒童福利之策劃、委辦、督導及與家庭有關之兒童福利事項。

台北市		縣（市）政府	高雄市		
社會局	**社會局**	**社會局**	**社會救助科**	**兒童及少年福利科**	**社工科**
兒童及少年服務	托育及婦女服務	低收入戶托育津貼	社會救助	兒童、托育、保護扶助等	兒童及少年保護
問題防治	托育服務	兒童少年保護	社會福利基金管理		少年福利
生活扶助	經濟補助	兒童少年生活扶助	慈善事業財團法人管理		志願服務
保護服務	福利服務	發展遲緩兒童療育補助	平價住宅興建維護		社工專業
安置照顧	兒童托育資源中心1所	幼兒教育券			
少年服務中心5所	婦女中心1所	兒童福利機構			
少年安置機構5所	兒童福利服務中心2所	保母職前訓練			
	公辦民營托嬰中心5所	兒童福利專業人員培訓			
		棄嬰救助			
		申請辦理托兒所、托嬰中心、安親班等服務項目			

圖7-9　兒童福利服務行政圖

資料來源：修改自衛生福利部、台北市政府社會局、高雄市政府社會局網站；郭靜晃、曾華源（2000）。

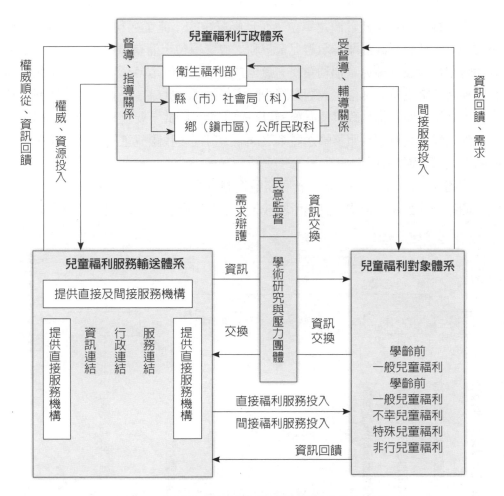

圖7-10 我國兒童福利體系組織架構及其運作分析

資料來源：修改自郭靜晃、曾華源（2000）。

　　就圖**7-10**的兒童福利輸送體系來看，其執行也有限制，因為兒童福利在立法上的內容涉及衛生、教育、司法及社政，而且《台灣地區社會福利資源手冊》中對兒童福利服務機構的分類來看，其中包括：直接服務機構、特殊教育及兒童福利協（學）會、基金會等，但相關的福利行政單位與學術單位則分別自成一類，未區分出兒童福利及其他社會福利單位（台灣省政府社會處，1991；郭靜晃、曾華源，2000）。由此可知，一般對兒童福利的分類是採取較為廣泛的定義──涉

及教育、衛生、司法及社政之單位；而且修訂後的「兒童福利法」在第6條也有明文規定，社政行政機關是承辦兒童福利之專責單位，而有關司法、教育、衛生等相關單位涉及有關兒童福利業務，應全力配合之，但是各部門承辦有關兒童福利業務時，常秉持著本位主義觀點將相關責任推諉；此外，主管之社政機關位階又低，常造成兒童福利政策及業務難以有效推行。因此，要落實健全兒童福利服務，應先建立兒童福利服務輸送體系之網絡。目前，我國兒童福利服務輸送體系的組織架構如**圖7-11**所示。

由**圖7-11**可知，我國兒童福利服務輸送體系的組織中有衛生福利、教育、司法三個領域的公私立機構、設施所組成，其中包括有各級行政機關所附屬之公立

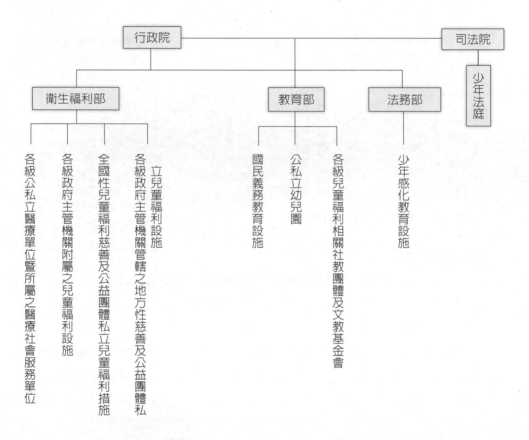

圖7-11　我國兒童福利服務輸送體系的組織架構

資料來源：修改自郭靜晃、曾華源（2000）。

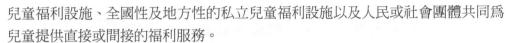

兒童福利設施、全國性及地方性的私立兒童福利設施以及人民或社會團體共同為兒童提供直接或間接的福利服務。

然而，我國現行的兒童福利輸送體系，由於各領域之間的本位主義，專責的兒童福利主管機關位階低，加上公私立兒童福利服務機構的類型又十分複雜，性質亦多有不同，諸此種種，皆造成推行全面性的兒童福利事務窒礙難行，因此，我們需要有完善的政策來整合兒童福利服務輸送體系以有效推行兒童福利事務。若以機構本身的行政觀點，更需要內部組織的重組和外在任務環境上的調適，則不免有所謂「牽一髮而動全身」的問題和困難（施教裕，1996）。所以，任何相關福利服務的輸送機構為達有效之服務輸送，必須獲得董事會的決策支持、組織任務的調整、員額擴編、預算爭取、服務品質的確認與督導，以及外在環境之資源開發、個案轉介和相關機構間之分工及確保服務輸送網絡之建立。

第二節　民間資源參與兒童及少年福利服務之探討

社會福利事業是一種服務性質的工作，其目的在滿足人類基本生活的需要、解決社會問題與促進社會發展。而要達成上述目標，除需健全政府社會福利制度外，尚需顧及民間資源的參與。社會學家鮑格達（Emory S. Bogardus, 1882-1973）即言：「社會資源的運用於服務、公益、福利與合作等觀念是增進社會和諧發展的必要因素。」因此，興辦社會福利事業應該是政府與民間的共同職責，這種「社會福利，人人有責」的觀念，正是實踐民生主義社會福利政策的主要依據，也是對「社會連帶」（social bonds）責任的體認（許榮宗，1988，頁5）。

社會資源不外乎是人力、物力與財力。人力指的是志願服務工作人員或志願服務性社團人員；物力則是民間機構所能提供的設備，包括：屋舍、交通工具和物品等；至於財力則屬民間善心人士及熱心團體、志願性團體或社會福利慈善事業基金會、宗教寺廟、公益性團體、社區理事會等所捐獻之款項；其他則是技術的支援與提供、意見的參與，可說是用之不盡的民間資源。然而隨著社會的進步、經濟的繁榮、國民所得的提高、人民的生活水準顯著提升，社會資源可以說愈來愈充沛，尤其是蘊藏在民間的資源更是充裕，過去經由各種資源的提供、意見的溝通表達，都促使政府與民間的合作甚為密切，這種合作的基礎，促進了結合民力的積極推動，也獲得社會大眾的普遍迴響（吳老德，1988）。

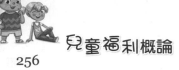

一、民間參與兒童及少年福利服務的重要性

1940年代以後,「福利國家」(Welfare State)成為世界各民主先進國家普遍追求的目標,因為它具有理想的性格,所以一直吸引各國的注意力,尤其英美等國將其奉為進步與民主的象徵,而建立福利國家社會福利體系已達數十年之久,至今成為後資本主義社會的基本精神之一(吳老德,1988)。

在社會福利發展過程中,1940年以後,因強調福利理念的國家責任,全民性社會福利體系的建立,民間團體已從社會福利服務的主要供應者角色,退居於輔助性地位。直至1990年以後,由於福利國家發展的轉折,民間團體的重要性又開始受到福利學者及政界人士的注意。兒童福利需求的範圍與項目,隨著社會、家庭結構的轉變而日益廣泛、複雜,然而除了兒童之外,政府還得兼顧到其他族群的需要,單靠體制內的有限資源,勢必不足以滿足兒童的各項需求。兒童階段發展的健全與否將持續影響其將來的成人生活,因此,民間資源投入兒童福利服務的行列,對兒童福利整體而言,重要性有三:

1. 民間團體的福利服務,以地區性和特殊性見長,既能針對地區的個別需求提供服務,並可提供特殊性的服務,以滿足具有特殊需求的個人,而且兒童在不同的發展階段有不同的發展需求;此外,一般正常健全的兒童與特殊兒童,兩者的福利服務需求殊異,民間資源的投入,正可以矯正國家福利服務工作偏重「全民性」、由政府福利機構提供標準化和制度化的福利服務,以及忽略了福利需求的個別性及特殊性的缺失,使兒童得到更具彈性而且周全的服務內涵。
2. 民間團體辦理的福利服務,能激發個人積極參與福利服務活動,透過民間志願、互助的力量,充分動員制度之外一切可資運用的資源,更經由民間自發性的相互影響,使兒童福利服務網絡得以建立。
3. 國家在緊縮福利支出之際,更有待民間團體福利服務的積極介入,尤其兒童為一弱勢群體,在資源配置、利益分享的過程中,極易受到忽視,民間私人的投入,可以填補政府福利機構退出所留下的一些福利服務。

有的學者指出,福利國家政府介入社會福利服務,是為了保障人民生活不因

生、老、病、死等不可抗拒的原因之威脅，用以維持一定的生活品質。而過度強調其福利的功能與期待時，已導致福利國家財政危機和科層體制制上的危機。目前大多數福利國家採取的修正路線是「與民間合作」或「鼓勵民間自行籌辦」的方式。此外，民間團體參與社會福利服務，可以彌補政府科層體制上的限制，在福利設計上比較有彈性和創新，更可從事實驗性的方法尋求有效的服務提供（萬育維，1992）；單憑政府有限的人力、物力與財力，仍是相當有限的。由於我國國防預算比例較重，欲於短期內提升社會福利支出實有其困難，所以必須動員民間力量，結合社會熱心人士與團體，共同參與社會福利建設；亦唯有政府、企業界，以及全體民眾的共同支持與配合，福利國家的理想才能邁向最適社會的坦途，實現民生主義安和樂利的均富社會。

為補充政府功能之不足，台灣民間兒童福利機構提供多元化的福利服務，包括：

1. **支持性兒童福利服務**：兒童保護、未婚媽媽服務、兒童及家庭諮詢服務、衛生保健諮詢服務、心理衛生工作、諮商與輔導。
2. **補充性兒童福利服務**：托育服務、醫療補助、醫療服務、經濟扶助、家務員服務。
3. **替代性兒童福利服務**：寄養服務、兒童收養、兒童安置與收容等服務。
4. **其他兒童福利服務**：例如，保母訓練、保育人員訓練。

我國近年來積極建構整體社會福利，為防患各福利國家社會福利制度既已發生的缺失，又要珍惜得之不易的政府福利預算，鼓勵民間團體參與社會福利服務便成為當前重要的課題。現有之相關民間兒童福利機構與團體依兒童福利服務研究之主題，包括：托育與福利、保護與安置、經濟安全、健康與醫療及教育與休閒等。

二、民間團體參與兒童福利服務的方式

所謂「**民間團體**」，泛指依人民團體法籌組之職業團體、社會團體和政治團體，以及依法成立之各類財團法人。這些民間團體，都是由志趣相同的一群人，或捐集一定的基金，基於共同理想、目標，或共同利益，為達一定目標而籌組設

立。團體雖各有其特殊性，但均具有中介性、社會性及地緣性功能。所謂中介性功能，是指成員可透過團體向政府提出建言，增強服務內容的完整性；向下可配合政府的施政，奉獻力量，出錢出力，提升生活品質。所謂社會性功能，是因為團體都是公益性之社會組織或財團，對社會建設，促進社會福祉、和諧，都承擔了些責任。至於地緣性功能，重在職業團體之農漁會、教育會及社會團體之婦女會、獅子會、青商會、各種福利性協會，均設有基層組織，其上級團體和其他人民團體之組織區域，及財團之設立亦大多與行政區域相配合，足見其具有地緣性功能之意義（王國聯，1994）。

民間團體參與、介入兒童福利服務之方式，一般而言有三種（王國聯，1994）：(1)民間團體自辦福利機構提供福利服務；(2)由政府提供福利設備或經費委由民間團體提供福利服務；(3)由民間團體提供財源委由政府設立之福利機構辦理福利服務。也就是由民間團體提供人力、物力和財力，參與社會福利服務工作。為了保障一定水準之福利服務品質，政府對民間團體辦理之社會福利服務，均訂有一定之標準，以保障服務使用者（即消費者）的權益。

民間團體參與兒童福利服務，並不代表政府完全放手不管，事實上政府仍舊必須負起監督及提供民眾所需服務的責任（Alan, 1986），只不過藉由市場化自由運作的原則：競爭及有效率的經營，試圖減低政府在社會福利方面的預算，同時又希望能不降低服務品質；民間團體參與兒童福利服務是政府在面對日趨減少的福利資源，卻又不希望減少福利服務提供的多樣性所衍生出來的策略，於是，在減小公共福利部門的範圍和效率的要求下，這是不可避免的趨勢（謝美娥，1991）。

因此，民間團體參與兒童福利服務提供的方式，可有下列幾項（許榮宗，1988；吳老德，1988；孫健忠，1988）：

1.推展志願服務。
2.重視基層參與，建立社會支持系統。
3.商業市場的提供。
4.民間慈善與公益團體。

三、民間團體參與提供社會（兒童及少年）福利的優點

其實民間團體具有現代社會的功能，其參與社會（兒童及少年）福利服務與政府機構辦理社會福利服務有不同之處，其相異處，正是它的優點，茲分述如下（Seader, 1986；王國聯，1991）：

1. 政府福利機構的組織，其設立、組織、職掌有一定的法定程序，它無法隨著社會急速變遷的需要，適時修正政府機關（構）的組織法規，而民間團體在這方面彈性大，無此限制與缺點。
2. 政府機構用人政策受法規、預算等的限制。但民間團體之用人限制較少，且為提高服務品質，民間團體用人已逐漸朝向專才、專用之要求，如此一來，可減少市政費用的支出。
3. 政府機構較具全面性，須注意均衡發展，面面俱到。民間團體則可對特殊之對象及需要，在某一時段、對某些服務集中力量全力以赴，不必受普遍性之牽制，更可專注於其專長之服務，匯集所有可運用之力量予以支助，易獲效益。
4. 政府機構推展工作，需先有完整之計畫，故對突發事件之服務常措手不及，不易應對。民間團體對於突發事件的應變能力因較具彈性，比政府機構更具應變力，藉由私人部門的效率，減輕納稅人的支付成本，並透過風險轉移或分擔的方式以降低政府所承擔的風險。
5. 政府機構常在某一時段性工作完成後，對應階段性需要增加之員額，不易解決裁員問題；但民間團體可採「借調」、「聘雇」、「委託」等方式用人，待工作完成，雙方即行解除聘雇契約，沒有所謂裁員問題。
6. 政府機構的科層體制易形成官僚，作風保守，與民眾之間較易有隔閡，服務態度較差。民間團體的投入，則可在不增加稅賦及服務費用支出的情況下，維持或提高服務水準。

四、民間提供兒童福利服務在我國的適用性

由於政府單位擁有的資源極為有限，因此，將來使用民間團體參與兒童福利

服務的策略以提供福利服務的多樣性，應該是可以採行的辦法。在考慮民間團體
參與兒童福利服務時，應準備下列的工作（謝美娥，1991）：

1.評估福利需求的優先順序。
2.對現有福利資源與措施的調查。
3.私立機構的財務管理與資訊系統是否完備。
4.私立機構是否要在組織功能上調整。
5.決定民間團體參與兒童福利服務的形式。
6.價格的決定。
7.設立限制（regulations）。
8.訓練政府行政部門的工作人員。

檢證歷年來內政部辦理獎助情形，發現內政部在嘗試拓廣政府與民間協調合
作辦理兒童福利的方式上，包含下列幾種：

1.**委託方式**：兒童家庭寄養、辦理社會工作員研習（討）會等，都是採行委託
   方式。
2.**補助方式**：補助成立兒童館、親子館及青少年福利服務中心、兒童課後收
   托、親子活動等皆屬之；透過經費補助方式，提高社會資源參與的興趣及
   服務品質。
3.**獎助方式**：給予全額經費或大部分經費，進行專案式的協助，並進行創新
   業務的試驗，於年度執行完竣後，私託專人組成評鑑小組實地考評及檢
   討。
4.**公設民營方式**：由政府全額補助房舍建築及內部所需設備器材，交由民間
   負責管理經營。
5.**決策分享（相對補助）方式**：內政部當前推動全國性基金會聯合會報工作
   方式屬之。全國性基金會聯合會報以基金孳息來推動福利工作，內政部則
   提供與該孳息同額之相對補助，在充裕經費中並肩，在決策分享中擴大服
   務層面。縣市政府為強化社會福利服務功能，擴展服務範圍而須增聘社會
   工作員員額，便可在此方式下使政府與民眾兩相獲利。民眾能因社會工作
   員的增加得到質量兼顧的專業服務，而地方政府則在增聘兩名社會工作員

而由中央補助乙名人事費的配額，減輕了地方財政上的負擔。

內政部為了策動各級地方政府辦理各項社會福利服務，於1989年間訂頒「內政部加強推展社會福利獎助作業要點」，透過獎助，結合民間團體貫徹社會福利政策與措施，其獎助對象除各級地方政府及公立社福機構外，還包括：(1)財團法人社會福利機構、財團法人宗教組織或社會福利慈善基金會附設社會福利設施者；(2)社團（法人）或社區組織其會務健全，著有成效者，社團若未辦理法人登記者，僅獎助其經常部門之工作項目。這些民間團體，若專設有部門或訂有專項計畫，辦理兒童、少年、婦女、老人、殘障福利服務，以及辦理社會救助、志願服務、社區發展等業務，均可透過各級地方政府向內政部提出申請，其獎助額度，依其工作項目及地區（離島及偏遠地區可提高獎助額度20%），按一般原則（獎助70%）或特殊原則（最高可全額補助）決定，其最高者有獲2億元左右之獎助經費者。此要點訂頒以來，引進很多民間團體參與並擴大社會福利服務工作，該要點每年針對地方實際需要，配合中央之福利政策予以修正實行。

 ## 第三節　政府興辦兒童及少年福利服務的相關措施與探討

一、兒童及少年福利服務的相關措施

福利服務是以全民為對象，兒童福利服務的問題及需求，包括：托育、單親家庭兒童的照顧、兒童受虐，以及兒童休閒育樂活動的不足。為因應社會大眾對托育服務之需求，政府提供的相關服務措施包括：獎助設置公立托兒所、推動專業訓練與技能檢定、培訓專業保育人員及家庭托兒保母人員，以及實施托育津貼等。試將兒童福利服務措施依其福利服務項目，分為經濟安全、托育服務、早期療育、保護服務、福利服務、性交易防制、偏差行為輔導、權益倡導、兒少福利經費。

二、政府對兒童及少年福利服務的承諾

兒童及少年福利是國家整體發展重要的一環，在政治上是國家認同的要素，在經濟上是永續發展的基石，在社會上是需求滿足的途徑。我們所追求的是一個全面而完整的兒童福利體系，不僅是弱勢族群的兒童福利，更是全民的兒童福利，政府對此負有責無旁貸的義務。儘管政府已經有一些兒童福利服務的相關措施，且也有許多的兒童及其家庭正受惠於這些福利服務。然而，卻仍有許多的兒童或其家庭未能取得必要的服務。

三、政府對兒童及少年福利服務未來的工作重點

進一步從福利行政層面檢視兒童及少年福利，政府用來提升人民生活水準，抑或是保障兒童及少年相關的人身權益，是有與其相對應之政策、法令、制度與服務措施的整體性規劃，就此而言，整合並管理相關作為的「社會福利行政」，兒童局的設置便有它起承轉合的轉轍作用，藉此超脫抽象概念的福利行政。

現行主管社會福利行政之機關為內政部。不過，為了配合時代潮流及其變遷需求，而於1999年成立了兒童局，則是藉此讓從中央到地方之各級兒童福利行政體系得以建制完備；再則，為了因應2003年所制定公布的兒童及少年福利法，少年業務也同時移撥至兒童局辦理，藉以落實對於兒童及少年的關懷與照顧。

至於，就兒童局的行政觀點來看，工作重點是朝以下幾個方向發展（內政部兒童局，2009b）：

(一)建構完整兒童及少年福利法規體系

1.落實兒童及少年福利相關子法規定。
2.持續辦理兒童及少年性交易防制條例相關條文之修正。

(二)強化對弱勢家庭兒童及少年之經濟扶助

爭取預算對中低收入弱勢家庭兒童及少年加強生活照顧，如協調地方政府放寬對中低收入戶兒童及少年生活扶助領取之限制、將原僅補助3歲以下中低收入戶兒童全民健保保費之補助擴大至未滿18歲，另逐步擴增中低收入戶幼童托教補

助經費下延至2歲，使其享有基本的教育、醫療及福利權益。

(三)推動幼托整合方案

會同教育部共同推展幼托整合工作，規劃後續配套措施，以統整幼兒教保發展業務。此工作業已在2011年完成立法及整合。

(四)建構完整發展遲緩兒童早期療育體系

建置個案管理資訊系統及積極辦理托育機構兼收發展遲緩兒童、托育機構巡迴輔導、發展遲緩兒童到宅服務、發展遲緩兒童早期療育費用補助等措施，以建立完整早療服務體系。

(五)落實兒童少年保護工作

除了繼續輔導地方政府及民間團體辦理通報、緊急救援、安置輔導、強制性親職教育及家庭處遇服務外，並加強兒童及少年保護教育宣導，落實責任通報制度，以強化兒童及少年保護網絡；另編製各種工作手冊，以提升社工員專業知能與兒童及少年保護服務效能；同時積極辦理「落實兒童及少年保護家庭暴力與性侵害事件通報及防治工作落實方案」相關的具體措施，以建置更縝密的兒童少年保護網絡，藉此確保兒童及少年免於遭受虐待、疏忽等不法侵害。

(六)強化父母親職知能，協助教養子女正常發展

1.印製系統性及完整性的親職教育資源宣導手冊，以提升現代父母親職教養知能，規劃「推動職場親職教育」，培育衛生、教育、社政等基層工作人員為種子教師，並施予相關訓練後推廣各職場親職教育，以落實親職教育理念；另加強推展親職教育知能講座，並充實網站內容提供民眾查詢，鼓勵各個兒童及少年福利服務中心加強辦理親職教育研習宣導。
2.推動外籍配偶夫妻親職成長教育，辦理多樣化融合式親子活動，引導外籍配偶家庭與一般家庭共同參與，豐富外籍配偶及兒童人為與環境刺激，拓展人際網絡，強化家庭支持系統。

(七)落實行政院青少年事務促進專案小組各項重大決議事項

以青少年需求為導向，尊重青少年自主權，落實青少年政策推動方案，並且持續規劃辦理寒暑假戶外休閒育樂活動、辦理中輟生輔導、高關懷少年團體工作，及以現有青少年政策推動方案之基礎，來促進青少年潛能開發、提升競爭力，並協助青少年規劃生涯發展藍圖及適性發展。

(八)建立兒童及少年對健康休閒活動的重視程度及推展正當休閒活動

將朝廣為結合政府相關部門、學校或民間公益團體，規劃舉辦有益其身心健康休閒活動，如籃球賽、攀岩或暑期營隊等，以提供從事正當育樂休閒活動，從而避免涉足不良娛樂場所而誤入歧途。

(九)定期辦理兒童及少年生活狀況調查、舉辦各項研究及研討會

藉以尋求對兒童及少年的各項問題能有更深一層的瞭解，俾能契合兒童及少年之人身需求，以及有助於兒童及少年福利政策之釐訂與落實。

四、兒少福利發展的未來展望

葉肅科、周海娟（2017）在「兒童權利公約」之後對於臺灣兒少福利發展提出未來展望：(1)在兒童及少年福利與權益，CRC規範的保障內容包括：生存的權利、受保護的權利，以及發展的權利。因此，有關兒少福利與權益保障的政策目標至少應包含兩個層面：消極的基本生活權之保障、積極的良好發展環境之營造。(2)在評估檢視臺灣兒少福利服務輸送、相關政策與措施之後，學者們提出更具體務實的政策建言下（呂寶靜，2010；兒童福利聯盟文教基金會，2014；黃源協、蕭文高，2012: 243-247；彭淑華，2011；衛生福利部社會及家庭署，2016a, 2016b）：

(一)建構跨部會協調聯繫之機制

根據2014年6月4日衛生福利部社會及家庭署（2016b）公布的「兒童權利公約施行法」第5條之規定：「各級政府機關應確實依現行法規規定之業務職掌，負責

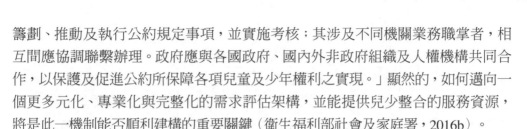

籌劃、推動及執行公約規定事項,並實施考核;其涉及不同機關業務職掌者,相互間應協調聯繫辦理。政府應與各國政府、國內外非政府組織及人權機構共同合作,以保護及促進公約所保障各項兒童及少年權利之實現。」顯然的,如何邁向一個更多元化、專業化與完整化的需求評估架構,並能提供兒少整合的服務資源,將是此一機制能否順利建構的重要關鍵(衛生福利部社會及家庭署,2016b)。

(二)營造安全的兒童及少年保護網絡

雖然臺灣已建立兒童虐待通報系統,但是,這僅是解決兒童虐待問題的基本要件而已。事實上,近年來,國內兒童及少年遭遇疏忽或虐待情形有日漸嚴重之趨勢。兒童及少年保護網絡之營造,仍然需要專業人力、政府預算與社會資源的投入。此外,健全的兒童及少年保護宜同時兼顧一般性服務(general services)與標的性服務(targeted services)。一般性服務包括:適宜的居住、足夠的財力支持、容易取得之物美價廉的托育、家庭計畫、身心障礙孩童的早期療育、家庭資源中心等,它們都能協助父母提供較好的兒童照護。標的性服務則直接針對兒童虐待之預防,主要可採取家庭訪視或建構以家庭為中心的服務體系(黃源協、蕭文高,2012: 245-246)。為了降低兒童及少年虐待的發生率,我們可從三個面向介入(余漢儀,1996):(1)強化家庭的經濟自足能力,貧窮往往是醞釀兒童虐待的主因,因此,只有搭配托育設施、學前幼兒教育方案,以及各項家庭支持服務(尤其是協助父母就業),才能有效預防兒童虐待的發生。(2)增進社區意識與資源運用,當貧窮匯集後,社區居民可能缺乏社區認同、社會服務結構支離破碎,以及社區凋零等現象都可能對家庭與孩童造成不利的影響。因此,只有根絕這些問題,才能讓兒童及少年在安全與乾淨的社區環境中成長。(3)建置完整的兒童保護網絡,基本上,兒童虐待通報是家庭失功能的一種警訊。公權力介入的主要目的在於:強化家庭解決危機的能力,並引進社區資源以匡正不當的親子互動關係。要言之,兒童及少年保護絕不是「廉價」的通報而已,更重要的是:它需要後續兒少福利服務的輸送。

(三)優先檢視國內相關兒少福利與權益保障法清單

根據「兒童權利公約施行法」第9條之規定:「各級政府機關應依公約規定之內容,就其所主管之法規及行政措施於本法施行後一年內提出優先檢視清單。

有不符公約規定者,應於本法施行後三年內完成法規之增修、廢止及行政措施之改進,並應於本法施行後五年內,完成其餘法規之制(訂)定、修正或廢止及行政措施之改進。」顯然的,「兒童權利公約施行法」的公布不僅在揭示兒少人權之規定,也讓CRC具有國內法律之效力。我們期望政府能據此檢視國內的各項法令與兒少人權落實的程度,進而促進與確保兒童及少年各層面的生活都能充分且平等地享有人權與自由(衛生福利部社會及家庭署,2016b)。

(四)完善並充實我國兒少福利政策的內涵

我國CRC的公布即意味著:臺灣認同兒少福利與權益保障和「國際接軌,權利躍進」的主張。因此,未來如果要完善並充實我國的兒少福利政策內涵,尤其應致力推動底下八項主要的具體服務措施:(1)提供育兒支持補助,尤其發放育兒津貼給低收入戶。(2)推動兒童及少年安全實施方案,強化兒少安全保護網。(3)提供弱勢家庭經濟協助,辦理中低收入戶家庭兒少生活協助。(4)妥善照顧家庭遭遇重大變故之兒少,提供家庭寄養與機構安置教養服務。(5)增設「兒少福利與權益推動小組」,建置跨部會協調統合之機制。(6)推動家庭福利服務中心之設置,落實以家庭為中心的預防工作。(7)減輕家庭育兒負擔,營造優質托育環境。(8)及早發現家庭困境,辦理兒少高風險家庭處遇服務(衛生福利部,2016c)。

(五)落實「兒童及少年福利與權益保障法」

「兒童及少年福利與權益保障法」的制定不僅代表臺灣對聯合國CRC的重視,也是一種尊重兒童權益的表現,更是我國人權發展上的一個重大里程碑。為了讓國內兒少與服務供給者更瞭解CRC,並能在提供服務、社會倡議過程中有效運用CRC,促使CRC精神能在臺灣落實,「兒童權利公約施行法」第6條規定:「行政院為推動本公約相關工作,應邀集學者專家、民間團體及相關機關代表,成立兒童及少年權益推動小組,定期召開會議,協調、研究、審議、諮詢」並辦理公約之宣導及教育訓練等事項(衛生福利部社會及家庭署,2016b)。從臺灣的兒童及少年福利政策發展得知:我國對於兒少權益保障政策的重視不只是消極面的保護與救助而已,還包括積極面的教育與發展;強調的並非單一部門的服務,而是朝向整合性的照顧與服務目標邁進;保障的不單單是一般性的服務而已,對處於不利境遇下的兒少,也提供額外的協助;關注的不只是家庭的責任,尚且包

括社區、社會與國家的責任。倘若這些政策能參適切地加以落實，將可讓臺灣的兒童及少年福利發展朝著CRC的目標邁進（黃源協、蕭文高，2012: 224）。

 ## 本章小結

　　我國現階段兒童福利行政體系，係按1973年公布之規定所建構而成，而新訂的「兒童及少年福利與權益保障法」更明文規定，兒童福利主管機關應設置承辦兒童福利業務之專責單位：在中央為衛生福利部；在直轄市為兒童及少年福利科；在縣（市）為兒童及少年福利課（股）。各主管機關應辦理輔導、監督、檢查、評鑑及獎勵兒童及少年福利機構並身兼監督與管理之責。

　　兒童福利行政是指兒童福利及其行政。兒童福利行政是指政府機關經由行政的過程，促進兒童身心健全發展與獲得充分滿足的各種措施。其功能有三層面（郭靜晃，2013）：

第一、救治的功能：(1)協助兒童解決某個人所遭遇的社會問題，例如：貧窮、犯罪、被虐待……等，政府機關可以提供家庭補助、收容安養……等。(2)彌補家庭功能之不足，例如：進入工業化時代後，許多婦女都投入就業市場，使得家庭教育功能縮減，小孩的照顧及安置便成了個問題，因此，政府機關便在各鄉村市鎮設置村里托兒所，提供家庭型的保護與教育，使得家庭的功能得以延伸與補充。

第二、預防的功能：(1)建立社會安全制度與保障兒童基本人權：所謂社會安全（social security）就是經濟安全（economic security）。例如：救助貧困家庭改善生活，可以預防兒童疾病。(2)非行兒童保育培植民族活力：戰亂的結果，往往導致許多負責家計的青年為國捐軀，為了為國捐軀青年的子女，所以要提供良好的生活環境，促進他們身心健全發展，例如：托兒所與幼稚園的設置。

第三、發展的功能：(1)造就福利國家陶冶民族民族素養：所謂健全的兒童福利行政，就是普遍照顧全體兒童。(2)啟發人類的博愛精神：實施兒童福利行政，使成年人發揮愛心，使兒童感受到愛的溫暖，可以充分啟發人類博愛的精神。

　　本章內容係針對我國兒童福利體系的行政組織和運作以及民間資源參與兒童福利服務做一探討。其實，兒童及少年福利工作的推展，首藉福利立法的基礎。我國的「兒童福利法」及「少年福利法」在2003年修訂合併成為兒童及少年福利法之後共分為總則、身分權益、福利措施、保護措施、福利機構、罰則及附則七章，共七十五條。其中對於有關福利服務組織，控制以及監督方面，在兒童及少年福利法皆有明文規定。之後也在2011年11月30日修訂為兒童及少年福利與權益保障法，增訂為七章，共一百十八條。

　　就現階段有關兒童及少年福利的規劃，應以長遠的目標為原則，對於兒童及少年之相關權益及各項議題都必須關心及重視，以奠定未來發展之基礎。因此，相關立法單位在政策制訂之後，應將各主管機關之職責明確訂定，並加以落實，這著實得有一套完善的運作體系，才能加速政策的推行。以國內目前兒童及少年行政體系的發展狀況，從立法精神、服務內容，到執行的輸送體制上，可能還有未盡完善之處。因此，如何在現有的資源上做規劃及分配，都要以兒童及少年的福祉為目標，才能滿足其真正的需求，且適時加以回應並得到解決。

 參考書目

一、中文部分

于凌雲（2008）。《社會保障：理論 制度 實踐》。北京：中國財政經濟出版社。

內政部（1981）。《內政部兒童福利、老人福利、殘障福利促進委員會組織章程》。台北：內政部。

內政部社會司（2004）。《93年度社政年報》。台北：內政部社會司。

內政部社會司（2005）。《94年度社政年報》。台北：內政部社會司。

內政部社會司（2006）。《95年度社政年報》。台北：內政部社會司。

內政部兒童局（2000）。《兒童福利工作之現況與展望》。台中：內政部兒童局。

內政部兒童局（2009a）。《內政部兒童局組織架構》。台中：內政部兒童局。

內政部兒童局（2009b）。《兒童及少年福利政策白皮書》。台中：內政部兒童局。

王思斌（2006）。《社會工作概論》。北京：高等教育出版社。

王國聯（1991）。《我國工商業團體制度之研究》。台北：東華書局。

王國聯（1994）。〈漫談民間團體參與社會福利服務〉。《社會福利》，111，26-32。

台北市志願服務協會（1999）。《台北市社會福利資源手冊》。台北：台北市志願服務協會。

台灣省政府社會處（1991）。《台灣地區社會福利資源手冊》。台灣省政府社會處出版。

台灣省政府社會處（1995）。《台灣地區社會福利資源手冊》。台灣省政府社會處出版。

余漢儀（1996）。《兒童虐待：現象檢視與問題反思》。台北：巨流圖書有限公司。

呂寶靜（2010）。〈眺望2020年臺灣社會工作專業發展之趨勢〉，「因應風險社會──社會工作的終身專業成長」研討會，臺灣社會工作專業人員協會，2010年3月。

兒童福利聯盟文教基金會（2014）。〈兒童權利公約介紹〉，http://www.cylaw.org.tw/about/crc/25/107，搜尋時間：105.12.21。

吳老德（1988）。〈社會福利與民間資源結合之探討〉。《社區發展季刊》，42，22-26。

沈俊賢（1992）。《兒童福利體系組織績效分析模型之研究──以我國為例探討》。中國文化大學兒童福利研究所碩士論文。

施教裕（1996）。〈國內兒童及青少年福利機構角色與功能轉型之探索──兼談多元化、專精化和社區化之展望〉。《社區發展季刊》，75，57-67。

孫健忠（1988）。〈民間參與社會福利的理念與方式〉。《社區發展季刊》，42，10-11。

張潤書（1986）。《行政學》。台北：三民書局。

彭淑華（2011）。〈臺灣兒童及少年福利政策與法令制度之發展〉，發表於「社會福利模式──從傳承到創新」──2011年兩岸社會福利學術研討會，主辦單位：中華文化社會福利事業基金會，會議地點：中國社會科學院社科會堂／中國北京，會議時間：2011.4.15-4.19。

葉肅科、周海娟（2017）。〈兒童權利公約之後：臺灣兒少福利發展〉。《社區發展季刊》，157期，頁54-68。

許榮宗（1988）。〈結合民間力量興辦社會福利事業〉。輯於台灣省政府社會處編印，《志願服務工作手冊》（頁3-11）。南投：台灣省政府社會處。

黃源協、蕭文高（2012）。《社會政策與社會立法》（修訂二版）。台北：雙葉書廊有限公司。

郭靜晃、曾華源（2000）。〈建構社會福利資源網絡策略之探討——以兒少福利輸送服務為例〉。《社區發展季刊》，89，107-118。

陸士楨、任偉、常晶晶（2003）。《兒童社會工作》。北京：社會科學文獻出版社。

馮燕、郭靜晃、秦文力（1992）。《兒童福利法執行成效之評估》。行政院研考會委託研究。

萬育維（1992）。〈從老人福利需求來看政府、民間與家庭的分工模式〉。1992年國家建設研究會社會福利研究分組研究報告。

衛生福利部社會及家庭署（2016a）。〈兒童權利公約〉，《兒少福利》。http://www.sfaa.gov.tw/SFAA/Pages/List.aspx?nodeid=76，搜尋時間：105.12.21。

衛生福利部社會及家庭署（2016b）。〈兒童權利公約施行法〉，《兒少福利》。http://www.sfaa.gov.tw/SFAA/Pages/Detail.aspx?nodeid=548&pid=3823，搜尋時間：105.12.21。

衛生福利部（2016c）。〈兒童及少年福利〉，《中華民國國情簡介》。http://www.ey.gov.tw/state/News_Content3.aspx?n=C75E5EE6B2D5BAEB&s=ADE39B 5CCF4DE702，搜尋時間：105.12.21。

謝美娥（1991）。〈美國社會福利的私有化爭議〉。《國立政治大學學報》，62，137-153。

二、英文部分

Alan, K. (1986). Privatization and America's cities. *Public Management*, 68 (12), 3-5.

Seader, D. (1986). Privatization and America's cities. *Public Management*, 68(12), 6-9.

三、網站

內政部兒童局網站。http://www.cbi.gov.tw/。

台北市政府社會局。http://www.bosa.tcg.gov.tw/。

新北市政府社會局。http://www.sw.ntpc.gov.tw/。

桃園縣政府社會局。http://sab.tycg.gov.tw/。

高雄市政府社會局。http://w5.kcg.gov.tw/。

衛生福利部。http://www.mohw.gov.tw/。

兒童福利專業制度

- 兒童福利專業訓練的歷史背景
- 幼托合一對兒童福利專業人員制度的衝擊
- 兒童福利的專業制度與訓練
- 本章小結

　　兒童福利專業制度始於1995年內政部社會司依「兒童福利法」訂頒之「兒童福利專業人員資格要點」，並於1997年制頒「兒童福利專業人員訓練實施方案」，開始展開兒童福利專業規劃。兒童福利專業人員分為保育員、社工人員及主管。本章將兒童福利專業制度，以幼托合一整合方案為一區分，將分為三個部分介紹：第一，兒童福利專業訓練的歷史背景，內容包括兒童福利專業人員培訓的歷史背景、兒童福利專業人員的類別、訓練之課程與時數及參訓資格、專業人員培訓之相關法規依據、目前我國兒童福利專業人員培訓現況分析；第二，幼托合一對兒童福利專業人員制度的衝擊，內容包括托育服務及托育需求、目前國內托育服務的現況，以及幼托分與合的可能考量等內容；第三，介紹兒童福利的專業制度與訓練。

第一節　兒童福利專業訓練的歷史背景

　　近年來，我國由於經濟和社會型態發展變遷快速，尤其在國際化及高科技化之政策推動下，導致家庭與社會不論在形貌、結構層面、功能內涵等均起了相當的變化，更凸顯兒童福利輸送服務之一的托兒照顧服務益顯重要。

　　隨著時代的發展與進步，現代社會愈來愈重視「專業」。「專業」是指具有特殊專門知識與技術的職業，在工作上運用高級縝密的知識，以作為判斷及行事的準則；「專業」係用以說明一群具有同性質和結合力的工作者團體，他們擁有共同認知和特有一致的目標，並且在不同的機構中，獲有相同的職稱（沈時傑，1996），譬如社會工作人員就是一門進行專業的工作，而且也要恪遵專業的倫理與守則（有關兒童福利之專業可參考第二章第二節）。

　　任何一項專業的從業人員，要能提供有效的專業服務，滿足大眾的需要，才能得到社會認可；而良好的專業服務品質，則有賴專業本身是否有優秀的人才提供服務，因此，培養人才的學校專業教育與專業之發展息息相關（曾華源，1993）。事實上，專業人才有賴專業教育養成，而專業訓練可補專業教育之不足（張煜輝，1992）。是以，「專業教育」與「專業訓練」兩者相輔相成，對專業人才培育制度的建立缺一不可，兒童福利專業領域的情形亦是如此。林勝義（2002）引用格倫伍德（E. Greenwood）的研究，認為專業至少應具有五種特性：(1)專業的理論（a body of theory）；(2)專業的權威（a professional authority）；(3)社區的認可（sanction of community）；(4)共同的守則（a code ethics）；以及(5)專業的文化（a professional culture）。

一、兒童福利專業人員培訓的歷史背景

我國早在1973年頒布「兒童福利法」時，其中第10條即規定政府應培養兒童福利專業人才，應定期舉行職前訓練及在職訓練。1993年「兒童福利法」修正，雖然在這二十年期間政府有規劃培育專業人才，並已進行各式訓練，但直到1993年「兒童福利法」修正後，才有兒童福利專業人員名稱的出現。

在1995年7月5日「兒童福利專業人員資格要點」頒布之前，我國保育人員一直由1918年頒布的「托兒所設置辦法」所規範，托兒所內設有所長、教師與保育員，只要高職幼保科畢業即可擔任保育員。

「兒童福利專業人員資格要點」頒布之後，將助理保育人員、保育人員、社工人員、保母人員及主管人員皆定為兒童福利專業人員，自此兒童福利專業人員遂有明確的闡釋。

內政部於1997年頒布「兒童福利專業人員訓練實施方案」，並於1997年2月16日正式實施，其中將兒童福利專業人員訓練課程做完整的規劃，使得兒童福利專業制度建立得更為完善。

二、兒童福利專業人員的類別

何謂「兒童福利專業人員」？廣義來看，是指所有從事兒童福利工作，並接受相關專業教育訓練，而獲得專業資格認可之人；狹義而言，係指符合兒童福利專業人員資格相關法令規定者。無論從廣義或狹義來界定，兒童福利專業人員都應符合一定的資格標準，而不是任何人皆可以勝任。

由於從事不同的職務、內容，在資歷、學歷、經歷上也不相同，故在訓練類別上區分甚詳，過去依據「兒童福利法」第11條第2項之規定：「兒童福利專業人員之資格，由中央主管機關定之。」經此授權內政部於1995年7月5日頒布「兒童福利專業人員資格要點」，將兒童福利專業人員分為下列四類：

1.**保育人員、助理保育人員**：助理保育人員、保育人員（又分乙、丙二類），可從事托嬰中心、托兒所、兒童托育中心（或稱課後托育中心、校外課後

安親班）、育幼院、教養院等機構之工作人員。

2.**社工人員**：社工人員則從事各類兒童福利機構之社工業務，如兒童福利服務中心、家庭扶助中心、育幼院、托兒機構、兒童保護中心、發展遲緩兒童早期療育通報及轉介中心等。

3.**保母人員**：保母人員即爲一般家庭托兒工作。

4.**主管人員**：主管人員則依服務機構性質與個人專業背景之不同而擔任托兒機構、兒童教養保護中心或兒童福利機構之主管。主管人員包括：

　　(1)托兒機構之所長、主任。

　　(2)兒童教養保護機構之所（院）長、主任。

　　(3)其他兒童福利機構之所（園、館）長、主任。

三、兒童福利專業人員訓練課程及時數

　　依據「兒童福利法」第7條第7款及兒童福利專業人員資格要點第12點，辦理兒童福利專業人員訓練，並依照不同的訓練對象與訓練目的，區分爲甲、乙、丙、丁、戊、己六類，分別是甲類：助理保育人員訓練，須修滿此訓練課程360小時；乙類：兒童福利專業人員資格要點第3點第3款、第4款保育人員訓練，須修滿此訓練課程360小時；丙類：兒童福利專業人員資格要點第3點第2款保育人員訓練，須修滿此訓練課程540小時；丁類：社工人員訓練，須修滿此訓練課程360小時；戊類：托兒機構所長、主任訓練，須修滿此訓練課程270小時；己類：兒童教養保護機構所（院）長、主任，暨其他兒童福利機構所（園、館）長、主任訓練，須修滿此訓練課程270小時。

　　而依據兒童福利專業人員訓練實施方案第6點辦理保母人員培訓，至少須訓練滿80小時托育相關訓練課程，方可參加保母人員技術士技能檢定。其訓練課程及訓練時數分別如下（內政部，1997）：

(一)甲類：助理保育人員——360小時

1.**教保原理**（126小時）：

　　(1)兒童發展（54小時）：兒童身心發展的知識。如身體、動作、語言、智力、情緒、社會行爲、人格、創造力等。

(2)嬰幼兒教育（36小時）：嬰幼兒教育之理論基礎、沿革發展、制度、師資、未來展望等。

(3)兒童行為輔導（18小時）：兒童行為之認識、診斷及輔導方式。

(4)兒童行為觀察與記錄（18小時）：兒童行為的觀察策略與記錄分析、應用等。

2.**教保實務**（234小時）：

(1)教保課程與活動設計（36小時）：各階段兒童教保單元之規劃、內容與實施等。

(2)教材教法（36小時）：兒童教材的內容、實施方式及應用等。

(3)教具製作與應用（36小時）：各階段兒童教保單元所需之教具設計、製作與應用等。

(4)兒童安全（18小時）：兒童安全、保護的意涵、內容概要、實施應用等。

(5)專業倫理（18小時）：專業的意涵、品德修養、工作態度、倫理守則等。

(6)嬰幼兒醫療保健概論及實務（18小時）：各階段兒童常見疾病的認識、預防、保健及護理之應用等。

(7)兒童生活常規與禮儀（18小時）：兒童生活常規與禮儀的認識、實施方式及應用等。

(8)課室管理（18小時）：課堂上的溝通技巧、氣氛的營造、關係的建立等。

(9)學習環境設計與規劃（18小時）：整體教保環境的空間設計與規劃相關問題之探討。

(10)意外事故急救演練（18小時）：各種意外傷害急救的方法、技巧、應用及防治等。

(二)乙類：保育人員（兒童福利專業人員資格要點第**3**點第**3**款、第**4**款人員）
　　──**360小時**

1.**教保原理**（108小時）：

(1)兒童福利導論（36小時）：兒童福利之意涵、理念、法規、政策及福利

服務、發展趨勢等。

(2)社會工作（36小時）：兒童個案工作、團體工作、社區發展、社會資源運用等。

(3)親職教育（36小時）：親職教育的基本概念與理論、角色運作、內容規劃與實施方式等。

2.**教保實務**（144小時）：

(1)教保活動設計專題（18小時）：各階段兒童教保活動之專題研究。

(2)教保模式（18小時）：教保模式的意涵與理論、實施方式及應用等。

(3)教材教法專題（18小時）：兒童教材實施方式之專題研究。

(4)幼兒文學（18小時）：幼兒讀物的選擇、賞析、應用等。

(5)專業生涯與倫理（18小時）：生涯規劃的理論與應用、自我成長、專業倫理等。

(6)兒童遊戲（36小時）：兒童遊戲的意義、理論、類別與輔導技巧、內容規劃及啓發應用等。

(7)兒童安全（18小時）：兒童安全、保護的意涵、內容概要、實施應用。

3.**其他**（108小時）：

(1)特殊兒童教育與輔導（36小時）：各類特殊兒童之身心特徵（如智障、感覺統合失調、殘障、自閉兒、過動兒、資優兒等）、教保方式及親職教育等。

(2)嬰幼兒醫療保健概論及實務（18小時）：兒童身體與心理的衛生保健等相關問題。

(3)壓力調適（18小時）：壓力的認識、解析及調適方式等。

(4)人際關係（18小時）：人際關係的理論、溝通技巧及實際應用等。

(5)嬰幼兒營養衛生概論及實務（18小時）：各階段兒童成長所需之餐點設計及製作。

(三)丙類：保育人員（兒童福利專業人員資格要點第**3**點第**2**款人員）——**540**小時

1.**教保原理**（216小時）：

(1)兒童發展與保育（54小時）：兒童身心發展的知識。如身體、動作、語

言、智力、情緒、社會行爲、人格、創造力等。

　(2)幼兒教育（36小時）：幼兒教育之理論基礎、沿革發展、制度、師資、未來展望等。

　(3)兒童行爲觀察與記錄（18小時）：兒童行爲的觀察策略與記錄分析、應用等。

　(4)兒童福利導論（36小時）：兒童福利之意涵、理念、法規、政策及福利服務、發展趨勢等。

　(5)社會工作（36小時）：兒童個案工作、團體工作、社區發展、社會資源運用等。

　(6)親職教育（36小時）：親職教育的基本概念與理論、角色運作、內容規劃與實施方式等。

2.**教保實務**（270小時）：

　(1)教保課程與活動設計（72小時）：各階段兒童教保單元之規劃、內容與實施等。

　(2)教材教法（72小時）：兒童教材的內容、實施方式及應用等。

　(3)教具製作與應用（18小時）：各階段兒童教保單元所需之教具設計、製作與應用等。

　(4)課室管理（18小時）：課堂上的溝通技巧、氣氛的營造、關係的建立等。

　(5)學習環境設計與規劃（18小時）：整體教保環境的空間設計與規劃相關問題之探討。

　(6)兒童遊戲（36小時）：兒童遊戲的意義、理論、類別與輔導技巧、內容規劃及啓發應用等。

　(7)幼兒文學（36小時）：幼兒讀物的選擇、賞析、應用等。

3.**其他**（54小時）：

　(1)特殊兒童教育與輔導（36小時）：各類特殊兒童之身心特徵（如智障、感覺統合失調、殘障、自閉兒、過動兒、資優兒等）、教保方式及親職教育等。

　(2)嬰幼兒醫療保健概論及實務（18小時）：兒童身體與心理的衛生保健等相關問題。

(四)丁類：社工人員──**360小時**

1.**社會工作**（108小時）：

(1)個案工作（36小時）：個案工作之基本原理、倫理守則、實施應用及對兒童行為之輔導。

(2)團體工作（18小時）：團體工作之基本原理、運用技巧、團體規劃及對兒童行為之影響輔導等。

(3)社區工作（18小時）：社區的基本概念、發展、資源運用、社區組織、社區關係等。

(4)福利機構行政管理（18小時）：福利機構行政規劃、運作與管理等。

(5)方案規劃與評估（18小時）：機構方案設計之原則、目的、實施等的考量及效益評估之研討。

2.**兒童教保**（108小時）：

(1)兒童發展（27小時）：兒童身心發展的知識。如身體、動作、語言、智力、情緒、社會行為、人格、創造力等。

(2)特殊兒童心理與保育（27小時）：各類特殊兒童之身心特徵（如智障、感覺統合失調、殘障、自閉兒、過動兒、資優兒等）、教保方式及親職教育等。

(3)兒童安全與保護（18小時）：兒童安全與保護的觀念、意義、內容概要（如安全措施、交通安全、水火安全、飲食安全、遊戲安全、自我保護及應變方法、安全能力培養等）與實施等。

(4)班級經營（18小時）：班級溝通技巧、良好師生關係的建立、教保技術、班級氣氛等。

(5)人際關係（18小時）：人際關係的理論、溝通技巧及其在同事、夫妻、機構與家長、親子及師生間的應用。

3.**兒童福利**（72小時）：

(1)兒童福利政策與法規（18小時）：兒童福利之意涵、政策取向、法規內容等。

(2)兒童福利服務（36小時）：兒童福利之服務領域、措施要項、發展趨勢等。

(3)親職教育（18小時）：親職教育的基本概念與理論、角色運作、內容規劃與實施方式等。

4.**諮商與輔導**（36小時）：

(1)婚姻與家庭（18小時）：變遷社會中的婚姻與家庭關係、家庭生命週期與婚姻調適、家庭溝通、婚姻與法律等。

(2)兒童諮商與輔導（18小時）：諮商與輔導之基本概念、專業倫理、溝通技巧與實施應用等。

5.**專題討論**（36小時）：

(1)兒童問題專題討論（18小時）：兒童問題行為之認識、診斷及其輔導方式。

(2)社會工作實務專題討論（18小時）：兒童福利機構中有關社會工作的運用、實施，以及實務運作中的專業倫理。

(五)戊類：托兒機構所長、主任──270小時

1.**兒童福利專論**（36小時）：

(1)兒童保護（9小時）：兒童保護的意義、內容概要、實施應用等。

(2)兒童權利（9小時）：兒童權利的意義、內涵及實施應用等。

(3)兒童福利政策與法規（9小時）：兒童福利之意涵、政策取向、法規內容等。

(4)各國兒童福利比較（9小時）：各國兒童福利政策、法規制度、服務措施及分析比較等。

2.**托育服務專論**（54小時）：

(1)托兒機構評鑑（18小時）：托兒所之評鑑內容、方式及實施等。

(2)托育服務問題（18小時）：托育服務推展現況之相關問題探討。

(3)各國托育服務比較（18小時）：各國托育服務政策、法規、制度、服務措施及分析比較等。

3.**托兒機構經營與管理**（90小時）：

(1)公共關係（18小時）：公共關係之基本理念、原則、技巧、人脈網絡之運用、資源之結合等對機構經營之影響。

(2)財務管理（18小時）：財務管理之基本原理、實施應用等。

(3)教保實務管理（18小時）：教保實務的行政運作、機構管理等常見問題
做專題實務探討。

(4)人力資源管理（18小時）：機構中人員之獎懲、晉升、福利等制度之規
劃，以及差勤、異動之有效管理等。

(5)領導與溝通（18小時）：領導的理論、基本要領、領導者應有的風範、
智能、擔當、應變及與屬下關係等之探討。

4.托兒機構教保專題（54小時）：

(1)社會調查與研究（18小時）：社會調查與研究之基本概念、理論應用及
實施等。

(2)教保方案設計與評估（18小時）：教保方案之設計原則、目的、實施等
的考量，以及效益評估之研討。

(3)教保哲學與發展史（9小時）：教保哲學思想的起源、發展及對兒童之
影響等。

(4)教保專業倫理（9小時）：專業的意義、教保人員的專業智能、專業的
品德修養與態度、道德教育及專業組織等的探討。

5.托兒機構社會工作（36小時）：

(1)兒童個案管理（9小時）：個案工作之基本原理、倫理守則、實施應用
及對兒童行為之輔導等。

(2)社區工作（9小時）：社區的基本概念、發展、資源運用、社區組織、社
區關係等。

(3)特殊兒童工作（9小時）：各類特殊兒童之身心特徵（如智障、感覺統
合失調、殘障、自閉兒、過動兒、資優兒等）、教保內涵之實施應用
等。

(4)親職教育（9小時）：親職教育實施運作方式及問題評估。

(六)己類：兒童教養保護機構所（院）長、主任暨其他兒童福利機構所（園、館）長、主任——270小時

1.兒童福利專論（108小時）：

(1)兒童保護（36小時）：兒童保護的意義、內容概要、實施應用等。

(2)兒童權利（18小時）：兒童權利的意義、內涵及實施應用等。

(3)兒童福利政策與法規（36小時）：兒童福利之意涵、政策取向、法規內容等。

(4)各國兒童福利比較（18小時）：各國兒童福利政策、法規制度、服務措施及分析比較等。

2.福利機構經營與管理（72小時）：

(1)公共關係（18小時）：公共關係之基本理念、原則、技巧、人脈網絡之運用、資源之結合等對機構經營之影響。

(2)財務管理（18小時）：財務管理之基本原理、實施應用等。

(3)人力資源管理（18小時）：機構中人員之獎懲、晉升、福利等制度之規劃，以及差勤、異動之有效管理等。

(4)領導與溝通（18小時）：領導的理論、基本要領、領導者應有的風範、智能、擔當、應變及與屬下關係等之探討。

3.專題討論（90小時）：

(1)社會調查與研究（18小時）：社會調查與研究之基本概念、理論應用及實施等。

(2)福利服務發展（18小時）：福利服務的意涵、措施要項、發展沿革。

(3)方案規劃與評估（18小時）：方案之設計原則、目的、實施等考量，以及效益評估之研討。

(4)輔導與諮商（18小時）：諮商與輔導之基本概念、專業倫理、溝通技巧與實施應用等。

(5)專題研究（18小時）：就專題倫理、危機管理、壓力管理、家庭暴力等議題做專題討論。

(七)保母人員──80至100小時

1.職業倫理：

(1)明瞭法規。

(2)個人進修。

(3)工作倫理。

2.嬰幼兒托育導論：

(1)意義與沿革。

(2)政策與法令。

(3)服務措施。

3.**嬰幼兒發展**：

(1)嬰幼兒生理與動作發展。

(2)嬰幼兒的人格發展。

(3)嬰幼兒認知能力。

(4)嬰幼兒語言發展。

(5)嬰幼兒社會行為。

(6)嬰幼兒發展評估。

4.**嬰幼兒保育**：

(1)嬰幼兒基本生活。

(2)嬰幼兒營養與食物調配。

5.**嬰幼兒衛生保健**：

(1)衛生保健常識。

(2)嬰幼兒疾病預防與照顧。

(3)意外傷害的預防與急救處理。

6.**嬰幼兒生活與環境**：

(1)托育環境的規劃與布置。

(2)生活的安排與常規的建立。

(3)遊戲與活動設計。

7.**親職教育**：

(1)親子關係。

(2)教養方式。

(3)溝通技巧。

(4)家庭管理。

根據上述說明，顯示政府辦理兒童福利專業人員訓練已有具體可行方案；為建立此一專業訓練制度，自內政部頒訂此項方案，亦即從1997年以來，各直轄市及各縣（市）政府委託各地相關大專院校，辦理兒童福利專業人員職前訓練、在職訓練的情形相當普遍，例如實踐大學生活應用科學系、輔仁大學推廣部暨城區

推廣部、中國文化大學推廣教育部、台北市立教育大學進修暨推廣部、台北護理健康大學推廣教育中心、長庚科技大學、經國管理暨健康學院、靜宜大學、弘光科技大學等多校都參與此項訓練方案，對於兒童福利專業人員素質的提升，產生一定程度的績效。

四、兒童福利專業人員訓練課程的參訓資格

根據「兒童福利專業人員資格要點」之相關規定，針對「甲類：助理保育人員」、「乙類：保育人員」、「丙類：保育人員」、「丁類：社工人員」、「戊類：托兒機構主管人員」、「己類：兒童教養保護機構主管人員，以及「其他兒童福利機構主管人員」、「保母人員」課程的參訓資格，分別說明如下（內政部，1997）：

(一)甲類：助理保育人員課程參訓資格

高中（職）學校非幼兒、家政、護理等相關科系畢業者。

(二)乙類：保育人員課程參訓資格

1.高中（職）學校幼兒、家政、護理等相關科系畢業者。
2.普通考試、丙等特種考試或委任職升等考試社會行政職系考試及格者。
3.高中（職）學校非幼兒、家政、護理等相關科系畢業，取得助理保育人員資格並具有二年以上托兒機構或兒童教養保護機構教保經驗者。

(三)丙類：保育人員課程參訓資格

專科以上學校非兒童福利科系或相關科系畢業者。

(四)丁類：社工人員課程參訓資格

1.專科以上非社會工作或相關學系、所（組）畢業者。
2.高等考試、乙等特種考試、薦任職升等考試社會行政職系考試、普通考試、丙等特種考試或委任職升等考試社會行政職系考試及格者。

(五)戊類：托兒機關主管人員課程參訓資格

1. 大學以上兒童福利學系、所（組）或相關科系、所（組）畢業或取得幼兒保育輔系證者，具有二年以上托兒機構或兒童教養保護機構教保經驗者。
2. 大學以上畢業，取得兒童福利保育人員資格，具有三年以上托兒機構或兒童教養保護機構教保經驗者。
3. 專科學校畢業，取得兒童福利保育人員資格，具有四年以上托兒機構或兒童教養保護機構教保經驗者。
4. 高中（職）學校畢業，取得兒童福利保育人員資格，具有五年以上托兒機構或兒童教養保護機構教保經驗者。
5. 高等考試、乙等特種考試或薦任職升等考試社會行政職系考試及格，具有二年以上托兒機構或兒童教養保護機構教保經驗者。

(六)己類：兒童教養保護機構主管人員課程參訓資格

1. 大學以上兒童福利、社會、心理、輔導學系、所（組）畢業，具有二年以上社會福利或相關機構工作經驗者。
2. 專科以上學校畢業，取得兒童福利專案人員資格要點第3點至第5點所定兒童福利專業人員資格之一，具有四年以上社會福利或相關機構工作經驗者。
3. 高中（職）學校畢業，取得兒童福利專案人員資格要點第3點至第5點所定兒童福利專業人員資格之一，具有五年以上社會福利或相關機構工作經驗者。
4. 高等考試、乙等特種考試或薦任職升等考試社會行政職系考試及格，具有兩年以上社會福利或相關機構工作經驗者。

(七)其他兒童福利機構主管人員課程參訓資格

1. 大學以上兒童福利、社會、心理、輔導學系、所（組）畢業，具有二年以上社會福利或相關機構工作經驗者。
2. 專科以上學校畢業，取得兒童福利專案人員資格要點第3點至第5點所定兒童福利專業人員資格之一，具有三年以上社會福利或相關機構工作經驗者。

3.高中（職）學校畢業，取得兒童福利專案人員資格要點第3點至第5點所定兒童福利專業人員資格之一，具有四年以上社會福利或相關機構工作經驗者。

4.高等考試、乙等特種考試或薦任職升等考試社會行政職系考試及格，具有兩年以上社會福利或相關機構工作經驗者。

(八)保母人員課程參訓資格

年滿20歲，並完成國民義務教育者。

對於取得保育人員、助理保育人員、社工人員、保母人員及主管人員的資格要點已於上述做詳細的說明。為建立更完善的兒童福利專業制度，各縣（市）政府分別將此訓練課程委託內政部擇定登記有案之訓練單位或設有相關科系之大專院校辦理兒童福利專業「在職訓練」暨「職前訓練」。欲取得合格的兒童福利專業人員資格可透過政府所委辦之訓練課程。惟欲成為兒童福利保母人員者，除了接受各級社政主管機關或其認可之單位所辦理保母人員訓練相關課程至少80小時外，尚須通過行政院勞工委員會職業訓練局所辦理之保母丙級技術士技能檢定及格取得技術士證外，才可取得兒童福利保母人員資格。

五、兒童福利專業人員培訓之法規依據

現行兒童福利專業人員之培訓到主要法令依據為「兒童及少年福利與權益保障法」、兒童及少年福利與權益保障法施行細則、兒童福利專業人員資格要點，以及兒童福利專業人員訓練實施方案，茲分述如下：

(一)「兒童及少年福利與權益保障法」（**2012**年**8**月**8**日總統令增訂公布）

1.第8條第5款規定，中央主管機關掌理事項之一，即為「兒童及少年福利專業人員訓練之規劃事項」。

2.第9條第3款規定，直轄市、縣（市）主管機關掌理事項之一，即為「兒童及少年福利專業人員訓練之執行事項」。

3.第11條規定，政府應培養兒童及少年福利專業人員，並應定期舉行職前訓練及在職訓練。兒童福利專業人員資格要點，由中央主管機關定之。

由上可知，中央的職掌主要是負責專業人員訓練的規劃，地方職掌則是負責專業人員訓練的執行，更明確揭示政府有培養兒童福利專業人員的責任。

(二)兒童及少年福利與權益保障法施行細則（2012年7月9日內政部修正發布）

「兒童及少年福利與權益保障法施行細則」中第3條規定：「兒童及少年福利與權益保障法」第11條所稱「政府應培養兒童及少年福利專業人員」，除由高級中等以上學校相關院、所、系、科及學位學程培植外，得委託有關機關、學校、團體選訓；所稱「定期舉行職前訓練及在職訓練」，係指每年至少辦理一次。

上列之規定，對兒童福利專業人員培訓及訓練的辦理方式、訓練期間，做了進一步的規範。

(三)兒童福利專業人員資格要點（1995年7月5日內政部頒布；2000年7月19日修訂公布）

兒童福利專業人員資格要點訂定之目的，主要在規範各類兒童福利專業人員的資格標準，其中並揭示各類專業訓練的名稱，但並未對實際訓練內容加以規範。

(四)兒童福利專業人員訓練實施方案（含訓練課程）（1997年1月25日內政部頒布，1997年2月16日實施；2000年7月19日修訂公布）

兒童福利專業人員訓練實施方案對於兒童福利專業人員訓練的依據、目的、主辦單位、訓練類別與對象、訓練課程、訓練時數、訓練方式、訓練經費、證書頒領、評估考核、方案實施等項目都有整體明確的規定，特別是針對各類兒童福利專業人員的訓練課程，分別做了詳盡的規範。本訓練也隨之2003年兒童及少年福利合併立法之後，其中第50條第2款規定專業人員包括托兒所保育員、安置及教養機構保育員、社會工作人員、心理輔導人員、生活輔導人員、早期療育人員及主管人員。有關訓練計畫也於2009年4月完成修正，於5月6日公布實施（相關細節參考第三節）。

六、兒童福利專業人員培訓現況分析

有關兒童福利專業人員培訓現況之調查分析是針對目前正受訓於台北市、新北市及高雄市政府委託中國文化大學推廣教育部，所辦理各類專業人員訓練的受訓人員所做的問卷調查彙總的現況問題（參見**表8-1**），茲分述如下：

表8-1 兒童福利專業人員培訓計畫：調查問卷

訓練類別：□甲類助理保育人員班　　　　　□乙類保育人員360小時班 　　　　　□丙類保育人員540小時班　　　□丁類社工人員班 　　　　　□戊類主管人員270小時班		
主辦單位：□台北市政府　　□新北市政府　　□高雄市政府		
社會局	正向	
	負向	
承辦學校	正向	
	負向	
師資	優點	
	缺點	
課程	優點	
	缺點	
上課時間	優點	
	缺點	
上課動機	優點	
	缺點	

(一)修法放寬培訓管道

對於高中（職）非幼兒、家政、護理相關科系畢業的人員，因專業訓練的實施，使得有志從事幼保工作者尋得培訓的管道；自2000年7月兒童福利專業人員資格要點修正後，使其有晉升管道可取得保育人員資格。

(二)無法抵免學分

因體制的不同，受訓人員雖修畢專業課程，如360小時（相當於20學分）、540小時（相當於30學分）課程，但卻無法折算學分，亦無成績證明。對於受訓人員在獲取更高學位時，無法因修得此課程而予以抵免，以至於重複修習此課程，造成學習資源的浪費。

(三)資訊取得不易

各縣（市）政府每年皆不定期委由各地相關大專院校辦理兒童福利專業人員培訓課程，對於有心從事幼教工作而參訓的人而言，在資訊取得的方向上會致電各縣（市）政府詢問，卻常因未能得知確切受訓訊息而延誤參訓機會，導致欲參與受訓人員在獲取資訊時為時已過晚。

(四)應採分段式訓練

1. 兒童福利專業人員培訓課程均達數百小時以上，且課程大多安排在晚上，對於多數已婚且在職之保育人員而言，影響其與孩子、家人的相處時間，易造成園所、家庭與訓練方面的衝突。
2. 訓練實施方案中規定，缺課達總時數之六分之一（含病假、事假、公假）即無法領取證書，對於若臨時發生重大意外，而無法繼續上課者，未來必須重新再上課，之前所修過的課程皆未能給予承認。

(五)未能重新修訂訓練課程內容

1. 針對欲取得保育人員而符合資格要點第3點第5款的助理保育人員而言，之前所上的甲類助理保育人員訓練課程與乙類保育人員360小時訓練課程，其中兒童安全、嬰幼兒醫療保健概論及實務課程重複學習，並未能給予抵免，造成受訓人員精神、時間和金錢上的浪費。
2. 未能區分托兒所與兒童托育中心之保育人員所需課程之不同：兒童托育中心之保育人員所需具備的專業知能應異於托兒所之保育人員，但未能設計符合兒童托育中心保育人員實際的訓練課程。

(六)授課教師良莠不齊

委訓之課程實屬職前訓練或在職訓練,而非升學輔導,授課之重點應著重於應用性,有些授課教師無法兼顧理論與實務;或是學校無法確切控管教師遲到、早退的情形,將影響受訓學員學習的效果。

(七)收費金額不一

各縣(市)政府委託各大專院校辦理的訓練課程開課人數、收費金額不一,有些班級人數太多,易造成資源分配不足,且學費是否包含教材費並未予以明訂,有些學校教材費未含括在內,使得受訓人員需額外再支出一筆費用,易造成抱怨及負擔。

(八)幼托合一問題,法令未予明朗化

為了因應幼托整合的問題,過去內政部兒童局只有草案而且又區分教育及社政單位之主管,雖然課後照顧訓練辦法已由教育部制訂,而幼托整合後之兒童福利專業人員訓練課程(目前由兒童局委託規劃中),對於要停止舊制的訓練課程,目前暫時尚未有相關之配套措施,加上法令未予明朗化。此種現況對於現行兒童福利專業人員而言,造成人心惶惶,已受訓人員擔心未來將因修法又造成資格不適任問題。

「兒童福利專業人員資格要點暨訓練實施方案」實施至今,對於實施後所產生的問題,將其歸列如上,期望有關單位能研擬出更符合兒童福利專業人員的培訓方案。畢竟,兒童福利工作的推展,需要充足的人力投入,而唯有所有工作人員接受足夠的兒童福利專業教育與專業訓練,方能具備相當的專業知能與專業精神,有效的運用兒童福利的社會工作方法,推動各項工作,解決問題,服務社會,造福兒童。

第二節 幼托合一對兒童福利專業人員制度的衝擊

一、托育服務及托育需求

托育服務為一種替代父母親自照顧子女的群體兒童照顧方式（主要方式有托兒所、幼稚園、安親班、課後托育及保母等），也是國家的一種婦女及兒童相關社會政策，更是反映國家對婦女在社會的角色地位及對兒童提供一個補充親職角色功能不足的成長及發展環境，所以托育服務是屬於家庭政策的主體政策之一。

世界各國皆因國情不同，其所提供的家庭政策和服務也有所不同。歐美先進國家的幼教政策無不倡導「及早就學」及「普及性教育」以奠定國家未來人才的競爭力。經濟合作發展組織（OECD, 2006）皆重視高品質學前教育及照顧品質（或稱為托教，educare），並結合教育及照顧系統，提供高品質的學前教育及照顧，促進社會及平等機制，以提供支持家庭照顧育兒之責任。以美國為例，經濟安全是方案設計的主要目標，除了社會救助之外，也包括就業機會的創造與提供、就業訓練和人力投資方案；以瑞典為例（Kamerman, 1996），是以性別平等意識家庭政策觀，提供各種彈性上班措施，包括育嬰假、家事假、親職假等。在社會政策和平等中規劃有留職留薪親職假，包括兒童病假、陪產假、兒童事假、育嬰（兒）假；有些國家如加拿大、紐西蘭、西班牙、德國、法國等十二個國家，則採無薪的親職假（Haas, 1922，引自王麗容，1999）。此外，各國為增加婦女勞動參與或不幸家庭（如單親、受虐等）的兒童照顧需求，而提供替代性或補充性的機構式（如托兒所或幼稚園）兒童照顧。

從女性勞動參與模式分析，近年來統計資料顯示，家有6歲以下兒童的婦女，約有50%就業中，也顯現我國兒童照顧需求有日益增加的現象（王麗容，1995）。此外，社會變遷，如人口結構改變、家庭人口數減少、家庭結構以核心家庭為主；教育水準提升，個人主義抬頭、導致婦女為追求個人成就、自我實現及經濟成就導致婦女前往就業市場（job market）；兩性平等造成家庭夫妻關係及權利義務分配日趨均權；社會經濟結構的改變，使得需要大量勞力的工作機會降低，取而代之的是服務業及不需太多勞力的工作機會提增，也刺激婦女就業

意願,以及經濟所得的提增和通貨膨脹上升,婦女為求家庭經濟生活的充裕,也必須外出工作,以提升家庭的物質生活品質,也造就了婦女成為就業市場的主力,甚至衍生雙生涯的家庭(1992年約占48.6%的婦女勞動參與率)(郭靜晃,1999a)。另外一項有關各育齡階段性女性勞動參與率的調查,家中育有6歲以下子女之婦女勞動率由1983年的28%提高到1999年的49%,而其中有46%的婦女其子女年齡為3歲以下。從社會的變遷及生活型態的改變,現代的已婚婦女比起傳統農業社會的已婚婦女中,確實擁有較多的生活自主權,較能走出家庭並尋找自己的天空(郭國良,1996)。這些生活型態的改變,也影響婦女的休閒機會與空間。婦女從實際參與休閒活動的過程中,可能吸取到勝任感、罪惡感、獨立感、安全感或愉悅感等經驗,這些經驗也對婦女自我評價(自我概念)有所影響,甚至影響婦女之幸福感(well-being)。

王麗容(1999)針對0至12歲兒童照顧需求分為:替代照顧需求、經濟協助/資訊/品質需求、親自照顧需求和彈性工作場所設計需求(共有二十六種需求題項),以台北市4,376份問卷中(有效問卷為2,642份,回收率62.3%),調查結果發現:台北都會區父母以幼稚園替代照顧需求、對媽媽的產假需求、對假期間福利需求、對課後照顧需求、對照顧免稅需求,為前五項的表達需求。至於其他兒童照顧需求,如保母需求為第22位,托兒所需求第14位,托嬰中心需求第16位,寒暑假活動需求第6位,對課後托育班需求則為第17位。如果只就替代照顧需求,其排名順序依次為幼稚園、課後照顧、寒暑假活動、托兒中心(所)、托嬰中心、課後托育及家庭保母。

二、我國托育服務的現況及沿革

我國托育服務的發展過程是先有幼稚園(早在光緒29年,即西元1903年的「奏定蒙養院章程及家庭教育法章程」規定蒙養院附設師資養成機構,培育女師範生擔任保母職。1922年的新學制並在南京的第一女子師範學校成立幼稚師範科),再有托兒所(1955年的托兒所設置辦法)。早在1934年「家庭總部」模擬家庭方式,對需要幫助的貧苦家庭兒童施以生活教育,成為正式托育機構以來,托育服務與幼稚園的釐分早就不夠明顯(馮燕,1995)。至今,托兒所與幼稚園依「托兒所設施規範」與「幼稚教育法」皆以「促進兒童身心健全發展」為宗旨,兩者的設立原意都強調「教育」與「保育」功能兼俱。雖然托兒所與幼稚園

隸屬於內政部與教育部,接受不同法規的規範與管理,但實際上兩者皆有兒童教育及補充家庭親職角色功能的不足。事實上,幼兒對於自己上托兒所或幼稚園也分不清楚,他們的認知是去上學;一般社會大眾,甚至業者則普遍認為上托兒所是讓兒童去玩,而上幼稚園是為日後上小學做教育準備,但家長普遍偏好將孩子送往幼稚園就讀(俞筱鈞等,1996;王麗容,1999)。此種趨勢顯現托兒所對家長的吸引力較不利於幼稚園。

就托育之培育而言,托兒所之保育人員遠不及幼稚園師資。對幼稚園師資的培育,自1981年即頒布「幼稚教育法」,隨後1983年又相繼公布施行細則、獎懲辦法與教師登記檢定及遴用辦法。為了配合法令之實施與推廣,1983年有師專二年制幼師科專生及1987年全國九所師專同時改制師範,1989年起成立師院幼教系,並於1993年全面停招幼兒教育師資科。後更因1994年師資培育法頒行,幼稚園師資全面以大學程度為法定資格。凡此種種皆確立了師範體系的教育管道,不但彰顯了幼師培育政策之推行績效,同時也提供優勢的培育環境,更加速師資的提升與素質的齊一化。另一方面,托兒所教保人員的培育仍局限於高職、專校的幼保科、大學的幼保系、青少年兒童福利學系,以及生活應用學系等提供師資的養成途徑。因此,保育人員的素質自然參差不齊(穆仁和,1999)。

縱然托兒所(最早以1955年頒布的托兒所設置辦法為規定)與幼稚園的師資來源雖有不同,但其培訓課程或師資遴用資格並沒有太大差異。幼稚園師資依「教師登記檢定及遴用辦法」第7條規定之資格任用,其最低條件為高級中學以上學校畢業,曾修習幼稚教育專業科目20學分以上成績及格者。1995年在師資培育法及教師法未修改通過時,許多大專院校幼保相關科系可以用曾修習過20學分以上之專業課程申請教師登記檢任,並合格任用幼稚園教師及領有教師證;而托兒所保育人員之任用以「托兒所設置辦法」第11條所規定之最低資格也是高級中學及高職畢業者,曾修習幼兒教育20學分或參加保育人員專業訓練360小時合格者,如是,托兒所之保育人員品質與幼稚園相較,應是相去不遠(穆仁和,1999)。但是有幼稚園資格的幼師可以有保育員之資格,並可在托兒所工作,只是以往在托兒所工作之年資不予計算,反之,托兒所工作之保育人員並不能在幼稚園工作。然而在1994年教師法、1995年師資培育法及教育學程師資設立標準相繼頒布之時,將幼稚園教師提升至大專及以上的學歷,培訓管道以各師院幼教系及大專院校的幼教學程(得修習26個學分,並實習一年);反觀托兒所保育人員

之資格在1993年「兒童福利法」修改之後，在1995年內政部頒布兒童福利專業人員資格要點及1997年兒童福利專業人訓練實施方案。兒童福利保育人員包括：

1.專科以上學校兒童福利科系及相關科系畢業者。
2.專科以上學校畢業，並經主管機關主（委）辦之兒童福利保育人員專業訓練及格者（540小時）。
3.高中（職）學校幼兒保育、家政、護理等相關科系畢業，並經主管機關主（委）辦之兒童福利保育人員專業訓練及格者（360小時）。
4.普通考試、丙等特種考試或委任職升等考試社會行政職系考試及格，並經主管機關主（委）辦之兒童福利保育人員專業訓練及格者（360小時）。
5.高中（職）學校幼兒保育、家政、護理等相關科系畢業未經訓練者，或非相關科系經兒童福利保育訓練及格者（360小時），得聘為助理保育人員。

就上列的規定來看，尤其在1994年「教師法」及「師資培育法」公布之後，幼稚園教師之資格較齊一化，而托兒所保育人員之資格較為參差不齊，誠如穆仁和（1999）所言：保育員比起幼師素質之不如在於：第一，先天培育環境不良（如法規及培育的師資養成管道）；第二，後天培育體系管道不暢（教師資格的認定及進修管道）。

有鑑於此，內政部在1997年10月頒布兒童福利專業人員訓練實施方案規定、凡在職與即將就職之保育人員或社工員應接受360小時（所長270小時）之在職／職前訓練以取得專業人員之資格，以提升保育人員之教保品質。而受訓單位則委託大專院校有訓練保育人員之經驗者辦理，其中有些學校（如輔大、文化、靜宜、實踐、屏技）皆同時有興辦幼稚學程，而其所訓練課程360小時（相當於20學分），只是因為體制不同，不能折算學分。其中保育員之來源又分為高中（職）及大專相關或非相關科系畢業之成員。就保育員及幼師比較之下，在接受兒童福利專業人員資格之保育員時，可以相當「教師法」及「師資培育法」公布以前的幼師（有些是從幼進班或幼二專管道）之專業訓練，或可以相當於幼教學程（26個學分加上一年實習）的專業能力。但是由於有些保育人員只是高職之相關幼保科畢業，加上培訓管道不同或不能符合「教師法」所規定必須為大專以上的資格，所以保育員不被認定具有幼師資格。然依據2000年修訂之「兒童福利專業人員資格要點」規定，保育人員師資提升至大專程度，主要培訓來源為大學幼兒教育相關系

所，四技二技幼保系及二專幼保科。此外，亦針對已在托兒所工作但不具資格者，提供不同的專業訓練課程，提高保育人員及助理保育人員之合格任用率，但隨著「幼兒教育及照顧法」及「兒童福利法」頒布實行及托教合一之後，此種訓練課程皆回歸學校體制。

三、幼托分與合的可能考量

幼兒教育應採取單軌制或雙軌制，一直是眾說紛云，即使美國在1986年已發展認可制度（accreditation）來評定幼教人員的專業資格，並將資格分為教師助理、協同教師、教師及專業等四類。從廣義的角度來看，幼兒教育是一種非正式的教育，應包括托兒所與幼稚園（邱志鵬、陳正乾，1994）。大多數的工業化國家還是採行雙軌制較多，除了丹麥因規定7歲以前不能教學，所以保持其單軌制。然而雖執行雙軌制（教育及福利）之功能，實應包括教育兒童及補充親職教育功能不足的兒童照顧功能。我國因隸屬不同行政單位，接受不同法規管道，但是實際執行之課程及功能卻是重疊的，因此造成現有托育服務體制之紛亂。因此，在1998年7月21日全國社會福利會議開幕典禮，行政院蕭前院長指示：「廣設托兒設施，並整合托兒所與學前教育。」

基於國家對於幼兒教育（照顧）沒有明確的政策，加上現有兒童托育體制劃分（因年齡或功能）不清楚而導致功能重疊，幼托該分或合，作者提出下列的看法：

1. 基於國家整體兒童照顧體系的建立，得以考慮國家教育往下延伸一年，而劃分0至5歲屬於兒童照顧體系，6至8歲屬於幼稚教育體系，但前提應將小學一、二年級教學幼兒化，而不是將5至6歲幼兒教育小學化。幼稚教育應屬於半天班之教學，其他則由兒童照顧體系來補充親職角色照顧不足的托育。

2. 維持原有幼教兩軌體系，各執其應有的功能，嚴格執行現有之法規規範，並做明確的功能認定。縱然我國立法已有清楚的雙軌制規範，但自1955年頒布「托兒所設置辦法」以來，造成法律、制度與現況的差距，更造成政府主管單位所規範及現有業者所做之間的差距，政府官員說業者不遵守法規，違反作業，而業者說法規不符合需求，眾說紛云，困擾迄今未能獲得妥善解決。

3.為期符合幼兒之最佳利益，不衝擊現有業者生存空間，並就資源公平分配
及教保兼俱之原則下，可考慮依據兒童年齡為整合之分界點。依據法規，
幼稚園與托兒所對4至6歲兒童所提供的服務是相同的，甚至有不少幼稚園
業者也實際擴充至對3歲及以下兒童的托育。既然是相同的服務，則不必受
兩種法規及不同行政單位所管理及規範，因此，作者建議以3歲為年齡之分
界點，並將兒童照顧體系之業務事權明確統一，以俾利行政管理。3歲以前
隸屬社政單位主管，並分別設置0至2歲之「托嬰兒」及2至3歲之「幼嬰兒
托育中心」，並配合家庭保母及其他托育之政策，將3歲以前之幼兒定位於
保育之托育服務，而3至6歲之幼童教保工作整合原有「托兒所」及「幼稚
園」統稱為「幼兒園」，隸屬教育單位主管。在此方案之原則應考量：整
合後之「嬰幼兒托育中心」及「幼兒園」，其設施規範應就托兒所設置辦
法或重新通盤檢視，在不影響公共安全及教保品質之前提下，立案從寬，
以鼓勵民間參與學前幼教托育事業及原有業者，而教保內涵及師資標準從
嚴，以提升專業素質，並考量師資合流之可行性（郭靜晃，1999b）。

幼托人員合流的最大困難是在於法規。在現行法規之下，幼稚園老師和托
兒所之保育人員不可以流通，而且托兒所並沒有教師這個資格。根據現行的「托
兒所設置辦法」第10條之規定，托兒所認定老師的資格不同於「師資培育法」所
認定的資格，而且「師資培育法」之老師的養成訓練皆比托兒所保育人員之層級
及投資來得高。據此，顧及考慮托教合一之可行，個人認為實有必要將教保人員
（合併成幼兒園之統一名稱）分級之必要性。

四、幼托人員合流之分級

在師資資格從嚴（在「師資培育法」公布之後）之層面，使得在托兒所原有
教師資格（高中職畢業，曾修習20個學分以上或曾參加保育人員專業訓練三個月
以上，並具有二年教保經驗者）之人，失去原有教師之資格，而成為保育員。現
有之制度規定幼稚園教師來自：(1)各師院幼教系畢業者；(2)各大學附設幼教學
程畢業及實習一年者。保育員則分：(1)高中職非相關科系，修習360小時兒童福
利專業人員之助理保育員訓練及格者及高職幼保科畢業者；(2)高中職幼保科畢業
並修習兒童福利專業人員保育員360小時訓練及格者，大學非相關科系修習540小

時兒童福利專業人員訓練及格者及大學四年（兒福系、生應系、幼保系）或二年（幼保科）相關科系畢業者；(3)持有保育員之兒童福利專業人員資格者，高中職相關人員年資五年，大學非相關科系年資四年，大學（專）相關科系年資二年，並接受270小時兒童福利專業人員所長訓練及格者，得可聘任所長。

在師資培育管道及投資年限不同，專業培訓卻相似，合流之後，實有分級之必要性，並要加以制訂分級之最低薪資以資公平。分級之可行方案可參見**表8-2**。

表8-2將幼托（教保）人員分為五級：助理、一級、二級、三級、四級及主管人員，並以學歷、年資、訓練及績效作為升級及評級之指標，茲分述如下：

1. **助理教保人員**：以高職幼保科畢業者及高中職非相關科系畢業者＋受360小時兒童福利專業人員助理保育員訓練及格者。

2. **一級教保人員**：高職幼保科畢業者＋受360小時兒童福利專業人員保育人員訓練及格者；大專非相關科系＋受540小時兒童福利專業人員訓練及格者；二年制及四年制大學相關科系畢業者；及助理教保人員＋服務年資二至三年以上或＋訓練360小時者擔任。

3. **二級教保人員**：各師院幼教系畢業者；各大學修幼教學程及格者並實習一年，領有幼稚園教師證者；大專院校四年制幼保相關科系畢業者，經考試檢定或具二至三年工作年資，或加上專業訓練100小時及格者；高職幼保科畢業取得兒童福利專業人員資格者；大專非相關科系畢業並取得兒童福利專業人員資格者；大專二年制幼保科畢業者＋二至三年工作年資，並且考績在甲以上或＋專業訓練100小時及格者。

4. **三級教保人員**：由上列二級教保人員＋五年工作年資並考績在三優或五甲以上資格者；透過升等考試及格者或＋受訓240小時專業訓練合格者；相關科系碩士資格者＋二年工作年資或受訓240小時；或相關科系博士資格者。

5. **四級教保人員**：由上列三級教保人員＋五年工作年資，績效在三優及五甲以上；相關科系博士資格者＋一年工作年資，績效甲以上；或者提研究著作升等通過者。

6. **主管**：由二級及以上教保人員：高職幼保科相關科系畢業者＋五年工作年資；大專非相關科系畢業者＋四年工作年資，大專相關科系者＋二年工作年資，並通過兒童福利專業人員270小時所長訓練合格者，或幼師＋二年工作年資等，具有實務工作經驗者擔任之。

表8-2　托教合一之教保人員分級制度一覽表

	助理	一級		二級		三級		四級	主管	
	保育員	保育員	幼教師	保育員	幼教師	保育員	幼教師		保育員	幼教師
學歷	a.非相關 b.幼保科	a.幼保科 b.大專非相關 c.二年制相關			大學學程教師證				a.幼保科 b.大學非相關 c.大學相關	a.幼教師
		A.相關四年 Z.助理		A.相關四年+考試升等考試		升等考試 X.碩士 Y.博士		Y.博士三級	二級以上 三級 四級	
年資					b.一年實習	二級+五年				
		Z. 二至三年		一級＋二至三年		X.碩士＋二年		三級＋五年 Y.博士＋一年	二級＋二年	
訓練	a.360小時	a.360小時 b.540小時 c.360小時		一級＋100小時					a.270小時 b.270小時 c.270小時	
				A.相關四年＋100小時		240小時（48×5）			主管訓練	
績效		Z.甲以上		一級＋二至三年績效甲以上				Y.甲以上 三級；三優或五甲		
						二級：三優或五甲 X.甲以上		三級＋研究著作 Y＋研究著作		

註：1.a.b.c.A.X.Y.Z.各代表某學歷資格的人，a.b.c.以縱向對照。
　　2.各級又各分為保育員與幼教師兩欄，則以同級交流、體系分立完整為原則而設。
　　3.「相關」「非相關」指「相關科系畢」「非相關科系畢」。
　　4.本表為座談會討論結果，尚有進一步討論空間。

資料來源：參考馮燕、廖鳳瑞（1999）。

　　以上之分級，就其公平原則，具相同資歷者應有同等薪資，即資格一致，待遇就一致。因此至少要制訂分級之最低待遇，而中間之差距可因學歷、地區需求、績效、年資或其受專業訓練程度來調整，以形成不同投資，不同工也應有不同酬。

 ## 第三節　兒童福利的專業制度與訓練

　　2011年11月30日經總統公布施行之「兒童及少年福利與權益保障法」第78條規定：「兒童及少年福利機構之業務，應遴用專業人員辦理；其專業人員之類別、資格、訓練及課程等之辦法，由中央主管機關定之。」又第75條第1項規定：「兒童及少年福利機構分類如下：一、托嬰中心。二、早期療育機構。三、安置及教養機構。四、心理輔導或家庭諮詢機構。五、其他兒童及少年福利機構。」

　　根據2004年發布的「兒童及少年福利機構專業人員資格及訓練辦法」，所稱兒童及少年福利機構專業人員類別及其定義如下：

1.**保母人員**：指於兒童及少年福利機構照顧0至2歲幼兒之人員。
2.**教保人員及助理教保人員**：指於托育機構、早期療育機構提供幼兒教保服務之人員。
3.**保育人員及助理保育人員**：指於兒童及少年福利機構，提供12歲以下兒童生活照顧之人員。
4.**生活輔導人員**：指於安置教養機構，提供12至18歲少年生活照顧之人員。
5.**心理輔導人員**：指於兒童及少年福利機構，提供兒童及少年心理諮商、輔導等服務之人員。
6.**社會工作人員**：指於兒童及少年福利機構提供兒童及少年入出院、訪視調查、資源整合等社會工作服務之人員。
7.**主管人員**：
　　(1)托育機構之所長、主任。
　　(2)早期療育機構之主任。
　　(3)兒童及少年安置及教養機構之院長、主任。
　　(4)心理輔導或家庭諮詢機構之主任。

(5)其他兒童及少年福利機構之所（院）長、主任。

　　至於在兒童及少年福利機構專業人員資格及訓練辦法施行前，根據兒童福利專業人員資格要點取得專業人員資格，且現任並繼續於同一職位之人員，視同本辦法之專業人員。

　　為配合「兒童及少年福利機構專業人員資格及訓練辦法」之規定，內政部兒童局將兒童及少年福利機構專業人員的訓練課程委託翁麗芳教授、彭淑華教授、郭靜晃教授及柯平順教授進行規劃，內容分為托兒類、保育類、輔導類、療育類四部分。托兒類部分，包含於托育機構執行生活照顧之保母人員、教保人員、助理教保人員及單位主管；保育類部分，包含於兒童及少年福利機構執行生活照顧之保育人員、助理保育人員及安置教養機構及福利機構主管；輔導類部分，包含於兒童及少年福利機構或安置教養機構之生活輔導人員、心理輔導人員、社會工作人員及心理輔導或家庭諮詢機構單位主管；療育類部分，包含早期療育機構執行生活照顧之教保人員、助理教保人員及單位主管。有關課程內容見2012年12月7日修正公布之「兒童及少年福利機構專業人員訓練實施計畫」。

　　另外，2012年5月30日公布的「兒童及少年福利機構設置標準」及「私立兒童及少年福利機構設立許可及管理辦法」，對於機構應配置的專業人員之類別及資格皆有詳細說明。

本章小結

　　幼托合一應朝向制度法令合一的走向來進行並進而涉及托教機構合一，主管單位定位清楚並全面規劃統一教保人員之職務級，以使托教人員職務齊一化。托育服務是反映國家對兒童照顧的社會及家庭政策之一，在我國托育服務的發展過程中，由於法規設立未能制訂完備，致使托育服務機構之功能性規劃混淆不清，其間在設立時有因應不同之學齡前兒童年齡、收托時間、提供服務設施或單位而有其不同之名稱與功能。

　　綜觀世界各已開發國家，有教育及保育之兩軌制（教育與社會福利），也有單軌制，並且在年齡也有所區分，以美國、英國為例，幼稚教育係指5至8歲之兒童，而0至5歲之兒童則隸屬社會福利之兒童照顧體系。據此則是國民教育向下延

伸一年而成為十年國教，並將普遍設立公立幼稚園，並將小學一、二年級教學符合幼兒化之原則，諸此問題則要全面考量教育政策是否可以配合。

托育服務也有從功能來區分，例如我國的托教政策，據此觀點要從法律與制度來認識及區分「托兒」與「教育」之區別；但由於法律之規範，行政之公權力及業者不能配合，而造成現今托育現況與法律規範的差距，更造成現有托育執行之困難。托教區分的第二個方式則以年齡為劃分依據，例如，日本是以4至6歲為分野，為顧及符合兒童之最佳利益，不損害現有業者生存空間及行政執行之劃分，這也不失為一種解決問題的策略。據此，為符合現有托育之現況，作者建議以3歲為劃分點，分為0至3歲的兒童托育及3至6歲幼兒教育的兩種兒童照顧方式，合而成為我國兒童照顧體系，各司其職，各顯其功能。從此一角度為出發點，托教工作人員的齊一化及合流則勢在必行；但因教育投資、專業訓練背景之不同，合流而不劃分其等級實有失其公平性。因此，合流後之分級制也不失是一解決不公平的可行策略之一。

長久以來，托兒所及幼稚園之執行皆身兼教與保的功能，工作內容一致，而資格（歷）不同，就應有不同的待遇；但如資格（歷）相同，工作內容又一致，那待遇就得一致。因此合流之後的分級如果可行，應更清楚明列各等級之最低待遇，以確保托育人員之生活照顧，如此一來，健全托育服務品質之齊一化則指日可待。

「幼托合一」政策自1997年12月4日蕭前院長本著國家總體資源應用及民間未能依教育與社會福利之原有功能而造成幼稚園與托兒所的辦理紛擾，以及多頭馬車的托育體制，復於1998年7月21日全國福利會議結論指示：將托兒所及學前教育整合事宜列為應優先推動之重點工作，於是展開幼兒幼教與托育整合方案之研擬規劃。歷經七年並由教育部與內政部經多次協商及邀請幼教學者、團體、業者召開無數次會議，也委託相關小組執行研究規劃，研擬「幼兒托育與教育整合方案」，並召開公聽會。但是整合與協調之困難，尚未獲得共識。現已通過「幼兒教育及照顧法」（2011年6月29公布），幼托整合已成定案，約7,000所幼稚園及托兒所將走進歷史，改為幼兒園。並於2014年6月前，另以法律訂定教保服務人員任用規定。幼托整合後，同年齡之幼童在同一體制下，接受齊一管理標準之教保服務也已獲得保障。在切割整個一般兒童的幼兒照顧之行政，未來社政業務只司2歲以下的托育照顧以及在機構內兒童之教保服務，期待不同專業之分流可帶給我國兒童最好的照顧品質。

 參考書目

一、中文部分

內政部（1997）。《兒童福利專業人員資格要點暨訓練實施方案》。內政部社會司委託研究。

王麗容（1995）。《台北市家庭結構變遷與福利需求之研究》。台北市政府委託研究。

王麗容（1999）。展望二十一世紀家庭政策——給女性一個選擇。中華民國社會福利學會：家庭、社會政策及其財務策略。國際學術研討會。

沈時傑（1996）。《社會工作Q&A》。台北：風雲論壇出版社。

林勝義（2002）。《兒童福利》。台北：五南圖書公司。

邱志鵬、陳正乾（1994）。〈幼稚園與托兒所的整合方案〉。《第七次全國教育會議幼教建言專輯》（頁27-36）。台北：信誼基金會。

俞筱鈞、郭靜晃、彭淑華、張惠芬（1996）。《學齡前托育問題之研究》。台北行政院發展考核委員會。

張煜輝（1992）。〈民眾福祉為先專業福祉為要——建立社會工作專業制度的策略與取向〉。《福利策略措施的商榷》。台北：中華民國社區發展研究訓練中心。

郭國良（1996）。《婦女休閒活動參與、人口變項及自我概念之研究——以高雄市已婚婦女為例》。國立高雄師範大學成人教育研究所碩士論文。

郭靜晃（1999a）。〈婦女參與休閒之限制與因應對策〉。《婦女與休閒》，142，4-17。

郭靜晃（1999b）。《幼托人員合流之分級制度可行之探討》。高雄縣政府幼托合一研討會。

曾華源（1993）。〈美國社會工作專業教育的發展趨勢〉。《社區發展季刊》，61，82-89。

馮燕（1995）。《托育服務：生態觀點的分析》。台北：巨流圖書公司。

馮燕、廖鳳瑞（1999）。幼托人員證照制度座談會。台北市政府教育局研究專案。

穆仁和（1999）。兒童托育服務的省思：台灣托兒所保育人員品質提升之需要性。

聯合報（2004年6月21日）。「國幼班」煞車只給弱勢者。

謝友文（1999）。《保母專業倫理、權利與義務》。台北市政府勞工局。

二、英文部分

Haas, L. (1992). *Equal parenthood and social policy: A study of parental leave in Sweden*. New York: State University of New York Press.

Kamerman, S. B. (1996). The new politics of child and family policies. *Social Work*, *4*, 454-464.

OECD (2006). Starting strong II: Early childhood education and care. Paris: OECD.

三、網站

內政部主管法規查詢系統。http://glrs.moi.gov.tw/index.aspx。

四、政府公文

1999年10月22日北市社五字第8826986800號函。

2000年7月19日內政部台（89）內童字第8990037號函。

2000年7月27日北市社五字第8925164400號函。

第三篇

服務篇

9

支持性的兒童福利服務

- 兒童及少年與家庭諮詢輔導服務
- 兒童及少年休閒娛樂
- 發展遲緩兒童療育服務
- 未婚媽媽及其子女服務
- 本章小結

兒童福利是社會福利的一環，社會福利涵蓋社會保險、社會救助及福利服務三方面。Kadushin及Martin（1988）以服務輸送提供與家庭功能間的關係，也就是說，利用兒童服務輸送以其和家庭系統互動的目的及所產生的家庭功能，將兒童福利服務分為三類：支持性、補充性及替代性的兒童福利服務（可參考第一章圖1-2）。支持性兒童福利服務之目的在支持、增進及強化家庭功能，滿足兒童需求之能力，使原生家庭成為兒童最佳的成長場所；補充性兒童福利服務之目的在彌補家庭對其子女照顧之不足，處於或不適當情況所給予家庭系統之外的福利服務；替代性兒童福利服務之目的在針對兒童之個人需求，提供一部分或全部替代家庭照顧功能的福利服務。第九章至第十二章將介紹有關支持性、補充性及替代性兒童福利服務的措施與作法，第十三章則介紹一些概念性兒童福利服務的新思維與作法。

支持性兒童福利服務即是運用家庭以外之資源給予原生家庭支持，也是兒童福利服務的第一道防線；即當家庭結構仍然完整，但家庭關係及親子關係產生緊張，使家庭成員承受壓力，若其壓力持續進行而未能減緩，將導致家庭結構之破壞，如遺棄、分居離居或其他危機時，也可能產生兒虐事件，則可經由以家庭為本位的計畫（可參考第十三章）及兒少保護機構所提供之支持性服務，並借助家庭本身的力量，增強父母親的能力；致力處理父母的婚姻衝突，設法減低親子關係的緊張，使得家庭功能得以修補、維持、改善，以免兒童及少年產生不良之影響（陳武雄，2003），其具體措施包括兒童及少年與家庭諮詢輔導服務、兒童及少年休閒娛樂、發展遲緩兒童療育服務、未婚媽媽及其子女服務等。

第一節　兒童及少年與家庭諮詢輔導服務

我國「兒童及少年福利與權益保障法」第23條第1項第4、5款規定：直轄市、縣（市）政府，應建立整合性服務機制，並鼓勵、輔導、委託民間或自行辦理兒童及少年福利措施，包括對兒童、少年及其家庭提供諮詢服務（第4款）以及辦理親職教育（第5款）。

馮燕（1994）受內政部委託所做的「兒童福利需求初步評估之研究」發現，由於家庭照顧與保護功能受損、衰退或喪失之後，導致兒童福利需求日趨殷切，故維護家庭功能是最能預防兒童遭遇不幸的基本計策，又投資預防防線之1元經

費可比事後矯治、安置的3至7元治療費用。王麗容（1992）受台北內政部社會局所委託之「台北市婦女就業與兒童福利需求之研究」發現：台北市兒童之家長對於支持性兒童福利之需求順位相當高，包括：親職教育、諮詢服務、兒童問題諮詢服務、婚姻問題諮詢服務、家人關係諮詢服務等，占了五成以上。

此外，內政部兒童局（2012）在2010年所做的兒童生活狀況調查資料中發現，台灣地區家長之育兒知識來源絕大多數是來自「傳統育兒經驗」（長輩親友傳授）、「自己帶孩子的經驗累積」為居多；《天下雜誌》1999年11月中以0至6歲學齡前教育為主題做了一系列的專刊報導，1999年10月間針對台灣學齡前兒童之家長進行「兒童養育與親子關係調查」發現，現代父母都希望當個好父母，有69.0%之父母認為孩子是3歲看大，6歲看老，0至6歲是一生最重要的發展關鍵期。有31.6%認為培養孩子健全人格發展是首要責任，但是他們卻也表示不知如何教養兒童，顯見現今家長在養育子女方面的認知與行為存有一段落差。環顧今日台灣社會的家庭面臨各種變遷，故衍生各種問題，如壓力日增、離婚率不斷提升、破碎家庭數目漸增，單親家庭、再婚家庭問題也隨之而來，此種情形造成兒童及少年產生問題行為，甚至造成犯罪事件。

兒童家庭福利服務在實行方面大致可分為兩類：一為家庭服務機構，其功能在解決個人與家庭的問題，舉凡父母管教子女、家中手足關係緊張、夫妻婚姻關係失調、失業、住屋、工作壓力使得父母扮演親職角色的困難，都可以藉由家庭諮商服務獲得改善；另一為兒童輔導中心，亦為兒童諮詢輔導，主要在於解決兒童的適應及行為問題，舉凡兒童的發展、人格問題、反社會行為、精神病變、心身症、兒童在家庭或學校中與同儕團體關係不佳、學業表現低落、學習困難、情緒困擾等，都可藉由對兒童本身進行輔導諮商來改善兒童的適應問題。兒童家庭福利服務，即為針對兒童本身及其所處的家庭環境兩方面提供適當諮詢，雙管齊下，直接及間接促進兒童福祉。

家庭服務源起於慈善組織（charity organization），以美國為例，係在1880年逐漸形成，1930年代因「經濟大蕭條」（Great Depression），除對受助者提供經濟上的支持以外，更因服務方式的演進，與受助者為友，透過個人的影響力及社工員的興趣，協助案主運用具體資源以自助，服務功能也從賑濟定位乃至解決人際關係的困擾、情緒問題、家人關係、親子問題、婚姻適應等。直至1950年代，此服務之重點的轉變為社會大眾所接受，美國家庭服務協會（The Family Service

Association, 1953）宣示，機構主要宗旨為「增進家人和諧關係、強化家庭生活的正面價值、促進健康的人格發展及各家庭成員滿足的社會功能」（鄭瑞隆，1997）。

兒童諮詢服務最早則源於對青少年犯罪問題的研究。可從四個方面來瞭解兒童及青少年，包括：(1)以醫學檢查兒童生理特質與能力；(2)以心理測驗評量兒童智慧能力；(3)以精神科面談來評估兒童的態度與心理狀況；(4)探討兒童生命發展史及社會環境。從生理、心理及社會來探討兒童問題行為之原因，為今日兒童諮商輔導的主要診斷方法（鄭瑞隆，1997）。

我國目前的兒童家庭福利服務在家庭諮詢服務部分多由社政單位配合教育單位以及部分民間團體，如「救國團張老師」、社會福利機構實施。依據行政院1986年3月核定「加強家庭教育促進社會和諧五年計畫實施方案暨修正計畫」所成立之「家庭教育服務中心」，在全省共有二十三個縣市提供家庭諮詢服務工作服務，加強家庭倫理觀念，強化親職教育功能，協助父母扮演正確角色，引導青少年身心之健全發展，協助全省民眾建立幸福家庭，促進社會整體和諧。家庭教育服務中心是我國專責推廣家庭教育機構，兒童及家庭諮詢為其工作項目之一。此外，省政府社會處指示台北、台中及高雄等三所省立育幼院（2000年後配合廢省已改為北、中、南部兒童之家），設置兒童諮詢中心，截至1990年7月止，三所累計接案次數達4,216件，且彙編個案資料編印成書，拓展兒童福利宣導。台北市政府社會局亦於1975年10月即成立兒童福利諮詢中心，提供有關兒童福利措施之解答。民間一般社會機構（如信誼基金會、家扶中心、友緣基金會）及諮商輔導機構（如救國團張老師）亦常附設「家庭諮詢專線」提供民眾有關子女教育、管教問題、親子關係失調的電話諮詢，或是定期舉行開放式的親職教育座談、演講，或是透過與廣電基金合作製播探討及解決家庭問題（如愛的進行式）之戲劇節目以推廣家庭服務。

兒童問題輔導方面，則以台大兒童心理衛生中心、北區心理衛生中心以及各醫院提供的兒童心理健康門診，提供有關兒童精神疾病、問題行為、身心障礙等復建及治療服務。一般兒童福利機構亦提供家長及兒童有關學業輔導、人際問題、問題行為以及發展特質等諮詢服務。

前面所述，我國目前部分機構所提供之兒童與家庭諮詢服務，就王麗容（1992）的研究推估顯示，僅台北市一處便有10萬名以上的家長需要支持性兒童

福利服務。1992及1995年台灣地區兒童生活狀況調查亦顯示，家長認為在養育子女時所面臨的困難有兒童休閒場地及規劃活動不夠、父母時間不夠、不知如何培養孩子的才能或如何帶孩子、課後托育及送托問題等等，且在管教子女的過程中亦曾遭遇子女愛吵鬧、脾氣壞、說謊、對子女學業表現不滿意、情緒不穩、打架、父母間或父母與祖父母間意見不一致，甚至不知如何管教子女等難題，而處理這些難題的方式，通常是家長採取自己的方法解決，或者是向學校老師、親朋好友求教，向專業的政府機構或是民間機構求教者未達3%（內政部統計處，1996）。

除此之外，家長對於政府所辦理的兒童福利機構或措施的利用及瞭解情形，除了公立托兒所、兒童教育及休閒設施等福利機構較為知道且利用外，其餘的兒童福利服務措施包括：兒童生活補助、親職教育活動、個案輔導、寄養家庭、醫療補助、低收入兒童在宅服務、保護專線、兒童養護機構等均顯示不知道而未利用。在王麗容（1992）的調查研究中亦有結果顯示，家長認為目前政府應加強辦理的兒童福利措施包括：兒童健康保險、增設公立托兒所托嬰所及課後托育中心、增設兒童專科醫療所、醫療補助、籌設兒童福利服務中心、推廣親職教育、增加兒童心理衛生服務等項目，每一項目均有超過9%以上（最高的有50%以上）的兒童家長人口表示應加強該項福利服務措施。若以1992及1995年台灣地區兒童生活狀況調查結果來推算，因應上述需求的綜合性家庭福利服務機構在我國實為數不多，甚至缺乏，相對地，我國從事兒童及家庭諮詢的專業人員目前亦缺乏整合（內政部統計處，1996）。

反觀國外，以日本與美國為例。在日本，兒童相談所（即兒童諮商所）為一根據日本「兒童福利法」所設置主要專門的行政機關兼俱兒童福利服務機關以及行政機關的雙重角色，而且兒童諮商所的設置，乃斟酌該區域兒童人口及其他社會環境以決定管轄區域之範圍，切實提供日本家長與兒童諮商服務。另外，在美國亦有社區心理衛生中心及兒童諮詢機構深入社區以服務民眾，對於僅需協談與諮詢即可加強其功能的家庭而言，成效頗佳。

兒童福利服務提供有三道防線，家庭與兒童諮商服務乃屬第一道防線，若能在兒童與家庭出現問題時，立即提供輔導與支持，防微杜漸，或許可預防因為發現問題而使兒童遭受不可磨滅的傷害。因此，我國未來制訂兒童與家庭諮詢福利服務之家庭照顧政策時，或許可參考的因素有：

1. **人口因素**：不同發展年齡之兒童人口數量。

2. **行政機構**：規定設立一定比例之兒童與家庭福利服務之行政專責機關，並提供綜合服務。

3. **研發工作**：鼓勵相關研究，包括：兒童發展、社會個案工作、家族治療、調查兒童生活狀況等研究工作。

4. **專業社工**：專業人員的養成教育及訓練工作。

5. **行政配合落實社區**：社政單位應與教育部門配合，以社區為中心，以家庭為單位實施，如於各級學校內增設家長與學生輔導室，或於衛生所、區公所設立家庭諮詢中心，以及社區內設立兒童心理衛生中心。

6. **立法明令**：界定兒童心理衛生中心以及兒童與家庭諮詢服務中心的設立範圍與標準。

第二節　兒童及少年休閒娛樂

根據我國「勞動基準法」，規定勞工每二週工作總時數不得超過84小時。過去人民的工作態度是寧可增加勞動時間，以賺取更多收入，而近來的趨勢是：與其增加收入，毋寧減少工作時間（李玉瑾，1991）。工作時間縮短意味著生活中可供支配的時間相對增多，使之得於今日社會經濟生活較寬裕之際，行有餘力從事多元化的休閒活動，休閒的重要性便逐漸凸顯出來。

家庭是影響兒童最深的初級團體，也是其社會化過程中的重要據點，現代父母對子女的重視與期望，不難由四處林立的兒童才藝班、安親班窺知一二。因此，兒童休閒的需求必然隨著父母工作時數的縮短而呈現日益增多的負向關係。

而遊戲活動需有某些設施，兒童在學校生活之外亦需有遊戲場、遊戲中心、社區公園、運動場，如此看來，休閒的多樣性亦是兒童休閒育樂的需求之一。此外，社會變遷衍生了工業化、都市化，造成都市人口擁擠，在寸土寸金的都市計畫中，安全的遊戲空間遂成為兒童休閒娛樂的另一個需求。

一、「休閒」的意涵

休閒活動（recreation）一詞源自希臘字recreatio而來，其原意為re-creation，

意即「再創造」之義，藉由參與活動，使自己情緒及健康回復到最佳狀態，而能精神煥發地在自己的工作崗位上迎接任務，努力工作（殷正言，1985）。

休閒的定義，至今由於各派學者立論不同，各執一說：Meyer與Brightbill主張休閒的定義為：「自由、不被占據的時間，一個人可以隨其所好，任意地休息、娛樂、遊戲或從事其他有益身心的活動。」（張春興，1983）Gist與Fava對休閒活動提出更為詳盡的定義，認為休閒是除了工作與其他必要的責任外，可自由運用以達到鬆弛（release）、社會成就（social achievement）及個人發展（personal development）等目的的活動（轉引自黃定國，1991）；無怪乎古典學派認為，休閒活動是個人心靈高等價值的培養（曾晨，1989）。

黃定國（1992）依據各派學者不同的角度，將「休閒」一詞的定義歸納為下列四類：

1. **從「剩餘」的觀點而言**：狹義的休閒時間是指不受拘束的時間，但以整個生活層面看，廣義的休閒生活，則涵蓋約束時間（工作、家事或就學所需的時間）、必須時間（睡眠、飲食及處理身邊事物所需的時間）與自由時間。
2. **從休閒的功能及內容而言**：休閒是指最不令人有壓迫感的時間，這段時間可依個人的自由意志加以選擇，由此在心態上是志願性而非強迫性的，從事休閒活動不是為生計，而在於獲得真正的娛樂。
3. **從「規範」的觀點而言**：這類的定義強調休閒活動的品質（quality），除了促進個人認知領域外，休閒活動更應具有促進社會和諧的積極意義。
4. **從工作的認知而言**：工作主義中心的人，將休閒定義為，藉由休息，儲存精力以便明天再繼續工作，職是，貯存工作精力所使用的時間、空間及所進行的活動，就是休閒。在「生產第一」的前提下，餘暇絕非只是單純的遊樂，而是兩個工作日之間的一個暫歇。

由是觀之，可以歸納出休閒具有兩個層面的意義：從時間上來看，休閒是工作和其他社會任務以外的時間；從活動性質來看，必須是放鬆、紓解和按照個人之所好而為之的一種活動。換言之，休閒係指個體自由運用其勞動之餘的時間，進行其自由選擇的活動，而且此活動沒有特定的工具性目的，反之帶給個體紓解身心、增進社交、擴展認知與見識，並促進個人之社會與情感的功用。除此之

外，也兼對家屬與社會起積極的作用，如增加生活素質及改善社會風氣。對兒童而言，休閒是遊戲的延續，兒童得以利用遊戲擺脫社會規範和限制，尋求自由發揮的性質。唯有透過「玩」的過程，兒童可以消耗精力、發洩情緒、紓解壓力、獲得自由與自主，並從中得到成長（王小瀅，1993，頁3）。

二、休閒娛樂與兒童發展的關係

「遊戲學習化」、「學習遊戲化」一直是推廣學前教育的一種口號，也反映遊戲與兒童發展的關係。此外，根據心理學的研究，遊戲是兒童發展智慧的一種方法，換言之，遊戲是兒童的學習方法之一（李明宗，1993）。遊戲與休閒活動所受重視的程度深受教育及社會的關心所影響，然而，遊戲與休閒對兒童發展之影響是受人肯定且深信不疑的。一般而言，遊戲、休閒與兒童發展之關係可從情緒、認知、語言、社會與身體動作來加以探討：

(一)遊戲休閒與情緒發展

在人的社會化過程，兒童追求自主性的發展與成長，與其迎合社會規範所約束及要求是相互衝突的，因此，在成長過程中，兒童承受相當大的壓力，而其因應之道便是遊戲。如果兒童被剝奪這種遊戲經驗，那他就難以適應於社會。如果兒童所成長的家庭與社會不允許，也不能提供足夠空間、時間、玩物以及良好遊戲、休閒的媒介，那孩子很難發展自我及對他人產生健康的態度。就兒童生命週期（life cycle）來看，嬰兒要從人與玩物的刺激來引發反應以獲得安全的依戀（secured attachment）。到了幼兒時期，遊戲成為表達性情感的媒介，並從遊戲中學習有建設性的控制情緒。到了兒童期的發展，最重要是學習語文，如讀寫能力。當兒童參與休閒活動或遊戲（games）可增加自我尊重及情緒的穩定性，遊戲因此可提供兒童發展領導、與人合作、競爭、團隊合作、持續力、行為彈性、堅毅力、利他等品質，而這些品質皆有助於兒童正性的自我概念。

(二)遊戲休閒與認知發展

1960年代，皮亞傑和維高斯基的認知理論興起並刺激日後認知學派的蓬勃發展，探究其原因，主要是由認知發展理論中發現：遊戲除了幫助兒童情緒的調

節,並且激發兒童各項智能技巧,如智力、保留概念、問題解決能力、創造力等的發展。就兒童發展的階段來看,在嬰兒期,嬰兒天生即具有能接近環境中的新物體,且對於某些物體有特別的喜好,如鮮明刺激、三度空間、能發出音響的物體,尤其是動態的物體。在幼兒期,幼兒由於語言及邏輯分類能力大增,更有助於幼兒類化(generalization)的發展,而這些能力的發展更有助於幼兒形成高層次的抽象能力,如假設推理、問題解決或創造力等。

在兒童期,尤其小學之後,兒童的遊戲活動漸減,取而代之的是邏輯及數學概念的演繹能力活動。這個時期是皮亞傑所認為的具體運思期。兒童透過具體操作而得到形式思考。這種思考是較不受正式的物體操作而獲得的,而是由最少的暗示而獲得較多的訊息。

(三)遊戲休閒與語言發展

語言發展如同認知發展一樣,與遊戲是相輔相成的。遊戲本身就是一種語言的方式,因此,兒童透過遊戲能有助於語言的發展,如兒童玩假裝或扮演的遊戲。

在嬰兒期,發音、發聲(babbling)是嬰兒最早的語言遊戲。嬰兒的發聲是一種重複、無目的及自發性的滿足。成人在此時對嬰兒有所反應,或透過躲貓貓,不但可以增強嬰兒發聲,而且也可影響其日常生活使用聲音的選擇以及表徵聲音。

1歲以後,孩子開始喜歡語言、音調,特別是他們所熟悉的物體或事件的本質。孩子在此時喜歡說一些字詞順序或語言遊戲,可增加孩子語形結構的能力。

在幼兒期,孩子為了能在社會遊戲裡溝通,他們必須使用大量的語言。當兒童的語言能力不足時,他們常會用一些聲音或音調來與人溝通。尤其孩子上了幼兒園,在與同儕和老師的互動下,其語言發展有快速的成長。而兒童乃是藉由遊戲,得以瞭解字形,獲得表達的語意關係以及聲韻的操練,來瞭解其周遭的物理與社會環境。

在兒童期,孩子雖對語形發展已漸成熟,但是他們仍藉著不同的語言遊戲,如相聲、繞口令、脫口秀來瞭解各語文及文字的意義,並且也愈來愈有幽默感。

(四)遊戲休閒與社會發展

兒童最早的社會場所是家庭與學校,其次才是與同儕等非結構式的接觸,社會發展是延續一生而持續發展的,但在兒童期,遊戲的角色才愈明顯。

在嬰兒期,最早的社會互動是微笑(smile)。父母一般對嬰兒高興的回應(微笑)更是喚起兒童微笑互動的有效行為。在幼兒期,各人玩各人的遊戲,或兩人或兩人以上可以玩各樣的活動,也就是說,他們可以平行地玩遊戲,之後,他們可以一起玩一些扮演的社會戲劇活動或遊戲。幼兒的社會遊戲,很少由立即環境的特性所引發,大多是由同儕們共同計畫及勾勒出來的情節,代之以派角色並要有分享、溝通的能力。在學齡兒童期,戲劇遊戲減少,而是由幻想遊戲來取代,相對的,團隊比賽或運動也提供了一些社會關係的學習。

(五)遊戲休閒與身體動作發展

遊戲與兒童的動作發展有絕對的關係。嬰兒在遊戲中藉由手腳的蹬、移動達成身體的活動;幼兒時,發展大量的大肌肉活動,如爬、跑、跳及快速移動、騎三輪車,而且也有精細的小肌肉活動,如剪東西。到了學齡兒童期,他們的運動競賽需要大量的肌肉及運動系統的練習。因此,遊戲幫助兒童精細了身體的動作能力。以上之論述,可以**表9-1**示之。

遊戲是兒童全部的生活,也是兒童的工作,因此,兒童的休閒育樂活動更是離不開「遊戲」。教育學家杜威說:「教育即生活。」克伯屈則認為:「教育即遊戲。」此外,蒙特梭利、皮亞傑等亦主張以自由開放的態度讓幼兒發展天性並重視遊戲的教育功能。由上列的論點就可以說:「教育即遊戲。」基於兒童天性對遊戲的需求,休閒活動也是國民教育中重要的一環(鍾騰,1989)。而兒童遊戲的教育功能,也可從兒童發展的歷程看出。

1歲以上的幼兒,就會在有人陪伴之下獨自地玩或與別人一起玩,在簡單的遊戲與娛樂中,利用器官的探索逐漸瞭解這個世界,因此,在這段時期的兒童,不論是社會性或單獨的遊戲,都是他學習的主要方式。

進入兒童早期,由於幼兒動作技巧的精熟及經驗的擴增,遊戲漸趨複雜,這個時期兒童最主要的認知遊戲為功能性(functional)及建構性(constructive)兩種;前者又稱操作性遊戲,利用固定玩物;後者意指有組織之目標導引遊戲(郭

表9-1　遊戲與兒童發展的關係

	情緒發展	認知發展	社會發展	語言發展	身體動作發展
嬰兒期					
（0至2歲）	玩物的刺激；關心、照顧	物體的刺激（例如，照明刺激、三度空間）	親子互動；手足互動	發聲練習；親子共讀	大肌肉活動，如跳、跑及快速移動
幼兒期					
（3至6歲）	玩物、情境等透過遊戲表達情感；學習控制情緒	分類能力之提增；假裝戲劇遊戲	同儕互動	兒童圖畫書賞析	感覺統合
學齡兒童期					
（7至12歲）	利用休閒活動滿足情緒；透過休閒或遊戲增加自我尊重之情緒穩定	加重邏輯及數學之演繹性活動	團隊比賽及運動	語言遊戲活動，如相聲、脫口秀、繞口令；瞭解各種不同族群及文化的語言	運動技巧；體能；知覺—動作發展

資料來源：作者整理。

靜晃譯，1992）。

　　到了兒童晚期，同儕團體在生活領域中地位逐漸加重，兒童在團體中受歡迎的程度決定了他參加遊戲的形式，這段時間最常做的遊戲有建構性遊戲、蒐集東西、競賽等，在兒童遊戲中，兒童慢慢建立起自我概念、性別認識，並發展出社會化行為（黃秀瑄，1981）。從此之後，當兒童步入青少年期，除了上課休息及功課習作之外，休閒活動遂變成其生活的重心。

　　檢視近年來相關青少年的研究，可歸納出休閒在青少年發展歷程中具有重要且正向的功能（Berryman, 1997; Driver et al., 1991; Iso-Ahola & Weissinger, 1990; Kleiber, Larson, & Csikszentmihalyi, 1986；林東泰等，1997；張玉鈴，1998；張玉鈴，1999；張火木，1999；郭靜晃，1999a）：

1.**提升體適能**：透過休閒活動的參與提升生理上的健康，增加抵抗力與減少疾病的發生率。

2. **情緒的放鬆與調適**：透過休閒有助於心理適應能力，達到壓力釋放、鬆弛緊張、情緒宣洩之目的及增加正向的情緒經驗，對於青少年身心健康具有調適的功能。

3. **人際關係的維持與發展社會技巧**：透過休閒參與達到社會互動的目的，由於青少年同儕團體在休閒參與中扮演重要的角色，藉由同儕團體的互動，青少年在休閒中建構更佳的人際關係網絡，更重要的是透過休閒參與，青少年可以學習人際關係之處理經驗，進而學習社會參與的溝通技巧。

4. **達到自我認同與自我實現的機會**：透過休閒，青少年得以自我摸索、認清自我、拓展自我，達到自我實現的目的。

5. **社會化經驗的學習**：此階段的青少年正面臨由依賴至獨立，自我認同與自我肯定的壓力下，透過休閒參與，也同時進行著自我認識與自我拓展的歷程，進而從參與、投入、體驗的過程中達到最佳的社會化經驗，以及自我概念、自我統合之功能。

6. **尋求團體的認同**：青少年為了要求自我及同儕間的歸屬感，常透過休閒參與來滿足與尋求同儕團體間的認同，並形成青少年的一種次文化。青少年可藉由同儕間共同的休閒，發展共同的興趣來成就其歸屬感（郭靜晃，2000b），且也是快速達到團體認同及接納的管道之一（蔡詩萍，2000）。

7. **凝聚家庭成員與氣氛**：休閒可以增加親子間相處的時間及情感的凝聚力，皆有助於家庭的穩固（the family that plays together stays together）（Shaw，1992）。但根據家庭生命週期不同的階段，也會面臨到家庭休閒的限制與阻礙，處於青春期的青少年，為了追求獨立自主，轉而尋求同儕的慰藉，常面臨家庭休閒需求與個人休閒需求之間的衝突，而增加親子間的衝突緊張。

　　由上可知，經由休閒功能層面來看待休閒，是肯定休閒對青少年積極正向的功能。但是「水能載舟，亦能覆舟」，青少年的偏差行為與休閒常有密切的關係，如王淑女（1995）的研究中指出，不正當的休閒參與是導致青少年犯罪行為的主要原因。但是我們知道休閒本身並無好壞之分，完全在於休閒環境的不適當或是社會的不支持，導致青少年因參與休閒活動而引發偏差行為，例如：青少年因喜愛打電動玩具，家中又無法提供設備，而讓他流連忘返於電動遊樂場中，在

這樣一個環境中，又因結交到不良朋友，而導致易有偏差或犯罪行為的產生（郭靜晃，2000b）。

三、我國兒童休閒娛樂需求分析

一直以來，我國對於兒童休閒娛樂的需求情況未能有官方正式或學術界大規模的徹底調查，正因為長久以來受到大眾的忽視，因此，近年來在各期刊文獻或研究報告中所發表與「兒童休閒娛樂」相關的調查研究屈指可數，許多學者仍舊將「關愛」的眼神放在青少年身上。不過，由於青少年和兒童因生理、心理發展上的殊異性，適用之休閒活動必然不盡相同，因之，對於後進學者在兒童休閒娛樂供需研究上，勢必造成一定程度上的偏頗，然而，既有之調查結果仍可提供一具體之訊息，作為導引吾人進一步檢證之依憑。

近年來我國有關兒童休閒娛樂的調查報告，有「台北市國民小學兒童休閒活動之調查研究：讀物及玩具」（趙文藝、張欣戊，1984）、「一項問卷調查告訴你：國小學生喜歡作何休閒？」（侯世昌，1989）、「兒童休閒活動面面觀」（鍾騰，1989）、「國小高年級一般學童與聽障學童休閒活動探討：台北市立文林國小與啟聰學校之研究」（王麗美，1989）、「國小學童休閒閱讀現況之研究」（高蓮雲，1992），以及財團法人金車文教基金會於1998年所作有關「台北市國小學生休閒活動調查報告」等。

1988年6月中，財團法人金車教育基金會花了三個月時間，做成一份台北市國小學生休閒活動調查報告統計。結果顯示：國小學生以觀賞電視、錄影帶及閱讀課外書籍為主，其次分別為幫忙做家事、玩耍遊戲、玩電動玩具；而在寒暑假裡，小朋友的休閒活動則呈現了較高的變化，其中最常做的項目依序是：做功課、看電視、閱讀課外讀物、幫爸媽做事、打球、游泳；此外，參加夏令營和才藝營的小朋友也大為增加。然而，如果讓小朋友選擇他們喜愛的活動，超過半數的小朋友覺得烤肉、抓魚蝦、游泳、露營、參觀旅遊、騎越野車、撿貝殼、烤番薯、玩躲避球、玩遙控模型、摘水果等11項「很喜歡」。從這個統計結果發現，小朋友喜歡從事和大自然有關的活動。

侯世昌（1989）對台北市志清國小67名高年級學生放學後主要的休閒活動進行問卷調查，結果發現，其主要活動集中於看電視、錄影帶、閱讀課外讀物及運

動四項，其中看電視之比率更達58.24%，顯示電視對兒童影響甚大。

同年，鍾騰針對台南縣關廟鄉文和國小進行調查。根據鍾騰的調查結果，家庭中有錄放影機者約占總家庭數的五分之三（城市應當會更高），而週日必看錄影帶的學生占總學生人數的五分之二；此外，有30%的學生家庭或同儕團體，常利用假日做郊遊活動；家庭訂閱報紙書刊而學生能利用者，約占60%；假日時，常邀三五好友打球或做遊戲者，占90%以上；固定在假日幫忙做家事，如燒飯、洗衣者，占30%；利用假日做手工藝，幫助家庭生計或賺取零用錢者，占15%（本地以藤工居多）；此外，常利用假日打電動玩具者，約占15%；而假日安排有才藝補習的學生，占20%；在個人嗜好方面：喜歡集郵者占15%，喜歡剪貼蒐集者占15%，喜歡下棋者占30%（鍾騰，1989）。王麗美（1989）以台北市立文林國小為對象進行研究，結果發現國小休閒活動內容與前幾位學者的研究結果雷同。

趙文藝、張欣戊（1984）以全體台北市立國民小學的小學生為研究群體，提出「有70%至90%以上的各年級兒童認為課外讀物對功課有幫助及很有幫助」的看法。此研究同時也指出，兒童們最常使用玩具及課外讀物的地點是家裡，這種情況在各年級皆然，顯示出公共閱讀場所（圖書館）及公共遊戲場所（公園、空地）使用率不高，也許是這類場所缺乏所致（趙文藝、張欣戊，1984）。

檢視上述在1980及1990年代調查研究可以歸納出，我國國小兒童最常從事的五項休閒活動分別為：

1.看電視、錄影帶。
2.打球或運動。
3.閱讀課外讀物。
4.打電動玩具。
5.從事戶外活動。

幾乎各項調查報告指向一共同的趨勢，那就是：所有小朋友在放學後的休閒生活似乎都離不開電視。鍾騰（1989）的調查結果更顯示，兒童於星期假日看電視的時間，在3至4小時之間；而國小學童於課暇所租之錄影帶竟以「豬哥亮餐廳秀」之類為最多，其次是卡通片及武俠劇。這些型態與內容的節目對兒童的人格發展似乎正向導引的功能有限。這種趨勢也可在以青少年為樣本的報告中得知：大眾傳播媒體成為青少年的重要他人（羅子濬，1995）。然而近幾年來受到日劇

及韓劇節目的影響，也吸引一些青少年閱聽者的青睞，加上漫畫及卡通的吸引，也吸引少數青少年成爲同人誌之群族。此外，電腦科技的發達促成網路的便利，上網與人聊天（如聊天室）及線上遊戲也占據不少兒童與少年休閒的時間。

在閱讀課外讀物方面，兒童在休閒閱讀中，可體會充滿驚險的旅程，進入其所不曾瞭解的境地，有探索其他地方與時代的機會，使他們發揮想像、創意，也同時也建立並堅定其對普通及熟悉事物的肯定，學童在休閒閱讀的同時，可以獲得廣泛學習的機會，對其建立信心、肯定自我有積極而正面的助益（Dianne, 1989）。

根據內政部統計處（1999）針對12至18歲少年所做之「台閩地區少年身心狀況調查」中發現：少年最期待政府單位提供的福利服務項目，依序爲休閒活動的辦理（62.9%）及戶外活動（42.5%）。而許義雄等於1992年的相關研究中亦發現：青少年在從事休閒活動時常會遭遇到許多的阻礙及限制，其主要原因在於：(1)工作或課業繁重；(2)時間缺乏或餘暇不一致；(3)缺乏充分的經費；(4)缺乏足夠的休閒場地設施；及(5)輔導、指導師資的缺乏等。由福利服務輸送的角度看待青少年休閒的現況，在在顯示出青少年在休閒活動方面有著高度的需求，但是因爲個人、周遭環境或本身缺乏技能等的影響，而導致其渴望從事休閒活動的心意難以獲得實現，故學校、政府及社會福利單位實有協助及輔導青少年從事及學習正確休閒活動之必要。

在青少年最常從事的休閒活動項目中，根據林東泰（1995）在〈都會地區成人與青少年休閒認知和態度之研究〉中發現：台北都會地區的青少年在寒暑假時最常從事的室內休閒活動依序爲：看電視（45.4%）、閱讀書報雜誌（30.6%）、看錄影帶（30.1%）、聽廣播或音樂（30.0%）、打電動玩具（27.9%）、看電影（23.1%）、從事室內球類運動（16.4%），及與朋友聊天（13.7%）等。而在寒暑假最主要的室外休閒活動則依序爲：戶外球類運動（44.6%）、逛街購物（40.8%）、郊遊野餐（37.3%）、游泳（26.7%）、露營（20.1%）、登山健行（17.6%），及駕車兜風（16.4%）等。其他的一些相關研究（陸光，1987；許義雄，1992；林東泰等，1997；郭靜晃，2000a）中也指出：青少年最常從事的休閒活動，主要是看電視、看錄影帶、聽音樂、閱讀書報雜誌、訪友聊天及上網等，還是以傾向於靜態性、娛樂性及鬆弛性的活動爲主。

在青少年媒體使用方面：以觀看電視節目爲例，滿高比率（69.4%）的少年

表示他們每天都收看電視,而從來不看電視的只有1.5%;平均看電視的時間是30分至2小時,占53.6%,花2至4小時看電視的占25.4%;所收看的電視節目內容以劇集(連續劇、單元劇等)(42.0%)、卡通(41.5%)和歌唱綜藝節目(40.2%)為主,其次為體育節目(33.3%)、MTV頻道(31.6%)、時事評論與新聞氣象(24.7%),其他類型節目皆在一成以下。受訪少年看電視之主要目的為娛樂(77.8%),其他為獲取新資訊(56.1%)、打發時間(46.9%)和增加與同儕談話之題材(41.1%)。在網際網路使用方面:半數以上的受訪少年表示他們從不上網,占57.2%,每週上網一、兩次的有28.7%;每次平均上網時間在2小時之內(30分至1小時占18.7%,1至2小時占10.8%),而使用的網站類型以搜尋引擎為主,占76.2%,其次為電玩網站(32.0%)和媒體網站(29.9%),再其次為電腦資訊介紹網站(17.5%)和圖書資料查詢網站(11.1%),而不適合未成年者觀看的成人網站,有7.8%的受訪少年會進入。少年上網的主要目的為獲取新資訊(58.0%)、娛樂(48.3%),再者為增加與同儕談話的題材(28.8%)和打發時間(28.5%)。在廣播節目收聽方面,有24.4%的受訪少年表示他們從不聽廣播,每天聽的有21.2%,而每週聽一至兩次的有32.5%;平均每次廣播的時間約1至3小時,占33.3%;所收聽的節目以綜藝歌唱節目為主,占70.4%,其次是談話性/call in節目(29.6%)與輕音樂節目(29.0%)(郭靜晃,2000a)。

在青少年參與家庭休閒與同儕休閒方面:受訪少年和家人共處時最常做的事是看電視,占82.3%,聊天或吃東西各占52.0%、45.6%,而會一起去郊遊的占14.5%,其餘看電影、看MTV、唱KTV、運動、閱讀、跳舞、欣賞展覽等活動的比率皆在10%以下;相對地,與知心朋友相處則以聊天(80.3%)占大多數,其次為逛街(47.9%)、通電話(43.7%)、運動(38.7%)等(郭靜晃,2000a)。由此可看出青少年在與父母及朋友從事休閒活動時,其內容是十分不同的。

四、我國兒童休閒娛樂服務提供之現況

(一)在運動休閒方面

我國推展休閒運動的全國性計畫,當屬教育部所負責推展的「國家體育建設中程計畫」。在此計畫中,除制訂國家體育的發展外,對休閒運動的提倡也有許

多規劃，其中與推展休閒運動有關的計畫有：補助籌設縣、市區鄉鎮運動公園、簡易運動場及青少年休閒運動場所；輔導社區充實運動場所增添照明設備，以利推展社區全民運動。這些硬體設施的設立，將成為休閒運動發展的重要基礎（陳玉婕，1990）。

2000年之前台灣省政府教育廳配合此計畫所預計實行的措施計有（尚華，1990）：

1.在全省各縣市開闢「運動公園」，此為配合教育部推行的「發展國家體育建設中程計畫」而設，將利用公共設施保留地興建，預定開闢為多用途的場所，如供民眾晨跑、打太極拳、做體操等休閒用途。
2.推展興建社區體育場，由社區自行管理、任用。
3.省教育廳規劃由學校在假日辦理「體育活動營」，利用學校現有設備、師資辦理體育活動，提供學生暑假期間的休閒生活。

此外，依照都市計畫，都市兒童、青少年的主要遊戲場所與休閒場為社區公園及體育場，然而以台北市為例，計畫中的公園保留地只占全市總面積的4%（周美惠，1993）；而台北市人享有綠地面積3.1平方公尺，高雄市2.1平方公尺，遠比世界先進國家都市享有綠地面積來得少（且爾敏，1993）。儘管都市計畫通盤檢討辦法中規定，兒童遊戲場的用地規劃標準每千人設0.08公頃，每處最小面積0.2公頃，然而設計者往往只是本能地鋪上草皮，放鞦韆、蹺蹺板、鐵架，甚或只是成為公園設計中的小角落（鄭文瑞，1993）。

中華民國消費者文教基金會在1998、1989及1992年三次對台北市公園及學校之兒童遊戲設施進行調查，結果有74%的受訪者認為設施不夠、綠地少（謝園，1993）。婦兒會亦曾針對學校、公園的遊戲設施進行調查，結果與消基會一致：即一般鄉里公園設施數量不足、綠地少，少有幼兒可玩的項目（謝園，1993）。

(二)在藝文休閒方面

1.教育部所頒布之「生活教育實施方案」，其實施要點中，關於國民小學的部分有：國民小學實施休閒的生活教育，應組織歌詠隊、田徑隊及各種球隊，並與「音樂」、「體育」、「國語」等課程相配合（徐永能，1989）。
2.國民小學課程標準總綱中規定：國民小學教育需輔導兒童達成「養成善用

休閒時間的觀念及習性」、「養成欣賞能力、陶冶生活情趣」。

提供兒童休閒娛樂的單位很多，例如青輔會、文建會、體委會、教育部農委會等，但有直屬的機構卻不多，以衛生福利部社會及家庭署及教育部設有的直屬機構，例如：

1.**高雄市立兒童福利服務中心**（隸屬社政單位）：

  (1)服務對象：凡設籍高雄市未滿12歲之兒童均可使用中心設備，惟欲使用電腦遊戲室、康樂室、桌球室時，必須辦理使用證。

  (2)福利內容：內部規劃兒童圖書室、視聽室、電腦遊戲室、自然教室、幼兒圖書室、學前教育資料室、諮商室、天文氣象室、教保人員研習室、美術室、體能室、康樂室、工藝室、桌球室，提供綜合性服務。

2.**科學博物館教育活動**（隸屬教育單位）：國內科學博物館教育活動的舉辦單位，其辦理的主要方式有以下十類（張譽騰，1987）：

  (1)參觀導覽。

  (2)科學演講。

  (3)視聽教育。

  (4)巡迴展覽。

  (5)野外活動。

  (6)科學研習。

  (7)電腦課程。

  (8)科學演示。

  (9)諮詢服務。

  (10)科學櫥窗。

此外，國內根據十二項國家建設中的文化建設，教育部積極進行「社會教育中程發展計畫」（1987至1991年），籌辦三座科學性質的博物館，即今國立科學工藝博物館（位於高雄市）、國立自然科學博物館（位於台中市）及國立海洋科技博物館（位於基隆市）。2000年也在屏東設立國立海洋生物博物館。其中籌備最早的是國立自然科學博物館，第一期教育活動業已於1986年元旦開館，第二期教育活動在1989年開館，第三、第四期教育活動於1991年開館。第一期的教育活動其辦理方式，列舉如下（張譽

騰，1987）：

(1)科學演講（在地下演講廳辦理通俗科學演講）。

(2)視聽教育（科學錄影帶欣賞及影片放映）。

(3)科學研習。

(4)安排團體參觀與導覽。

(5)諮詢服務（包括圖書借閱）。

(6)科學演示（包括三、四樓展示廳展示台及五樓戶外活動區之演示活動）。

(7)兒童室。

(8)野外活動。

(9)電腦教育（電腦益智展示系統劇本徵求活動）。

第二期教育活動除延續第一期的項目外，增辦學術性科學演講及巡迴展服務，利用展示車到偏遠地區之學校、社區舉辦科學展示及科學演示。第三期教育活動又增加兩種新的服務項目：獨立研究及教材教具租借服務。

3.**美術館教育活動**：台北市美術館在推廣服務方面所辦理的教育活動有（邱兆偉，1991）：

(1)舉辦學術演講，有些是配合展覽而辦理者。

(2)配合展覽舉辦大型座談會、假日廣場、專業導覽等活動。

(3)設置美術圖書館，並出版美術期刊、美術論叢，以傳播推廣美術與美育知識。

(4)舉辦推廣美術教育研習班。

(5)視聽教育活動辦理放映藝術錄音帶欣賞。

(6)辦理藝術之旅活動，在旅遊中實際接觸美術如陶藝之旅、建築之旅、奇石探集之旅等。

除此之外，尚有台北縣兒童少年服務協會（原名為中華兒童少年服務社）、宜蘭縣私立蘭陽少年兒童育樂活動中心、中華兒童育樂福利促進會等為兒童提供服務之機構。

綜合上述，一般說來，國家（公共部門資本）影響休閒機會分配的方式有下列幾種（林本炫，1989）：

1.由國家直接提供，如各種公立的圖書館、社區公園、風景特定區，乃至國家公園的設置。

2.對休閒產業的補助與獎勵，如我國「獎勵投資條例」中對旅館業之興建採取獎勵，以刺激私人資本之投入休閒產業。但同時也透過法律規定來保護休閒產業的消費。

3.對某些休閒活動的管制，如我國以往因戒嚴而實施山防海禁，造成對休閒活動的限制等。

如果以此架構來考察我國之休閒政策，可以發現政府部門所提供的休閒機會一向占了絕大的比重。而行政院內政部於1983年10月27日修正頒布「除配合國家及地方重大建設外，原則上應暫緩辦理擴大及新訂都市計畫」執行要點，乃使得民間投資旅遊事業開始轉向一般風景區或遊憩用地發展，致使私人投資的休閒產業逐漸占了一定的比重。不過，長久以來在我國「菁英文化」為主導的休閒政策下，一般民眾的「大眾文化」（popular culture）方面之需求與設施不足的情況受到相當程度的忽略（林本炫，1989），提供兒童青少年符合其年齡的休閒設施與機會的不足更是不在話下。

除了「量」方面的不足，今日兒童的休閒娛樂活動在品質及特性上的發展，有以下的偏差傾向（李明宗，1993；謝政諭，1990）：

1.**學校「休閒活動教育」未受學校主政人員及家長的正確認知與貫徹**：校園中，一般仍以「智育」為教育的第一位，因而使得五育並重的教學理想未能落實，當然各種休閒活動的藝能、設備的缺乏，也是原因之一。在學校教育中應落實「五育」，並重申「休閒教育」，唯有以往教育中「我們都是這樣長大」的缺陷得到彌補與充實，才是發展「正當」休閒活動的要道之一。

2.**休閒活動的日趨商品化**：受泛物質化的影響，經濟活動與社會文化活動發展不平衡時，社會上高價位的休閒活動，在商人哄抬價格之下，大眾趨之若鶩；兒童、青少年以電動玩具、看MTV為其休閒的熱門活動，不需花費的休閒活動反而乏人問津。

3.**休閒文化趨向低俗化**：我國兒童最常從事的休閒活動是「看電視」，然而根據行政院主計處多次的調查顯示，30歲以下的年輕人，對連續劇或綜藝

節目感到滿意的占不到30%，在大眾傳播文化日漸低俗的傾向下，休閒生活品質受到波及，因而有「大家樂」、「六合彩」、「賭馬文化」、「柏青哥」等不當的低品味休閒充斥整個社會，嚴重影響兒童的生活環境。

4.**遊戲活動單一化**：對於遊戲場的遊戲器具常以好維修的滑梯、蹺蹺板、攀爬架、鞦韆爲主，並以肌肉型活動爲主，而與認知型和社會型活動缺乏整合。

5.**遊戲、休閒環境的靜態化及固定化**：遊戲空間常因缺乏全盤環境考量的設計，造成設施的不安全，又缺乏遊戲空間的整合，俾使遊戲與遊憩功能無法彰顯。

國內青少年之休閒時間每週平均花費11至12小時，最常從事之休閒活動爲看電視、電影、MTV或唱KTV，其次爲從事球類、游泳、韻律或健身房等活動。近六成之青少年每週運動次數超過三次，且時間也不短，但品質卻不高。此外，青少年參與休閒運動之動機以促進健康爲主（逾六成），其餘依次爲：讓心情愉快、紓解壓力、學習運動技能，也有近兩成青少年參與休閒運動純爲消磨時間，但青少年也表示其參與運動休閒之主要阻礙是時間不濟（約五成）、課業繁重及缺乏友伴（約三成），另外場地不足、費用不足、缺乏運動技能及家人不支持也是重要影響因素（青輔會，2005）。

郭靜晃、羅聿廷（2001）的研究顯示，我國社會對當前青少年休閒需求及其休閒服務之提供，還是停留在升學主義之結構框架中。甚至社會所提供的服務措施，青少年雖然知道，但是普遍接受及使用頻率不高。此研究也提出以下幾點建議：

1.要隨時掌握青少年需求與時俱變的特性，提供一些幫助以及支持青少年身心健全的社會環境，以幫助他們紓解身心發展及因應社會變遷的壓力，而且青少年休閒福利政策之制訂更要迎合青少年對福利服務的需求。

2.青少年休閒活動的提供應更具創意且擴大青少年積極參與多元化的社會活動，一方面增加青少年生活經驗，另一方面重視青少年之生活適應能力、解決問題能力及價值判斷教育的培養，以強化青少年除了升學主義之智能培養外的自我功效發展。

3.擴大提供積極性多元化的社會活動機會，以增加青少年正面的社會生活經

驗，並協助青少年認知與道德判斷能力之成長。

4.加強整合行政部門之橫向聯繫，整體規劃青少年休閒活動，並配合相關福利政策法令，保障青少年之人身安全，建構身心健全的社會環境。

5.妥善輔導及協助民間團體強化其經營組織能力及青少年休閒人才的培育，以增進青少年更多元化且高品質休閒活動的規劃及落實執行。

隨著週休二日政策的施行，在青少年自由時間勢必相對增加的情況下，對青少年休閒活動的動向確實要詳細計畫，符合時代潮流及滿足青少年的需求。建議學校及相關單位在規劃青少年休閒活動時，應掌握下列重點：

1.**多樣化**：為滿足不同動機偏好的利用者，休閒活動種類應增加並呈現多樣化的發展。亦即，依身心發展、年齡、就業、就學、性別等的不同，再依據各地區的特性、不同時段而計畫各項適合人們的多元化休閒活動。台灣各地區因地理環境、文化水準、經濟條件、人口特性等不同，休閒活動應依各地區的主客觀特性而做不同的適當規劃。

2.**主動性**：活動類型應以利用者主動參與的活動為發展趨勢，如露營、球賽等積極性活動，一方面配合青少年的興趣，另一方面也具有消耗青少年體力及注意力的功能。

3.**戶外性**：都市的過度發展使得市民住在擁擠且閉塞的狹小空間中，為了脫離這種壓抑的環境，返回大自然原野，戶外活動就成了未來都市居民所追求的方向。在休閒時我們投身於自然的懷抱，在群山綠水中，行走於扶疏的花木草叢裡，可使人重新體會人與自然之間的感受，進而可尋回自己內在自發的本性。作者建議青少年休閒活動應從室內靜態和過分依賴傳播媒體的休閒方式，轉變到戶外、動態和更具創造力的休閒活動。此外，青少年之休閒也應與個人健康品質及生活方式的建立與培養有著積極的作用。

4.**精緻化**：由於個人所得提高，支配費用增加，使得從休閒活動的消費提高，休閒品質亦相對的提高。易言之，我們所從事的休閒活動，應使自己的休閒層次提升，也就是所謂高品質的休閒，而不可從事迷亂式或疏離式的休閒，或有害身心健康的活動，也不可破壞環境及浪費資源等。簡單說應對人們具有建設性的活動意義及提升自我的功能，使我們不再只是強調休閒活動的次數或頻率，休閒品質滿意度才是我們真正追求的目的。同時

也希望倡導小型化及地區化，針對不同需求的青少年能分階段、分區域、分性質的舉辦適合即時發展及抒發情緒、放鬆心情的活動。

5. **教育性及整體化**：由於都市的發展、交通的便利、休閒時間的增多、遊憩時間的增長，遊憩設施的型態也就趨於大型化，由點、線，而擴大為全面有系統的連結發展。計畫性就是透過各項具有正當性、建設性、計畫性，並可達到教育意義與目標之休閒活動，不僅要達到教育的意義，也須符合教育的精神。這種計畫性的休閒活動，必須滿足人們的各項需求，在活動中使青年發洩、疏導與調和情緒等，進而引導人們培養正確的休閒觀念與行為及培訓運動及休閒之專業人才。

6. **冒險性與刺激性**：冒險性活動不僅要有冒險性或充滿刺激性、壓力等特性，還必須要具有教育意義的功能。所謂冒險性活動就是利用自然環境從事各種對人的「精神面、身體面與體能面」等所產生刺激、緊張、壓力等等的各項活動，而以這種活動經驗為基礎來達到教育意義的活動。冒險性活動不但可習得如何在危難中解除自身生命危險的技能，而且可使人們在生活中獲得新的觀念與態度，並在緊急情況時能冷靜沉著發揮本身的潛能。現在歐美日等先進國家許多教育機構均採用此一教育理念，其目的即在提高野外活動的各項技術與增進各種知識，亦可提升自我概念。

7. **服務性與文化性**：從休閒活動的需求得知，除了心理、生理、感官等需求外，還有一種奉獻需求，就是服務性公益奉獻活動。如許多學校機關、民間公益團體組織等到各需要接受服務場所，如孤兒院、醫院等當義工。為社會熱心做服務與奉獻這種人生觀，最能充實心靈及提升靈性。而培養國民健全而合理的生活方式與生活態度，就要講究生活品質及提升國民的文化素養。文化係蘊含於國民的日常生活中，而文化水準則可在生活實踐中表現，文化因素正是提升生活品質重要的一環，所以文化建設應著重於國民生活方式的提升。休閒活動是人類生活的一環，提升生活品質也是人類追求幸福快樂的基本要件。

8. **建立休閒產業**：除了優先運用現有學校及公營之遊憩區、公共空間，增設合乎青少年需求之戶外休閒設施及活動機會外，另一方面，鼓勵民間參與運動及休閒產業化，開創具有創意、特色及趣味之青少年運動與休閒，以滿足青少年多元之需求。此外，引導社區開拓青少年參與休閒活動機會與

空間、規劃社區型青少年活動，以增進青少年對社區之認同。

9.**國際性**：現階段台灣地區的設施、場所已經不能滿足國人的需求，且台灣許多休憩場所一到假日，皆已達飽和狀況。如果有機會能透過國際間的交流及遊覽，除可滿足青少年的感官需求外，同時也可滿足青少年對新奇事物的喜好，更能直接提升青少年的視野。同時，由於青少年正值道德價值觀重整及偶像崇拜的團體性同儕認同期，再加上傳播媒體對青少年有著不可磨滅的影響力，所以如果在活動中多加入積極性及正向的偶像宣傳，除了能增強青少年的國際觀外，還能樹立起青少年學習積極向上的精神。

(三)友善兒少據點暨兒童少年文化、休閒場館

隨著社會結構與工作環境改變，一般民眾已有較多閒暇時間，對休閒活動需求也逐漸提高；惟個人缺乏正確休閒觀念、拙於規劃休閒生活，另社會有關正當休閒活動設施及機會普遍不足，一般民眾之休閒生活已流於低俗化，更遑論弱勢兒少與家庭。因此青少年之休閒生活非但貧乏單調，甚至有流向商業性場所之趨勢，故青少年休閒活動不惟有待推廣及靠政府設置，以期待建立正確之休閒觀念。

依據「兒童及少年福利與權益保障法」的規定，政府應設置兒少關懷據點，其目的為加強對少年之輔導，以社區化服務模式，提供少年健康休閒活動場所，以補充性、支持性服務措施，陪伴少年解決於成長發展過程中，遭遇之家庭、生活、就學、就業、行為等問題。透過陪伴與支持，協助弱勢、高關懷及高危機青少年度過徬徨的青少年時期。以台北市社會局為例，依「兒童及少年福利與權益保障法」第24條提供兒童及少年適當之休閒、娛樂及文化活動，在2021年，提供友善兒少據點暨服務如下：

1.社會局補助民間團體設立28處友善兒童少年福利服務據點，每週至少開放3個時段，每時段至少4小時，提供北市弱勢家庭兒童及少年課後關懷輔導，並規劃許多興趣團體及親職活動，包括營隊體驗、父母團體工作坊、親職輔導等，希望分擔家庭教養及照顧壓力、支持家庭照顧能量並提升家長親職功能。

2.弱勢家庭兒童與少年皆可免費參加據點舉辦的活動，服務時段並有社工員

提供福利服務。

　　社區乃青少年除家庭、學校外，平時及假日的活動重心，故休閒活動之推廣，唯有深入社區，方能和青少年生活相結合。目前，國內社區型式逐漸形成，社區中亦不乏熱心義工，如何結合社區義工共同推動青少年休閒生活輔導，應是落實本項計畫一個思考的方向。民間社團係推展休閒活動之重要資源，但由於一般家長對青少年參加休閒活動之支持意願不高，且青少年活動力強，較難掌控，一般民間社團向以舉辦國小或高中以上學生活動居多。目前，具有舉辦青少年學生休閒活動經驗之民間社團寥寥無幾，規劃推動之人才與輔導義工亦大感缺乏；因此，鼓勵民間社團參與青少年休閒活動之推展，及積極培訓活動規劃人才與輔導義工，乃成為推動兒童少年文化突破之障礙。

　　友善兒少據點暨兒童少年文化、休閒場館計畫內容包括：(1)推廣青少年休閒育樂活動。(2)培訓青少年休閒輔導人員。(3)建立青少年休閒資訊網路。(4)宣導青少年正確休閒觀念。(5)增建青少年休閒活動設施等五大措施。期望透過該項計畫之實施，以建立青少年正確休閒觀念，教導正當休閒知能，培養良好休閒習慣及輔導規劃休閒生活，如能配合繼續加強取締，減少青少年涉足不良娛樂場所的機會，降低社會犯罪率，當能循序漸進消弭毒害及3C沉迷於無形。政府協調相關部會結合大專院校、縣市文化中心及民間團體開始試辦多項休閒活動，今後將依據「預防少年兒童犯罪方案」之規定，積極推動「推展青少年休閒活動計畫」，以廣結青年推動志願服務工作，同時協調省市政府、縣市政府及有關機關、團體，進行整體規劃，期能全面推廣青少年休閒活動，落實到各縣市、各社區、各學校，以滿足廣大青少年的休閒活動需求，達成反毒及3C沉迷工作「防患於未然」的中心目標。

第三節　發展遲緩兒童療育服務

　　就兒童發展的觀點來看，嬰幼兒的生長環境對其日後的學習發展有著重大的影響。這個觀點在1950、1960年代的研究調查即被證實，人類在嬰幼兒時期確實是具有學習能力的（可參考第三章）。現今大多數的發展理論也強調，兒童早期的成長及日後的發展與學習之間的關係與重要性，早期療育便嘗試以提供兒童刺

激以及其他方面的環境刺激方式，以避免未來發展遲緩和智能不足的現象產生，而且也應驗「預防勝於治療」（prevention is better than cure）之觀點。

早期療育的基本前提是人類的能力是可改變的，物質環境、營養、教育、家庭、親子關係等都會影響兒童的發展。早期療育的實施對發展遲緩兒童來說，不但可以提供心理、身體等各方面發展的機會與經驗。同時，父母的參與也可以獲得教導發展遲緩兒童的特別技能。所以，早期療育對於兒童與家庭的重要性，不僅是將障礙兒童的潛能做最大發揮，也是協助家庭減輕因為障礙兒童所產生的壓力，更能減少國家未來對於障礙者所投注的各項成本。早期療育便是希望透過專業性的整合服務提供障礙兒童與家庭所需的服務，協助家庭對於資源的認識與使用的能力，讓家庭擁有較佳的能力，提供障礙兒童於家庭中也能獲得最佳的成長機會，這也是兒童福利領域之社會工作者所努力提供資源強化及支持兒童及其家庭，並引領家庭能朝向獨立照顧之目標。

依據聯合國世界衛生組織的統計，今日每投資1元於療育工作，日後將可節省3元的特殊教育成本；3歲以前所做的療育功效是往後的10倍。同時，兒童愈早接受早期療育服務，其日後之教育投資也遠比晚一些接受早期療育服務之兒童來得少，這對日後社會投資及社會層面之影響也不小。

一、我國兒童早期療癒概況

台灣「兒童福利法」與「少年福利法」分別於1973年與1989年制定，為期兒少福利政策之整體性及連貫性，合併上開兩法為「兒童及少年福利法」，並於2003年5月28日公布施行，將兒童及少年福利措施架構起一個健全的環境。

因應時勢需要，「兒童及少年福利法」歷經多次修正，於2011年11月30日修正公布名稱為「兒童及少年福利與權益保障法」，條文由原76條增列至118條。除回應各界需求加強福利服務措施外，並以聯合國「兒童權利公約」為目標，增訂身分、健康、安全、受教育、社會參與、尊重兒童意見、福利及被保護，以及享有適齡、適性之遊戲休閒及發展機會等權益措施，將各項基本權益法制化。嗣因應我國少子女化趨勢，為全面打造友善、安全之育兒環境，陸續於2012年8月、2014年1月、2015年2月及12月、2018年11月、2019年1月與4月修正公布部分條文。

　　台灣早期社會並不重視兒童發展問題，尤其民間普遍存在「大雞晚啼」的傳統觀念，認為兒童總有一天會「開竅」，使得許多發展遲緩兒童錯失及早接受適當教育和治療的機會。1990年代初期在民間社會福利相關團體大力的倡導與推動之下，終於在1993年修訂通過的「兒童福利法」中將發展遲緩兒童與其家庭的早期療育服務納入該法的保障中（王國羽，1996）。內政部也自1995年成立「發展遲緩兒童早期療育推動小組」，以跨醫療、教育與社政三部會的任務編組方式推動。1997年訂定「發展遲緩兒童早期療育服務實施方案」，在該方案中將早期療育服務劃分「發現與篩檢」、「通報與轉介」、「聯合評估」、「療育服務」等流程，目前台灣早期療育服務的流程與內容也以此方案為依據。1999年內政部兒童局成立，發展遲緩兒童早期療育業務原屬內政部社會司自此轉由內政部兒童局負責，為該項業務之中央主管單位。2003年「兒童福利法」及「少年福利法」為因應國際趨勢，修法合併為「兒童及少年福利法」，依據其施行細則第6條定義「發展遲緩兒童」為在認知發展、生理發展、語言及溝通發展、心理社會發展或生活自理技能等方面，有疑似異常或可預期有發展異常情形，並經衛生主管機關認可之醫院評估確認，發給證明之兒童。另依據施行細則第5條，「早期療育」是指由社會福利、衛生、教育等專業人員以團隊合作方式，依未滿六歲之發展遲緩兒童及其家庭之個別需求，提供必要之治療、教育、諮詢、轉介、安置與其他服務及照顧。以1995年內政部正式實施早期療育服務算起，該服務實施至今已有27個年頭。在此期間，除「兒童及少年福利法」相關規定的落實外，兒童局也因應實際服務的需要訂定多項配套計畫，如「發展遲緩兒童到宅服務實施計畫」、「托育機構收托發展遲緩兒童巡迴輔導實施計畫」、「發展遲緩兒童療育費用補助實施計畫」等，目前全台各地有22個縣市成立「發展遲緩兒童早期療育服務通報轉介中心」；行政院衛福部也於全國各縣市成立「兒童發展聯合評估中心」，在各縣市也具有相關的療育服務單位；藉由這些包含社政、衛生、教育三個領域的相關單位形成整個早期療育服務的輸送流程，提供發展遲緩兒童與其家庭相關的服務。

　　近年來，台灣地區兒童死亡率在各年齡層皆急速下降，根據衛生福利部2012年的統計顯示，2011年新生兒的死亡率（嬰兒出生未滿4週死亡數／活產嬰兒數×1,000）為2.7，嬰兒死亡率（嬰兒出生未滿1歲死亡數／活產嬰兒數×1,000）則由1996年的6.7降至2011年的4.2（參見**圖9-1**）。0至4歲兒童死因之變遷，亦有極

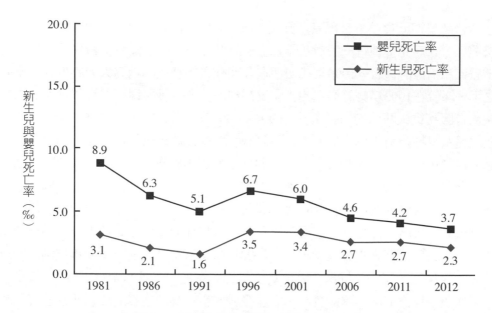

圖9-1 台灣地區歷年新生兒與嬰兒死亡率

資料來源：整理自衛生福利部統計處（2013）。

大之變化，生產傷害及感染所造成的死亡率逐年降低，而事故傷害、早產兒、惡性腫瘤及先天性畸形相對增加，且齲齒、視力不良問題有日趨嚴重之現象。呂鴻基（1999）指出：我國兒童的死亡率雖有顯著下降，但1985年後即停滯不前，且2倍高於日本、法國、瑞典、新加坡等先進國家，兒童的主要死因由過去的肺炎、腦膜炎、腸炎等傳染病，轉變為周產期疾病、先天性畸形、事故與傷害、惡性腫瘤等慢性疾病。2011年台灣地區嬰兒主要死亡原因以「先天性畸形、變形及染色體異常」（22.6%）、「周產期的呼吸性疾患」（15.8%）、「特發於周產期的感染」（6%）最多（衛生福利部統計處，2013）。此外，我國0至6歲兒童的生長曲線，不論在身高或體重方面，均已趨近於美國1979年的生長曲線，並高於香港1993年及日本1990年的生長曲線，顯示我國嬰幼兒的生長發育狀況，達到已開發國家的水準。也由於環境及生活習慣的改變，造成少動、多吃的環境，使部分兒童肥胖的盛行率由0躍升達15%（行政院衛生署，2000）。此外，一些醫療疏失，例如2002年發生在現今新北市土城區北城醫院的打錯針事件及2003年某牙醫一次

拔掉兒童14顆牙的案例，也都凸顯兒童的醫療權益受到忽視，進而影響兒童的健康（參見**表9-2**）。

表9-2　有關兒童醫療剪報整理

北城打錯針事件

日期	報別	標題
2002.11.30	民生報	打錯針 7新生兒 死亡1人
2002.11.30	聯合報	打錯針 新生兒1死6救回
2002.11.30	中央日報	醫療烏龍大疏失 北縣北城醫院 護士打錯針 急救嬰兒總動員
2002.11.30	自由時報	打錯針 新生兒1死6脫險
2002.11.30	聯合報	打針切記：三讀五對
2002.11.30	民生報	疫苗有專用冰箱 施打前需仔細核對
2002.11.30	聯合報	交叉驗證？防錯機制太「鬆弛」
2002.11.30	民生報	哈佛研究：醫療傷害 不遜於高速公路意外
2002.11.30	中國時報	肇禍護士黃靖惠交保 護士吊銷執照 院方重罰15萬
2002.11.30	中國時報	離譜打錯針 嬰兒1死6危
2002.12.01	聯合報	闖禍的天使
2002.12.02	聯合報	醫療疏失 下次輪到誰？
2002.12.01	聯合報	護理教育 混！醫療品質混！
2002.12.03	聯合報	兒童疫苗的管理與保存

男童拔牙事件

日期	報別	標題
2003.02.12	中國時報	一次拔牙14顆 男童變植物人
2003.02.12	聯合報	男童拔掉14顆牙 昏迷近月
2003.02.12	民生報	拔14顆牙 心臟病童陷昏迷
2003.02.12	中央日報	連拔14顆牙 9歲男童昏迷
2003.02.12	民生報	全身麻醉拔牙 顆數非關鍵
2003.02.12	中央日報	榮總最高紀錄 一次拔20顆
2003.02.12	中央日報	三總：麻醉科 曾建議取消手術
2003.02.12	中國時報	手術成功 三總自認沒疏失
2003.02.12	中央日報	醫師：一次全拔掉 減少恐慌 醫病間多一分體貼 少一分悲傷
2003.02.12	聯合報	我不能呼吸 媽媽救我

（續）表9-2　有關兒童醫療剪報整理類

特殊兒童——發展遲緩

日期	報別	標題
2002.07.30	聯合報	早期篩檢 拒絕遲緩兒
2003.01.19	民生報	5至6歲早產兒三成肺病
2003.03.02	自由時報	遲緩兒早期療育 一年抵十年

特殊兒童——其他類

日期	報別	標題
2002.07.05	聯合報	低收入唇顎兒 醫療補助
2002.09.30	民生報	唇顎裂 不再是可恥的烙印
2002.11.04	民生報	想作聽語治療 得等三至六月
2002.11.22	民生報	過動兒不治療 日後恐合併嚴重精神病
2003.01.09	民生報	慢性病童 不必怕上學

一般兒童

日期	報別	標題
2002.07.05	聯合報	新生兒二代篩檢
2002.07.05	聯合報	1998至2000年台灣共誕生7,000名試管兒
2002.11.10	民生報	彭錦桓變身恐龍叔叔看診
2002.12.05	自由時報	認識疫苗 避免憾事重演
2002.12.14	自由時報	馬英九市政白皮書檢視下之醫療保健
2002.12.18	自由時報	花錢打混合疫苗 值得嗎？
2003.01.23	自由時報	預防畸胎 懷孕16週前應避免服藥
2003.02.20	自由時報	垂直感染腸病毒 新生兒夭折

　　雖然兒童的人口比例有逐漸減少的趨勢，但2至6歲及2歲以下兒童醫療所需的人力與時間，比成人醫療者多且長（呂鴻基等，1994）；且這些醫療成本尚未包括家長因照顧長期重症與特殊障礙子女而付出的人力資本。許瓊玲（1994）指出，台灣地區每年出生的30多萬名嬰兒中，就有1萬多個嬰兒患有先天性異常疾病，帶給個人、家庭與社會沉重的負擔。內政部兒童局（2012）所作有關兒童生活狀況的調查報告中即指出，大多數兒童皆以「不曾接受醫生評估，無發展遲緩」居多。

發展遲緩或障礙兒童，由於先天智能與生理方面的缺陷，影響後天能力之發展，此種情形造成家庭產生很大的焦慮及壓力，因此，有異常發展兒童的家庭更需要協助，以期「早期發現，早期療育」。基於兒童權利宣言，每個兒童都享有其基本權利，例如，平等權、受教權、生存發展權、特別權、醫療權、受關愛及照顧權等。據聯合國WHO估計，發展遲緩兒童的發生率約7%，而台北市每年估計約有2,000人左右（占出生人口3萬人之7%估計）。這些兒童及其家庭將會承受相當多的負擔（參見**表9-3**）。我國在1993年第一次「兒童福利法」修正，1997年身心障礙者保護法及2001年特殊教育法的修正案通過，皆已經公開明示特殊兒童（包括發展遲緩兒童）的早期療育服務已成為既定的福利政策，並結合衛生、福利與教育三大領域的專業及行政資源，共同解決特殊發展需求兒童之健康照顧政策。

表9-3 有關發展遲緩兒童及家庭之剪報

日期	報別	標題
2001.10.05	民生報	捐款幫助「紅孩兒」　為魚鱗癬患者打造庇護家園
2002.06.01	自由時報	家有寶貝，笨手笨腳　師長齊用心，幫助「發展性動作協調疾患兒」提升協調力
2002.12.03	聯合報	早療e化，服務網開站　通報轉介、療育安置，並推廣到宅服務　市府今續有身心障礙者才藝展
2002.12.12	民生報	遲緩兒通報，南投等三縣市開倒車　這些縣市是通報遲緩兒，若加上城鄉差距，權益更加不保
2003.01.06	民生報	孩子雞胸、長不大　可能心破洞　症狀不明顯，拖久很危險
2003.02.24	聯合報	弱肌寶寶　用腳畫出心中世界
2003.02.29	聯合報	折翼天使的母親們　腦性麻痺兒的心路歷程
2003.03.09	民生報	養育早療兒，沒有放棄的權利　救他、愛他，多少堅強媽媽強忍辛酸
2003.03.29	聯合報	罹患重力不安全感兒童早療方式
2003.04.04	中國時報	為呼籲社會大眾重視兒童發展關懷早療兒童，社會局自即日起在市府舉辦兒童早療展
2003.04.05	中國時報	幫助外籍新娘子女解決成長遲緩或語言障礙，求助有管道
2003.04.06	民生報	罕見疑似粒腺體發育不全　男童阿智現在全身僵硬的症狀逐漸改善，也可自行散步。但仍無法脫離呼吸器生活
2003.04.12	中國時報	愛跳芭蕾小天使——腦性麻痺兒的足部復健
2003.05.13	聯合報	接連生了兩個遲緩兒，人生一度跌入谷底，信仰讓他們站起來　林照程夫婦讓遲緩兒家有藍天
2003.05.29	聯合報	家有自閉兒的會話訓練方式

內政部兒童局爲加強發展遲緩兒童之照顧與服務，於2001年4月12日函頒「發展遲緩兒童早期療育服務實施計畫」，針對0至6歲發展遲緩兒童之發現與初篩、通報與轉介、聯合評估、療育與相關服務、宣導訓練等，結合教育、衛生、社政相關單位資源，具體推動發展遲緩兒童早期發現、早期介入，並促進早期療育各服務流程功能之發揮，以提供發展遲緩兒童及其家庭完善之服務；目前全國各地方政府均已成立通報轉介中心，設立通報窗口辦理個案之接案、通報、轉介、轉銜、諮詢輔導及語言或感覺統合訓練等簡單復健、追蹤輔導、結案等的個案管理服務，並辦理工作人員研習、訓練及早期療育宣導工作，2012年各通報轉介中心辦理個案通報人數17,324人，個案管理人數36,052人，療育與安置人數23,634人，幼托機構巡迴輔導所數868所，收托兒童數13,732人（見**表9-4**）。

此外，2003年兒童及少年福利法合併修法。「兒童及少年福利法」（第19、21、22、23、50條）與之前2001年「特殊教育法」（第8條）皆規定各級政府應規劃辦理發展遲緩兒童的早期療育服務工作及特殊教育，並成立早期療育中心及通報轉介中心。時至2000年11月底全台共有21縣市成立通報轉介中心。然而21縣市

表9-4 台閩地區發展遲緩兒童早期療育概況表

年別	通報轉介（人）	個案管理（人）	個案療育服務（人）	托育機構巡迴輔導所數	幼托機構收托兒童數
89年	9,421	6,552	7,436		1,470
90年	11,981	7,698	9,350		3,216
91年	13,264	11,609	16,286	450	3,566
92年	13,231	12,442	17,909	496	4,831
93年	11,778	13,327	20,318	1,649	11,156
94年	12,176	14,642	17,997	1,772	9,575
95年	12,688	15,432	18,662	1,708	12,275
96年	14,250	17,011	18,981	2,106	13,192
97年	15,033	19,590	21,232	1,617	12,823
98年	16,167	23,280	20,695	1,596	12,089
99年	17,304	33,176	20,853	1,564	11,800
100年	15,848	32,295	23,165	1,416	13,124
101年	17,324	36,052	23,634	868	13,732

資料來源：內政部兒童局網站。

在名稱上相當分歧，有稱爲早期療育綜合服務中心、早期療育通報及轉介中心、早期療育通報系統及轉介中心、早期療育轉介中心、早期療育通報暨轉介中心、早期療育發展中心、殘障福利服務中心附設早療通報轉介中心、早期療育通報轉介中心、早期療育服務、個案管理中心等。在結合（委託）辦理單位性質方面也有所不同，政府除自行創辦某些業務之外，更委託機構、協會、基金會或醫院辦理，往往一個早療中心委託出去包含許多可能組合，以目前而言計有五個協會、十個機構（係指提供住宿、日托的機構或中心）、十一個基金會及其分事務所（指提供個案服務、諮詢轉介爲主，例如家扶中心、伊甸社會福利基金會高雄市事務所）以及一個醫院接受委託，而提供的服務項目也有相當差異。再者，個管中心也逐步成立。又另者，過去在衛生署的補助之下，全台已有11家醫院辦理早期療育評估鑑定或是治療的工作。至於教育部也相繼補助成立學前特教班（萬育維、王文娟，2002）。

　　依據法源，早期療育中心是　機構，由兒童福利主管機關所管，原本設立的目的和宗旨應不僅止通報轉介中心、聯合評估中心、個管中心、學前特教班，而是一綜合性中心，包括了發展遲緩兒童療育服務應涵蓋的所有項目。但是若以目前執行早期療育的相關服務機構屬性卻是十分分歧，是醫療？教育？抑或社會福利服務？

　　引起發展遲緩兒童的原因很多，大多數成因仍是不明的，目前能被發現的原因約僅占20%至25%，其中包括環境因素、社會文化因素、心理因素及腦神經、肌肉系統疾病等。一般說來，大部分的家長對孩子的發展遲緩現象並沒有警覺性，大多是入學後與其他孩子相比才發現，錯失及早療育的機會。其實若能透過早期療育的介入，包括：各種醫療復健、特殊教育、家庭支持、福利服務等，可能使兒童的發展遲緩現象減輕，甚至一部分的孩子可以經過早期療育而趕上，減少對家庭及社會的負擔（衛生福利部，2019）。

　　依據「兒童及少年福利與權益保障法施行細則」第8條規定，「本法所稱之早期療育，指由社會福利、衛生、教育等專業人員以團隊合作方式，依未滿6歲之發展遲緩兒童及其家庭之個別需求，提供必要之治療、教育、諮詢、轉介、安置與其他服務及照顧。經早期療育後仍不能改善者，輔導其依身心障礙保護法相關規定申請身心障礙鑑定。」由此可知，早期療育服務是指針對有發展遲緩之兒童及其家庭個別需要，由社會福利、衛生、教育等專業人員以團隊合作方式，提

供一連串必要的服務及照顧（張秀玉，2009），而學者Dunst在1985年提出的早期療育定義為：「以非正式和正式的社會支持網絡成員，提供幼兒家庭支持和資源，以直接和間接影響父母、家庭和幼兒的功能」（Dunst, 2000; Trivette, Dunst & Deal, 1997）。早期療育提供的支持，乃指父母在養育責任，以及促進兒童學習和發展上的相關資訊、指導及建議。兒童的身心健康攸關國家未來發展與競爭力。近年來，除了普遍兒童權益及福祉受到關注外，早期療育亦愈來愈受各方重視；相較過去，現今醫療單位、社福機構及教育單位皆有多元的療育服務提供家庭作選擇。

(一)臺灣早期療育之政策規劃與推動

政府在法令政策的規劃上，在1993年「兒童福利法」修法後，將發展遲緩兒童及早期療育納入相關條文，將發展遲緩兒童納入保障對象，成為國內早期療育政策重要的法源依據。1995年，行政院衛生署召開第1次跨行政部門討論會。1996年，內政部成立「發展遲緩兒童早期療育服務推動小組」，以跨教育、醫療及社政3部會的方式進行推動，也使民間單位有更多機會參與其中。在早期療育服務方案始於1997年開始，近20餘年早期療育服務發展歷程如下：

1. 1997年開始，「發展遲緩兒童早期療育服務實施方案」促成內政部、教育部、行政院衛生署（2013年升格為衛生福利部）、各直轄市及縣市政府等跨單位聯繫合作，成為早期療育服務措施與部會分工的重要依據，並完成「發展遲緩兒童早期療育通報轉介鑑定及安置辦理流程」，落實推動兒童發展早期發現、篩檢、通報轉介、評估療育及追蹤輔導等服務（李淑貞，2005）。同年，臺灣首家跨單位的早期療育綜合服務中心於台北市成立（現為台北市政府社會局早療通報轉介中心）。1999年，內政部兒童局成立，發展遲緩兒童早期療育業務主管機關自內政部社會司轉由內政部兒童局負責，並從身心障礙福利回歸至兒童福利（衛生福利部社會及家庭署，2018）。

2. 2003年，立法院三讀通過將「兒童福利法」與「少年福利法」合併修正為「兒童及少年福利法」，正式將發展遲緩兒童早期療育服務需求列入兒童福利服務之重點項目，將責任通報、家長參與以及提供療育所需費用補助

新增入法。當中，早期療育正式納入中央對地方社會福利績效考核項目，以強調衛生主管機關對於發展遲緩兒童早期醫療的照顧與權責，督促服務落實與因地制宜發展。當時主要由社會福利機構提供早期療育服務資源，政府考量機構數量不足及分配不均後，於2004年訂定「發展遲緩兒童到宅服務實施計畫」，擴大服務對象並增加療育選擇，提供到宅評估、簡易居家輔具建議及療育訓練等，培養發展遲緩兒童生活自理能力與提升家長運用資源之能力。

3.2009年，依據「發展遲緩兒童早期療育服務實施方案」訂定「發展遲緩兒童到宅服務及社區療育據點試辦計畫」，期望依兒童發展評估結果、家庭功能及需求狀況提供到宅或社區療育據點之服務，以提升早期療育之療效，並透過試辦經驗供未來建構社區療育服務之方向（林雅容，2013）。

4.2010年，將「兒童及少年福利法」進一步修訂為「兒童及少年福利與權益保障法」，政府應針對6歲以下兒童發展進行相關之評估機制，並因應發展遲緩兒童之需要，給予早期療育、醫療、就學及家庭支持方面之特殊照顧。逐漸地，早期療育之社區化服務逐漸受到政府單位的重視，積極推動社區融合及多元療育模式，建立服務成效檢視指標。2013年政府參酌之前的開試辦計畫，據以訂定「發展遲緩兒童社區療育據點服務實施計畫」，強調社區療育據點之設置應以近便性為原則，提供定點式或走動式服務，服務內容多以兒童療育及評估為主，擬定個別化服務計畫，並進行各項時段療育訓練。在家庭服務方面，辦理家長親職團體、提升家長教養知能與技巧、提供家長情緒性支持與諮詢等。

5.2016年，政府考量到宅服務與社區療育服務間資源重疊，因此將「發展遲緩兒童到宅服務實施計畫」及「發展遲緩兒童社區療育據點服務計畫」整併後，頒布「發展遲緩兒童社區療育服務實施計畫」。新計畫中，不再強調據點的設置，而希望早期療育服務能以社區為基礎（衛生福利部社會及家庭署，2016）。目前臺灣的早期療育服務已由過去關注兒童身心發展與成效，轉變為以家庭為中心。在強調重視家庭與外在環境互動的生態觀點的思潮下，家庭服務關注「預防弱勢家庭免於受到身心健康的威脅」，故早期療育服務由落實初級健康篩檢服務（primary prevention）、落實次級通報作業（secondary prevention）與三級家庭支持系統建立（tertiary prevention）著手，聚焦於提升親子互動品質、提供適切物理性成長環境與增強兒童健康發展等三項重點工作。

綜合上述，臺灣早期療育發展之推動歷程演進可分為五大階段（**表9-5**）：

1.概念萌芽：1980-1990年。
2.推動立法：1990-1993年。
3.建構制度：1994-1997年。
4.發展服務：1998-2008年。
5.檢視成效：2009-至今。

表9-5　臺灣早期療育發展之推動歷程演進表

推動階段	年分	發展歷程	
		民間團體	政府單位
第一階段：概念萌芽	1980	・醫療與特殊教育專家學成歸國，將早期療育觀念帶回分享。 ・財團法人第一社會福利基金會成立，投入心智障礙服務及提供0-6歲早期療育。	
	1990	財團法人心路社會福利基金會開始推行早期療育相關服務。 財團法人臺南市私立天主教瑞復益智中心增設早期療育組，為發展遲緩嬰幼兒提供時段式服務及到宅服務。	
第二階段：推動立法	1992	・家長團體代表、專家學者代表及政府機關代表親赴香港參觀早期療育服務。 ・中華民國智障者家長總會成立，倡導心智障礙者的福利與相關政策法令，並於會訊《推波引水》創刊號中（1992年10月），以「智障兒的早期發現及療育」將「早期療育」的概念提出。	
	1993		「兒童福利法」（現為「兒童及少年福利與權益保障法」）全文修正，將發展遲緩兒童及早期療育納入相關條文，使發展遲緩兒童成為法規保障對象，此為國內早期療育政策重要的法源依據。

（續）表9-5　臺灣早期療育發展之推動歷程演進表

推動階段	年分	發展歷程	
		民間團體	政府單位
第三階段：建構制度	1994	財團法人伊甸社會福利基金會開始推動「0-6歲發展遲緩兒家庭社區服務方案」，積極推動早期發現及早期療育工作。	
	1995		・行政院衛生署召開首次跨行政部門討論會。 ・6月，台北市早期療育規劃工作小組召集市府衛生、教育、社會單位召開首次協調會。
	1996	財團法人瑪利亞文教基金會成立早期療育中心，為有早期療育需求之兒童及其家庭，提供日托和時段療育服務。 財團法人天主教光仁社會福利基金會受託於台北縣政府社會局，辦理台北縣「聖心兒童發展中心」，並於6月開始專辦學前身心障礙兒童教育工作。 臺灣兒童發展早期療育協會（原為中華民國發展遲緩兒童早期療育協會）成立，推動專業人員教育訓練課程，及以參與早期療育相關福利服務會議之倡導，舉辦相關早期療育研討會及論壇等。	・中央（內政部）成立跨部會「發展遲緩兒童早期療育服務推動小組」。 ・台北市第一屆早期療育推動委員會成立，並於1997年12月任務完成。
	1997		・內政部訂定「發展遲緩兒童早期療育服務實施方案」，為早期療育跨部會合作依據，並完成「發展遲緩兒童早期療育通報轉介鑑定及安置辦理流程」。 ・臺灣首家跨單位早期療育綜合服務中心於台北市成立（現為台北市政府社會局早療通報轉介中心）。
第四階段：發展服務	1998		內政部訂定「發展遲緩兒童早期療育實施計畫」，各縣市通報中心陸續成立，並開始實施個案管理，宣導各衛生單位及幼托園所重視發展遲緩篩檢。
	1999	財團法人中華民國發展遲緩兒童基金會成立，倡導與推動政府政策、法令，及兒童權益、家庭諮詢服務，引進國外相關課程，推動0-6歲兒童全面性發展篩檢及出版早期療育相關刊物及書籍。	成立內政部兒童局，將發展遲緩兒童早期療育業務轉由內政部兒童局負責，並從身心障礙福利回歸至兒童福利。

（續）表9-5　臺灣早期療育發展之推動歷程演進表

推動階段	年分	發展歷程	
		民間團體	政府單位
第四階段：發展服務	2003		立法院三讀通過將「兒童福利法」及「少年福利法」合併修正為「兒童及少年福利法」，正式以法律規範兒童早期療育服務，並將專業人員之通報責任、主要照顧者之配合義務、提供療育所需費用補助納入規定，並將早期療育正式納入中央對地方社會福利績效考核項目，以督促服務落實與因地制宜發展。
	2004		頒布「發展遲緩兒童到宅服務實施計畫」，以補充偏鄉療育資源之不足。
	2006	王詹樣基金會推動「身心障礙機構早期療育專業服務成效提升計畫」，透過「以實證研究為基礎的早期療育介入」、「以家庭為中心的早期療育服務與介入」，及「以融合為基礎的早期療育介入」為關鍵原則，達到提升機構質量、人員專業能力、家長療育知能等目的。	
第五階段：檢視成效	2009		函頒「發展遲緩兒童到宅服務及社區療育據點試辦計畫」，推動社區據點之概念，彌補城鄉差距，提倡社區宣導。
	2011		將「兒童及少年福利法」更名為「兒童及少年福利與權益保障法」。
	2013		函頒「發展遲緩兒童社區療育據點服務實施計畫」，提供近便性及社區化的療育選擇。
	2016		函頒「發展遲緩兒童社區療育服務實施計畫」。

資料來源：衛生福利部社會及家庭署（2019）。

　　早期療育在台灣已經推展了約30年（從1993年修法後開始計算），但是無論使用者、提供服務者甚至學術研究，皆將注意的焦點集中在早期療育的實行面，討論如何進行評估、提供治療等；卻少有相關研究回溯當初制定早期療育政策的制訂理念與依循的政策制訂模型，也極少討論到早期療育政策所依據的的兒童發展相關理論。這不禁讓研究者開始反思：台灣的早期療育政策究竟是在何種背景下產生？如何發展至今？我們的早期療育政策制訂究竟依據的相關理論為何？這

些根本的問題在當下早期療育尚處於推動階段可獲得釐清，對未來早期療育政策
的方向與修正或許尚有助益。

(二)未來展望

　　早期療育的核心精神是期待藉由早期篩檢早期發現、及早提供妥適的早期介
入措施，藉以減緩兒童之發展遲緩或減輕障礙狀況，並減少家庭在兒童療育過程
之負擔與壓力，相對於其他福利服務的發展，台灣推動發展遲緩兒童早期療育服
務的歷史並不長，但在政府與民間團體的合作下，近年來有著相當顯著的進展，
未來仍需在以下幾點繼續努力：(1)加強宣導教育，喚起社會大眾之重視。儘管近
年來政府宣導兒童發展的重要性及提供相關配套措施，希望能及早發現有異常之
兒童，但家長傳統「大雞慢啼」之觀念或不願承認自己孩子有發展遲緩之現象，
影響療育時機，故可在對於孕期婦女、新生兒家長之衛生教育，增加發展遲緩兒
童早期療育重要性相關宣導，提高家長對兒童發展的敏感度；此外，政府訂定每
年4月為篩檢月，統一強力宣導以提醒社會大眾重視，有助及早發現發展異常之
兒童。(2)及早發現兒童發展異常，降低通報年齡。早期療育最重要的是把握三歲
以前兒童之神經系統發展及各生理系統發展未臻成熟前的及早介入，因此，未來
應落實兒童預防保健服務功能，及早發現發展異常兒童及應進入通報作業，以利
專業人員的及時介入服務。尤其0-2歲之幼兒仍以家長或保母照顧為主，透過領有
專業證照之保母人員組成之「社區保母系統」，加強辦理保母對發展遲緩兒童早
期療育之在職教育，並配合推動進入幼托園所檢查「兒童健康手冊」，及提供發
展遲緩兒童篩檢簡易量表，供幼托園所教師及保育員初篩使用，使疑似發展遲緩
兒童個案及早通報，以期早期發現早期服務。(3)健全專業團隊人力，增加療育服
務能量，健全服務品質。兒童接受療育的效果並非一蹴可及，服務取得的方便與
否更影響家長參與療育的意願，目前療育服務雖由醫療院所、早療機構等單位提
供，但部分離島、偏遠地區及原住民部落療育資源仍十分缺乏，目前雖有在宅服
務稍可彌補，但長期仍應有計畫培養早期療育專業人員，如語言治療師、臨床心
理師等專業人員。此外，服務品質的提升與確保也是發展遲緩兒童早期療育服務
未來努力推動的方向。(4)加強系統與部門間連結，提供全方位照顧與轉銜。轉銜
代表著生活階段、學習環境等轉變的過程，早期療育服務的提供面臨兒童第一個
正式機構、服務人員的轉換過程，由家庭進入幼稚園及由幼稚園進入國民小學的

轉換過程，為使得服務可以透過轉銜服務的提供來延續而不中斷，社會福利、衛生與教育三個體系，應該藉由專業團隊的研討、實務工作的檢視，建立我國遲緩兒童與其家庭的轉銜服務模式。

二、特殊發展需求兒童健康照顧的供需課題

(一)潛藏的特殊發展需求兒童仍待發掘

除了一般性的兒童健康照顧議題之外，特殊發展需求兒童的健康照顧也呈現多面向的需求。根據內政部戶政司截至2011年底的身心障礙人口統計資料指出，0至未滿12歲年齡組之身心障礙人口數為30,136人，在身心障礙人口總數111萬7,521人中，約占2.6%，尚不包括潛在未發掘的身心障礙人口。如果以聯合國衛生組織統計所指，發展遲緩兒童的發生率約為6%至8%，即以現今台灣兒童總數約255萬人來計算，發展遲緩兒童可能就有15至20萬人之多（參見**表9-6**）。根據1996年進行的特殊兒童調查結果顯示，經篩檢後發現約有7萬名特殊兒童，其中智能不足與學習障礙兒童即占其總數的三分之二（劉邦富，1999）。

表9-6　0至12歲身心障礙人數（按年齡及等級別）

年齡別	輕度	中度	重度	極重度	總計
0-2	564	253	488	104	1,409
3-5	5,034	1,431	1,200	317	7,982
6-11	11,794	4,814	2,182	1,088	19,878
總計	17,392	6,498	3,870	11,925	29,269

資料來源：衛福部統計處（2021）。身心障礙者人數按年齡及等級別。https://dep.mohw.gov.tw/DOS/cp-5224-62359-113.html

圖9-2三項統計資料皆呈現出在發展上具特殊健康照顧需求的兒童人數眾多，並且根據其不同的發展特質而具多樣化的健康照顧需求，然而除了已浮現特殊需求的兒童之外，其實大多數發展遲緩兒童仍未被發掘，對於兒童個人身心健康及社會整體發展有極大影響，如何發掘這群潛在的人口群，以適切提供健康照顧服務，是目前亟待克服的困境。

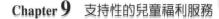

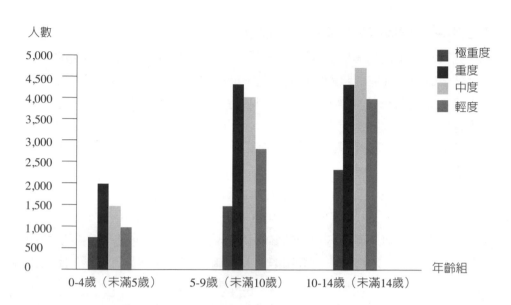

圖9-2　0至14歲身心障礙人數統計圖

(二)特殊發展需求兒童健康照顧相關法令

■身心障礙兒童與發展遲緩兒童的法令區隔

　　在發展上有特殊需求的兒童可分為兩類，一為身心障礙兒童，另一為發展遲緩兒童。身心障礙兒童依「身心障礙鑑定標準」評估鑑定之後，在健康照顧上歸由「身心障礙者權益保障法」來規範保障其健康及照顧其權益，進行各種健康檢查、醫療復健，以及福利補助，這種身心障礙鑑定和分類系統，由各障礙別及等級架構而成，大多以生物體損傷的程度來分類並區分等級，這使得有些特殊病理損傷、障礙或功能受到阻礙者無法得到該法的保障，而徘徊在政府的社會安全保障範圍之外。

　　在這套分類系統之下，發展遲緩兒童也就因為發展狀況不明，而排除在「身心障礙者權益保障法」的福利保障之外，但是其特殊的發展需求又非「兒童及少年福利與權益保障法」對一般兒童的保障即可滿足，對於有此類特殊發展需求兒童的健康照顧規範，也只能模糊而零星地散見於「兒童及少年福利與權益保障法」、「身心障礙者權益保護法」、「特殊教育法」之中。

■法令對特殊發展需求兒童健康照顧的規範

　　「兒童及少年福利與權益保障法」雖然已明文訂定兒童健康維護相關規範，然而，該法對於兒童健康照顧層面的權益，仍多半只具有宣示性意義而缺乏實際執行力，如規定縣市政府應自行創辦或獎勵民間辦理兒童醫院、發展遲緩兒童早期療育中心、兒童心理衛生中心等，但執行面人力物力資源明顯不足或缺乏。2007年修正公布的「身心障礙者權益保障法」採用聯合國世界衛生組織頒布的「國際健康功能與身心障礙分類系統」（International Classification of Functioning, Disability and Health，簡稱ICF），2012年7月11日起身心障礙鑑定及需求評估新制以ICF做為評估方式，並將ICF架構與精神納入需求評估機制。ICF關心人的實際生活，包含生理與心理的各項活動參與及表現的能力，特色是：(1)提供功能、身心障礙、健康統一的標準化語言和架構；(2)適用於全世界各國家、各民族和個人；(3)完整描述任何人的功能、身心障礙和健康。

　　其他幾個法令規範內容，如「兒童及少年福利權益保障法」、「身心障礙者權益保障法」、「特殊教育法」對早期療育服務的提供也有明確的規範。「兒童及少年福利與權益保障法」第4條「政府及公私立機構、團體應協助兒童及少年之父母、監護人或其他實際照顧兒童及少年之人，維護兒童及少年健康，促進其身心健全發展，對於需要保護、救助、輔導、治療、早期療育、身心障礙重建及其他特殊協助之兒童及少年，應提供所需服務及措施」，明訂了政府的責任及針對發展遲緩及身心不健全兒童必須提供適當服務；施行細則第8條指明早期療育的服務內涵，並且以專業團隊的合作原則提供服務。「身心障礙者權益保障法」第18條也明訂直轄市、縣（市）主管機關應建立通報系統，第20條第1項則規定，中央主管機關應整合各目的事業主管機關推動辦理身心障礙輔具資源整合、研究發展及服務等相關事宜。「特殊教育法」規範了特殊發展需求學生的教育協助及安置。從這些法規內容的確可以看出政策對於兒童身心健康的關注，並且在其中彰顯了政府責任，以及各專業必須整合提供服務的執行方向。

　　綜上所述，不難發現兒童健康照顧的推行困境，並不是單指法令規範的缺乏，事實上，法令規範並非不存在，而是實際上涉及了衛生醫療、教育、社政、戶政等多專業的介入，只是專業之間缺乏對話和連結，使得服務的提供零碎或重疊，呈現片段且缺乏整體規劃的狀況，我們必須在執行面更進一步地檢視現行體制的執行現況及困境，以瞭解政策與執行面的落差。

■**特殊發展需求兒童之健康照顧服務實施現況**

1. **缺乏評估指標、工具與人力**：「兒童及少年福利與權益保障法」第23條第1項第1款中明訂「建立發展遲緩兒童早期通報系統，並提供早期療育服務」；同時，在施行細則中，對於發展遲緩兒童的定義、主管機關及相關專業人員的認定都有詳細的規範及清晰的界定概念，但卻未指明執行鑑定的人員，也缺乏評估的鑑定工具，甚至缺乏比較的一般兒童發展常模。

2. **法令規範缺乏執行力**：台灣的早期療育服務流程大致可劃分為四個階段：通報、轉介、評估鑑定、安置，北、中、南、東四區的規劃亦呈現極大的差異，在兒童及少年福利與權益保障法施行細則第8條中雖然明訂「社會福利、衛生、教育等專業人員應以團隊合作方式提供必要之服務」，但中華民國智障者家長總會1998年度就曾提出發展遲緩兒童個案管理服務的執行經驗，經過通報中心派案的個案鮮少來自醫院的通報，呈現了早療通報系統與發現發展遲緩兒童的醫院合作關係仍然不足，往往因此錯失了早期發現的關鍵時期。

整體而言，在政策規範中展現了政府積極介入保障兒童權益的態度，也隱含了由地方政府主責統籌通報轉介角色的意義，在通報義務的規範上，也有明確的人員界定。除此之外，在早期療育的實施規劃方面也考量了特殊需求兒童的複雜性，而規範了社會福利、衛生、教育三個領域跨專業整合提供服務。然而，由於法令中並沒有進一步說明主責服務輸送的單位，專業人員對於早期療育的提供內涵、流程、專業角色，以及團隊合作等尚未建立良好的共識，因而使得目前的早期療育服務在專業整合及服務輸送流程上造成困擾，很容易流於形式上的服務，而無法達到早期療育的成效。因此，缺乏整體的發展遲緩鑑定、通報、轉介、療育與復健的體系，各縣（市）之做法有差異存在，而衛生、教育與社政等各部門的合作，亦視各縣市承辦人之意願而有不同。

三、障礙兒童家庭需求與服務現況

(一)身心障礙者及其家庭之需求

從身心障礙者及其家庭照顧的需求中，可以歸納出就學、就醫、就業、就

養爲主要四大需求（周月清，2000），其中學前障礙兒童以就醫、就學需求部分爲重。關於家庭因提供照顧工作所產生的壓力與需求，可分爲身心情緒、社交生活、經濟、家庭關係及其他五個層面，分敘如下：

1. **身心情緒方面**：絕大多數的障礙兒童家長將重心放在照顧兒童的身上，因爲長期照顧壓力，時有不堪負荷之現象。
2. **社交生活方面**：多數障礙兒童的主要照顧者因對照顧工作的投入，因而減少個人與外界互動的機會，亦造成主要照顧者個人的社會支持不足或缺乏的情形。
3. **經濟方面**：部分兒童因爲需要特殊醫療設備或特殊食物的提供，造成了家庭的經濟負擔，同時家中成員也可能因爲承擔照顧工作而放棄原有的職業，相對造成家庭因收入減少而產生經濟壓力。
4. **家庭關係方面**：因爲障礙兒童的誕生對於家庭產生的壓力及負擔，所面對的還有家庭整體的運作及家中成員的關係，也都可能因爲障礙兒童的出生而產生變化，如夫妻關係調整、手足之間的問題、親屬間的互動，都可能因而改變。
5. **其他方面**：如專業指導與相關訊息的提供、特殊兒童的教養技能、相關資訊服務的需求、障礙子女的就學問題，都是家庭所可能面對的問題。

(二)我國現行早療服務措施

■歷史發展與沿革

　　台灣開始推動早期療育服務可源自於1992年，在一群關心發展遲緩兒童的家長積極推動下，1993年「兒童福利法」修法正式將發展遲緩兒童的早期療育服務納入法令中，台灣的早期療育服務正式展開序幕。而台灣的早期療育工作正式在實務界推動執行，始於1995年內政部辦理「發展遲緩兒童早期療育服務轉介中心實驗計畫」（張秀玉，2003）。1996年內政部成立「發展遲緩兒童早期療育服務推動小組」，1997年開始推動「發展遲緩兒童早期療育實施方案」，2009年訂定「發展遲緩兒童到宅服務及社區療育據點服務」，之後開始展開以家庭爲中心，社區爲本位的兒童福利服務。

■**相關法規**

　　台灣的早期療育服務是由社政、衛生、教育三個單位共同統籌，提供完整的早期療育服務。其中社政及衛生單位的主管機關為衛生福利部，教育單位則是教育部。透過主管機關的合作，提供發展遲緩兒童及其家庭所需的跨專業服務（張秀玉，2003）。

　　目前台灣對早期療育的服務對象，依據「兒童及少年福利與權益保障法施行細則」第9條第1項之界定：「指在認知發展、生理發展、語言及溝通發展、心理社會發展或生活自理技能等方面，有疑似異常或可預期有發展異常情形，並經衛生主管機關認可之醫院評估確認，發給證明之兒童。」

　　早期療育相關法規整理如**表9-7**。

表9-7　早期療育相關法規整理表

兒童及少年福利與權益保障法	
第4條	政府及公私立機構、團體應協助兒童及少年之父母、監護人或其他實際照顧兒童及少年之人，維護兒童及少年健康，促進其身心健全發展，對於需要保護、救助、輔導、治療、早期療育、身心障礙重建及其他特殊協助之兒童及少年，應提供所需服務及措施。
第7條	第2項衛生主管機關：主管婦幼衛生、生育保健、發展遲緩兒童早期醫療、兒童及少年身心健康、醫療、復健及健康保險等相關事宜。
第23條	第1項建立發展遲緩兒童早期通報系統，並提供早期療育服務。 第7項早產兒、罕見疾病、重病兒童、少年及發展遲緩兒童之扶養義務人無力支付醫藥費用之補助。
第30條	疑似發展遲緩、發展遲緩或身心障礙兒童及少年之父母或監護人，得申請警政主管機關建立指紋資料。
第31條	政府應建立於6歲以下兒童發展之評估機制，對發展遲緩兒童，應按其需要，給予早期療育、醫療、就學及家庭支持方面之特殊照顧。 父母、監護人或其他實際照顧兒童之人，應配合前項政府對發展遲緩兒童所提供之各項特殊照顧。 第1項早期療育所需之篩檢、通報、評估、治療、教育等各項服務之銜接及協調機制，由中央主管機關會同衛生、教育主管機關規劃辦理。
第32條	各類社會福利、教育及醫療機構，發現有疑似發展遲緩兒童，應通報直轄市、縣（市）主管機關。直轄市、縣（市）主管機關應將接獲資料，建立檔案管理，並視其需要提供、轉介適當之服務。

（續）表9-7　早期療育相關法規整理表

身心障礙者權益保障法
第27條　各級學校對於經直轄市、縣（市）政府鑑定安置入學或依各級學校入學方式入學之身心障礙者，不得以身心障礙、尚未設置適當設施或其他理由拒絕其入學。
第31條　各級教育主管機關應依身心障礙者教育需求，規劃辦理學前教育，並獎勵民間設立學前機構，提供課後照顧服務，研發教具教材等服務。 公立幼稚園、托兒所、課後照顧服務，應優先收托身心障礙兒童，辦理身心障礙幼童學前教育、托育服務及相關專業服務；並獎助民間幼稚園、托兒所、課後照顧服務收托身心障礙兒童。
特殊教育法
第3條　本法所稱身心障礙，指因生理或心理之障礙，經專業評估及鑑定具學習特殊需求，須特殊教育及相關服務措施之協助者；其分類如下：
一、智能障礙。
二、視覺障礙。
三、聽覺障礙。
四、語言障礙。
五、肢體障礙。
六、腦性麻痺。
七、身體病弱。
八、情緒行為障礙。
九、學習障礙。
十、多重障礙。
十一、自閉症。
十二、發展遲緩。
十三、其他障礙。
第10條　特殊教育之實施，分下列四階段： 　　　一、學前教育階段：在醫院、家庭、幼稚園、托兒所、社會福利機構、特殊教育學校幼稚部或其他適當場所辦理。 　　　二、國民教育階段：在國民小學、國民中學、特殊教育學校或其他適當場所辦理。 　　　三、高級中等教育階段：在高級中等學校、特殊教育學校或其他適當場所辦理。 　　　四、高等教育及成人教育階段：在專科以上學校或其他成人教育機構辦理。 　　前項第1款學前教育階段及第2款國民教育階段，特殊教育學生以就近入學為原則。但國民教育階段學區學校無適當場所提供特殊教育者，得經主管機關安置於其他適當特殊教育場所。
第11條　高級中等以下各教育階段學校得設特殊教育班，其辦理方式如下： 　　　一、集中式特殊教育班。 　　　二、分散式資源班。 　　　三、巡迴輔導班。 　　前項特殊教育班之設置，應由各級主管機關核定；其班級之設施及人員設置標準，由中央主管機關定之。

（續）表9-7　早期療育相關法規整理表

	高級中等以下各教育階段學生，未依第1項規定安置於特殊教育班者，其所屬學校得擬具特殊教育方案向各主管機關申請；其申請內容與程序之辦法及自治法規，由各主管機關定之。
第12條	為因應特殊教育學生之教育需求，其教育階段、年級安排、教育場所及實施方式，應保持彈性。 特殊教育學生得視實際狀況，調整其入學年齡及修業年限；其降低或提高入學年齡、縮短或延長修業年限及其他相關事項之辦法，由中央主管機關定之。但法律另有規定者，從其規定。
第17條	托兒所、幼稚園及各級學校應主動或依申請發掘具特殊教育需求之學生，經監護人或法定代理人同意者，依前條規定鑑定後予以安置，並提供特殊教育及相關服務措施。 各主管機關應每年重新評估前項安置之適當性。 監護人或法定代理人不同意進行鑑定安置程序時，托兒所、幼稚園及高級中等以下學校應通報主管機關。 主管機關為保障身心障礙學生權益，必要時得要求監護人或法定代理人配合鑑定後安置及特殊教育相關服務。
第19條	特殊教育之課程、教材、教法及評量方式，應保持彈性，適合特殊教育學生身心特性及需求；其辦法，由中央主管機關定之。
第23條	身心障礙教育之實施，各級主管機關應依專業評估之結果，結合醫療相關資源，對身心障礙學生進行有關復健、訓練治療。 為推展身心障礙兒童之早期療育，其特殊教育之實施，應自2歲開始。
第25條	各級主管機關或私人為辦理高級中等以下各教育階段之身心障礙學生教育，得設立特殊教育學校；特殊教育學校之設立，應以小班、小校為原則，並以招收重度及多重障礙學生為優先，各直轄市、縣（市）應至少設有一所特殊教育學校（分校或班），每校並得設置多個校區；特殊教育班之設立，應力求普及，符合社區化之精神。
第28條	高級中等以下各教育階段學校，應以團隊合作方式對身心障礙學生訂定個別化教育計畫，訂定時應邀請身心障礙學生家長參與，必要時家長得邀請相關人員陪同參與。
	特殊教育法施行細則
第4條	依本法第11條第1項規定，於高級中等以下各教育階段學校設立之特殊教育班，包括在幼兒（稚）園、國民小學、國民中學及高級中等學校專為身心障礙或資賦優異學生設置之特殊教育班。 依本法第25條第1項規定，於高級中等以下各教育階段設立之特殊教育學校，包括幼兒部、國民小學部、國民中學部、高級中學部及高級職業學校部專為身心障礙學生設置之學校。
第5條	本法第11條第1項第1款所定集中式特殊教育班，指學生全部時間於特殊教育班接受特殊教育及相關服務；其經課程設計，部分學科（領域）得實施跨班教學。 本法第11條第1項第2款所定分散式資源班，指學生在普通班就讀，部分時間接受特殊教育及相關服務。本法第11條第1項第3款所定巡迴輔導班，指學生在家庭、機構或學校，由巡迴輔導教師提供部分時間之特殊教育及相關服務。

（續）表9-7　早期療育相關法規整理表

	本法第11條第3項所定特殊教育方案，必要時，得採跨校方式辦理。
第7條	本法第23條第1項所稱結合醫療相關資源，指各級主管機關應主動協調醫療機構，針對身心障礙學生提供有關復健、訓練治療、評量及教學輔導諮詢。
	為推展本法第23條第2項身心障礙兒童早期療育，直轄市、縣（市）政府應普設學前特殊教育設施，提供適當之相關服務。
第9條	本法第28條所稱個別化教育計畫，指運用團隊合作方式，針對身心障礙學生個別特性所訂定之特殊教育及相關服務計畫；其內容包括下列事項：
	一、學生能力現況、家庭狀況及需求評估。
	二、學生所需特殊教育、相關服務及支持策略。
	三、學年與學期教育目標、達成學期教育目標之評量方式、日期及標準。
	四、具情緒與行為問題學生所需之行為功能介入方案及行政支援。
	五、學生之轉銜輔導及服務內容。
	前項第5款所定轉銜輔導及服務，包括升學輔導、生活、就業、心理輔導、福利服務及其他相關專業服務等項目。
	參與訂定個別化教育計畫之人員，應包括學校行政人員、特殊教育及相關教師、學生家長；必要時，得邀請相關專業人員及學生本人參與，學生家長亦得邀請相關人員陪同。
第10條	前條身心障礙學生個別化教育計畫，學校應於新生及轉學生入學後一個月內訂定；其餘在學學生之個別化教育計畫，應於開學前訂定。
	前項計畫，每學期應至少檢討一次。

■目前實施之福利服務概況

1. 實務部分：台灣早期療育服務的內容依據內政部的「發展遲緩兒童早期療育服務實施方案」，早期療育服務的實施包含下列幾個階段（內政部兒童局，2013；流程如圖9-3所示）：

   (1)發現通報：早期療育服務的核心精神在於「早期發現與早期治療」，因此發展遲緩兒童是否能及早接受早期療育服務，便成為決定該項服務是否具有成效的重要關鍵。經由通報的實施，社政體系便能掌握早期療育服務人口群的特質與需求，並藉由通報階段所建立的個案基本資料，進行後續的轉介服務，如此便能協助發展遲緩兒童及其家庭接受較完整、一貫的服務，也能讓發展遲緩兒童及其家庭不致因為無法獲得資源，而耽誤了發展遲緩兒童的療育契機。因此通報這個階段，可以說是整個早期療育服務的樞紐，若通報功能無法發揮，則將會嚴重影響到後續服務的輸送與提供。

(1)

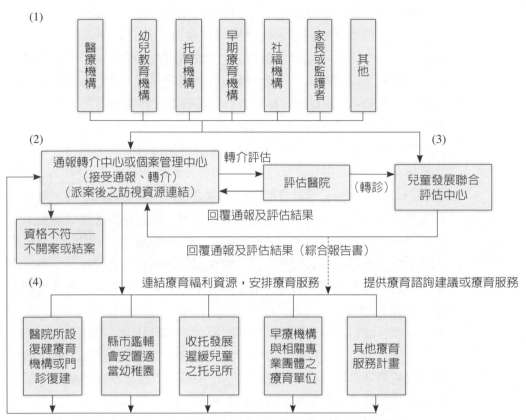

定期檢視個案療育計畫實施成果，並報告轉介中心辦理結案或繼續安排評估

註：1.本流程按(1)發現通報、(2)通報轉介、(3)聯合評估、(4)療育安置順序進行，其中：
  (1)發現通報：包含醫療機構、幼兒教育機構、托育機構、早期療育機構、社福機構、家
    長或監護人與其他，其他則含保母、村里長、村里幹事、警政單位等通報來源。
  (2)通報轉介：通報轉介中心（含個案管理中心）由社政單位負責，負責受理個案通報及
    為適當之轉介，包含安排聯合評估之轉介工作及療育服務及資源連結之轉介工作。
  (3)聯合評估：評估醫院由區域級或地區教學醫院負責，必要時轉診至兒童發展聯合評估
    中心，進行團隊評估（含小兒神經科、小兒復健科、小兒心智科、職能治療師、語言
    治療師、物理治療師、臨床心理師、聽力師、社工師等）提供個案療育計畫建議方
    向。
  (4)療育安置：包含醫療院所復健、教育托育安置、早療機構安置、安排療育計畫等。
2.本流程服務對象為未進入學齡階段之疑似發展遲緩或發展遲緩、身心障礙兒童，或經鑑輔
  會緩讀申請通過之學齡兒童。

圖9-3 發展遲緩兒童早期療育服務流程

資料來源：內政部兒童局網站。

「兒童及少年福利與權益保障法」第23條第1項第1款中提到：直轄市、縣（市）政府辦理對發展遲緩之特殊兒童應「建立發展遲緩兒童早期通報系統，並提供早期療育服務」。又依據第32條第1項：「各類社會福利、教育及醫療機構，發現有疑似發展遲緩兒童，應通報直轄市、縣（市）主管機關。直轄市、縣（市）主管機關應將接獲資料，建立檔案管理，並視其需要提供、轉介適當之服務。」目前全國有二十八個直轄市、縣（市）政府依法成立發展遲緩兒童早期療育服務通報轉介中心。通報轉介的業務，由社政單位、衛生單位及教育單位負責辦理。

(2)通報轉介：在發現兒童有發展遲緩現象之後，除盡速通報之外，更重要的便是經由各地通報轉介中心的社會工作者，針對發展遲緩兒童與家庭的需要，運用個案管理（case management）的處置技巧，協助轉介至相關單位接受後續的療育服務，透過轉介服務能夠讓發展遲緩兒童暨其家庭得以運用適切的社會資源，通報轉介中心全國共有35處，個案管理中心全國共有55處。

若是個案在通報之前並未接受任何醫療體系的評估，則由社會工作者轉介醫療體系進行評估鑑定，以瞭解個案的發展問題；若個案通報之前已接受醫療體系針對其發展狀態的評估，則社會工作者便需視個案遲緩的程度，選擇適合個案與其家庭的療育單位。因此轉介階段中，社會工作者的工作內容包括：案主的需求調查、需求評估、療育資源的評估、聯繫與協調、陪同案主至醫院接受評估鑑定、參與相關療育會議、定期追蹤服務等。

(3)聯合評估：發展遲緩兒童初步篩檢時若發現有疑似發展遲緩的現象，便要轉介至醫院進行醫療診斷的工作。目前國內發展遲緩兒童聯合評估中心有22處，其評估方式，包括聯合門診與一般門診。聯合門診的診斷方式，是經由醫療專業團隊聯合會診的方式進行，評估鑑定的科別包含小兒心智科（小兒精神科）、小兒神經科、耳鼻喉科與復健科，及後線的物理治療師、職能治療師、語言治療師、社會工作師、心理治療師、特教老師等，依每位發展遲緩兒童的狀況決定由哪些科別或治療師進行評估。

行政院衛生署自1997年起截至2012年，已成立45家「兒童發展聯合評估

中心」，建立發展兒童遲緩兒童聯合評估的完整醫療模式，但仍有些許
區域並沒有成立，只有提供門診醫療服務。因此，發展遲緩兒童在進行
評估工作時，除到聯合評估中心可以接受完整的診斷服務之外，若是經
由一般門診進行評估診斷，則其他相關科別的評估診斷工作，便需要家
長自行再依各醫院的服務流程，重複進行掛號、看診的步驟，如此一來
便增加發展遲緩兒童家長在就醫時的奔波之苦，也間接影響了家長帶孩
子接受評估的意願。此外，爲了縮短早期療育資源城鄉差距，於資源不
足鄉鎮區設有發展遲緩社區療育據點，推動社區療育服務。

在聯合評估階段需進行的工作內容包括：進行發展遲緩兒童的診斷、完
整之症狀功能評估、處理計畫等工作，以便評估發展遲緩兒童各方面的
發展狀況；並將評估報告提供各通報轉介中心，作爲進行後續的療育安
置計畫的參考；社會工作者則需要進行發展遲緩兒童家庭在家庭功能、
資源需求上的評估；針對心理層面進行個人與家族的治療，將醫療團隊
的聯合評估或療育會議之結果，與家長協調溝通等。

(4)療育安置：在發展遲緩兒童接受醫院單位評估鑑定，確定發展遲緩的事
實之後，便由各直轄市、縣（市）政府通報及轉介中心的社工員依個案
情況轉介適當提供療育的服務單位，提供療育服務的單位包括：醫療、
特殊教育、幼兒教育單位、兒童福利機構等。療育服務的實施內容除視
個案程度的不同之外，也必須評估各個療育單位所能提供的服務內容，
才能協助發展遲緩兒童與其家庭得到最適切的療育服務。療育服務包含
以下類型：

①機構式（中心式）：介入或學習的地點在學校、醫院或社會福利療育
機構。

②家庭式：由特教老師或專業團隊到家中提供訓練。

③中心、家庭混合方式：一部分時間在家接受訓練，一部分時間在中心
接受訓練。不論接受哪一種類型的療育服務，發展遲緩兒童家長本身
都必須配合療育服務的進行，協助兒童進行療育，才能達成療育服務
的成效。

2.現金補助：各地方也視其資源之不同，提供早療家庭補助，以減輕其經
濟負擔。以台北市爲例，針對一般早療家庭的補助計畫有發展遲緩兒童

療育補助及弱勢家庭兒童臨時托育補助。

三、兒童健康照顧方案規劃要項

曾華源（2002）針對兒童健康照顧現況實施之不足提出落實政策執行力之意見和規劃建議。為滿足兒童發展階段的各種健康照顧需求面向，建議兒童福利在健康照顧的方案目標為「保障兒童基本健康權益，照顧特殊兒童身心發展需要，並促使一般兒童獲得身心健全發展」。在此總目標之下，所嘗試建構兒童健康照顧體系與相關措施如下：

(一)落實優生與成長照護保健工作

1.**落實優生保健各項措施**：健全優生保健服務網，建立婚前健康檢查、產前遺傳診斷、及特殊人口群臨床遺傳服務等作業系統；加強訓練——臨床遺傳醫師、遺傳諮詢員、細胞生化及分子遺傳學檢驗技術人員等優生保健專業人力資源；積極發展本土化人口遺傳疾病類別與發生率調查，並積極發展特殊遺傳疾病診斷方法之研究。

2.**普設醫療復健專科與醫療服務人力**：獎勵及補助各醫學中心、區域醫院成立專屬兒童身心健康照護科別，補充醫療服務供給面的不足；或輔導分區設置兒童醫院或專屬科別，提供一般兒童疾病醫療、兒童身心障礙醫療復健，以照護保健兒童成長，並培養醫護等專業團隊工作人才。

3.**建立並落實兒童健康護照**：落實出生通報制度，並延長現有0至6歲的健康手冊為0至12歲的健康護照。透過建構各醫院診所兒童就診資料電腦登錄系統，以及各學校健康檢查結果，建立完整的兒童身心醫療史，並能有效追蹤兒童個別的疾病醫療狀況；此外也有助於整體性的兒童流行病學研究及建立兒童生長基礎。

4.**加強優生與照顧保健之宣導**：辦理重點宣傳月活動，利用各種傳播媒體及電腦網路，以多元化管道，提高民眾的關注與認知，並以津貼補助醫療檢查費用支出等方式，鼓勵進行婚前健康檢查，以預防不當先天性疾病。
  加強母乳哺育之教育推廣工作：
  (1)除了加強限制奶粉過多廣告次數和內容，以避免誤導民眾之外，另應加

強宣導母乳對養育健康嬰兒之重要性。

　　(2)研擬擴大設置哺育室、育嬰假，以落實職業婦女母乳哺育之可能。

5.**落實新生兒照顧者親職教育與衛生保健教育**：結合社區民間團體與衛生所公共衛生護士，加強新生兒照顧者之親職教育與衛生保健教育。除了提供兒童健康教養環境之外，並落實兒童發展鑑定之工作。

6.**加強兒童預防保健服務**：

　　(1)針對兒童預防保健服務加強宣導，以喚起社會大眾的重視及共識，並促進預防保健服務品質。

　　(2)強化國小環境衛生、營養、保健（近視、體重、體能）等工作，對特殊需求兒童提供巡迴醫療諮詢服務或設置醫療專責人員提供支持服務，如物理治療、職能治療等。

7.**建立兒童保健服務相關網站**：結合媒體與電腦相關網站，建立兒童保健服務相關網站，提供兒童之父母或主要照顧者隨時參閱使用。

8.**定期實施兒童身心健康發展流行病學之研究**：針對兒童健康和流行病學議題進行相關研究，以建立整體性的兒童人口及健康需求統計資料，有利於建構出國內兒童身心發展常模，作為進一步兒童健康政策規劃的基礎，使兒童健康保健與醫療復健工作具實質的可行性。

(二)兒童健康醫療照顧

1.發展遲緩兒童早期介入醫療照護政策：

　　(1)推動發現發展遲緩兒童之工作

　　　①針對保母訓練與認證、托兒及幼教單位師資培育訓練課程，規劃兒童發展特殊需求之相關課程。

　　　②結合地方衛生所公共衛生人力與社會福利基層人力，於各醫院內和社區中共同推動新生兒照顧者親職教育、衛生保健教育；尤其針對發展遲緩發現的教育工作，以落實及早發現及早治療之政策。

　　　③加強發展遲緩鑑定以及復健相關專業人員團隊之人力培訓。

　　　④加強對早產兒的身心發展之評鑑與復健工作。

　　(2)全面實施嬰幼兒健康檢查健保給付，評估發展遲緩之高危險群兒童，篩檢出發展遲緩或異常之兒童，加以治療、轉介，或追蹤。

(3)積極發展本土化的兒童發展常模及發展遲緩評估標準與醫療復健服務方案結合相關專業人員團隊，建構醫療復健網絡，發展出評估兒童發展遲緩之標準與復健服務方案。

(4)研擬發展遲緩兒童評估費用納入健保給付。

(5)鼓勵各醫院成立兒童心智發展專科，以利鑑定資賦優異與發展遲緩之兒童。

2.**推動特殊需求兒童醫療照顧政策**：針對身心障礙兒童、發展遲緩兒童、偏遠地區或不利社經地位兒童提供下列照顧：

(1)專案辦理偏遠地區兒童醫療照顧：成立正式制度化的巡迴醫療團隊，以提供偏遠或醫療資源缺乏地區之兒童定期接受免費健康檢查和醫療照護。

(2)開辦特殊疾病兒童健保與家庭生活照顧津貼：增加兒童特殊疾病之健保給付，以強化先天病理性缺損兒童、早產兒、重病兒童，以及其他罕見疾病兒童之家庭照顧功能。

(3)提供特殊需求兒童支持性服務（包括：醫療照顧及社會福利資源）：結合民間團體及醫療單位志願服務人力資源，提供特殊需求兒童支持性的照顧服務，包括：主要照顧者的喘息臨托服務、兒童的居家療育服務，或是提供專車接送療育服務，以降低機構安置之比率。

(4)針對與身心障礙者結婚的外籍新娘，進行優生保健教育與篩檢嬰兒之預防工作。

(5)結合教育單位落實身心發展特殊兒童之就學工作。

3.**訂定「托兒所幼稚園兒童健康管理辦法計畫」**：協調衛生、教育及社政等單位，針對托兒所及幼稚園兒童實施兒童健康環境管理，並規定設置有證照護理人員，以及提供健康餐食與設備。

4.**整合衛生單位、社會福利單位及學前托兒、教育單位**：針對托兒、幼教環境設置提供諮詢與督導，並建立兒童健康醫療巡迴輔導支持團隊。

(三)落實兒童心理衛生工作

1.**強化國小輔導室功能，並推展學校社會工作**：結合學校輔導室及社會工作師，對學齡兒童的心理健康進行初級預防，強化現有的國小輔導室功能，

並推展學校社會工作，以增強學校和家庭的聯繫，並建構學校社區健康環境。

2.**擬訂全面推動兒童心理衛生計畫**：

(1)為達成各區域心理衛生工作的初級預防功能，宜分區規劃設置地區心理衛生中心，以獎勵或購買式服務進行兒童心理健康之照顧服務，並確實將社會工作師或臨床心理師納入正式編制人員之內。

(2)研訂臨床心理師法與輔導師法，以確認專業地位，並鼓勵臨床心理師在當地醫院所屬社區內執業，並結合學校輔導人力與社工人力，建構促進心理健康網絡，以輔導兒童心理及行為問題，預防日後發生嚴重偏差行為。

(3)委託專業心理輔導機構或各師範院校特殊教育中心，辦理一般兒童與特殊兒童心理測驗與心理輔導等工作。

(4)鼓勵各大專院校設置兒童諮商與心理衛生照護之科系，以培育兒童心理專業人才。

(5)明訂科目，並編列足夠經費，以利工作推動。

(6)加強父母認識兒童的身心發展及心理健康，以增進父母培養兒童健康生活習慣。

(7)利用暑寒假舉辦各項研習，增強學校相關之教育人員認識一般兒童與特殊兒童之身心發展及行為表現，以利兒童在支持性的健康環境下成長。

3.**發展編製各類兒童發展之本土化測驗工具**：獎勵專家學者發展編製各類兒童發展之本土化評估工具，以利國內兒童身心發展評估。

 # 第四節　未婚媽媽及其子女服務

　　台灣究竟有多少未婚媽媽及非婚生子女？據估計台灣約有12.95 之青少女未婚懷孕。歷年來，從台灣地區人口統計資料中顯示，未婚生子有逐漸增加之趨勢（林萬億、吳季芳，1995；藍采風，1995；林勝義，2002），以及台灣單親中屬於未婚生子類型所占比率也有逐年上升之情況（王麗容，1994；彭懷眞，1999；郭靜晃、吳幸玲，2003）。根據內政部戶政司最新統計的數據，2021年國內出生之嬰兒數147,916餘人（此為婚生子女數），而非婚生之嬰幼兒數為5,901人，其中

有2,335人是透過認養，有3,566人為未認養。未婚媽媽成為單親家庭，是處於「女性貧窮化」及「年輕貧窮化」之雙重不利因素，如果未能得到正式及非正式資源的協助，都會直接與間接影響其個人及其子女的未來。目前國內之出生率逐年遞減，而非婚生子女數卻逐年上升，其中潛藏了許多令人擔憂的問題。

我國「兒童及少年福利與權益保障法」第14條第1項對於胎兒出生後7日內，接生人應將其出生之相關資料通報衛生主管機關備查，就是預防初生兒流入黑市販賣市場；第16條第1項父母或監護人因故無法對其兒童及少年盡扶養義務而擬予出養時，應委託收出養媒合服務者代覓適當之收養人；及第23條第1項第11款對於因懷孕或生育而遭遇困境之兒童、少年及其子女，予以適當之安置、生活扶助、醫療補助、托育補助及其他必要協助。這也顯示未婚媽媽及其子女之服務已成為我國社會之問題情境，不僅政府重視，也經立法給予提供扶助或補助之規定。

未婚媽媽（unmarried mother）係指未有法定婚姻關係而生育子女之女性。從傳統以來，無論中外對於未婚生子的態度皆受到風俗習慣、社會制度、宗教信仰及法律的影響，而呈現污名化（stigmatization），尤其在一夫一妻制的婚姻體系中。時至今日，哈日風盛行，加上媒體的傳播，時下的年輕女性受日本援助交際及社會上包二奶次文化的影響，也造成未婚媽媽的個案數目有逐年上升的趨勢。

就歷史的演進趨勢來看，社會對未婚媽媽傾向負面的態度。不過隨著社會演變形成去污名化之後，卻相對形成社會問題。例如英國十六世紀後半期之前，私生子並未被認為可恥；到了十六世紀至十九世紀，英國的清教徒對私生子持有較負面的態度，甚至在「清貧法」就明文規定救助這些沒人要的小孩（son of no one）；到了二十世紀，從1969年開放墮胎以及性教育的保守方式，造成英國成為世界上第二多青少年未婚懷孕的國家，僅次於美國。

美國在1960年代之前，社會上對未婚媽媽的態度頗受英國清教徒之禁慾主義主張的影響，即使是社會安全法案通過，許多地方政府仍拒絕對未婚媽媽提供經濟援助；自1960年代之後，受到性革命（sexual revolution）及性放任（sexual permissiveness），尤其受到佛洛伊德之心理分析理論及金賽博士的性調查研究，促使美國對性的開放，但也造成青少年未婚媽媽比率上升，同時也增加非法墮胎人數及青少年感染性病，因此社會上開始覺悟要對未婚媽媽提供適當的照顧、教育與訓練，才有所謂「母親之家」之設置。1973年美國通過墮胎合法化法案，

1978年通過青少年健康服務，預防與照顧懷孕法案，到了1980年，才有專業之社工人員開始著手預防青少年未婚懷孕，以及萬一懷孕生子時，專業社工要協助青少年成為較有教能的父母（林淑芬，1986；Kadushin & Martin, 1988；陳淑琦，1997）。

我國在古代認為未婚懷孕生子是家族蒙羞，甚至是不光彩的事，有時會強迫逼死未婚媽媽，促使女子墮胎或將私生子送給他人撫養；遇有家貧者，則將出生嬰兒棄於路旁或留置到育嬰堂。自宋代之後，我國設有留嬰堂、育嬰堂、仁濟堂、普濟堂，嬰兒可以內養與外領。自民國以來，各省則設有孤兒院、兒童教養所，均收養棄嬰，這也是我國最早的兒童福利機構（丁碧雲，1987）。在1970年代，未婚媽媽議題與社會道德有關，隨著社會開放，未婚懷孕衍生為社會問題，如標籤化的社會烙印、歧視，以及經濟醫療保險，嬰兒發展問題及婚姻失敗等。直至1993年兒童福利修法之後，未婚媽媽才成為兒童福利服務的一環。

國內最早較有系統研究未婚媽媽首推林淑芬（1986）從報章雜誌中所得的統計數字，在1980年代除了影視明星公開表示自己是未婚生子，加上家庭結構解組，社會上對貞操或性觀念開放，也造成台灣未婚生子的比率有逐年上升之趨勢。林淑芬（1986）及Kadushin及Martin（1988）皆指出，形成未婚媽媽的原因很多，包括個人因素（如道德或心理缺陷、生理衝動、性愛詮釋錯誤等）、文化因素（如援助交際、包二奶之次文化）、環境因素（如家庭失功能、色情傳媒、性教育不足、社會風氣開放）、意外事件（如約會強暴、性侵害），及其他（如藥物濫用、不願被婚姻約束）。

儘管形成未婚媽媽的成因很多，但青少年成為未婚媽媽將面臨失學、失業以及失去自信的窘境，接下來的流產、墮胎、自殺等事件也時有所聞，而如果選擇將孩子生下來，日後孩子的照顧、父親的責任確認，也都面臨考驗。

兒童福利服務不僅要服務孩子，也要顧及其家庭，所以對於未婚媽媽的服務，是從發現媽媽未婚懷孕開始，一直到孩子受到妥善的安置為止。安置孩子基本上有三種選擇方式：

1.由未婚媽媽生下來，自己或依賴未婚媽媽之家撫養。
2.由未婚媽媽同意，送適當家庭或機構收養。
3.由未婚媽媽同意，由父親或其家庭領養。

「未婚媽媽之家」（Maternity Home）是美國以及我國對未婚媽媽及其子女的服務機構，主要方式是收容未婚媽媽，待其生產後，提供專業性的服務，以減少未婚媽媽的壓力及罪惡感，並對其子女提供適當的安置及收養，或領養的安排。

國內的「未婚媽媽之家」均由教會或私人機構辦理（見**表9-8**），提供未婚媽媽產前及產後的照顧、嬰兒保健及心理輔導，這些機構所需要的經費皆靠私人捐贈及地方政府補助，人力及財力都相當有限。

現有台灣未婚懷孕社福機構資源，包括機構名稱、聯絡方式及網址、服務內容分述如**表9-9**。

表9-8　台灣未婚媽媽之家相關安置機構

名稱	聯絡方式
安薇未婚媽媽之家	電話：02-26102013
私立向上社會福利基金會附屬台中育嬰院	電話：04-23727170#205,225 傳真：04-23727190
勵馨文教基金會未婚媽媽中途之家	電話：02-2367-9595 傳真：02-2367-3002
財團法人天主教福利會	電話：02-2662-5184 傳真：02-2664-5497
基督徒救世會未婚媽媽之家	電話：02-27290265 傳真：02-27295952
台灣希恩之家	電話：07-3560463
天主教善牧社會福利基金會附設台南嬰兒之家	電話：06-2344009, 2340227 傳真：06-2744145
台東縣私立全是神的小孩晨光之家	電話：089-339170 傳真：089-339170
基督教門諾會花蓮善牧中心	電話：03-8224614 傳真：03-8224617
露晞服務中心未婚媽媽服務	電話：06-2344009
台南縣私立施恩教養院	電話：06-2321956, 2333513 傳真：06-2335164
宜蘭基督教神愛之家（The Home of God's Love）	電話：039-514652

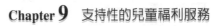

表9-9 現有台灣未婚懷孕社福機構

機構名稱	聯絡方式	服務內容
勵馨基金會——春菊馨家園臺南分事務所	全國未成年懷孕諮詢專線：0800-257085 地址：71051台南市永康區復興路303號 電話：(06)312-7595、傳真：(06)312-0195	全人式個案管理服務，家庭協商，經濟補助申請，醫療協助，法律諮詢危機處理
希望之光——危機懷孕中心	24小時危機懷孕救援專線：0800-222-785 地址：台南市忠義路二段159號 電話：(06)221-2520	危機懷孕救援專線提供求援，婦女保密且免費幫助
財團法人國際兒童文教基金會附設臺南市私立麻二甲之家	電話：(06)570-1122 地址：台南市麻豆區港尾里港子尾1號之30	收容18歲以下受暴虐、弱勢之未婚媽媽，提供安心、安全的待產環境，提供生活照顧、心理輔導、就業培力
財團法人天主教善牧基金會台南嬰兒之家	電話：(06)234-4009、234-0227 地址：台南市北區力行街12號	提供未婚懷孕及收出養諮詢服務，辦理出養童安置服務，辦理國內外收出養服務，因應服務對象辦理各項宣導及教育活動與課程
善牧基金會附設的寧心園——未婚媽媽中途之家	電話：(06)312-4626 信箱：stlucy@goodshepherd.org.tw	提供因未婚懷孕而有待產需求之婦女和少女一個可以喘息的安置處所，藉由規律的作息使其能在溫暖安全的環境中待產
財團法人天主教會台南教區附設台南市私立露晞少年教養中心	電話：(06)234-4009、234-0227 電子信箱：stlucy@ms35.hinet.net	為未婚懷孕之女性安排短期的安置服務，為2歲以下個案嬰兒提供安置服務
醫院諮詢	1.成大醫院，地址：臺南市勝利路138號，電話：(06)235-3535 2.台南奇美醫院，地址：台南市永康區中華路901號，電話：(06)281-2811 3.柳營奇美醫院，地址：台南市柳營區太康里太康201號，電話：(06)622-6999 4.佳里奇美醫院，地址：台南市佳里區興化里佳里興606號，電話：(06)726-3333	

（續）表9-9　現有台灣未婚懷孕社福機構

機構名稱	聯絡方式	服務內容
醫院諮詢	5.高雄榮民總醫院台南分院，地址：臺南市永康區復興路427號，總機：(06)312-5101，電話掛號：(06)312-4790 6.財團法人嘉義基督教醫院，地址：嘉義市忠孝路539號，總機：(05)276-5041，預約專線：(05)276-4994 7.新營醫院，地址：臺南市新營區信義街73號，電話：(06)635-1131~8，預約專線：(06)632-8832 8.臺灣基督長老教會台南新樓醫院，地址：台南市東區東門路一段57號，電話：(06)274-8316 9.臺灣基督長老教會麻豆新樓醫院，地址：台南市麻豆區小埤里苓子林20號，電話：(06) 570-2228 10.台南市立醫院，地址：台南市東區崇德路670號，總機：(06)260-9926，人工掛號專線：(06)269-7146~7（兩線）	

謝秀芬（1987）提出「未婚媽媽之家」設立之原意有五，分列如下：

1.供給未婚媽媽在懷孕期間的醫藥、精神、情緒、教育及娛樂上的需要。

2.使未婚媽媽有較成熟的情緒，及擁有一般社會人的生活方式。

3.使同類問題的女子生活在一起，交換生活經驗、緩和罪惡心理、減輕對人的敵意、增加自我估計與瞭解、獲得同伴，並參與自我表現的團體活動機會。

4.透過和工作人員的相處，學習一般健全者的作為，建立良好的生活情況，以改進人格。

5.供給安適的住所、合適的食物、保守私人隱私、免受壓力，使其覺得安全，並養成自治、自決及自己負責的精神。

所以說來，國內對未婚媽媽的服務措施，可分為兩個層面（陳淑琦，1997）：

1. **社會治療**：係指收入維持、住宅、醫療照顧、就業輔導、法律輔導和教育輔導等。
2. **心理治療**：係指協助處理因懷孕而產生的心理困擾、衝突和緊張的問題。包括輔導和情緒支持有關懷孕媽媽與自己家庭關係的變化、推定父親的關係、與同儕團體的關係、對懷孕的反應與生產的憂慮、對孩子未來的計畫和對自我概念的轉變等等。

就上列之服務內容，在本質上是支持性的兒童福利服務，然而對象是孩子本身，尤其對未婚媽媽及其子女重獲新生有所幫助，至於對事前的預防及防範措施就少有涉及，這有待相關單位對青少年懷孕之預防。藍采風（1995）就提出未婚媽媽及其子女之福利服務除了提供必需的服務外，對於青少年的性教育、生活技能訓練（含營養、購物、照顧嬰幼兒之技能）、親職教育的輔導（含婚姻與家庭的價值觀），及家庭教育等，也必須同時進行，才能減少日後問題家庭的產生和再次產生未婚媽媽。

本章小結

本章主要內容為探討有關支持性兒童福利服務的措施與作法，支持性兒童福利服務之目的在於支持、增進及強化家庭功能，滿足兒童需求之能力，並運用家庭以外的資源提供給原生家庭，使原生家庭成為兒童最佳的成長環境。而有關支持性之具體措施總結如下：

第一，兒童少年與家庭諮詢輔導服務：目前國內所提供的相關兒童少年與家庭諮詢輔導服務，求助的父母親在比率上並不多，大部分的父母在兒童及少年發生問題時，大多採自行解決問題的方式；再加上為維持家中經濟來源的不短缺，父母親必須將大部分的時間投注於工作中，相對地較疏於關心孩子，而衍生了許多的問題。對於政府或民間所提供的相關諮商輔導服務，應多加利用，使兒童及少年所受到的傷害及影響降至最低。

　　第二，兒童少年休閒娛樂：休閒娛樂對於兒童及少年皆具有正向的作用，透過休閒娛樂兒童可以消耗精力、發洩情緒、紓解壓力、獲得自由與自主，並從中得到成長；青少年透過休閒娛樂，可增加其生活之經驗、對於生活適應及解決問題能力之培養等，對於不同需求的青少年能分階段、分區域、分性質的舉辦適合即時發展及抒發情緒、放鬆心情的活動，以提供兒童及少年一個健康快樂的環境。

　　第三，發展遲緩兒童療育服務：應針對身心障礙、發展遲緩、偏遠地區及不利社經地位之兒童積極推動其醫療照顧政策，以達到「早期治療，早期療育」，使有特殊需求之兒童及其家庭能獲得專業的服務及照顧；但由於目前的早期療育服務在專業整合及服務輸送流程上缺乏較完整的體系，以致造成一些困擾，較易流於形式上的服務，而無法真正達到早期療育的成效，建議相關單位未來應朝改善、落實為努力的目標。

　　第四，未婚媽媽及其子女服務：目前國內對於未婚媽媽的服務措施包括社會及心理治療兩個層面，提供其產前產後的照顧、嬰兒的保健及心理輔導等等服務。但就根本解決之道應加強青少年的性知識教育、家庭教育、生活技能訓練等輔導，以減少問題的產生。

　　本章係以支持性兒童福利服務之具體措施為主要內容，除了提供相關諮詢輔導之管道，對於實際執行的具體措施及作法也提出一些建議，其最終之目的，無不希望兒童及少年之權利能受到最大保護，以期在正常、健康的環境下獲得發展。

 參考書目

一、中文部分

丁碧雲（1987）。〈如何推展未婚母親中途之家〉。為何及如何推展中途之家研討會，台北市社會局。

內政部兒童局（2000）。《發展遲緩兒童早期療育法規彙編》。台中：內政部兒童局。

內政部兒童局（2001）。兒童生活狀況調查報告。台中：內政部兒童局。

內政部兒童局（2012）。中華民國99年台閩地區兒童及少年生活狀況調查報告：兒童報告書（摘要版）。台中：內政部兒童局。取自http://www.cbi.gov.tw/CBI_2/internet/main/doc/doc_detail.aspx?uid=141&docid=2063。

內政部兒童局（2013）。發展遲緩兒童早期療育服務實施方案。台中：內政部兒童局。取自http://www.cbi.gov.tw/CBI_2/upload/39df5e4b-3d8e-46fd-905f-59eab747c555.pdf。

內政部統計處（1996）。中華民國85年台灣地區兒童生活狀況調查報告。台北：內政部。

內政部統計處（1999）。中華民國88年台閩地區少年身心狀況調查報告。台北：內政部。

王小瀅（1993）。《兒童遊戲的活動場所及空間之研究》。兒童遊戲空間規劃與安全研討會。

王淑女（1995）。《農村青少年的休閒觀與偏差犯罪行為》。行政院國家科學委員會專題研究計畫與成果報告。

王國羽（1996）。〈障礙兒童早期療育政策的相關理論模型與台灣法令之解析〉。《東吳社會工作學報》，2，333-349。

王麗美（1989）。〈國小高年級一般學童與聽障學童休閒活動探討：台北市立文林國小與啓聰學校之研究〉。《社會建設》，69，44-53。

王麗容（1992）。〈台北市婦女就業與兒童福利需求之研究〉。台北市政府社會局委託研究計畫。

王麗容（1994）。〈單親家庭與社會變遷〉。《關懷單親家庭研討會論文集》（頁24-41）。台中：中華兒童福利基金會。

行政院衛生署（2000，9月）。《行政院衛生署業務報告》（頁14-15）。89年全國兒童福利會議，台中。

行政院衛生署（2012，10月）。《中華民國101年版公共衛生年報》。台北：行政院衛生署。

呂鴻基（1999）。〈三十五年來台灣兒童的健康水平〉。《台灣醫學》，3（5），505-514。

呂鴻基、謝貴雄、林哲男、莊逸洲、黃富源、張北景（1994）。〈兒童醫療人力與時間之研究〉。《醫院雜誌》，27（6），46-56。

李玉瑾（1991）。〈談大眾休閒文化〉。《社教資料雜誌》，159，14-20。

李明宗（1993）。〈兒童遊戲〉。《兒童遊戲空間規劃與安全研討會》（第二冊），頁

1_1-1_18。

李淑貞（2005）。「以家庭模式為基礎之發展遲緩幼兒健康體適能促進推廣計畫成果報告」。行政院衛生署國民健康局94年委託計畫。

周美惠（1993）。〈社區兒童遊戲場所之規劃與設計〉。《兒童遊戲空間規劃與安全研討會》（第二冊），頁6_1-6_30。

青輔會（2005）。《青少年政策白皮書》。台北：行政院。

尚華（1990）。〈省教育廳全力推動「休閒運動」〉。《師友月刊》，277，38。

林本炫（1989）。〈探索新興休閒現象與休閒政策〉。《國家政策季刊》，4，117-122。

林東泰（1995）。〈都會地區成人與青少年休閒認知和態度之研究〉。《民意季刊》，188，70-73。

林東泰、呂建政、陳雪雲（1997）。《青少年休閒價值觀之研究》。行政院青年輔導委員會委託專案。

林淑芬（1986）。《未婚媽媽問題之研究：以台北市天主教福利會未婚媽媽之家為例》。私立東海大學社工研究所碩士論文。

林雅容（2013）。〈從發展遲緩兒童到宅服務實施探討公私部門互動樣貌之研究〉。《區域與社會發展研究》，12(4)，197-222。

林萬億、吳季芳（1995）。〈單親家庭的兒童福利政策〉。王明仁等編，《二十一世紀兒童福利政策》（頁165-192）。台中：中華兒童福利基金會。

林勝義（2002）。《兒童福利》。台北：五南圖書公司。

邱兆偉（1991）。〈休閒教育在1990年代〉。《台灣教育月刊》，482，28-35。

周月清（2000）。《障礙福利與社會工作》（三版）。台北：五南圖書公司。

周慧菁（2000）。〈21世紀從0歲開始〉。《天下雜誌教育特刊》，11月，24-31。

侯世昌（1989）。〈一項問卷調查告訴你：國小學生喜歡作何休閒？〉。《師友月刊》，266，10。

且爾敏（1993）。〈高雄市公園上綠地、兒童遊戲場開闢及兒童遊具維護概要〉。《兒童遊戲空間規劃與安全研討會》（第一冊）。

徐永能（1989）。〈休閒教育的科際整合〉。《師友月刊》，266，8-9。

殷正言（1985）。〈休閒活動淺釋〉。《健康教育》，55，1-3。

高蓮雲（1992）。〈國小學童休閒閱讀現況之研究〉。《初等教育學刊》，創刊號，43-96。

張火木（1999）。〈青少年休閒觀與休閒活動功能之探討〉。《家庭教養與休閒文化》，239-278。

張玉鈴（1998）。《大學生休閒內在動機、休閒阻礙與其休閒無聊感及自我統合之關係研究》。高雄師範大學輔導研究所碩士論文。

張玉鈴（1999）。〈無聊呀！談休閒無聊感對青少年自我統合發展之影響〉。《學生輔導通訊》，60，68-79。

張秀玉（2003）。《早期療育社會工作》。台北：揚智文化。

張秀玉（2009）。〈以優勢觀點為基礎之發展遲緩兒童家庭個案工作〉。《兒童及少年福利期刊》，15，197-211。

張春興（1983）。《成長中自我的探索》。台北：東華書局。

張譽騰（1987）。《1987年科學博物館教育活動之理論與實際》。台北：文史哲出版社。

許義雄（1992）。《青年休閒活動現況及其阻礙因素之研究》。台北：行政院青年輔導委員會。

許瓊玲（1994）。〈台灣地區醫療保健概況〉。《社區發展季刊》，67，295-300。

郭靜晃（1999a）。〈婦女參與家庭休閒之限制及因應策略〉。《華岡社科學報》，142，4-17。

郭靜晃（1999b）。〈邁向二十一世紀兒童福利的願景——以家庭為本位，落實整體兒童照顧政策〉。《社區發展季刊》，88，118-131。

郭靜晃（2000a）。《少年身心與生活狀況：台灣地區調查分析》。台北：洪葉文化。

郭靜晃（2000b）。〈休閒與家庭〉。輯於郭靜晃等著，《社會問題與適應（上）：個人與家庭》（頁159-188）。台北：揚智文化。

郭靜晃、羅聿廷（2001）。《週休二日青少年休閒狀況與態度調查》。台北：行政院青年輔導委員會委託研究。

郭靜晃、吳幸玲（2003）。〈台灣社會變遷下之單親家庭困境〉。《社區發展季刊》，102，144-161。

郭靜晃譯（1992）。《兒童遊戲》。台北：揚智文化。

陳玉婕（1990）。〈休閒、運動：突破水泥森林的樊籬〉。《師友月刊》，276，36-37。

陳武雄（2003）。〈兒童及少年福利法之剖析〉。《社區發展季刊》，102，131-143。

陳淑琦（1997）。〈未婚媽媽及其子女的服務〉。輯於周震歐主編，《兒童福利》。台北：巨流圖書公司。

陸光（1987）。《我國青少年休閒活動與其輔導之研究》。行政院青年輔導委員會委託專案。

彭懷真（1999）。《婚姻與家庭》。台北：巨流圖書公司。

曾晨（1989）。〈休閒生活教育的理想〉。《師友月刊》，266，6-7。

曾華源（2002）。〈兒童健康照顧政策藍圖〉。輯於中國文化大學社會福利學系主編，《當代台灣地區青少年兒童福利展望》。台北：揚智文化。

馮燕（1994）。《兒童福利需求初步評估之研究》。內政部社會司委託研究。

黃秀瑄（1981）。〈從輔導觀點談休閒活動〉。《輔導月刊》，17，11-12。

黃定國（1991）。〈休閒的歷史回顧與展望〉。《台灣教育月刊》，482，1-6。

黃定國（1992）。〈從休閒理論探討台北市市區開放空間設計指標及準則之研究〉。《台北工專學報》，25（2），195-262。

萬育維、王文娟（2002）。〈早期療育中心角色與定位〉。《兒童福利期刊》，3，201-236。

趙文藝、張欣戊（1984）。〈台北市國民小學兒童休閒活動之調查研究：讀物及玩具〉。《青少年兒童福利學刊》，7，1-27。

劉邦富（1999）。〈迎接千禧年兒童福利之展望〉。《社區發展季刊》，88，97-103。

蔡詩萍（2000）。《青少年與動感文化》。社會變遷與新世紀文化研討會。

衛生福利部統計處（2013）。民國101年主要死因分析。台北：衛生福利部，取自：http://www.mohw.gov.tw/cht/DOS/Statistic.aspx?f_list_no=312&fod_list_no=2747，檢索日期：2013年6月30日。

衛生福利部（2016）。發展遲緩兒童早期療育服務。台北：衛生福利部。https://www.mohw.gov.tw/cp-88-238-1-48.html。

衛生福利部（2018）。發展遲緩兒童早期療育服務實施方案。台北：衛生福利部。

衛生福利部社會及家庭署（2019）。早期療育服務體系的推動與執行樣貌。https://www.mohw.gov.tw。

鄭文瑞（1993）。〈豐富開放空間的規劃內涵：從重視兒童遊戲空間開始〉。《兒童遊戲空間規劃與安全研討會》（第二冊）。

鄭瑞隆（1997）。〈兒童家庭福利服務〉。輯於周震歐主編，《兒童福利》。台北：巨流圖書公司。

謝秀芬（1987）。《未婚媽媽中途之家所當扮演的角色與功能》。台北市社會局：為何及

如何推展中途之家研討會。

謝政諭（1990）。〈當前社會休閒活動的省思〉。《自由青年》，6，62-69。

謝園（1993）。〈給一個安全的遊戲空間〉。《兒童遊戲空間規劃與安全研討會》（第二冊）。

鍾騰（1989）。〈兒童休閒活動面面觀〉。《師友月刊》，266，11。

藍采風（1995）。〈從經濟需求面談單親家庭兒童福利服務的實務與政策：美國經驗的借鏡〉。輯於王明仁等編，《二十世紀兒童福利政策》（頁193-222）。台北：中華兒童福利基金會。

羅子濬（1995）。〈建構正確的青少年休閒教育──從國中生的校外生活談起〉。《師友月刊》，332，21-25。

蘇淑貞（2000）。《醫療衛生行政體系對於早期療育業務的規劃內容與執行現況》。中華民國醫務社會工作協會舉辦「發展遲緩兒童早期療育」課程訓練基礎班講義。

二、英文部分

Berryman, D. L. (1997). Leisure counseling and guidance for college student. 86學年度南區大專院校休閒輔導研習會，教育部訓育委員會。

Dianne, M. H. (1989). Elementary school library media programs and the promotion of positive self-concepts: A report of an exploratory study. Library Quarterly, 59 (2), 131-147.

Driver, B. L., Brown, P. J., & Peterson, G. L. (1991). Benefits of leisure. State College, PA: Venture.

Dunst, C. J. (2000) Revisiting 'Rethinking Early Intervention'. *Topics in Early Childhood Special Education, 20(2)*, 95-105.

Iso-Ahola, S. E., & Weissinger, E. (1990). Perception of boredom in leisure: Conceptualization, reliability and validity of the leisure boredom scale. Journal of Leisure Research, 22, 1-17.

Kadushin, A., & Martin, J. A. (1988). Child welfare services (4th ed.). New York: Macmillan.

Kleiber, D., Larson, R., & Csikszentmihalyi, M. (1986). The experience of leisure in adolescence. Journal of Leisure Research, 18(3), 169-176.

Shaw, S. M. (1992). Reunifying family leisure: An examination of women's and men's everyday experiences and perceptions of family time. Journal of Leisure Research, 24, 271-286.

Trivette, C. M., Dunst, C. J., & Deal, A. G. (1997) Resource-based approach to early intervention.

In S. K. Thurman, J. R. Cornwell, & S. R. Gottwald (Eds.), *Context of Early Intervention: Systems and settings* (pp.73-92). Baltimore, MD: Paul H. Brookes.

三、網站

內政部兒童局全球資訊網。http://www.cbi.gov.tw/。
台北市政府社會局早療通報轉介中心早療綜合服務網。http://www.eirrc.taipei.gov.tw/。

Chapter 10

補充性的兒童福利服務

補充性的兒童福利服務是兒童福利的第二道防線，也就是利用一些補充性方案，目的在彌補家庭對其子女照顧功能不足或不適當的情況；換言之，當父母親角色扮演不當，導致親子關係嚴重損傷，這時可透過家庭外之系統給予補充與輔助，使其子女繼續生活在原生家庭中，而不致受到傷害，例如喘息服務、托育服務等。其具體措施及內容包括：托育服務、居家照顧服務、家庭經濟補助等。

第一節　托育服務

托育服務在西方國家，尤其是北歐、法國等，一直是國家經濟政策及社會政策的重點。過去二十年來，在職母親的增加導致兒童受非母親照顧經驗的提增。托育服務是一項很重要的補充性兒童福利服務，且其需求量持續地增加。根據Hayes等（1990）的估計，美國有近1,600萬3歲以下兒童及1,800萬6至12歲的兒童，其父母有一方或雙方皆在工作。而近二十一世紀初期，美國約有80%的學齡兒童及70%的學齡前兒童其父母雙方或一方在工作。在1996年，美國3歲以下子女之有偶婦女勞動率大約是55%，而育有學齡子女之有偶婦女勞動率大約為74%。這些兒童只有不到10%在Head Start或受家庭保母照顧，其餘約有20至30萬名兒童需要進私立托育機構。由此可知，托育服務已深深影響美國家庭的生活，且每個家庭皆需支付龐大的托育費用（平均每家兩個小孩，一星期約需支付100至1,000美元），尤其是單親家庭及雙生涯家庭更需要此類服務。

一、台灣托育服務執行狀況

托育服務是一種「補充」而非「替代」父母親對孩子照顧的兒童照顧方案；Kadushin及Martin（1988）則認為托育服務是一種補充性的兒童福利服務，主要是幫助暫時欠缺母親角色的家庭，並增強與支持正向的親職角色的功能。由此看來，托育服務具有補充父母角色暫時缺位的功能，「照顧」和「保護」為托育服務之首要工作，「教育」則為托育服務的附帶功能。

基本上，無論是主觀的個人感受，抑或是客觀的事實反映，在在都說明了「托育服務」已經是台灣一項重要的社會事實（social facts）（內政部，1997）。事實上，從1991年及1995年內政部統計處統計的有關學齡前兒童托育調查報告

中顯示，由母親在家帶育幼兒是理想且實際的最大優先順序，但這種相對地位的重要性卻也日漸減緩；相對地，將幼兒送往幼稚園以及托兒所的比率反而有逐漸上升的趨勢。行政院主計處2012年的報告指出，台灣地區各育齡階段女性勞動參與率調查顯示，有6歲以下子女之婦女勞動率從1983年的30.64%提升到2012年的64%，其中63%的職業婦女其子女是在3歲以下（行政院主計總處，2012）。

俞筱鈞、郭靜晃（1996）針對我國學齡前兒童進行實徵調查，結果發現：我國幼兒家長對托育機構的普及率與多元性有股切的需求，其餘如托育費用偏高、需要政府給予補助費用或減免稅金等，政府應提升托育人員之專業倫理、教保技能，訂定明確的法規與政策〔如托嬰（兒）假、托兒費用減免、托育補助、提升保育人員之待遇福利、幼托整合等〕，以建構托育品質。

馮燕（1993）針對台北市未立案托兒所及托育中心曾展開全面性的清查，結果發現，家長送幼兒至托兒所的動機相當多元化，有些較偏重價格及方便性而不重視托育品質，即使是未立案的托育設施，其環境設施及教保人員素質參差不齊，都仍有家長願意把子女送托兒所，顯現家長對托育品質認識不清。因此，政府再增加托兒機構數量的同時，更不能推卸責任，對於托育品質尤應嚴格把關。換言之，政府必須和家長共同分擔監督托育品質的責任。

相對地，在托育服務之提供方面，王麗容（1994）研究中指出，台灣地區幼稚園有2,505家，收托兒童數為23萬7,285人；而托兒所共有1,887家，收托幼兒為23萬726人，加上公、民營事業單位附設托兒服務有64家，收托幼兒約為4,006人，總收托人數為46萬8,011人，占台灣地區0至6歲兒童196萬人約24%左右，加上家庭保母保守估計收托率約5%，內政部兒童局（2001）估計約有6.92%的家長使用保母系統，充其量我國學齡前兒童收托率約為30%；而2003年底在政府建構社區化、普及化托育環境結合民間興辦托兒所提供托育服務共有3,897所托兒所，收托32萬1,000餘名幼兒，加上至2003年底已有26,050人須有保母證照（內政部，2004）；2011年幼托合一前，2010年社政體系有159所托嬰中心，3,888所托兒所，收托252,379人，保母有1,181人（加入保母支持系統），幼稚園3,097所，收托3-6歲幼兒183,901人。與先進國家相比，台灣地區兒童的受托率明顯不足，這也表示我國幼兒有很多是由親友照顧或由無照的保母、教保人員來承擔照顧的責任，此現象對女性人力資源的開發與運用，以及對兒童的發展與成長產生影響。然而在最近的調查研究顯示，我國5至6歲的幼兒有96%受托於托育機構，3至5歲也約有

60%左右。近年來在政府的鼓勵之下，托育機構也有大幅增加的趨勢，加上1995年「兒童福利專業人員資格要點」制頒以來，1997年實施「兒童福利人員專業人員訓練實施方案」，也培育不少保母及保育人員。

俞筱鈞、郭靜晃（2004）亦發現我國托育服務提供之品質及內容均亟待改善，包括：法令、制度不合時宜，未立案機構充斥，卻又無法可管。另外，托兒人才大量流失、培訓不足，托教不能流通及相互承認年資，加上整體兒童照顧政策，如育嬰（兒）假、雙親假、兒童津貼制度、教育券、城鄉差距大，且也沒有明顯制訂，使得托育問題無法徹底解決。

幼教品質一直以來良莠不齊，加上幼兒教育在國家政策上定位不明，如缺乏幼稚教育之專責單位，致幼教相關法令未能明確幼教經費之來源及比例，公私立幼稚園因分配失衡，私立幼稚園學費昂貴，造成家長負擔沉重（heavy affordability）。托育之主要機構為幼稚園與托兒所，分別隸屬於不同主管機關，因管理法規、師資培育管道不同，造成不能在幼稚園立案及取得資格之幼稚園及教師紛紛轉向社政單位立案為托兒所，並取得保育員資格。長期以來，由於幼托工作人員薪資偏低、福利差，又無工作保障等因素，使得工作人員流動率高，也造成幼教師資供需之間嚴重失衡，也衝擊整個幼教生態及輸送品質，加上公立托育機構因數量有限，城鄉及地區分布不均，而且托育又有可近性（accessibility）之需求，所以造成幼兒入園所比例低，大多轉移到私有資源由自己親自照顧或委託親人照顧。這些未能解決的問題皆是攸關托育服務品質提升的首要條件，以及未能紓解國家育兒及兒童照顧之壓力。有鑑於此，2011年教育部與內政部積極整合托兒所與幼稚園為幼兒園，並依據同年公布之「幼兒教育及照顧法」統一由教育部管轄。

然而，從公資源的角度來看，政府辦理兒童托育服務之目的在於補充家庭照顧之不足，然隨著社會結構轉型及價值觀念變遷，導致親職任務的重新界定與分工。為協助轉型中的家庭及婦女多元角色的擴展，使其在家庭與職場間能取得平衡，自1955年起即積極推展托兒服務，1991年度起更擴大補助各縣（市）政府興設「示範托兒所」，在1991至1995年度間，計補助二十個縣市設立56所示範托兒所，1996年度起補助項目修正為一般性「公立托兒所」以擴大範圍，並續編相關經費補助辦理至今，至1999年度計補助興建113所公立托兒所（劉邦富，1999）。此項措施除了讓托兒所在「量」的擴增之餘，更帶動「質」的同步提升。除此之

外，政府也積極參照兒童福利相關法規之規範，給予私立托兒所獎勵及補助。至2010年底，公私立托兒所共計有3,825所，總收托人數27萬2,463人（內政部，2011a）。

為提升收托品質，並導引托育福利朝向專業領域發展，訂頒兒童福利專業人員資格要點及訓練實施方案，並委託大專院校積極辦理專業訓練，對提升托兒所體系之專業素質有莫大的助益。另除督導各地方政府辦理家庭保母培訓工作外，並於1998年3月正式實施保母人員技術士技能檢定，其目的為培訓更多專業保母人員，提升托育品質的質與量。2010年全國有84,485人取得保母技術證（執業有15,306人加入系統）。

為保障課後托育安親班之托育品質及有效監督，兒童局於2000年10月20日頒布「安親班定型化契約範本」，藉以提供幼童家長及托兒機構之溝通參考，減少爭議事件。為嘉惠照顧更多幼童就托福祉，政府自1995年度開辦托育津貼，凡政府列冊有案之低收入戶及家庭寄養幼童就托於各級政府辦理之公立托兒所、政府核准之社區托兒所、立案許可之私立托兒所者，均補助每名幼童每月新台幣1,500元整。內政部兒童局為減輕家境清寒者之育兒負擔，責成各地方政府加強督導所轄各托兒所，落實對列冊有案之低收入戶幼兒優先並免費收托之照顧，清寒家庭子女亦可享有減半收費之福祉（劉邦富，1999）。自2004年起針對年滿5足歲實際就托之兒童發給中低收入戶幼童托教補助（內政部，2004）。

整體看來，我國對於兒童照顧的方式，除了健保給付低收入戶的生活扶助之外，另外就是提供托兒照顧。國內托兒照顧不但機構數量不夠，至於品質的部分也有待提升。兒童的照顧不只反映兒童是否受到良好照顧的福利需求，也反映了婦女就業問題的福利需求。由於家庭結構的改變，婦女就業人口的增加，尤其是家庭育有學齡前兒童的婦女，使得托兒服務成為國家擬訂家庭政策中必須考慮的要項。依先進國家的作法，兒童照顧的提供應朝向多元化的發展模式，所提供的內容應足以讓不同類型家庭有彈性的選擇，同時尚須和政府其他體系，如教育、衛生、戶政等行政系統充分的配合，將兒童照顧建立為支持家庭的兒童福利服務。支持家庭本位的兒童照顧係指建構一個支持性的體系或環境（supportive environment），來協助家庭達成各種家庭的功能，如社會性、教育性、保護性和經濟性等功能。而有關此種支持兒童照顧的家庭政策包括：兒童照顧、家庭諮商、親職教育、收入維持、就業服務及兒童保護等相關福利服務措施。

二、我國托育服務走向建議

台灣地區家庭結構趨向「家庭核心化」、「雙薪家庭增多」、「單親家庭增加」等三種趨勢，加上家庭平均人口逐漸減少，兩性工作不平等，兒童托育照顧方案與品質不足以支持現有家庭的需求。我國目前家庭與兒童托育照顧的政策還是以隱含性及殘補性為原則，比較欠缺明顯的家庭政策與統一立法明訂政府的角色與定位，在立法上也缺乏各種體系的平行協調。整體來看，立法之精神以宣示性大於實質上的意義，此種家庭政策與美國的福利制度較為雷同。相對於其他歐洲工業國家自1990年代起，對於兒童照顧政策能加以整合，一方面提供支持家庭的產假、親職假以保障父母的工作權以及親自照顧子女；另一方面也廣增托育設施以提增替代性照顧的量；另外也鼓勵企業參與，提供優惠抵稅的誘因，並且提撥預算來充實幼兒照顧人員的專業素養，以提升兒童照顧的品質。

為了建構完整的兒童照顧策略，政府未來仍可扮演更積極的角色發展以家庭為本位的福利策略，以提供各種支持性政策與策略來增強家庭環境功能，協助家庭在照顧子女上強化權能（empowerment）。為使兒童照顧政策更能落實家庭的支持功能，提供家長更多彈性的選擇，政府在選擇兒童照顧的策略及行動方案分述如下（參見**表10-1**）：

(一)家庭給付制度

工業國家為鼓勵婦女生育，避免養兒育女造成家庭負擔而給予現金給付，除此之外，也可再針對低收入家庭兒童給予生活扶助，解決其家庭開支。這種現金給付方式的缺點，則可能因家庭開支受排擠效應，使低收入家庭受惠有限（Kahn & Kamerman, 1987）。我國除了低收入戶的家庭給付之外，部分縣市有提供教育券或托育津貼。雖然教育部已在2001年度對5歲以上6歲以下之幼兒實施1萬元的幼兒教育津貼，但是未能普及到托兒所幼兒以及5歲以下幼兒照顧的津貼。

(二)優惠家庭之財稅福利制度

家庭政策與財稅政策所協調之福利制度，可減輕家庭因養兒育女而產生之經濟負擔，如扶養親屬寬減額即是，或增加育兒免稅額（tax exemption）或育兒退

表10-1　兒童托育與福利制度的相關措施

採行措施	主辦機關	協辦機關
1.調整及規劃未來公立托育機構，顧及城鄉普遍性原則，以優先照顧弱勢人口及特殊兒童需求的托育服務，縣（市）政府或補貼私立機構提供此方面的需求	直轄市及縣（市）政府	衛生福利部
2.針對家長的需求，提供多樣化的托育服務方式（如夜間托兒、臨托、保母、機構式托兒及安親等課後托育中心），以供家庭做彈性的選擇並掌握可近性、方便性及托育費用之合理性	直轄市及縣（市）政府	衛生福利部 教育部
3.整合托兒與學前教育，建立完整兒童托育服務體系，澄清托兒所與托教合一之幼兒學校功能，以提升教保人員之專業素質，建立幼教同流發展，福利待遇公平制度化及避免造成行政上的多頭馬車、資源重疊	衛生福利部 教育部	勞委會
4.積極開闢及鼓勵企業參與兒童托育，訂定獎勵辦法，鼓勵公民營機構設置育嬰室、托兒所等各類兒童福利設施、孕婦措施之辦法	直轄市及縣（市）政府	勞委會 衛生福利部
5.加強對托育機構的督導與聯繫，結合衛生、消防、社政、營建署、地政司對於土地使用、分區使用辦法、建築物管理、消防設備、衛生保健設備做一通盤檢討修正。一方面輔導未立案托育機構加以合法立案，另一方面淘汰不適宜及不合格之托育機構，以提升托教機構之安全及托育品質	直轄市及縣（市）政府 衛生福利部	教育部 內政部營建署 地政司 衛生福利部 內政部消防署
6.建立托育人員證照制度，充實托育人員之專業倫理與能力，檢討及修訂兒童及少年福利機構專業人員資格及訓練辦法。提供托育人員進修管道及提升托育人員之合理薪資與福利待遇	衛生福利部	勞委會
7.鼓勵增設3歲以下之嬰幼兒托育機構，修訂托育機構設置辦法，以家庭式、小型收托單位為發展方向，並區分家庭托育機構與家庭保母之功能與定位	直轄市及縣（市）政府 衛生福利部	勞委會
8.建立各種托育資訊網絡，並公布評鑑結果以供家庭參考	直轄市及縣（市）政府	衛生福利部

稅額（refundable child care tax credit）。然而，這種制度可能的缺點是，美國賦稅寬減額的津貼方式被認為對於高收入家庭具有優惠成分存在，使低收入家庭受排擠的效應（Kagan, 1989）。

(三)規劃托育津貼及教育券的教育代金或補助專案

由於公立托育機構數量有限,而私立托育機構學費昂貴,使得家長負擔過重,甚至導致幼兒入園比率偏低。為求公、私立幼教機構之家長能公平享用幼教資源,提升幼兒入園所之比率,對就讀私立幼托機構之幼兒家長發放幼兒教育券或托育津貼,並視預算之編列逐年提供幼兒教育券及托育津貼之全額及放寬年齡5歲以下,以建構完整之托育代金或補助方案。2021年政府提出0-6歲國家一起養,提供各種現金津貼與補助,分述如下:

1. **0~6歲生育補助**:生產後根據媽咪職業投保(勞保/公務員/繳國民年金等)給的兩個月投保薪資屬於生育給付,而各縣市規定父或母設籍多久並把新生兒設籍在當地才可以領的叫做生育津貼,又稱為(一次性)生育獎勵金。育嬰留職停薪津貼是爸爸或媽媽暫停工作在家照顧0-3歲幼兒的補貼,每一方可領投保薪資的8成總共6個月。托育補助是將寶寶送托公共與準公共托嬰/保姆的補助金;自己或爺奶帶也有育兒津貼,每個月都可以領,但有排富。上公立/非營利/準公共幼兒園的補助稱為幼兒園補助,由政府直接給幼兒園,讓家長能減免學費(圖10-1)。

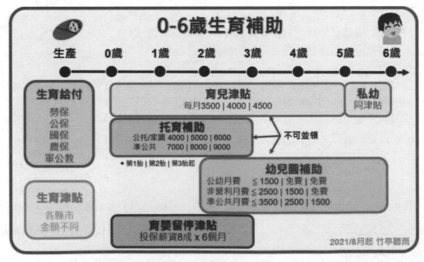

圖10-1　0~6歲生育補助

資料來源:https://i.imgur.com/xIwmLu1.jpg。

2.**0~3歲托育補助**：將0~3歲的寶寶送托到公共托嬰中心／公共托育家園，或是準公共化托嬰中心／準公共化證照保母，每月可領取托育補助。不能同時領育兒津貼，但（2022年8月後）可並領育嬰留停津貼（公托除外，因為要父母雙方都在職才能讀）。不同寶寶的補助是分開計算的，例如可以同時領大寶的育兒津貼加上二寶的托育補助，但家庭所得稅率超過20%的話就無法領取了。補助金額見**圖10-2**。申請資格：(1)送托到公共托嬰中心／公共托育家園，或是準公共化托嬰中心／準公共化證照保母。(2)不可與育兒津貼、幼兒園補助、北市育兒津貼重複領。(3)家庭綜合所得稅率未達20%（排富試算）。

		公共化(公托、托育家園)			準公共(托嬰、簽約保母)		
		第1胎	第2胎	第3胎+	第1胎	第2胎	第3胎+
新制 110/08/01起	一般家庭	4000	5000	6000	7000	8000	9000
	中低收入	6000	7000	8000	9000	10000	11000
	低收入戶	8000	9000	10000	11000	12000	13000
新制II 111/08/01起	一般家庭	5500	6500	7500	8500	9500	10500
	中低收入	7500	8500	9500	10500	11500	12500
	低收入戶	9500	10500	11500	12500	13500	14500

0-3歲托育補助　2021/8月起 竹亭聽雨整理

- 可與「育嬰留職停薪津貼」並領
- 不可與「育兒津貼」、「幼兒園補助」並領
- 所得稅率達20%無法領取

圖10-2　0~3歲托育補助

資料來源：https://i.imgur.com/E7y3Inr.jpg。

3.**0~5歲育兒津貼**：0-5歲學齡的寶寶都能請領，每個月發放育兒津貼。不能同時領托育補助，但（2022年8月後）可並領育嬰留停津貼。如果上公共／準公共幼兒園者，因為有幼兒園補助了，就無法領育兒津貼。不同寶寶的補助是分開計算的，例如可以同時領大寶的育兒津貼加二寶的托育補助。但家庭所得稅率超過20%的話就無法領取了。補助金額見**圖10-3**。申請資格：(1)育有學齡5足歲以下兒童。學齡指的是看開學日是否滿5歲，未滿則當年度都可領（所以年尾生的小孩

有可能領到5歲多）。(2)不可與托育補助、幼兒園補助、北市育兒津貼重複領。
(3)家庭綜合所得稅率未達20%（排富試算）。

		第1胎	第2胎	第3胎以上
新制 110/08/01起	一般家庭	3500	4000	4500
	中低收入戶	5000	6000	7000
	低收入戶	5000	6000	7000
新制II 111/08/01起	一般家庭	5000	6000	7000
	中低收入戶	5000	6000	7000
	低收入戶	5000	6000	7000

0-5歲育兒津貼 2021/8月起 竹亭聽雨整理

◆ 可與「育嬰留職停薪津貼」並領
◆ 不可與「托育補助」並領
◆ 不可與「幼兒園補助」並領
◆ 所得稅率達20%無法領取

圖10-3　0~5歲育兒津貼

資料來源：https://i.imgur.com/hKmC3Tg.jpg。

(四)兼顧家庭與工作福利制度

　　婦女參與工作對家庭生活品質、個人幸福感、企業生產力及社會的安定繁榮
皆有影響，所以政府或企業可加以考量以家庭為取向的人事政策來支持員工對兒
童照顧需求的滿足。有關人事政策之考量可參考如下：

1. **彈性工時**：除了朝九晚五的上班工時，可以配合彈性工時及非全職工作來
　幫助員工（尤其是女性），協助工作／家庭的角色。
2. **親職假**：我國對於勞工除了六至八週（公務員六週、勞工八週）的產假之
　外，少數企業提供三個月無薪給付的親職假，並保證回來給予與原來請假
　前相同職位的工作。近來，美商公司如IBM也提供家中有3歲以下的幼兒可
　以請育嬰（兒）假。此種支持讓家長對育兒的模式有多一種選擇，以減輕
　工作與家庭衝突，並增加員工工作效率及對公司的向心力。

3.**興辦兒童托育工作**：根據內政部（1993）兒童生活狀況調查統計顯示，台灣地區將近有七成之學齡前兒童是由未立案之托兒所、家庭保母、親戚或父母自己照顧，僅有30%是在已立案的托兒所、幼稚園或保母所提供的托育服務機構中。而內政部（1997）的兒童生活狀況調查有七成學齡兒童放學後可以直接回家，或當鑰匙兒，或有大人照顧。換句話說，有三成左右國小學童要到安親班或其他地方等待父母下班來接才能回家。上班父母生活壓力的來源之一是兒童的照顧問題，包括學齡前及學齡兒童的托育問題。因此，政府除了擴增托育機構以增加收托率及量的增加，還要確保托育品質；另外還要鼓勵企業加入興辦托育的行列（至2000年止只有55家企業有興辦企業托兒）。除了鼓勵企業興辦托育機構，其餘可以鼓勵提出優惠員工托兒方案、照顧生病子女、提供托育資訊、補貼托育費用。

4.**彈性福利方案**：員工福利是個人所得的一部分，而員工福利對於雇主及員工皆有很大的影響，尤其雙生涯家庭常享用傳統的員工福利，如公／勞保、健保、退休金、病假及有給假期。然而彈性福利方案乃是讓員工依自己需求選擇福利方案，以迎合不同家庭型態之員工及幫助企業節省成本。

5.**諮商及教育方案**：企業可以提供一些教育方案幫助女性員工應付工作、家庭之問題，如減少因工作不確定之因素所影響、增加自己的專業能力、幫助親職功能、協調工作和家庭責任、工作壓力和財務管理技巧，以經濟方式來協調員工之雙重角色。

(五)補償家務勞動制度

重新評價家務勞動的價值，使家務勞動成為一實質的經濟貢獻（如家務有給制）。鼓勵兩性平等工作權、同工同酬及減少兩性的職業區隔，以鼓勵兩性公平分擔家務。有必要時，利用以工代酬的補助來提供照顧者津貼及必要之家庭福利服務。

(六)提升質優量足托育服務

普及式托育就是普設托育機構，尤其是偏遠地區或分布不均的地區，或普遍補貼托育機構，讓每個兒童都能在政府補貼的托育設施內受照顧，它的好處是公平，沒有福利烙印，可促進婦女的勞動參與率（馮燕、薛承泰，1998）。提升幼

兒機構的安全及品質是政府責無旁貸的責任，在擴大托育機構的數量時，訂定品質標準，並且確實執行品質監督，甚至可以補助各種不同型態的托育設施及方式來增加選擇性。

(七)優先照顧弱勢人口及特殊需求的兒童

優先利用公立托育機構補貼及收托低收入戶、原住民等弱勢團體。此外，開辦收托身心障礙及特殊需求兒童的服務，並藉由補貼方式（如補貼機構）來增加托育服務量，以促進托育服務的公平性。

(八)推動幼托整合

幼兒教育是指出生到6足歲入小學的教育，包括「幼稚園」與「托兒所」的教育與保育。我國對於教育與保育一直未能區分其功能，故造成隸屬不同主管機關、年齡重疊、資源也重疊的情形發生。故政府應積極釐清幼兒學齡（指5至8歲），並創設幼兒學校及整合0至5歲的托教合一政策，修訂幼稚教育、兒童福利及相關的法令，以幼兒為中心，整合幼保機構之設施、措施，力求師資齊一水準、福利、待遇、環境設施、課程教學、行政運作能有統合標準，以提升幼兒教保品質。

三、他山之石，可以攻錯——各國托兒服務比較

兒童的福祉（最佳利益）與兒童照顧是世界性的關懷焦點。政府自當考慮相關育兒政策，務必非常慎重，因為兒童照顧政策攸關家庭、婦女及兒童的福利（馮燕，1995）。一些發展先進國家及福利先進國家，都曾在某一時段中遭遇到像我們所面對的社會、家庭、婦女角色、福利需求等各種變遷，但是各個國家應對問題的方向頗不相同。其中美國和英國是屬於缺乏明確家庭政策（implicit and reluctant family policy）的國家，瑞典是有一套完整而明確家庭政策（explicit and comprehensive family policy）的國家（Kamerma & Kahn, 1991），而日本則是為因應社會變遷，朝向建立托育政策的例子（馮燕，1995）。

由於家庭結構的改變，婦女就業人口的增加，尤其是家有學齡前兒童的婦女，使得托兒服務成為國家擬訂家庭政策中必須考慮的要項。依先進國家的作

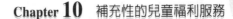

法，兒童照顧之提供應朝向多元化的發展模式，其內容應足以提供家庭彈性的選擇。同時，尚須和教育行政系統充分的配合，將兒童照顧視為教育工作的一環。此外，親職假（parental leave）的提供，對嬰幼兒父母或祖父母而言，既可滿足兒童照顧的需求，更有助於親子關係的建立（王麗容，1994）。以下就各工業國家，如法國、美國、英國、瑞典、西德，以及日本等國，針對父母育嬰假／產假、托兒法規、托兒服務現況、行政體系、托兒服務功能、影響托兒服務選擇的因素、照顧孩子責任歸屬，以及托兒機構人員資格訓練及薪資福利等各項，來與我國托兒現況進行比較分析（參見**表10-2**至**表10-8**）。

表10-2 法國托育服務概況

托育服務狀況	實施內容
父母育嬰假／產假	1.前兩個小孩：產前6週，產後10週 2.第三個小孩：產前8週，產後18週 3.母親享有此產假福利並獲得其工作90%的工資 4.父親有3天產假 5.父母在享有產假福利之後，可要求在孩子3歲前停止工作或要求兼職工作 6.當孩子滿3歲時，可要求恢復全職工作，如果公司或企業不能恢復工作，應給父母補償金（父親鮮少使用此福利） 7.父母有超過兩個小孩，至少有一孩子在3歲以下，並且又在企業服務兩年以上，可享有每月2,488法朗（比較最少工資4,100法朗，平均每月工資7,200法朗的育兒年金給付；如果父母工作是兼職可享有一半的年金給付），在2002年雙親或單親不超過收入最高上限（一個孩子單親為24,129歐元，雙親為31,887歐元，再加一位孩子約增加5,000歐元），政府撥給每位新生兒或養子津貼為80.831歐元，幼童補助為161.66歐元
托育服務說明	1.提供者及需求者皆有補助；需求者有托育費用的抵減稅措施 2.3歲以下，每個孩子可以抵免5,000法朗，3至7歲每年有1萬法朗可以抵免 3.政府提供多種托育服務，3至6歲幼兒（有94%）上幼稚園；此外，有三分之二2歲幼兒也進入幼稚園（平均入學年齡是2歲半） 4.幼稚園在晚上六點之後，由學校提供課後輔導 5.政府亦提供資金由家長來經營（半官方的幼稚園） 6.幼稚園有全托及半托之分，從早上8：30至下午4：30，每週四天，有些幼稚園在時間外仍提供托兒服務 7.政府提供家庭托兒（大多數由地方政府提供，極少數由醫院提供）、立案的家庭托育（約占全部托育服務的9%）、未立案的家庭托育（約占全部托育服務的6%）、托兒所（crèche）收托滿三個月的嬰兒，從早上7：30到晚上7至8點

（續）表10-2　法國托育服務概況

托育服務狀況	實施內容
托育服務說明	8.只有鼓勵父母接受立案的托育服務才能抵免稅額，可以鼓勵托育機構去申請立案，以便監督與管理 9.但是受聘於孩子父母在孩子家中照顧幼兒（平均一小時28法朗）不用立案，在2004年，家中雇用保母費用可抵稅 10.在城鄉地區，很多孩子是由親戚，特別是祖父母照顧 11.提供托育服務的機構可以獲得金錢補助（資金是由營利事業單位所贊助） 12.1983年，國家家庭津貼所簽署托育法案以增加3歲以下的托兒所及家庭托育中心的數量以因應父母之需求 13.國家家庭津貼所建議兒童托育費用應占家庭收入的12%左右 14.國家家庭津貼所在1988年簽署兒童法案，希望新增加的托育機構服務兒童至滿6歲為止，地方的托育機構提供服務至兒童滿5至7歲，同時並增加補助托育費用，以照顧全體家庭，並不是只為雙生涯家庭 15.3至6歲兒童免費上幼稚園 16.1988年，0至3歲兒童收托率24%，3至5歲兒童收托率95%
行政體系	1.隸屬教育部 2.公共健康及福利部 3.社會事務部的國家及地方家庭津貼所（CNAF & CAF）
托育服務功能	1.提供給一般家庭作為照顧幼兒，少部分是給一些特殊需求的小孩 2.幫助父母出外工作，以增加勞動力 3.讓父母可以自由選擇自己的生活方式 4.增加生育率 5.提供衛生保健，減少或避免造成殘障兒童
何種因素影響托育服務的選擇	1.文化傳統 2.人口結構 3.經濟狀況 4.政治控制
服務孩子是誰的責任	1.政府主要是由教育部及社會事務部來負責提供及監督照顧幼兒的場所 2.中央政府分權給地方政府，並贊助民間興辦托兒服務 3.教育部與社會事務部缺乏協調
托育機構人員資格	1.所長：在此事業工作五年以上的醫師或護士訓練及薪資福利 2.機構人數超過40人，應聘用教育人員 3.有資格限定

資料來源：Leprince (1991); Balleyguier (1991); 王麗容（1994）。

表10-3　美國托育服務概況

托育服務狀況	實施內容
父母育嬰假 / 產假	1.沒有產假及育嬰假規定 2.只有五州認為產婦是無能力者（disability），並提供婦女有兩個月無薪水給付的假期 3.給予低收入家庭（所得在8,000至13,000美元之間）不予扣稅，並且政府還要給予4歲以下的孩童家庭補助11,050美元以幫助照顧孩子的福利
托育服務功能	1.照顧孩子 2.教育及社會化 3.兒童福利 4.幼兒教育 5.社會福利 6.增加成人的就業率
行政體系	1.5歲之前由人群服務部 2.5歲之後才納入學前教育
托育服務說明	1.四種主要照顧3歲幼兒之方式比率（1985）： 　(1)親戚照顧（35%） 　(2)家庭托育（34%） 　(3)在家照顧（奶媽）（9%） 　(4)托兒所（22%） 2.家庭式托兒是較非結構式，及非教育目標的。其工作人員與孩子的比例小 3.地方政府關心孩子的安全與托育品質。中央政府並不扮演參與的角色 4.對貧窮家庭提供前峰計畫的托兒服務、社會福利補助以及食物補助 5.除了愛達荷（Idaho）外，各州對家庭托育或托兒所至少一年兩次的評鑑與監督 6.許多是由非營利組織（如教會）或營利組織或私立機構所興辦 7.地方政府提供證照制度 8.政府有對托兒服務提供經費補助及減稅條例 9.美國有一些企業提供企業托兒（2,500家左右，有近500家靠近工作地點），員工托育費用可以由薪水給付，並且免稅 10.1990年0至3歲兒童收托率20%，而3至6歲收托率為70%
何種因素影響托育服務的選擇	1.意識形態 2.經濟因素 3.政治因素 4.社會文化傳統
服務孩子是誰的責任	1.大多是家長自己負擔，政府少參與責任 2.政府只為低收入的家庭及兒童提供托育服務，及利用稅額抵免來照顧幼兒，一位兒童家庭可減免約2,500美元，二個以上兒童家庭可以減免約4,000美元，另外還有退休儲蓄和子女大學教育儲蓄，一年不超過2,000美元。聯邦政府提供每年給予家庭之每位兒童有3,000美元的減稅額

（續）表10-3　美國托育服務概況

托育服務狀況	實施內容
托育機構人員資格	1.資格範圍大：從非專業到完全專業皆有 2.有35州未對工作人員有所規定資格訓練及薪資福利 3.大多是女性工作人員，工資是全部行業倒數第二名。平均年收入為1萬美元（貧窮底線11,200），沒有福利，甚至沒有醫療保險。有最高的離職率

資料來源：Phillips (1991); Howes (1991); CUSSW (2006);王麗容（1994）。

表10-4　英國托育服務概況

托育服務狀況	實施內容
父母育嬰假／產假	1.母親產前11週，產後29週的產假，產假可分為無薪及帶薪兩種，是所有OECD國家中最慷慨的（OECD, 2012） 2.產假中幾乎有一半可享有育兒的年金給付（不超過20個月） 3.為了迎合產假條件，母親至少工作每週超過16小時，並持續工作兩年以上；兼職（每週8至16小時）至少持續工作五年以上 4.利用公共開支提供幼兒和教育 5.使用家庭現金福利和稅收優惠的公開開支
托育服務說明	1.私立托育機構最普遍的是家庭托兒。由父母付費，政府並沒有規定，但給予補助 2.有的由父母共同興辦家庭托兒，再聘請學前教育老師，政府有補助 3.有些是企業托兒，政府沒有補助 4.其餘幼兒是由親戚、奶媽照顧，地點包括在幼兒家中或送往親戚家中 5.政府提供有限的托育服務。沒有規劃供應，提供補救或減稅的福利。自2015年開始，提供年輕父母，由專業護士到家提供密集性的支持服務 6.由地方政府提供托兒所的補助 7.2歲以下有20%，2至3歲有31%，3至4歲有49%接受托兒所的照顧。自2004年4月開始，提供所有3至4歲幼兒免費入學，最弱勢的2歲孩子托育率年增加到40%左右 8.托兒所每日工作10小時，大多數幼兒接受半日的收托 9.少數地方政府提供幼兒照顧（家庭托育），大多是由私人機構興辦，並由家長付費。政府對於特殊需要兒童提供托育服務。現延伸至單親家庭或具危險因子家庭，並提供親職教育課程 10.3歲以下幼兒大多在私人托育機構，5歲開始義務教育11.1988年0至3歲兒童收托率20%，3至5歲兒童收托率43% 12.照顧幼兒以親戚（尤其是祖父母照顧）最為普遍，其次是家庭托育（家庭照顧者）及私立托兒所，再其次為奶媽照顧 13.家庭托育及托兒所皆要立案 14.私立托兒所大約是占5%，其餘幼兒大多為半日托或在學校課後托育機構中或在遊戲團體（平均每天去2.5小時）

（續）表10-4　英國托育服務概況

托育服務狀況	實施內容
托育服務說明	15.由於2歲以下需要較高專業的機構人員，於是影響興辦的意願 16.城鄉差距大，大部分集中在都會地區 17.5歲之前不提供幼兒教育 18.地方政府由於經費及人力，缺少對家庭托育或托兒所監督（規定至少每三個月要對家庭照顧機構訪視一次） 19.規定家庭托育需要有立案，及對機構設施也有清楚的設立原則，但執行監督不夠 20.對私立托育機構缺乏監督及支持 21.由於經濟變遷及意識形態改變，未來托育服務會由家庭式走向機構式
行政體系	1.3歲以前：健康部、福利部 2.3歲以後：教育部
何種因素影響托育服務的選擇	1.意識形態 2.婦女就業 3.經濟與社會變遷 4.政策
服務孩子是誰的責任	1.地方政府對家庭托兒及奶媽實施： 　(1)調查、評估及選擇家庭托育人員 　(2)安置孩子 　(3)提供家庭托育人員的支持與建議 　(4)為家庭托育人員及幼兒組織，協調並發展適宜的活動 2.政府只提供部分，大多數是家長自己負擔照顧幼兒的責任。父母或自己付費或利用自己的社會支持網絡來尋求幼兒照顧 3.優先接受政府所設立的托育服務： 　(1)單親家庭 　(2)母親生病 　(3)避免母親因照顧孩子而發瘋或使家庭破碎
托育機構人員資格訓練及薪資福利	1.大多數照顧幼兒的人是祖父母、奶媽、家庭托育人員（大約30歲以上），私立托兒所（20多歲），以女性為主。其薪資微薄，甚至有的親戚沒有獲得托育費用（比藍領工作人員之薪資還低），家庭照顧者的薪資還比不上白領階級收入的一半，且工作時間又長（平均每週超過40小時以上） 2.沒有訓練管道 3.只要透過托兒所護士資格考試即可擔任托育人員，有的奶媽也要通過此考試

資料來源：Moss (1991); Melhuish (1991); OECD (2012); 王麗容（1994）；鄧蔭萍（2012）。

表10-5 德國托育服務概況

托育服務狀況	實施內容
父母育嬰假／產假	1.母親產假有26週，父母育嬰假／產假並享有全薪給付 2.父母或祖父母可享有7個月的育嬰假並獲得其工作90%的工資
托育服務說明	1.在前東德，機構式托嬰中心占37%的覆蓋率，在前西德0至3歲的幼兒占3%（占全國0至3歲幼兒的8.6%） 2.托兒所是主要提供照顧3歲以下幼兒的場所，尤其是孩子的母親上班或上學 2.89%是社區托兒區，其餘是由企業負責托兒工作（國家及企業負責硬體，所長負責軟體） 3.有的托兒所現在已與幼稚園合併了。以往幼稚園只收3至6歲，現在往下收托 4.托兒所的照顧及教育是免費，父母只負擔食物（平均一天不超過2馬克，而平均每天收入是1,233馬克 5.現有托兒所有7,555所，可供81%的幼兒使用。未來可以充分的提供托兒所給每一幼兒 6.其餘幼兒大多由母親照顧；家庭托兒只占2至3%；家庭托兒並沒有向官方立案，由父母付費，費用頗高 7.政府通過立法，鼓勵學校建立幼稚園設施，以容納75%的3至6歲兒童 8.1986年 0至3歲兒童收托率2%，3至5歲收托率36%
行政體系	1.3歲以前：健康部、財政及管理部 2.3歲以後：教育部
托育服務功能	1.托兒所提供幼兒教育與社會化功能。托兒機構隸屬於教育機構，以補充家庭教育 2.提高女性就學／就業率
何種因素影響托育服務的選擇	經濟與社會變遷
服務孩子是誰的責任	國家負責教育及養護幼兒的責任，提供教育、醫藥、社會、衛生及營養的照顧，以及避免兒童發生意外
托育機構人員資格訓練及薪資福利	1.托兒機構是教育單位，照顧者要有老師的資格。利用遊戲活動來提供孩子身體、認知、情緒的發展，以及培養孩子獨立、衛生及生活的自立 2.托兒機構也受衛生保健部門的監督，例如疫苗接種、設施的通風、衛生狀況及營養午餐和午睡 3.托兒機構的評鑑有兩大類：一是硬體設施，包括教室、寢室、流理台、廚房要符合衛生以及以兒童為本位，二是日常活動的組織與結構。例如午睡至少要有2-3次，以及戶外活動至少要有2小時。此外，營養餐點至少每天要提供4次 4.幼兒機構人員之要件是高中畢業後之學生須再接受三年的托育教育，由醫學院負責訓練。注重理論與實務。托育工作人員平均月收入825馬克。比幼稚園老師及小學老師及工廠工作人員來得低 5.工作人員與幼兒的比例為1：5

資料來源：Weigl & Weber (1991); 王麗容（1994）；鄧蔭萍（2012）。

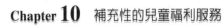

表10-6　瑞典托育服務概況

托育服務狀況	實施內容
父母育嬰假／產假	1.父親有2週的產假並付90%的工資 2.母親在醫院生產完後，全家可在醫院一起一星期，以適應新的家庭成員 3.父母一方可允許在母親生完產後有9個月（全職）或18個月（兼職）的育嬰假，並享有90%的工資 4.父或母在育嬰假中可享有給付年金（3個月全職，6個月半職，12個月1/4日職的補償年金） 5.育嬰假可以由父母視他們需要來分配使用 6.如果照顧孩子的成人生病，父母可有90天的育嬰病假，且享有90%的工資 7.父母一年有2天的親職假，以方便父母訪視照顧孩子的機構或親職教育。享有90%的工資 8.父母可享有非薪金給付的假期或減少工作時間，一直到孩子滿18個月；換言之，即在給付薪金的育嬰假之後，又多有6個月 9.父母在孩子7歲之前，可享有每天減少二個工作小時的福利
托育服務說明	1.由地方政府提供公立托育機構 2.托育機構又稱為學前機構，包括托兒所、母親俱樂部和幼稚園 3.托兒所按年齡來分組，一般托兒所大概有3至4個年齡組，約有50至60名幼兒，最大約有100位幼兒，這類托兒所屬全托性質 4.有些托兒所附屬在小學做延伸服務 5.母親俱樂部是由地方政府提供幼稚教育教師來幫助在旁照顧幼兒的母親、社區中的父母與孩子可以聚集在一起，分享孩子社會化或交換育兒經驗 6.幼稚園屬於半日制，每天3小時，提供孩子入學前準備，以及社會化經驗 7.家庭托兒服務是由公家設立，由父母付費。現在是一社會趨勢，由全職的工作人員照顧幼兒。此外由於托兒所是全日托，因此有些父母會選擇半日托的家庭托兒（家庭托兒的平均人數是6.4，幼兒每週平均待在機構30小時） 8.1988年1至6歲兒童收托率73%
行政體系	1.3歲以前：健康及福利部 2.7歲以後：教育部
托育服務功能	1.教育及社會化的功能 2.照顧孩子 3.增加婦女就業率 4.增加生育率
何種因素影響托育服務的選擇	1.婦女就業 2.政府提供 3.經濟及社會變遷

（續）表10-6　瑞典托育服務概況

托育服務狀況	實施內容
服務孩子是誰的責任	1.大部分是國家、政府及國家負擔90%的托育費用。家長平均分擔10至15%的托育費用，而且孩子數愈多或收入愈低，其比率也愈低 2.政府對民間非營利組織或父母興辦托育服務機構皆有補助 3.托育服務較重視健康，輕教育 4.政府負責審核及評鑑幼兒機構。評鑑標準分為兩種： 　(1)結構式及正式標準： 　　①環境與課程設計 　　②人員訓練 　　③人員離職及比率 　　④孩子班級之大小 　　⑤教育目標有否達成 　(2)非正式、動態標準： 　　①老師與幼兒在一起做什麼 　　②教育目標如何達成 　　③老師如何針對幼兒福利差異特徵做調整
托育機構人員資格訓練及薪資福利	1.機構至少要有80平方公尺 2.老師資格必須是由護士或幼兒教育教師擔任 3.至少服完九年國教及兩年半的專業理論與實務經驗 4.護士資格每月平均有8,381 SEK，幼稚教育教師有9,225 SEK（小學教師有11,025 SEK） 5.每班不能超過15個幼兒，要有3個工作人員（比例為1：5）

資料來源：Broberg & Hwang (1991); Hwang et al. (1991)；王麗容（1994）。

表10-7　台灣托育服務概況

托育服務狀況	實施內容
父母育嬰假／產假	1.女性公務人員育嬰期間可申請留職停薪，採取自願申請方式辦理，每次生育得申請一次，擔任公職期間申請次數以不超過二次為原則。於女性公務人員申請育嬰留職停薪期間，每次最長以分娩假後至嬰兒2足歲為止，申請留職停薪期間一次至少三個月。至於非公務人員之女性育嬰假則未有明文規定 2.中、小學及幼稚園之女性教師可申請育嬰期間之留職停薪。依女性教師之意願，每次生產可申請一次，任教期間申請次數最多以二次為限。女性教師育嬰期間申請留職停薪，應於分娩假期滿後二個月內以學期為單位提出申請，期限以不逾四個學期為限 3.公務人員產假四十二日，勞工產假八星期

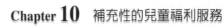
（續）表10-7　台灣托育服務概況

托育服務狀況	實施內容
托育服務說明	1.托兒所及家庭托育近十年來急速增加 2.托兒所：屬於福利事業，由社政單位負責，其所依據之法令包括兒童及少年福利與權益保障法、幼兒教育及照顧法、托兒所及幼稚園改制幼兒園辦法等。目前台灣地區托兒所依其性質可分兩種： 　(1)一般托兒所：指由政府設立、私人興辦，或由機關、團體、公司、工廠附設之托育服務。 　(2)村里（現或稱社區）托兒所：即往昔之農村托兒所，由政府輔導各鄉鎮公所、農會、婦女會等單位籌劃辦理的托育服務。其設置場地、設備等由各縣市政府另訂標準 3.幼稚園：我國的幼稚園係由教育行政單位負責。其所依據之法令，包括幼稚教育法、幼稚教育法施行細則、私立幼稚園獎勵辦理及幼稚園園長、教師登記檢定及遴選辦法等 4.2011年教育部與內政部將托兒所及幼稚園整合為幼兒園 5.家庭保母：根據一些研究發現，3歲以下的子女，親戚或保母照顧為最優先的考慮。1987年起，台北市政府委託台北市家扶中心代訓保母，截至1993年11月止，共訓練保母1,355位，至1999年12月止已有13,041位，然而對於家庭保母目前尚無任何法令予以規範 6.其他：為因應雙生涯家庭的工作需求，近年來亦有托嬰中心、坐月子中心、安親班或才藝班等各類托育型態，提供學前兒童照顧、保育等服務。各類型托育服務亦接受臨時托兒以因應家長的需求 7.提供托育津貼及危機家庭兒童托育補助，提供公共托育設施
行政體系	1.托兒所隸屬社政單位（2004年稱為幼兒園，2004年前立案的課後托育中心隸屬行政單位） 2.幼稚園隸屬教育單位（2004年稱為K教育，2004年後立案的課後托育中心隸屬教育單位） 3.2011年後0至2歲托嬰由社政單位主管，3至6歲由教育部管轄
托育服務功能	1.增進兒童身心之健康 2.培養兒童優良的習慣 3.啟發兒童基本的生活知識 4.增進兒童之快樂與幸福
何種因素影響托育服務的選擇	1.婦女就業 2.社會變遷及家庭結構改組 3.增加家庭支持及降低少子化
服務孩子是誰的責任	1.政府只提供部分，大部分由家長擔負照顧幼兒的責任，22%的兒童進入公立托（幼）系統，78%進入私立園所。5至6歲幼兒托育率為98.53%，3至5歲為75.68% 2.政府負責審核及評鑑立案機構，托兒所部分由社政單位辦理，幼稚園部分由教育單位辦理 3.實際上人力不足

（續）表10-7　台灣托育服務概況

托育服務狀況	實施內容
托育機構人員資格訓練及薪資福利	依據「幼兒教育及照顧法」規定，幼兒園的教保服務人員指幼兒園服務之園長、教師、教保員及助理教保員，所應具備資格如下： 1.幼兒園園長應同時具備下列各款資格： 　(1)具幼兒園教師或教保員資格。 　(2)在幼兒園（含本法施行前之幼稚園及托兒所）擔任教師或教保員五年以上。 　(3)經直轄市、縣（市）主管機關自行或委託設有幼兒教育、幼兒保育相關科系、所、學位學程之專科以上學校辦理之幼兒園園長專業訓練及格 2.教保員應具備下列資格之一： 　(1)國內專科以上學校或經教育部認可之國外專科以上學校幼兒教育、幼兒保育相關系、所、學位學程、科畢業 　(2)國內專科以上學校或經教育部認可之國外專科以上學校非幼兒教育、幼兒保育相關系、所、學位學程、科畢業，並修畢幼兒教育、幼兒保育輔系或學分學程 　前項相關系、所、學位學程、科、輔系及學分學程之認定標準，由中央主管機關定之 3.幼兒園教師：應依師資培育法規定取得幼兒園教師資格；幼兒園教師資格於師資培育法相關規定未修正前，適用幼稚園教師資格之規定 4.幼兒園助理教保員除本法另有規定外，應具國內高級中等學校幼兒保育相關學程、科畢業之資格。相關學程及科之認定標準，由中央主管機關定之 5.薪資福利：公立幼稚園人員平均薪資 35,000元，私立托兒所23,000至25,000左右好一點大約在25,000 左右

註：1.現有幼稚園教師是以師院幼教系畢業及大專幼教學程學分修滿後＋實習一年者（1994年後適用）。

　　2.兒童福利專業人員訓練合格者始可擔任保育員或助理保育員（1997年後適用）。

資料來源：行政院暨所屬各機關女性公務人員育嬰期間申請留職停薪處理原則；公立高級中等以下學校女性教師育嬰期間申請留職停薪處理原則；公務人員請假規則；工廠法；托兒所設置辦法；幼稚園長、教師登記檢定及遴用辦法；幼兒教育及照顧法；內政部（2005）；鄧蔭萍（2012）。

表10-8　日本托育服務概況

托育服務狀況	實施內容
父母育嬰假／產假	1.男女勞動者為能達到教養幼兒，雇主要訂定縮短勤務時間等養育措施 2.雇主要事前公布休假期間的薪水、休假結束後的配置和其他勞動條件，日本有薪的產假低於OECD的平均值，無薪產價等同於OECD的平均值 3.女性勞工產前有6週（多胎妊娠有10週），產後有8週產假 4.禁止女性勞工在休業期間及休業後30天被解雇父母育嬰假／產假

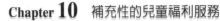
（續）表10-8　日本托育服務概況

托育服務狀況	實施內容
父母育嬰假／產假	5.女性勞工在生產後可以要求轉換較輕易的業務。雇主不能要求他們上班時間外的勞動、假日勞動及深夜出勤工作 6.雇主不能讓孕婦從事有害於生產及哺育的工作 7.養育未滿1歲嬰兒的女性勞動者，除了休息時間外，還可以要求一天二次至少各30分鐘的育兒時間 8.長子及次子在3歲以前，每人享有每月5,000日幣的兒童津貼；三子或以下享有每月1萬日幣的兒童津貼，9歲以下兒童皆可領取
托育服務說明	1.6歲以下托兒以保育所、幼稚園及企業托兒為主，2004年正考量托教合一之政策 2.保育所在1993年4月1日服務對象160萬4,824人，有2,585所，原則上一天托育8小時，必要時由保育所所長決定保育時間。托育內容針對父母皆就業有下列托育服務政策：嬰兒保育、延長時間保育、夜間保育、長時間保育、企業托兒、生病幼兒保育、兒童課後輔導（兒童俱樂部）等。家庭托育人員雖不用正規專業訓練要求，但政府提供教育訓練及提升托育服務品質 3.幼稚園在1993年5月1日可服務人數194萬9,000人（占全體兒童收托率64.1%） 4.企業雇主為了保育勞動者的孩子，設置保育設備，由政府負擔一部分費用
行政體系	1.厚生勞働省 2.文部省
托育服務功能	1.藉由養護與教育使兒童獲得良好的身心發展 2.教育與社會化的功能 3.鼓勵女性參與社會勞動，增加就業率 4.增加生育率
何種因素影響托育服務的選擇	1.經濟力 2.婦女就業 3.政府政策 4.經濟及社會變遷
照顧孩子是誰的責任	1.一般兒童及殘障兒童由國家，地方公共團體及父母共同負擔 2.一般兒童，父母負擔比率較大，殘障兒童則由國家負擔比例較大
托育機構人員資格訓練及薪資福利	1.保育人員的資格是由厚生勞働省有所承認的保母培訓學校，保母養成所畢業或地方都道府縣知事實施的保母考試合格 2.保母平均收入約每月13萬日幣，相當新台幣3萬多 3.幼稚園教師約有每月18萬日幣，相當新台幣4萬多 4.幼稚園老師屬於文部省管轄，需要有幼稚教育教師資格

資料來源：總理府編（1991）；福祉士養成講座編集委員會編（1992）；一番ケ瀬康子、長谷川重夫、吉沢英子編（1992）；財團法人厚生統計協會編（1992）；厚生省兒童家庭局編（1993）；勞働省婦人局編（1993）；日本婦人團體連合會編（1993）；總理府編（1994）；葉郁菁（2006）。

(一)父母育嬰假／產假

先進國家對於3歲以下兒童的照顧政策，自1990年代之後，逐漸發展爲產假、親職假或育嬰（兒）假政策和兒童照顧服務相互整合的措施。換句話說，對於兒童照顧的需求經由兩個途徑來解決：一爲親自照顧或委託親戚照顧，另一爲替代照顧。前者必須由國家所訂定的產假或育嬰（兒）假制度來落實，後者則需擴增兒童照顧措施及落實照顧之品質來達成（王麗容，1994）。

目前在工業國家，除美國外，英國、法國、瑞典、西德及日本皆有產假及育嬰（兒）假的規定。除了給予產假及育嬰（兒）假，以鼓勵父母親自照顧，並確保日後恢復其工作權（如瑞典）。有些國家（如法國、英國、日本）也提供父母親親自照顧小孩而仍能免於經濟壓力的措施，也就是提供兒童照顧年金，來幫助父母因居家照顧兒童所面臨的經濟壓力。美國則以賦稅優惠來提供協助，並且每一位小孩有3,000美元的扣除額（CUSSW, 2006）。

(二)托育服務現況

由於雙生涯（dual-career）的家庭已成爲工業化社會的主流，所以能同時顧及在家照顧幼兒的比率不高，因此，因應對策之一則是加強托兒服務，包括量的增加及質的提升，提供機構式的托兒中心（如托兒所、幼稚園）與家庭式的托育服務。

工業化國家（如法國、美國部分州），將3歲及以上的兒童納入義務教育系統，猶如義務教育的往下延伸。這些機構的經費是由政府提供，而且主要也是由政府在運作。英國的義務教育則設限在5歲。這些國家對兒童照顧所提供的服務，是以全民的學前教育爲主，再以社會福利來加以補充親職角色功能之不足。

在社會福利模式中，各工業國家，除美國以外，主要皆由中央政府規劃需求量的服務，再透過地方政府的運作及提供機構以照顧兒童。托兒服務方式則以社區式托兒、家庭式托兒或企業托兒方式爲主（如德國、法國、瑞典、日本等）。這種社會福利模式對兒童照顧的主要責任落諸於政府，由政府確實掌握托兒照顧服務量的需求，並確實負責督導機構的托兒品質，以確保這些兒童照顧方案對兒童發展有所助益。美國政府對兒童照顧扮演較消極的角色，主要由地方政府來關心兒童的托育品質，大部分托育服務機構是由私人，包括營利及非營利組織來興

辦。此外，也有企業組織加入兒童照顧服務，並提供企業托兒服務。

然而，工業國家對於低收入家庭，或兒童有被疏忽、剝奪、虐待等情形發生時，皆提供機構式的照顧，例如英、美、日本等國家。

綜合上述，各國的托育服務將托兒所與幼稚園是以5歲年齡來劃分，如美國、英國，而日本則是以4歲年齡來區分。

(三)托育服務功能

大多數的工業國家皆以增加婦女就業率或就學率（如德國），為托兒服務之主要功能，此功能不僅可以促進國家經濟發展，也可增加其家庭品質，更可幫助職業婦女增加自我效能（sense of efficacy）、自信及自我實現。

此外，教育兒童及協助孩子社會化，給予孩子良好照顧，也是工業國家推廣兒童托育服務的功能之一，其目的乃是藉由托兒方案之服務以增進兒童各方面的發展。

(四)照顧孩子的責任歸屬

工業國家（如法國、西德、瑞典、英國等）都積極於托兒方案之提供、規劃及督導，以確實托育服務量的增加及品質的提升，政府積極釐清婦女的性別角色和照顧者角色的工作，以社會資源來分工，以免除婦女成為傳統主要照顧者的角色責任（Siim, 2000）。因此，大多數工業國家認為政府應有責任負責照顧孩子，國家提供孩子教育、醫療、社會福利、衛生及營養等之照顧，以達成其健全的發展。然而，在美國及日本則認為照顧孩子應由家長自己負擔，政府只對低收入家庭或殘障兒童提供托育服務。

(五)托育機構人員資格訓練及薪資福利

各工業國家對於兒童照顧除了積極擴增量的提供，同時也致力於品質的提升。關於品質的提升則有賴於法令規章來規範托兒設施標準和托兒人員之培養和訓練計畫（王麗容，1994）。

各工業國家（如法國、西德、日本、瑞典等）對於兒童照顧之專業人員皆有明文規定，對於托兒人員要經過專業的教育機構訓練後，始可擔任此任務，大多

是由護士或幼兒教育相關科系畢業的教師來擔任此項職務。

　　一般說來，兒童托育人員的薪資福利皆偏低，而且比幼稚教育教師薪資低，工作時間長，且沒有福利，甚至在美國的職業排行中是倒數第2名，也是全部行業中離職率最高的職業。

第二節　居家照顧服務

一、居家照顧服務之意義及目的

　　居家照顧服務（homemaker service）是由受過專業訓練之照顧服務員，週一至週五到府提供照顧服務；用意在協助失能者可能在家中生活、維持一定程度自立功能，並讓照顧者減輕負擔及獲得喘息。在過去並不是很普遍，此種方案計畫是由兒童福利機構所提供兒童福利計畫中的一部分，其目的在補充父母不能充當家庭責任或執行親職時或兒童有特別需要（如生病），而父母無法滿足兒童照顧需求或家庭處在危機之時（如住院、入監服刑等），為了維繫家庭結構的完整及保護兒童，居家照顧服務得以產生（Brown et al., 1981）。使用居家照顧服務的原因有四，包括：(1)父（母）生病；(2)父母一方死亡所形成的單親家庭；(3)家有特殊兒童，給予父母喘息服務；以及(4)父母不善於親職，而且需要接受訓練（如智能障礙、兒童虐待、酗酒、吸毒等）。

　　近年來，居家照顧服務也向第三部門資源靠攏，大量使用志願服務人員進入有危機之家庭，幫助及教導此類家庭之父母如何處理家務及養育兒童。除了有危機之家庭之外，此類服務也延伸至父母生病或有心理疾病之父母的家庭。此種服務並不是幫助父母增加其管教效能或如何控制家庭預算，而是提供暫時補充的服務以幫助家庭能自立。此種角色也可應用到兒童保護個案的家庭，這會比專業的家庭社會工作人員更有較正向的角色（Pecora et al., 1992）。

　　在家服務（in-home services）或居家照顧（home care）亦是居家照顧服務的方式之一，也是老人與兒童福利服務共有的項目（林勝義，2002）。最早普遍使用於老人在宅服務，尤其是獨居老人或輕、中度機能失調的老人，自1990年代才逐漸應用到兒童的居家照顧服務。現在每年勞委會也有辦理居家照顧服務員之訓

練，這也是2002年行政院擴大就業服務的工作重點之一。

居家照顧服務最早在1903年紐約市首先為窮人設立「家庭服務局」，雇用一些人員提供看護服務，以期減輕生病的母親在家務上的負擔，至1918年後，才發展成為提供幼兒照顧。而正式組織家務員計畫是在1923年由費城猶太家庭福利協會所籌辦。居家照顧服務在美國聯邦社會安全法案中Title XX定義為一種服務，其和零工服務、家庭健康助理服務、傭人服務有所不同，其主要目的是配合母親角色無法發揮功能的家庭特別設計的，以代替母親的身分，為在家的兒童提供照顧與服務（周震歐，1997）。

二、台灣執行居家照顧服務之沿革

在台灣執行居家照顧服務之民間團體，例如中華兒童福利基金會（CCF）使用的名稱不是「居家照顧服務」，也不是「家務員服務」，而是「家務員在宅服務」。1979年，CCF率先試辦「溫媽媽愛家服務隊」，由受過專業訓練的家務員前往遭遇短期急難的家庭，協助家務及照顧兒童、老人、病人、殘障者及產婦，也就是「居家照顧服務」。後來CCF接受彰化、台中、苗栗、桃園、嘉義、高雄等七個縣（市）政府委託，由當地的家庭扶助中心承辦，並融入家庭扶助個案之中，扮演一個臨時媽媽的角色（王明仁，2000）。1998年，內政部社會司於台南市安平區等五個地區推動社會福利社區化實驗方案，台南市專責辦理弱勢家庭兒童的居家服務，使這類家庭的兒童照顧者得以獲得「喘息」的機會，這也成為一種「喘息服務」（respite service）或在宅服務。即使這類服務，家務員也必須接受專業訓練，現在勞委會職訓局也委託專業機構開辦此種訓練，並配合社會工作者，運用專業技巧與方法，使兒童及其家庭獲得適時、適當的照顧，並增強及充權增能兒童及其家庭適應能力，解決問題及因應危機之能力，以達到獨立的家庭照顧為目的（王明仁，2000）。此種服務與外籍女傭的家事照顧不同，也是屬於居家照顧的服務。

三、居家照顧服務的適用對象與內容

兒童的居家照顧服務是一種補充性的兒童福利服務，尤其是對兒童是否將其安置在家以外機構的考量時，居家照顧服務有緩衝作用；瑞典的職業婦女在孩

子生病時，即可以委託社區中的父母行使居家照顧服務。居家照顧者也需要有專業的判斷，例如協助診斷並設計一套適合發展遲緩兒童或身心障礙兒童的最佳方案，檢視兒童是否有遭受虐待之虞，評估家長是否有能力獨立照顧小孩，並修正其服務型態及工作內容，幫助父母得以建立良好的親子關係，並支持家庭朝向獨立自由的照顧目標。

周震歐（1997）提出有下列七種情況，可以申請居家照顧服務，分述如下：

1.尚在爭議是否將孩子安置在少年觀護所時，可利用居家照顧服務避免家庭外之安置（out-of-home placement）。

2.當職業婦女無法在家照顧病兒，職業婦女的子女托育服務不當或未被接受時，居家照顧服務員可照顧兒童。

3.農忙季節，針對由四處移來農場當臨時雇工的家庭，協助料理家務。

4.協助養父母或初為人父母者度過艱難的親子關係轉變期。

5.當母親定期檢查或到醫院門診時，可提供服務。

6.當母親因其親人生病死亡需要離家，或教育程度的問題，而無法履行職務時，可適用此服務。

7.對發生兒童虐待或疏忽事件的服務，居家照顧服務員可使母親暫時避開孩子，有休息的復原時間。

除此之外，低收入戶家庭的兒童、單親家庭的兒童、身心障礙的兒童、父母因故不在家（如犯罪服刑、逃亡、住院），以及父母不善於照顧的兒童也需要居家照顧的服務，以避免兒童被安置在家外的機構（馮燕，1999；Brown et al., 1981）。

上述之居家照顧服務之內容，包括兒童照顧與家務處理兩方面，前者包括暫時性的兒童照顧、協助兒童接受醫療照顧、轉銜服務及個案工作之社工處遇，而後者則是一般家務管理的服務，力求精、樸、實、簡之原則。

台灣目前的居家照顧服務係由政府結合民間的力量共同辦理，與美國大同小異，此類工作人員皆要接受專業訓練，差異之處為我國是給薪雇有居家照顧服務員，而美國是引用志願服務工作者。最近美國出現愈來愈多兒童遭受虐待、青少年父母藥物濫用及酗酒的家庭，以及有精神疾病的家庭，他們非常需要社區的居家照顧服務。居家照顧服務委託民營勢在必行，因此，在社區中尋求專業機構、

訓練居家照顧服務員或志願工作員進行此類服務，並能建立社區資源網絡，以預防兒童問題的產生，是居家照顧服務未來的發展趨勢。

 ## 第三節　兒童經濟補助

一、兒童的經濟風險

　　兒童不僅是民族生命的延續，也是國家發展的基礎。由於兒童在身心上不夠健全、在經濟上無法自立、在法律上不具行為能力，如果不善加保護，身心發展就容易被侵犯，社會權益就容易被剝奪。早在1923年，世界兒童福利聯盟就提出了兒童權利宣言，而聯合國卻遲至1959年才正式通過兒童權利宣言，並於1989年通過兒童權利公約，兒童權利才獲得具體的保障。兒童權利條約對兒童的尊嚴權、生存權、保護權和發展權都應有具體的保障措施。基於此一條約的精神，兒童已非國家主義者所主張的公共財，也不是自由主義者所堅持的私有財，而是介於兩者之間的準公共財（quasi-public goods）。換言之，父母雖有扶養權、教育權和懲戒權，但是，因貧窮而無力扶養時，或兒童達到義務教育年齡時，或兒童權益遭受到侵犯時，國家就有權進行干預，提供必要的援助。因此，對兒童的扶助與保護不僅是兒童的權利，也是國家的責任。

　　人生而不平等，有些人一出生即能享受榮華富貴；有些人則遭逢飢寒交迫。為了縮小這種自然的不平等，必須以人為的方法加以調整，也就是應以所得重分配（income redistribution）的手段，對弱勢兒童提供必要的援助。這不僅是國家的責任，也是社會的正義。至於一般家庭的兒童，雖然可以溫飽卻不能享有良好的生長環境，國家在財政能力許可下，亦應對其提供必要的援助。對現代家庭而言，養育兒童日趨困難，有依賴兒童的家庭（family with dependent children）其經濟風險（economic risks）日益升高，這就是少子化現象的主要原因。造成兒童家庭經濟風險的因素，至少可從下列六個方面加以探討（蔡宏昭，2002）：

(一)市場化的普及

　　現代家庭的消費功能（consumption function）已完全取代生產功能

（production function）。家庭生活幾乎全部仰賴市場，連最基本的家事勞動亦逐漸由市場提供，而養育兒童的工作也逐漸由市場所取代。仰賴市場的結果，必會造成家庭經濟的負擔，構成家庭的經濟風險。

(二)工作母親的增加

男主外、女主內的傳統家庭型態已日趨沒落，有工作的母親日漸增加，大多數的工作母親（working mothers）已經無法在家照顧自己的子女，甚至已經喪失了照顧兒童的能力，不得不仰賴專業人員加以照顧。由於專業人員報酬的遞增，兒童的照顧費用也相對遞增，所以兒童家庭的經濟負擔也是遞增的，經濟風險也隨之提高。

(三)兒童教育投資的增加

在科技主義和能力主義掛帥的現代社會裡，兒童的教育投資已成為兒童家庭的最主要支出。父母均不希望自己的子女輸在起跑點上，人人都想讓自己的子女接受最好的教育，以便將來高人一等。兒童教育投資增加的結果，促進了教育市場的價格水準，而兒童教育費用的增加則加重了兒童家庭的經濟負擔，提高了兒童家庭的經濟風險。

(四)兒童教育期間（年數）的延長

國家的義務教育由小學延長至國中，再由國中延長至高中；大學的錄取率也由原有的20%至30%遽升至60%至70%，在2003年甚至已超過100%；研究所的招收名額也大幅增加，出國留學的人數也直線上升。因此，子女的教育期間已由初等教育延長至中等教育，再延長至高等教育。兒童教育期間的延長不僅減少了家庭的所得，更增加了家庭的支出，提高了家庭經濟的風險。

(五)物價膨脹

現代經濟正由高成長、高物價的成長型經濟進入低成長、高物價的不穩定型經濟。物價膨脹仍是現代經濟難以克服的問題，也是威脅家庭經濟的主要因素，在家庭的養育工作市場化之後，家庭經濟受物價膨脹的影響更為顯著。如果政府

沒有有效的物價政策，兒童家庭的經濟風險就會不穩定。

(六)相對貧窮意識形態的高漲

由於所得水準、消費水準和儲蓄水準（三者合稱為家庭生活水準）的提高，凸顯了相對貧窮（relative poverty）的意識形態。如果別人的年所得是100萬元，自己卻只有80萬元，就會覺得自己比別人貧窮；如果別人開賓士車，自己卻開福特車，自己就覺得不如人；如果別人的孩子學才藝，自己的孩子卻不學才藝，自己就臉上無光。這種相對貧窮的意識形態，造成了經濟的不安全感（feeling of economic insecurity），而要求國家給予協助改善。

根據內政部戶政司的統計，截至2012年底台灣地區幼年人口（0至14歲）為3,411,677人，較2011年底減少90,113人，占總人口數14.63%，較2011年底減少0.45個百分點，到2021年時0至14歲人口只有2,889,908人，這個資料顯示，台灣地區幼年人口數有逐年下降的趨勢。如果不考慮人口移入的因素，台灣地區的人口數將會呈現負成長。因此，少子化現象已日趨顯著，頗值得政府有關單位的重視。

內政部兒童局（2010）的調查報告亦指出，受訪兒童家庭平均每戶每月平均消費支出以「30,000至39,999元」最多，占28.1%；其次為「20,000至29,999元」，占21.3%。兒童家庭的每月收支情形，收入大於支出者占18.5%，收支平衡者占47.9%；支出大於收入者占33.2%。這些資料顯示，兒童的經濟風險是一個存在的事實。

兒童家庭認為政府應加強辦理的兒童福利措施中，以「兒童醫療補助」所占比率最高，占60.1%，其次為「兒童生活津貼」，占59.3%，「兒童課後托育照顧」再次之。經過交叉分析後顯示，中部地區、東部地區及高雄市的家長皆認為兒童福利措施中最應加強「兒童生活津貼」，其他地區則回答以「兒童醫療補助」比率最大；以都市化而言，鄉之兒童表示應加強「兒童生活津貼」，區、市及鎮皆以「兒童醫療補助」比率最大。這個資料顯示出經濟和照顧托育是台灣家長最常面臨的育兒困難。

關於養育兒童必須增加的消費支出，由於我國欠缺這方面的統計資料，而以瑞典與日本的文獻作為分析的依據。瑞典政府消費廳的調查報告顯示，1983年平均每個6歲以下兒童必須增加的消費支出為每月3,600元，兩個兒童為每月7,200元，三個兒童為每月10,800元（社會保障研究所編，1995）。這個資料顯示，在

瑞典養育兩個兒童所需增加的消費支出為養育一個兒童的2倍,而養育三個兒童所需增加的消費支出則為養育兩個兒童的1.5倍。此外,根據日本政府總務廳的調查報告,1993年平均每一個6歲以下兒童必須增加的消費支出為每月5,137元,兩個兒童為每月6,796元,三個兒童為每月11,274元(日本家政學會家庭經濟學部會編,1997)。這個資料顯示,在日本養育兩個兒童所需增加的消費支出為養育一個兒童的約1.3倍,而養育三個兒童所需增加的消費支出則為養育兩個兒童的約1.7倍。根據上述資料,兒童津貼金額占一個兒童消費支出的比率,瑞典約為25%(1983年),日本約為24%(1993年)(蔡宏昭,2002)。

二、兒童經濟安全制度

(一)兒童經濟安全制度簡介

針對兒童的經濟風險,工業先進國家大多訂有兒童的兒童經濟安全制度(economic security system for children)。目前,兒童經濟安全制度有兩個基本體系:社會保險(social insurance)與社會扶助(social assistance),前者有兒童健康保險、國民年金保險中的遺囑年金、孤兒年金和兒童加給等給付、育兒休業給付制度等;後者則有各種兒童津貼、優惠稅制、教育補助、營養補助等。在社會保險方面,一般均以成人為對象加以設計,而將依其生活的兒童納入保障對象,因為只有有行為能力和經濟能力者始有繳納保險費的義務,兒童當然不成為社會保險的適用對象,但是,可以成為社會保險的給付對象。在社會扶助方面,大多針對兒童加以設計,也就是以兒童為適用對象,但是,兒童不具行為能力,也不具支配經濟的能力,所以一般均以保護者的家長作為支給對象。兒童經濟安全制度逐漸由社會保險轉向社會扶助(尤其是兒童津貼)的背景至少有七個因素(蔡宏昭,2002):

1. 經濟安全逐漸由勞動關係的重視(社會保險)轉向家庭關係的重視(社會津貼)。
2. 經濟安全的保障範圍逐漸擴大,除了納費式(contribution)的社會保險之外,仍需非納費式(non-contribution)的社會扶助。
3. 社會保險的公平性漸受質疑,國民逐漸重視社會價值的適當性。

4.社會保險給付受限於收支平衡原理，難以因應實際需求做大幅改善，而有賴於社會扶助加以補充。

5.低所得階層難以在社會保險中獲得充分的保障（低保費低給付）。

6.社會保險的保費與給付間的累退性減弱了一般國民的信心（繳得愈多不一定領得愈多）。

7.資方的保費負擔如同雇用稅（雇用員工就必須負擔保費），阻礙了雇用的誘因。

一般說來，社會扶助體系有社會救助（social relief）、社會津貼（social allowance）、間接給付（indirect benefit），以及社會基金（social fund）等基本制度。社會救助是針對貧民（paupers）所提供的經濟安全措施；社會津貼是針對特定人口群（target population）所提供的經濟安全措施；間接給付是針對具備某種資格條件（eligibility）者所提供的經濟安全措施；社會基金則是針對特別的或緊急的目的而提供的安全措施。貧民兒童的社會救助，除了生活扶助之外，教育補助、醫療補助、生育補助、營養補助等均屬之；兒童的社會津貼有生育津貼、托育津貼、教育津貼、兒童贍養代墊津貼等；兒童的間接給付有所得的扣除、養育費的扣除、所得稅的扣除等；兒童的社會基金則有兒童特殊照護、災民兒童扶助、難民兒童扶助、流浪兒童扶助等。當貧民兒童的社會救助受到充分保障之後，兒童的社會扶助體系就會轉向兒童津貼制度。這種毋須納費、毋須資產調查（means-test）、沒有烙印（stigma）的兒童津貼制度已逐漸成為工業先進國家最重要的兒童經濟安全措施。

(二)兒童津貼方案

兒童津貼或**家庭津貼**（children's allowance or family allowance）是給予有兒童的家庭現金給付，以幫助其養育兒童。這是一種不經資產調查，針對某些特定人口群，平等給予一定數額的現金補助（先進國家對年齡的限制，通常定於15至19歲）。相對地，另一類的經濟補充方案是家庭補助（financial aid to family），又稱為所得維持方案（income maintenance program），而需要經資產調查，更要符合低收入的門檻。而我國「兒童及少年福利與權益保障法」第23條第1項第6款就規定：對於無力撫育其未滿12歲之子女或受監護人者，視需要予以托育家庭生

活扶助或醫療補助。Pampel及Adams（1992）針對十八個先進工業民主國家所做的比較研究中發現，影響兒童津貼方案發展最重要之因素是：大量的老年人口、統合主義結構（corporatism structures）、天主教教義及左派執政的政治結構。而兒童津貼即扮演強化傳統家庭制度之功能角色（王方，2002）。

兒童津貼制度起源於由企業提供的家庭津貼制度（family allowance）。在1920年代以前，基於雇主與受僱者間的權利義務關係，雇主在受僱者的工資中列入了扶養家庭成員的家庭津貼。直到1926年，紐西蘭首創國家家庭津貼制度，也就是由政府對貧窮家庭的兒童所提供的經濟扶助制度。當時的家庭津貼必須經過嚴格的資產調查之後始得領取。紐西蘭的「家庭津貼法」實施之後，不久就引起了其他國家的效法。比利時於1930年制定了「家庭津貼法」；而法國、義大利、奧地利、荷蘭、加拿大、英國也分別於1932年、1934年、1941年、1944年、1945年和1975年制定了「家庭津貼法」。紐西蘭曾於1938年制定的「社會安全法」中，放寬資產調查的條件，擴大適用對象，並於1946年採用毋須資產調查的家庭津貼制度。其後，工業先進國家也逐漸採用略毋須資產調查的家庭津貼制度。鄰近的日本則遲至1961年才制定針對特殊家庭（單親家庭、危機家庭等）所支給的「兒童扶養津貼法」，並於1971年制定針對一般家庭的兒童及身心障礙者兒童所支給的「兒童津貼法」。直到1990年，全世界約有八十個國家有家庭津貼或兒童津貼制度。

法國的兒童津貼制度堪稱全世界最完善的制度。第一類的保育津貼有幼兒津貼（APJE）、父母教育津貼（APE）、家庭保育津貼（AGED），以及家庭外保育津貼（AFEMA）；第二類的養育津貼有家庭津貼（AF）、家庭補充津貼（CF），以及新學期津貼（APS）；第三類的身心障礙兒童津貼有身心障礙兒童津貼（AHH）與特殊教育津貼（AES）；第四類的單親家庭津貼則有單親家庭津貼（API）與單親家庭支援津貼（ASE）。瑞典的兒童津貼則有兒童津貼（16歲以下兒童）、延長津貼（16歲以上兒童）、兒童贍養代墊津貼（對於未獲贍養費的單親家庭由政府代墊兒童養育費用，再向應支付贍養費的一方索取）。英國在1975年改採「兒童津貼法」之後，實施了兒童養育費補助、兒童津貼、單親津貼及補充津貼等制度。日本的兒童津貼制度則有一般兒童津貼、特殊兒童津貼（身心障礙兒童）、療育津貼（需長期療育的兒童）、兒童扶養津貼（單親家庭）、寄養津貼（寄養家庭），以及教育津貼等六種制度。至於美國的兒童津貼制度是

以兒童家庭扶助（AFDC）最具代表性。此外，德國、荷蘭、加拿大等國家也都有兒童津貼制度（有關各國的福利措施請參考第四章）。

以一般兒童的生活津貼為例，法國對於育有16歲以下兒童二人以上的家庭提供家庭津貼；對於育有3歲以上16歲以下兒童三人以上的家庭提供家庭補充津貼。1997年家庭津貼的支給金額，第一子為每月3,130元，每增加一人增加4,017元，而家庭補充津貼則每人每月4,080元。瑞典的兒童津貼是對16歲以下兒童採取普及性提供，若因求學關係則可領取延長津貼，而第三子以上的家庭則有兒童加給津貼。1991年兒童津貼的支給金額，第一子和第二子為每人每月2,445元，第三子加給50%，第四子加給100%，第五子以上加給150%。英國的兒童津貼是對16歲以下採取普及性提供，若因求學關係可延長至19歲。1997年兒童津貼的支給金額，第一子為每週543元，第二子以上每人每週443元。日本的兒童津貼是對未滿3歲兒童且家庭所得在規定水準以下的兒童家庭提供。1997年兒童津貼的支給金額，第一子和第二子為每人每月1,250元，第三子以上為每人每月2,500元。至於家庭所得的限制，扶養一子家庭的年所得在44萬9,000元以下，扶養二子家庭為52萬4,000元以下，扶養三子家庭為59萬9,000元以下，扶養四子家庭為67萬4,000元以下，扶養五子家庭為74萬9,000元以下。美國的AFDC是對因家計負擔者、離異或喪失工作能力而陷入貧窮的16歲以下兒童家庭所提供的兒童扶助制度。各州的支給水準不同，1993年的全國平均水準為每個家庭每月12,852元（最少為3,332元，最高為24,446元）。至於德國的兒童津貼是對16歲以下兒童採取普及性提供，但是，領有年金保險的兒童給付或兒童加給者則不能領取，而未能適用「所得稅法」中兒童養育費扣除的低所得家庭則可領取兒童加給津貼。1997年兒童津貼的支給金額，第一子和第二子為每人每月3,427元，第三子為4,674元，第四子為5,453元。

間接給付中的優惠稅制是兒童經濟安全十分重要且頗值得爭議的制度。瑞典曾於1920年創設兒童扶養扣除制度，但因公平性問題引發了爭議，而於1948年開始實施兒童津貼制度的同時遭受廢除。英國在1977年以前也有兒童扶養扣除制度，但現在也已廢除。目前，除了美國和德國等少數國家仍有兒童扶養扣除制度之外，大多數的工業先進國家都以兒童津貼取代兒童扶養扣除制度。問題是在兒童津貼制度未能普及化之前，中高所得者的兒童扶養費用是否可從所得中扣除，仍是值得探討的問題；其次，兒童津貼的所得是否可以免稅，也是值得研議的問題。在兒童津貼未普及化之前（只限中、低所得者），津貼所得免稅應是

可以接受的，但如果兒童津貼普及化之後，津貼所得免稅的措施就有待商榷了。最後，對於多子家庭的所得稅是否可以減少，亦是值得規劃的問題。理論上，為了保障多子家庭的經濟安全，其應納的所得稅似可酌予減少，但是否會造成稅制不公是值得考量的。總之，兒童經濟安全的優惠稅制可從所得的扣除（income deduction）、費用的扣除（cost deduction）與稅的扣除（tax deduction）三方面加以思考。對目前的我國而言，托育費用的補助宜採現金給付方式或是優惠稅制方式，是決策者必須慎思的議題。

目前，我國的兒童經濟安全制度是以社會扶助體系為主，且為地方政府的職責。由於地方政府的財政狀況與主政者的福利觀念差異性很大，所以實行措施就十分分歧，給付內容也參差不齊。台北市的兒童經濟安全制度，在措施類型和給付水準上，均可作為各縣（市）的表率。目前，台北市的兒童經濟扶助主要項目、申請資格、補助金額及洽辦單位參見**表10-9**：

表10-9 台北市政府社會局實施的兒童經濟扶助制度（截至2013年10月1日止）

兒童與少年服務			
措施項目	申請資格	補助金額及說明	洽辦單位
中低收入戶兒童及少年全民健康保險保險費自付額補助	經審符合本市中低收入戶資格家戶內18歲以下之兒童及少年	全額補助中低收入戶內18歲以下兒童及少年全民健康保險保險費自付額費用	
弱勢家庭兒童及少年緊急生活扶助	符合下列各款規定者，本人、父母、監護人或實際照顧兒童及少年之人（以下簡稱申請人）得申請兒童及少年緊急生活扶助： 1.未滿18歲之兒童及少年 2.設籍本市或實際居住本市超過六個月之無戶（國）籍人口 3.兒童及少年未接受公費收容安置 4.兒童及少年其家庭有下列情形之一： 　(1)父母一方或監護人失業、經判刑確定入獄、罹患重大疾病、精神疾病或藥酒癮戒治，致生活陷於困境 　(2)父母離婚或一方死亡、失蹤，他方無力維持家庭生活 　(3)父母一方因不堪家庭暴力或有其他因素出走，致生活陷於困境	符合本補助資格者，每人每月補助3,000元，扶助期間以六個月為原則。扶助六個月期滿前由本局或相關單位指派社工員調查訪視，如認有延長必要，最多補助十二個月	兒童及少年福利科

（續）表10-9　台北市政府社會局實施的兒童經濟扶助制度（截至2013年10月1日止）

弱勢家庭兒童及少年緊急生活扶助	(4)父母雙亡或兒童及少年遭遺棄，其親屬願代為撫養，而無經濟能力 (5)未滿18歲未婚懷孕或有未滿18歲之非婚生子女，經評估有經濟困難 (6)其他經評估確有生活困難，需予經濟扶助 5.家庭總收入按全家人口平均分配，每人每月低於本市平均消費支出80%、全家人口動產（含股票、投資、存款等）平均每人低於新台幣15萬元、全家人口不動產（含土地、房屋等）總值低於新台幣650萬元，或有事實足以證明最近一年生活陷困，需要經濟協助。所稱全家人口，係指與兒童及少年實際共同生活之兄弟姊妹及直系血親 6.未領取政府其他生活補助或已領取其他生活補助每月未超過本補助標準者，並經社工員評估納為高風險家庭關懷處遇服務對象且需要經濟協助者		
弱勢兒童及少年醫療補助	設籍本市未滿18歲，並符合下列資格之一者： 1.合於社會救助法規定之低收入戶、中低收入戶內兒童及少年。 2.設籍本市未滿18歲，接受社會局或相關單位之家庭訪視評估符合下列資格之一者： (1)兒童之父母或監護人無力撫育，經社會局認有必要 (2)少年無謀生能力或在學，無扶養義務人或其扶養義務人無力維持其生活 (3)早產兒、罕見疾病、重病兒童及少年，其扶養義務人無力支付醫療費用 (4)因懷孕或生育而遭遇困境之兒童、少年及其子女	1.依全民健康保險法規定應自行負擔之住院費用： (1)低收入戶全額補助，每人每年以補助40萬元為上限（含指定病房費上限15萬元） (2)中低收入戶及其他經本局或相關單位評估確有生活困難具扶助必要者，每案最高補助其費用80%，每人每年以補助30萬元為上限（含指定病房費上限15萬元） 2.妊娠期間所生必要檢查及醫療費用，每案每年以補助2萬元為上限 3.為確認身分所做之親子血緣鑑定費用，每案每年以補助1萬元為上限	兒童及少年福利科

（續）表10-9　台北市政府社會局實施的兒童經濟扶助制度（截至2013年10月1日止）

| 弱勢兒童及少年醫療補助 | | 4.經醫師證明須專人看護，且無家屬或經社會局評估認定家屬無力提供照顧者，其住院期間之看護費：
(1)低收入戶、本局委託安置之兒童及少年，每人每日最高補助1,500元，每人每年以補助18萬元為上限
(2)中低收入戶、其他經本局或相關單位評估確有生活困難具扶助必要者，每人每日最高補助750元，每人每年以補助9萬元為上限
5.兒童及少年保護個案所需健康檢查費、醫療費或接種疫苗費：
(1)健康檢查費：二年內每人補助最高額度1,600元
(2)兒童及少年保護個案醫療費：核實補助
(3)肺炎鏈球菌疫苗等費用：核實補助
6.部分欠繳之全民健康保險費：依社工員評估及欠費明細核予補助，每名兒少本局以協助清償一次健保欠費為原則，以維公平正義
7.其他特殊、重大或急迫性醫療，經社會局評估有補助之必要項目：每年每人以補助10萬元為上限。 | |

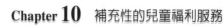
（續）表10-9　台北市政府社會局實施的兒童經濟扶助制度（截至2013年10月1日止）

托育服務			
措施項目	申請資格	補助金額及說明	洽辦單位
申請委託安置暨安置費補助	設籍並實際居住本市且家庭有以下情形之一之18歲以下兒童及少年： 1.父母一方或監護人失業、經判刑確定入獄、罹患重大疾病、精神疾病或藥酒癮戒治 2.父母離婚或一方死亡、失蹤，他方無力維持家庭生活 3.父母一方因不堪家庭暴力或有其他因素出走，致生活陷於困境 4.未滿18歲未婚懷孕或有未滿18歲之非婚生子女，經評估有照顧困難 5.其他經評估確有生活困難，需予安置照顧	1.申請委託安置：家庭如遭重大變故而無法照顧兒童及少年，得申請本局委託安置，本局經社工人員評估後如核可接受委託，即視安置兒少之需求安置於適當安置機構或本市合格寄養家庭，並向兒少之父母，法定代理人或監護人收取必要之安置費用 2.申請委託安置補助費：父母、法定代理人或監護人繳交前項費用如有困難，得申請委託安置補助費，由本局審核家庭收入及資產狀況予以全額或部分補助 3.托育12歲之兒童，每人每月30,609元 4.12歲以上未滿18歲及12歲以下身心障礙之兒童（含發展遲緩）每人每月34,010元，身心障礙滿12歲之少年，每月37,411元	兒童及少年福利科
父母未就業家庭育兒津貼	1.本項津貼沒有設籍規定，惟須符合下列資格： (1)育有二足歲以下兒童 (2)兒童之父母（或監護人）至少一方因育兒需要，致未能就業者 (3)經直轄市、縣（市）政府依社會救助法審核認定為低收入戶或中低收入戶，或兒童之父母（或監護人）於中央主管機關公告指定年度之稅捐稽徵機關核定之綜合所得總額合計未達申報標準或綜合所得稅稅率未達20%（102年指定100年之稅率為審核依據）	1.所得稅率未達20%：每童每月2,500元 2.中低收入戶：每童每月4,000元 3.低收入戶：每童每月5,000元（含現行低收入戶兒童生活補助費）	申請案件受理單位：兒童戶籍所在地區公所社會課

（續）表10-9　台北市政府社會局實施的兒童經濟扶助制度（截至2013年10月1日止）

父母未就業家庭育兒津貼	(4)兒童未經政府公費安置收容 (5)未領取因照顧該名兒童之育嬰留職停薪津貼或保母托育費用補助 2.前項第二款所定未能就業者，應符合下列規定。但情況特殊者，由直轄市、縣（市）政府視申請人舉證資料認審之： (1)未參加勞工就業保險 (2)中央主管機關公告指定年度之稅捐稽徵機關核定之薪資所得及執行業務所得（稿費除外）兩項合計，未達本年度每月基本工資乘以十二個月之金額（基本工資為每月新台幣19,047元） 註：「父母未就業家庭育兒津貼」與「台北市育兒津貼」同屬生活類補助，故同時符合該兩項津貼者，請擇優擇一申請		
危機家庭兒童托育補助	符合下列各款規定者，本人、父母、監護人或實際照顧兒童之人（以下簡稱申請人）經本局所屬各社會福利服務中心、婦女福利服務中心或本局委辦之其他福利機構轉介，得申請「危機家庭兒童托育補助」： 1.設籍於本市 2.兒童家庭有下列情形之一： (1)父母一方或監護人失業、經判刑確定入獄、罹患重大疾病、精神疾病或藥酒癮戒治，致生活陷於困境 (2)父母離婚或一方死亡、失蹤，他方無力維持家庭生活 (3)父母一方因不堪家庭暴力或有其他因素出走，致生活陷於困境 (4)父母雙亡或兒童及少年遭遺棄，其親屬願代為撫養，而無經濟能力 (5)未滿18歲未婚懷孕或有未滿18歲之非婚生子女，經評估有經濟困難 (6)其他經評估確有生活困難，需予經濟扶助	「危機家庭兒童」可申請以下托育服務及補助： 1.優先就托本市公立幼兒園／及減免月費 2.本市私立幼托機構托育補助 (1)就托於本市社區保母系統之保母或托嬰中心者，每人每月最高補助8,000元整 (2)就托於幼兒園者，每人每月最高補助6,000元整 (3)國小一至二年級兒童就托於課後托育中心者，每人每月最高補助4,500元整 (4)國小三至六年級兒童就托於課後托育中心者，每人每月最高補助3,500元整	婦女福利及兒童托育科

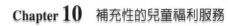
（續）表10-9　台北市政府社會局實施的兒童經濟扶助制度（截至2013年10月1日止）

危機家庭兒童托育補助	3.家庭總收入按全家人口平均分配，每人每月低於本市平均消費支出80%（102年度為20,406元）、全家人口動產（含股票、投資、存款等）平均每人低於新台幣15萬元、全家人口不動產（含土地、房屋等）總值低於新台幣650萬元，或有事實足以證明最近一年生活陷困，需要經濟協助。所稱全家人口，係指與兒童及少年實際共同生活之兄弟姊妹及直系血親	註：就托機構條件限制於本市本局立案之托育機構及本府教育局立案之幼兒園；補習班不符補助要件	
弱勢家庭兒童托育補助	設籍本市12歲以下兒童，符合以下補助資格之一者： 1.本市列冊低收入戶。 2.經本局委託安置於寄養家庭之學齡前兒童 3.經本局委託安置於育幼院之兒童 4.危機家庭兒童 5.特殊境遇家庭6歲以下兒童 6.經本局評估需緊急轉托之兒童（係指兒童托育之照顧者未適當照顧，經本局評估必須立即轉托者）	兒童就托於本市保母、私立托嬰中心、幼兒園或兒童課後照顧服務中心之費用可申請補助： 1.就托於保母者，學齡前兒童每人每月最高補助8,000元，學齡兒童每人每月最高補助4,000元整 2.就托於托嬰中心者，每人每月最高補助8,000元整 3.就托於幼兒園者（含緩讀生），每人每月最高補助6,000元；以特殊境遇家庭兒童身分申請者，每人每月最高補助1,500元 4.就托於兒童課後照顧服務中心之國小一至二年級兒童，每人每月最高補助4,500元 5.就托於兒童課後照顧服務中心之國小三至六年級兒童，每人每月最高補助3,500元 ※就讀私立幼托園所符合請領「5歲免學費教育計畫」之大班生（101學年為95年9月2日至96年9月1日間出生；102學年為96年9月2日至97年9月1	婦女福利及兒童托育科

（續）表10-9　台北市政府社會局實施的兒童經濟扶助制度（截至2013年10月1日止）

弱勢家庭兒童托育補助		日間出生），若加額領取「台北市5歲學費補助」12,543元／學期，致領取總額超過36,000元／學期以上者，無須辦理該學期托育補助差額之申請及撥付 ※兒童申請就托於托兒所或幼稚園，如未檢附幼兒園設立許可證書或核准改制幼兒園公文影本者，本年度最高補助至102年6月30日止。 ※兒童申請就托於兒童托育中心或課後托育中心，如未檢附兒童課後照顧服務中心設立許可證書或核准改制兒童課後照顧服務中心公文影本者，本年度最高補助至102年11月30日止。	
特殊境遇家庭服務			
措施項目	申請資格	補助金額及說明	洽辦單位
兒童托育津貼	1.申請人設籍並實際居住台北市，且最近一年實際居住國內超過183日 2.符合下列各款情形之一，其家庭總收入按全家人口平均分配，102年度每人每月未超過新台幣2萬7,698元 3.家庭財產（含存款本金、投資、獎金中獎所得及財產所得）102年度每人未超過新台幣44萬3,820元；不動產全戶不超過新台幣650萬元 ※款別說明： 第1款：65歲以下，其配偶死亡，或失蹤經向警察機關報案協尋未獲達6個月以上 第2款：因配偶惡意遺棄或受配偶不堪同居之虐待，經判決離婚確定或已完成協議離婚 第3款：家庭暴力受害	每人每月最高補助1,500元	1.特殊境遇家庭身分認定：婦女福利及兒童托育科婦女股 2.持本局核發有效期限內之特殊境遇家庭身分認定公函，向就托機構索取台北市弱勢家庭兒童托育補助申請表，後由就托機構向本局辦理補助費用申請

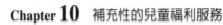
（續）表10-9　台北市政府社會局實施的兒童經濟扶助制度（截至2013年10月1日止）

兒童托育津貼	第4款：因離婚、喪偶、未婚生子獨自扶養18歲以下子女或獨自扶養18歲以下父母無力扶養之孫子女，其無工作能力，或雖有工作能力，因遭遇重大傷病或照顧6歲以下子女致不能工作 第5款：配偶處1年以上之徒刑或受拘束人身自由之保安處分1年以上，且在執行中		
子女生活津貼	1.申請人設籍並實際居住台北市，且最近一年實際居住國內超過183日 2.符合下列各款情形之一，其家庭總收入按全家人口平均分配，102年度每人每月未超過新台幣27,698元 3.家庭財產（含存款本金、投資、獎金中獎所得及財產所得）102年度每人未超過新台幣44萬3,820元；不動產全戶不超過新台幣650萬元 ※款別說明： 第1款：65歲以下，其配偶死亡，或失蹤經向警察機關報案協尋未獲達6個月以上 第2款：因配偶惡意遺棄或受配偶不堪同居之虐待，經判決離婚確定或已完成協議離婚 第3款：家庭暴力受害 第4款：因離婚、喪偶、未婚生子獨自扶養18歲以下子女或獨自扶養18歲以下父母無力扶養之孫子女，其無工作能力，或雖有工作能力，因遭遇重大傷病或照顧6歲以下子女致不能工作 第5款：配偶處1年以上之徒刑或受拘束人身自由之保安處分1年以上，且在執行中	每人每月最高補助基本工資十分之一（102年度4月起為1,905元）	婦女福利及兒童托育科

（續）表10-9　台北市政府社會局實施的兒童經濟扶助制度（截至2013年10月1日止）

低收、中低收入戶服務			
措施項目	申請資格	補助金額及說明	洽辦單位
免費托兒	台北市列冊低收入家庭1至未滿6歲兒童	經審定通過之台北市低收入家庭，如家有2歲至未滿6歲兒童者，得擇一向市立幼兒園申請就托（滿1歲至未滿2歲者，請逕向市立松山幼兒園申請），經各所審定入托後得免繳每月月費（含教保費及餐點費）	台北市各市立幼兒園
身心障礙者服務			
措施項目	申請資格	補助金額及說明	洽辦單位
發展遲緩兒童療育補助	1.設籍台北市（以下簡稱本市）並經通報至本市發展遲緩兒童早期療育通報及轉介中心。 2.未達就學年齡之發展遲緩或身心障礙兒童；或已達就學年齡，經鑑定安置輔導委員會同意暫緩入學之發展遲緩或身心障礙兒童 前項所稱發展遲緩兒童，係指持有行政院衛生福利部輔導設置聯合評估中心或各縣市政府認可之評估醫院開具之綜合報告書（有效期間依報告書有效期限認定之）或發展遲緩證明書（有效期間自開立日期起算一年內為有效）者；所稱身心障礙兒童係指領有本市核（換）發或註記之身心障礙手冊者 3.未領有本市身心障礙者津貼給付金額、身心障礙者托育養護費用補助，且未領取依內政部頒定「低收入戶及弱勢兒童及少年醫療補助使用計畫」補助早期療育相關費用	1.交通補助費：兒童於本府衛生局特約醫療單位或早期療育社區公衛醫療群試辦計畫參加診所進行健保給付之早期療育訓練，於同一醫療單位進行之療育以每天補助新台幣200元計算 2.療育訓練費：兒童於台北市、新北市立案之身心障礙福利機構、早期療育機構進行自費之早期療育訓練，補助以實際自費金額計算 3.交通補助費與療育訓練費合併計算，一般戶每人每月最高補助新台幣3,000元，低收入戶每人每月最高補助新台幣5,000元	身心障礙者福利科

資料來源：整理自台北市政府社會局網站。

三、我國家庭經濟補助現況

　　兒童經濟安全制度是基於兒童的生存權而設計的保障措施，其基本內涵有二：第一，兒童生活風險的預防（prevention of living risks）；第二，兒童生活風險的克服（elimination of living risks），前者一般是以社會保險的方式因應，而後者則以社會扶助的方式解決。目前，我國已有健康保險制度，而國民年金保險也即將實施，所以兒童的社會保險制度已趨健全。在兒童的社會扶助體系方面，則不僅制度零亂、名稱不一、標準不同，而且有諸多重複浪費的現象。作為掌管兒童福利的最高行政單位，兒童局實有責任整合亂象，規劃新制。台灣自1961年起即實施兒童家庭補助制度，但要符合列冊低收入戶者，兒童每個月才能領到兒童津貼，只是低收入戶的貧窮線不能隨著社會變遷的經濟成長而有合理的調降社會救助門檻，目前我國對貧窮線的門檻計算還是屬於偏高的現象。除此之外，考量較為廣泛且低門檻的社會救助制度，給予需要的家庭經濟補助以構成社會安全網也是值得思考的制度。

　　我國家庭經濟補助之方案依「兒童及少年福利與權益保障法」第23條第1項第5款即有規範，而且是屬於地方政府職責。在台灣，以「津貼」為名的兒童福利，例如育兒津貼、托育津貼、身心障礙兒童津貼，此外還有兒童安置補助、兒童醫療補助、兒童保護輔助、特殊境遇婦女家庭扶助等，然而大部分的兒童津貼（除了托育津貼）是普及式，其餘都與家庭所得情況有關。

　　有關各種家庭經濟補助是以特定的服務對象，且也有相關的法令規定，而兒童津貼的概念是當時在野黨（民主進步黨）的競選訴求（尤其是老人年金），例如，1992年民進黨蘇煥智在台南參選立委、1993年高植澎參選澎湖縣縣長補選，以及1993年底的縣市長選舉及1994年底的省長選舉。在1994年的台北市長選舉中，民進黨首先提及兒童津貼的構想並將此構想列入民進黨政策的白皮書。之後，1996年4月26日，台北市議會通過了由買毅然議員（新黨）提出的兒童津貼提案，要求台北市政府針對中、低收入家庭的學齡前兒童，發給每人每月3,000元的津貼。此提案並經三黨議員連署，提案中設有排富條款（設籍台北市滿兩年與子女未進入公立托兒所，每戶每人所得必須低於一定標準）。

　　1997年8月12日上午，台北市長陳水扁於市政會議中表示，為了進一步提升

台北市的兒童福利品質，並有效減輕家長養育子女之負擔，台北市政府推行實施兒童津貼政策，當時陳水扁市長未說明細節，卻引起各界譁然，事後社會局表示，依據初步的規劃，每位兒童每月將發放3,000至5,000元，然就讀於公立幼稚園或托兒所的兒童，因其已得到政府補助，故不在兒童津貼發放之列。此種兒童津貼沒有排富條款，不以資產調查為發放依據，是謂兒童津貼，與1996年市議會所通過的版本不同（較屬於家庭補助）。2013年衛生福利部並進一步提出「津貼補助」及「托育服務」的多元支持措施，協助家庭關照孩子的托育需求，對於家庭將0至2歲幼兒送托社區保母系統或合格立案托嬰中心照顧者，可以視家庭經濟狀況申請2,000至5,000元不等的托育費用補助；另對於家長自行照顧者，亦可以視家庭經濟狀況申請2,500至5,000元不等的育兒津貼。

四、我國經濟補助方案介紹

經濟補助方案，可分為家庭補助及兒童（家庭）津貼兩種，兩者最大的不同是前者須資產調查，發放對象有所限定，而津貼則毋須資產調查，發放對象是普及性。我國有關家庭補助之項目，因服務對象之不同，也有不同之相關法令規定，茲說明如下：

(一)身心障礙兒童之家庭補助

我國「身心障礙者權益保障法」第7條第3項規定：直轄市、縣（市）主管機關對於設籍於轄區內依前項評估合於規定者，應核發身心障礙證明，據以提供所需之福利及服務。此外，第73條規定：身心障礙者加入社會保險，政府機關應依其家庭經濟條件，補助保險費。以台北市為例，補助項目包括身心障礙者生活補助、低收入戶身心障礙者生活補助，以及發展遲緩兒童療育補助，方式是以現金補助，只是補助金額有所得限制，而非普及性的補助。

(二)低收入戶兒童之家庭補助

我國社會救助法第16條規定：「直轄市、縣（市）主管機關」得視實際需要及財力，對設籍於該地之低收入戶或中低收入戶提供特殊項目救助及服務，包括產婦及嬰兒營養補助、托兒補助、教育補助、喪葬補助、居家服務、生育補助及

其他必要之救助及服務。我國現行低收入戶的生活補助只針對家庭成員的生活費用所提供之扶助，而不是針對兒童的消費支出而設計的措施，有別於工業先進國家的兒童津貼制度。

(三)家庭產生危機之家庭補助

我國「兒童及少年福利與權益保障法」第23條第1項規定：直轄市、縣（市）政府，應辦理兒童及少年福利措施，包括有第6款：對於無力撫育其未滿12歲之子女或受監護人者，視需要予以托育、家庭生活扶助或醫療補助；第7款：對於無謀生能力或在學之少年，無扶養義務人或扶養義務人無力維持其生活者，予以生活扶助、協助就學或醫療補助，並協助培養其自立生活之能力；第8款：早產兒、罕見疾病、重病兒童、少年及發展遲緩兒童之扶養義務人無力支付醫療費用之補助；第11款：對於因懷孕或生育而遭遇困境之兒童、少年及其子女，予以適當之安置、生活扶助、醫療補助、托育補助及其他必要協助。台北市目前有針對收容安置兒童、危機家庭兒童在接受托育服務時會發放托育補助。

(四)特殊境遇婦女之家庭補助

我國2000年5月24日頒布的「特殊境遇家庭扶助條例」第2條規定：「本條例所定特殊境遇家庭扶助，包括緊急生活扶助、子女生活津貼、子女教育補助、傷病醫療補助、兒童托育津貼、法律訴訟補助及創業貸款補助。」此種補助有所得限制。「特殊境遇家庭扶助條例」第4條規定，所稱特殊境遇家庭是指申請人其家庭總收入按全家人口平均分配，每人每月未超過政府當年公布最低生活費2.5倍，及台灣地區平均每人每月消費支出1.5倍，且家庭財產未超過中央主管機關公告之一定金額者，且另需符合另七項條件之一。

(五)特定人口群之家庭補助

目前全台灣5歲以下幼兒實施免學費教育計畫，低收入、中低收入戶及家戶年所得（新台幣）70萬元以下經濟弱勢家庭，再加額補助其他就學費用，提升5歲幼兒就學機會；3歲以下兒童，參加全民健康保險者，提供醫療補助。台北市對收容安置兒童、危機家庭兒童及原住民兒童接受托育服務發給托育補助。此外，「兒童及少年福利與權益保障法」第23條第1項也規定了醫療費用補助及其他費

用的補助。

　　上述之補助仍以現金補助為主，不過有些縣市也提供類似美國WIC方案般，對於低收入戶的孕、產婦及嬰幼兒提供奶粉、綜合維生素等營養品。台灣在家庭經濟補助方案應朝下列方向努力：(1)區分有關兒童補助與津貼，將具備低收入及中低收入條件者一律稱為補助，其餘稱為津貼，以免混淆不清；(2)將一部分縣（市）已實施的普及性兒童津貼，由政府寬籌經費全面推廣，以免造成居所不同而有不同待遇，也讓全國兒童享有平等機會；(3)由政府及早規劃結合社會保險、社會救助及兒童津貼，建立兒童經濟安全制度（economic security for children）（蔡宏昭，2002）。

 **本章小結**

　　本章探討的內容為補充性的兒童福利服務，其主要之目的在彌補家庭對其子女照顧之不足或不適當的情況下，給予家庭系統之外的福利服務。綜觀現今的社會，由於面臨整體社會環境的變遷，包括：人口及家庭結構的轉變（如雙薪家庭及單親家庭數量的增加、家庭核心化）、鄰里力量削減、婦女因經濟因素的刺激外出工作的比率增加等等變化，加上兒童照顧之政策也尚未全面普及。整體而言，台灣現階段兒童照顧政策仍是殘補式的提供弱勢兒童，趨向社會救助的補助方式，使得家庭照顧兒童的負擔愈來愈沉重，而受到最直接影響的即是家庭中的兒童及父母。

　　本章亦針對補充性兒童福利的具體措施內容做說明，包括：托育服務、居家照顧服務、家庭經濟補助等內容。在托育服務的部分除了將台灣托育服務的執行現況做說明，並且將先進已開發國家及福利先進國家托育服務之狀況及實施內容供作參考。另外，在居家照顧服務的部分對於其沿革、適用之對象及內容一一說明，台灣目前的居家照顧服務是由政府結合民間的力量共同來辦理，工作人員皆須接受專業之訓練。為了彌補家庭對子女照顧功能之不足及降低問題發生的可能性，居家照顧服務是未來勢必發展的趨勢。至於家庭經濟補助的部分分別就兒童之經濟風險、我國現今之經濟安全制度及家庭經濟補助之現況做了詳細的說明。

　　檢視台灣目前對於兒童及少年福利政策的實施是否真正落實，兒童及少年的

權益是否受到正視及保護，相關福利政策之制訂應以此爲重點，才能滿足兒童及
少年的需求。

參考書目

一、中文部分

內政部（1993）。《中華民國81年台灣地區兒童生活狀況調查報告》。台北：內政部。

內政部（1997）。《中華民國85年台灣地區兒童生活狀況調查報告》。台北：內政部。

內政部（1992）。《中華民國80年台灣地區兒童生活狀況調查報告》。台北：內政部。

內政部（2000）。《推動社會福利社區化實務工作手冊——兒童、少年及婦女福利服務社
區化篇》。台北：內政部。

內政部（2004）。《中華民國92年社政年報》。台北：內政部。

內政部（2005）。3至6歲就讀幼教機構比例。台北：內政部。取自http://www.dgbao.gov.
tw。

內政部（2011a）。100年第26週內政統計通報。台北：內政部。取自：http://www.moi.
gov.tw/stat/news_content.aspx?sn=5295。

內政部（2011）。單親家庭狀況調查統計結果摘要分析。台北：內政部，取自http://sowf.
moi.gov.tw/stat/Survey/list.html。

內政部兒童局（2001）。《中華民國90年台閩地區兒童生活狀況調查報告》。台中：內政
部兒童局。

內政部兒童局（2010）。《中華民國99年台閩地區兒童及少年生活狀況調查報告》。台
中：內政部兒童局。

王方（2002）。〈福利津貼的社會背景：對兒童津貼發展的省思〉。輯於中國文化大學社
會福利學系主編，《當代台灣地區青少年兒童福利展望》。台北：揚智文化。

王正（2003）。〈經濟發展與社會福利——新力量與舊價值的困境〉。《社區發展季
刊》，102，21-32。

王明仁（2000）。〈中華兒童暨家庭扶助基金會五十年推展兒童福利服務回顧與展望〉。
《新世紀國際兒童福利政策與實務研討會論文集》（頁2-9）。台中：內政部兒童局。

王麗容（1994）。邁向二十一世紀社會福利之規劃與整合——婦女福利需求評估報告（頁

63）。台北：內政部社會司委託研究。

行政院主計總處（2012）。《人力運用調查報告》。台北：行政院主計總處。取自：
  http://www.dgbas.gov.tw/ct.asp?xItem=32738&ctNode=3580&mp=1。

林勝義（2002）。《兒童福利》。台北：五南圖書公司。

周震歐（1997）。〈家務員服務〉。輯於周震歐主編，《兒童福利》。台北：巨流圖書公司。

俞筱鈞、郭靜晃（2004）。學齡前兒童托育問題之研究。行政院研考會委託專案。

馮燕（1993）。台北市未立案托兒所課後托育中心全面清查計畫報告書。台北市政府社會局委託研究。

馮燕（1995）。《托育服務：生態觀點的分析》。台北：巨流圖書公司。

馮燕（1999）。〈新世紀兒童福利的願景與新作法〉。《社區發展季刊》，88，104-117。

馮燕、薛承泰（1998）。《建立完整托育福利服務網絡之研究》。內政部社會司委託研究。

葉郁菁（2006）。從兒童照顧政策探討提昇出生率之研究。台中：內政部兒童局委託研究。

劉邦富（1999）。〈迎接千禧年兒童福利之展望〉。《社區發展季刊》，88，97-103。

蔡宏昭（2002）。〈兒童經濟照顧政策〉。輯於中國文化大學社會福利學系主編，《當代台灣地區青少年兒童福利展望》。台北：揚智文化。

鄧蔭萍（2012）。0至3歲幼兒托育政策研究。台中：內政部兒童局委託研究。

二、英文部分

Balleyguier, G. (1991). French research on day care. In E. C. Melhuish & P. Moss (Eds.), *Day care for young children: International perspectives* (pp. 27-45). London: Routledge.

Broberg, A., & Hwang, C. P. (1991). Day care for young children in Sweden. In E. C. Melhuish & P. Moss (Eds.), *Day care for young children: International perspectives* (pp.75-101). London: Routledge.

Brown, S. E., Whitehead, K. R., & Braswell, M. C. (1981). Child maltreatment: An empirical examination of selected conventional hypotheses. *Youth and Society, 13,* 77-90.

CUSSW (2006). The Clearinghouse on international developments in child, youth and family policy at Columbia University School of Social Work. http://www.childpolicyintl.org/

Hayes, C. D., Palmer, J. L., & Zaslow, M. J. (Eds) (1990). *Who care for American children?: Child care policy for the 1990s*. Washington DC: National Academy of Sciences Press.

Hwang, C. P., Broberg, A., & Lamb, M. E. (1991). Swedish child care research. In E. C. Melhuish & P. Moss (Eds.), *Day care for young children: International perspectives* (pp. 102-120). London: Routledge.

Howes, C. (1991). Caregiving environments and their consequences for children: The experience in the United States. In E. C. Melhuish & P. Moss (Eds.), *Day care for young children: International perspectives* (pp.185-199). London: Routledge.

Kadushin, A., & Martin, J. A. (1988). *Child welfare services* (4th ed.). New York: Macmillan.

Kagan, S. L. (1989). The care and education of America's young children: At the brink of a paradigm shift? In F. J. Macchiarola & A. Gartner (Eds.), *Caring for America's children* (pp. 70-83). New York: The Academy of Political Science.

Kahn, A. J., & Kamerman S. B. (1987). *Child care: Facing the hard choices*. MA: Auburn House Publishing.

Kamerman, S. B., & Kahn, A. J. (Eds.) (1991). *Child care, parental leave, and the under 3S: Policy innovation in Europe*. New York: Auburn House.

Leprince, F. (1991). Day care for young children in France. In E. C. Melhuish & P. Moss (Eds.), *Day care for young children: International perspectives* (pp. 10-26). London: Routledge.

Melhuish, E. C. (1991). Research on day care for young children in the United States. In E. C. Melhuish & P. Moss (Eds.), *Day care for young children: International perspectives* (pp. 142-160). London: Routledge.

Moss, P. (1991). Day care for young children in the United Kingdom. In E. C. Melhuish & P. Moss (Eds.), *Day care for young children: International perspectives* (pp. 121-141). London: Routledge.

OECD (2012). *Quality matters in early childhood education and care: United Kingdom 2012*. OECD Publishing. Retrieved from: http://www.oecd.org/edu/school/50165861.pdf.

Pampel, F. C., & Adams, P. (1992). The effects of demographic change and political structure on family allowance expenditures. *Social Service Review, 66*(4), 524-546.

Pecora, P. J., Whittaker, J. K., Maluccio, A. N., Barth, R. P., & Plotnick, R. D. (1992). *The child welfare challenge: Policy, practice, and research*. New York: Walter de Gruyter.

Phillips, D. (1991). Day care for young children in the United States. In E. C. Melhuish & P. Moss (Eds.), *Day care for young children: International perspectives* (pp. 161-184). London: Routledge.

Siim, B. (2000). *Gender and citizenship: Politics and agency in France, Britain and Denmark*. London: Cambridge University Press.

Weigl, I., & Weber, C. (1991). Research in the nurseries in the German Democratic Republic. In E. C. Melhuish & P. Moss (Eds.), *Day care for young children: International perspectives* (pp. 56-74). London: Routledge.

三、日文部分

一番ケ瀬康子、長谷川重夫、吉沢英子編（1992）。《子どもの権利条約と児童の福祉：日本と世界の子どもたちに今しなければならないこと》。京都：ミネルヴァ書房

厚生省兒童家庭局編（1993）。《児童福祉六法　平成6年版》。東京：中央法規出版社。

財團法人厚生統計協會編（1992）。《国民の福祉の動向》。厚生労働統計協会。

東京大學社會保障研究所（1995）。《瑞典的社會保障》（頁190）。東京：東京大學出版部。

日本家政學會家庭經濟學部會編（1997）。《21世紀の生活経済と生活保障》。東京：建帛社。

日本婦人團體連合會（1993）。《婦人白書》。東京：ほるぷ。

福祉士養成講座編集委員會編（1992）。《改訂社會福祉士要請講座4》。東京：中央法規出版社。

勞働省婦人局編（1993）。《働く女性の実情》。大蔵省印刷局。

總理府編（1991）。《婦人施策の指針》。

總理府編（1994）。《女性の現状と施策　平成5年版》。

四、網站

台北市政府社會局網站。http://www.bosa.tcg.gov.tw/。

全國教保資訊網。http://www.ece.moe.edu.tw/?p=784。

行政院兒童e樂園。http://kids.ey.gov.tw/index.html。

Chapter 11

替代性的兒童福利服務

- 寄養服務
- 收養服務
- 機構安置與教養服務
- 本章小結

　　替代性的兒童福利服務是兒童福利的第三道，也是最後一道防線，更是公共兒童福利服務花費最多時間與金錢的資源，目的在針對兒童個人之實際需求，提供一部分或全部替代家庭照顧的功能。換言之，當子女陷於非常危險的境地，需要短暫或永久的解除親子關係，而提供家外安置（out-of-home placements），始能維護兒童及少年之權益，安置時間的長短要以「兒童及少年最佳利益」為考量。本章將介紹替代性兒童福利服務之主要措施與內容，包括：寄養服務、收養服務、機構安置與教養服務，以及兒童保護服務（可參考第十二章）。

第一節　寄養服務

一、寄養服務的意義與目的

　　寄養服務（foster care），簡稱寄養或托養，一直是在哲學思考上被用於幫助兒童的主要方式之一。早期在美國或歐洲，有一些孤兒及棄兒被放置在城市的火車上或被送到農村當作童工或被農家所收養，因此，寄養服務遂成為最早的公共兒童服務。雖然家外安置在1900年代時較偏向機構安置，尤其英國於1948年所通過的「兒童法」（Children Act of 1948），除了直接廢除以往的「濟貧法」之外，該項法案也是對於弱勢兒童所提供福利服務模式的分水嶺，亦即，不再提倡公共照顧性質的替代性服務，而是藉由各項福利措施來幫助這些弱勢家庭，藉此預防兒童發生不幸遭遇（Colton, Drury & Williams, 1995）；連帶地，1959年聯合國所通過的「兒童權利宣言」，提出了有關兒童福利的十大原則，這其中與育幼服務相關的宣示指出除了特殊情形外，不應讓幼童與其母親分離，而社會及政府當局對於無家庭或未獲適當贍養之兒童，亦負有特別照料的責任（周建卿編著，1992）。而美國自1960年代以來，因離婚率增加而迫使兒童待在單親家庭的情境中，兒童照顧才被當時社會大眾所重視，也導致兒童福利及兒童發展專業強調將孩子安置在家庭環境中，寄養服務應運而生。Terpsta（1992）估計自1960年代之後，寄養家庭的需求與日俱增，近年來雖有減少之趨勢；不過，美國每年約有50萬名兒童被安置在寄養家庭。自1980年代之後，美國福利改革鑑於兒童被安置到寄養家庭並非有其必要性，而且大多數來自少數種族、貧窮與單親家庭，以及兒童常被安置於不穩定或非必要的限制環境中，也導致1980年代之後，兒童福利服務採用家庭維存（繫）服務及以家庭為中心之增強服務（請參見**專欄11-1**）。

家庭維繫服務與家庭重聚服務

在兒童福利領域中，需要寄養安置服務的家庭，長久以來一直備受關切，而寄養服務並不完全是解決其家庭問題的萬靈丹；寄養安置服務被視為是問題家庭的替代方案。從兒童最佳利益為考量，考慮父母的危機處理也是安置服務另一種決策考量，可以成為優先於家庭外安置服務或是兒童家庭外安置期間的處遇過程（Whittaker, 1979）。然而，重新強調「永久性」的結果，卻使得兒童福利服務歷經了從強調兒童家庭外安置移轉至強調對家庭的支持（Stechno, 1986）。這些轉變已經對整個兒童福利服務的連續性產生了影響，也證實寄養安置服務和居家服務不再是彼此相互排斥（Small & Whittaker, 1979）。

為消除1970年代孩童不斷進出寄養照護的「流盪現象」，美國政府於1980年通過「領養協助暨兒童福利法案」（Adoption Assistance and Child Welfare Act, PL 96-272），透過聯邦政府提供州政府領養津貼補助及各類預防方案預算等誘因來協助寄養安置的孩童與原生家庭重聚（reunification）。早期的「家庭重聚」即指將在寄養照顧的孩童接回與其原生父母住，但因體認到並非每個父母都能就近照顧其孩童，因此「家庭重聚」應定義為：使已家外安置（out-of-home placement）的孩童重新與其原生家庭聯絡，協助他們能達到或維持一個最合適的連結程度（Maluccio, Warsh, & Pine, 1993）。

永久性的安置計畫係指那些被用來執行以確保對兒童持續照顧的工作，無論是家庭凝聚、重整或是為兒童尋找永久的家（Maluccio, Fein, & Olmstead, 1986），故強化父母教養孩童的知識、技能以及資源就變成是極重要的焦點。在1980年代之後，美國一些社福機構及各州社政部門設計用來強化家庭和避免兒童在家庭外之寄養安置的服務也就應運而生。所以說來，支持性家庭服務也就成為在寄養家庭之後一種兒童福利輸送服務計畫的要素之一（Whittaker & Maluccio, 1988）。Whittaker、Kinney、Tracy及Booth（1990）在《社會人群服務之積極性家庭維繫服務》（*Reaching High-risk Families-intensive Family Preservation in Human Services*）一書將積極性家庭維繫服務（intensive family preservation services, IFPS）定義為：「一個特定時間內進行密集性的服務，主要在案家進行服務輸送。」家庭維繫服務是以家庭為中心的社會服務（family-based human services）

（Hutchinson, 1983; Bryce & Lloyd, 1981; Lloyd & Bryce, 1984），但通常也是在較短時間內提供家庭較為密集性的服務。IFPS之主要目標為：(1)保護兒童；(2)維繫和增強家庭連帶（family bond）關係；(3)穩定危機情況；(4)增加家庭成員的技巧和能力；(5)促進家庭使用各種正式與非正式的輔助資源。IFPS所強調的目的不在「治療」家庭，而是在有限制的時間下，提供家庭密集性支持服務，幫助提升家庭解決危機的能力，並增加從家庭社會工作及服務中獲得利益，強化家庭功能，以減少家庭的孤立。

在美國，另由Kinney等人提出家庭重建模式（home builder model），其主要目的是採取密集性居家的家庭危機處遇與教育的方案，用來避免各州所設置家庭外之寄養照顧、團體照顧、精神醫療或是矯治機構，以減少非必要的家庭外寄養安置。許多家庭必須處於接受寄養家庭的迫切危機中，有關被處遇接受寄養家庭安置之問題，包括有兒童虐待、疏忽、其他家庭暴力、涉及兒童少年犯罪、身心發展遲緩，以及兒童或父母之心理疾病。

儘管家庭維繫服務及家庭重建服務這兩種方案之間有所差異，但仍有共同的特質。有些反映了服務輸送的特色，有些則反映了在這服務類型下其獨特工作人員的態度與價值。家庭重建者和其他家庭維繫服務（FPS）方案共同的要素包括：

1. 僅接受處於緊急安置危機中的家庭。
2. 服務是危機導向的，接受方案執行之後，家庭功能得以再發揮。
3. 社工人員可以隨時給予幫助，並維持一週7日的彈性時間。如家庭重建服務之社工人員將他們的居家電話提供給需要協助的家庭。
4. 接案與評估的過程需確保沒有兒童是處於危險中的。
5. 縱使個人的問題會出現，但家庭維繫服務所關注的是以家庭為單位，而非視父母或是兒童為問題的個體。
6. 社工人員進行家訪時，要在方便該家庭生活作息下進行經常性的訪視。許多服務也可在學校或是鄰近社區設立。
7. 服務取向包含教導家庭成員的技巧，幫助家庭獲得必要的資源與服務，以及建立提升家庭功能的諮商。
8. 服務的基礎通常是在於辨別家庭的需求，而非解決家庭成員的問題。

9.每個社工人員在任何時間是擔負著較小的工作量。在家庭重建者模式中雖為有團隊支持下的個人運作，但在同一時間內仍以兩個家庭的工作量為限。

10.方案所限制介入家庭的時間為一短暫時間，典型是一至五個月。家庭重建者模式通常介入家庭是超過四至六個星期的時間。

簡言之，積極性維繫方案的服務輸送特色預設了家庭服務，在有限的時間內保持密集性的服務，並增加家庭從服務中獲益的可能性。IFPS提供整體性的服務來處理家庭危機，強化家庭功能，並符合具體和臨床的服務需求，以及減少家庭的孤立。多數IFPS的運作來自於家庭的支持以及包括使用擴大家庭、社區以及鄰居等資源（Lloyd & Bryce, 1984）。

家庭維繫服務的概念內涵

家庭維繫服務以提供支持給父母，其想法不全然是新的，但這是1980年代以來美國兒童福利服務的趨勢，並且也持續擴大為一種福利服務體系與脈絡，其內涵有四：

理論的觀點

兒童對於連續性與穩定性的需求，以及保護免從不必要的國家干預親子連帶關係需求已經重新浮現（Goldstein, Freud, & Solnit, 1973）。在美國社會中，家庭的完整性以及親子依附的優先性為最主要的價值觀。家庭維繫方案與此觀點相當一致，因為這些服務的主要目的正在於避免不必要的寄養安置以及增加兒童留在家庭中的安全性。

兒童福利改革

1960及1970年代，在兒童福利服務的安置過程中最常見的批評有：(1)缺乏替代方案，兒童經常自家庭中移出並非有其必要性，而且常是因為怠忽所致；(2)來自少數民族、貧窮與單親家庭的孩童在寄養照顧中被過度凸顯；(3)兒童常被安置在不穩定或非必要的限制環境中；(4)無盡力維持原生雙親或是促進親子的重聚（Knitzer, Allen, & McGrown, 1978; Mass & Engler, 1959; Shyne & Schroeder,

1978）。在許多案例中也發現，即使兒童已回到原生家庭，其家庭對之前所提供的服務仍有持續性的需求。建基於此，家庭維繫服務所強調的即是：「如果可以及早提供，且提供更多積極的密集性服務時，就能幫助更多的兒童留在原生家庭中。」在1980年的寄養協助和兒童福利行動所通過的PL 96-272法案即增加了家庭維繫能力的新動力。該法案強調「合理性的努力」（reasonable efforts）以防止家庭的崩解，並重組家庭以及增加兒童處於原生家庭的永久環境。

經濟因素

以家庭為本位服務的國家資源中心（The National Resource Center on Family-Based Services, 1983）曾估計，介入家庭方案的總成本並不會超過一個寄養安置機構的花費。然而在IFPS的成本似乎是高於傳統個案工作的方法，但是每一個兒童所節省的花費卻是可觀的，甚至在未來有更多的兒童可以避免需要家庭外的照顧，例如，華盛頓州的家庭重建者和奧勒岡州的密集性家庭服務等獨立方案的報告中指出，每一個兒童離開安置機構三個月可以省下大約2,500美元，甚至更多。

服務效益

早期計畫的初期結果，如St. Paul家庭中心的方案，是增加對以家庭為基礎的防治處遇的熱忱。早期永久性的計畫也增加我們為兒童創造與維持永久家庭的信心，如Oregon及Alameda的計畫。它估計全國中有70%至90%的兒童接受了以家庭為基礎的照顧方案者能增加留在家中的機會（The National Resource Center on Family-Based Services, 1983）。個別的家庭維繫方案，如家庭重建者方案、Oregon強化家庭服務、Utah的家庭保護方案，以及Florida的危機諮商方案，則有更高的比率。

簡言之，家庭維繫方案與時下兒童福利服務的趨勢是相吻合的，例如，兒童對於永久性家庭的渴望、最小限制機構的使用、生態學的觀點、養育照顧的改革，以及經費的限制。此外，也因為法律上的命令，使得這些再預防性服務的興起以及以家庭為基礎服務的發展得以實現。

結論

　　家庭維繫服務與家庭重建服務模式可以預防目前將兒童送往寄養家庭安置情境的事實，亦即使它變成現有系統改變的工具，期望透過特定性的方案干預以作為有效控制花費及避免不必要的寄養安置措施。簡言之，積極性家庭維繫服務是值得嘗試的策略，它能有效預防兒童和家庭的疏離，藉由「家庭重建者」將家庭視為整體，尋找並提出原生家庭的需求和問題，以強化高危險家庭的調解方式，組織父母管理家庭技巧的方式，藉以減少家庭衝突，增強身陷多重困難的父母處理家中極度失序的能力，以預防孩童脫離原生家庭，進而減少社會福利成本。

資料來源：整理自郭靜晃（2001）。

　　寄養服務可分為**家庭寄養**（foster family care）與**機構寄養**（institute care）兩種，但大多均以家庭寄養為考量，所以寄養服務也可直接稱為家庭寄養。家庭寄養服務是當提供第一道防線（支持性兒童福利服務）及第二道防線（補充性兒童福利服務）之後，仍無法將兒童留在家中照顧時，才考慮使用的方法。家庭寄養與機構寄養（第三節將會提到）所牽涉的是兒童法律保護權（legal custody）的移轉，兒童親生父母仍保有其監護權（guardianship）。這不同於收養（包括法律權和監護權兩者同時移轉）。

　　依據1959年美國兒童福利聯盟（CWLA）將家庭寄養服務定義為：「一項兒童福利服務，當兒童的親生家庭暫時或有一段長時間內無法照顧兒童，且兒童不願意或不可能被收（領）養時，所提供給兒童一個計畫時間內的替代性家庭照顧。」根據CWLA的定義，家庭寄養具有下列三項特點（Kadushin & Martin, 1988）：

1.是在家庭內提供照顧。
2.是非機構的替代照顧。
3.是在計畫時間內，不論是短期或長期的寄養。

Downs、Costin 及 McFadden（1996）提出寄養服務具有以下幾項特質（楊葆茨，1998）：

1. 寄養服務是由公立或志願性的社會福利機構所提供。
2. 當父母不適任或無力撫育兒童時，由社區擔負代替照顧兒童日常生活的責任。
3. 寄養服務是24小時全天照顧，兒童必須離開自己的家庭。
4. 寄養服務又稱家庭外照顧（out-of-home care），可安置於寄養家庭、治療性寄養家庭、小型團體之家或大型的照顧機構。
5. 寄養服務是暫時性的安置，最終目的是兒童能夠回到自己的家庭，或被領養，或達到法定年齡後終止安置。

　　家庭寄養僅是寄養服務中的一部分，專指「家庭式」的寄養服務。《社會工作》辭典指出：「一些不能與自己親生父母住在一起的兒童，或無親屬可以依靠的孤兒，或不知父母為何人的棄童，或因父母患病、入獄而無人照顧的兒童，甚至或因留在父母身旁直接受到不良影響而不得不離開家長的兒童，可以將之安置在適當的家庭中，此種方式的寄養，稱為家庭寄養。」（蔡漢賢，1992）。

　　丁碧雲（1985）在其所撰《兒童福利通論》一書中，提及寄養家庭主要的哲學意義，是在安置某些兒童為其生活保障上求取安全，在社會情緒上求取適應，為一些不可能與其親生父母暫時生活在一起的兒童予以安置；更重要的，當兒童在寄養家庭安置期間，他自己的家庭可以準備改變、復原或改善，以便兒童回家時可與他的家庭建立更妥善的的親子關係。

　　陳阿梅（1985）將寄養服務定義為：「當兒童的親生家庭因發生變故（因病住院、離婚、服刑、死亡，或受虐待、遺棄等）而致家庭解組，使兒童無法生活；非親生子女因父母管教不當或疏忽，導致發展受阻之兒童需暫時安置於寄養家庭中，待寄養兒童之親生家庭復原後，再重返原生父母之家庭，享受天倫之道，它是一種替代性的兒童福利服務。」蘇麗華、王明鳳（1999）更定義為：「當兒童的親生家庭暫時或有一段長時間無法照顧兒童（如父母重病或入獄、家庭經濟困難、家庭功能嚴重失調、父母無力或不適教養），且兒童不願意或不可能被收（領）養時，所提供給兒童一個計畫時間內的替代性家庭照顧。」

　　何素秋（1999）綜合專家學者的定義及少年家庭寄養辦法，提出家庭寄養服

務應具備六個特質：

1.家庭寄養服務是一種專業性及社會性的兒童福利工作。
2.家庭寄養服務是有計畫的。
3.家庭寄養服務是暫時性的服務工作。
4.家庭寄養服務必須是兒童無法在家庭中獲得充分照顧時才提供的服務。
5.家庭寄養服務不是僅提供物質上的照顧。
6.寄養兒童並不是服務中的唯一對象。

寄養家庭服務之目的主要在維持兒童的正常發展，一方面使需要安置的兒童待在寄養家庭中，短時期中獲得基本生活的照顧，不致因為兒童本身家庭發生重大變故而影響其身心發展。此外，原生家庭也要接受兒童福利之專業協助，在短時期中讓原生家庭能解除危機，恢復應有之家庭功能，使兒童能適時回到原生家庭，以符合兒童最佳利益之成長環境。

然而於2015年至2018年間寄養家庭總戶數是逐年下降，至2018年僅剩1,358戶，直至2019年微幅上升33戶，共1,391戶，另外寄養兒少人數從2015年的1,662人至2019年1,550人，也是逐年下降。衛福部統計處（2020）針對兒少保護之保護處理安置個案，以親屬安置優先，親屬安置除了保護個案，或原生家庭無力照顧之因素，改採親屬安置。親屬安置於2015年至2019年，惟2015至2016年上升外，往後三年逐漸下降。

二、寄養服務之適用時機

在台灣，依「兒童及少年福利與權益保障法」第四章保護措施之第52至74條規定，有關兒童及少年接受寄養服務之情況、安置期間、抗告、安置之權利義務、安置期間之保護、安置補助，以及安置費用。

由家庭寄養服務的發展史來看，寄養家庭可分成下列幾種類型（周震歐主編，1997）：

1.**收容家庭**（receiving home）：最初是針對嬰兒或幼兒設計，當他們在緊急情況必須由家中移出，但即使極短的期間也不適合安置於機構時，即將嬰、幼兒暫時送往收容之家安置。

2.**免費寄養家庭**（free home）：當兒童被期待將來由該寄養家庭領養時，機構通常也不需要付給寄養費。

3.**工作式寄養家庭**（work or wage home）：通常適合年齡較大的兒童，兒童必須為寄養家庭工作，以補償他們所獲得的照顧。

4.**受津貼寄養家庭**（boarding home）：此類型寄養家庭為台灣目前一般寄養家庭的型態，由機構或兒童的親生父母按時給付寄養家庭一筆寄養費。付費的優點是可以使得機構在選擇寄養家庭時有較多的選擇權，對寄養家庭也可以給予較嚴密的督導（雙親寄養家庭安置兒童及少年之人數，包括該家庭自有兒童及少年在內，不得超過4人）。

5.**團體之家**（group home）：可視為一個大的寄養家庭單位，也可視為一小型機構，它是在正常社區中，提供一個由一群無血緣關係兒童所組成的家庭。團體之家是家庭寄養服務領域中逐漸被重視的一種類型。美國兒童福利聯盟說明團體之家的標準為：「團體之家最好不要少於5人，也不要多於20人，而6人至8人是最好的情況，因為小得足以重視個人的個別化需求，而且又大得如果當中某位成員缺席時，仍可以維持一個團體。」

此外，Mather及Lager（2000）也提出另一種整體性家庭寄養服務及社區寄養服務模式（可參見第十三章）。

團體之家日益獲得重視，是因具有下列幾項優點：

1.提供有如家庭般的私人性（personalization）空間，但兒童也有如生活在機構中，能和寄養父母保持距離。

2.雖然類似機構，但卻能提供正常的社區環境。

3.讓家庭內的兒童形成同儕關係，這種關係不像家庭內的手足關係，也不像寄養兒童與寄養家庭中親生子女的關係，可能會給寄養兒童帶來傷害。

4.對寄養兒童而言，和寄養父母建立關係時，比較不害怕，較不會有罪惡感；對寄養兒童的親生父母而言，較不會感覺受威脅。

5.特別是青少年，可藉由同儕團體的互動來約束行為，團體之間具有較大的治療潛能。

寄養家庭服務並不是解決兒童家外安置唯一的萬靈丹，雖然家庭服務日益受

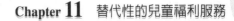
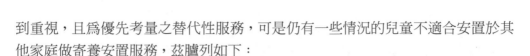

到重視，且為優先考量之替代性服務，可是仍有一些情況的兒童不適合安置於其他家庭做寄養安置服務，茲臚列如下：

1.兒童有社區所不能容忍的問題行為時；或是兒童的問題行為會嚴重干擾其家庭生活者。
2.殘障兒童需要某些特別照顧，而寄養家庭與社區卻無法提供照顧者。
3.親生父母堅決反對將自己孩子安置於寄養家庭者。
4.有眾多手足需安置於同一居住場所者，不易尋找到願意接受所有手足的寄養家庭。
5.只是在短期緊急情況下，暫時需要替代性服務者（周震歐主編，1997）。

三、我國寄養服務歷史沿革

在我國，寄養家庭在古代便施行，可從史學上發現（陸曾禹，乾隆4年），唐朝、宋朝、明朝時均分別有記載。我國古代政府即對失依兒童予以照顧，禁止殘害嬰兒，且鼓勵百姓於災難發生時照顧失依兒童，政府不但提供養育費用及棄嬰孤兒的安置服務，同時扮演監督角色，此舉可說是現代家庭服務的起源。

雖然台灣地區近來由於家庭計畫的成功推展，棄嬰及孤苦無依的兒童人數逐漸減少，但由於工商業繁榮、社會逐漸變遷、離婚率及不幸婚姻、家庭破碎的數量不知不覺快速增加。核心家庭的生活方式及家庭功能的轉變，使得家庭一旦發生重大變故時，夫妻無法適應，父母無法照顧子女生活；或因青少年早熟、性開放，產生許多非婚生子女乏人照顧；或因父母管教不善，需要安置的兒童數量逐漸上升。

兒童寄養服務在歐美已實行近百年，是兒童福利發展的趨勢。由於它具有不可磨滅的價值，又可與我國傳統美德中的「老吾老以及人之老，幼吾幼以及人之幼」相互輝映。我國兒童寄養服務的發展，可分為幾個時期，分述如下：

(一)宗教慈善人士照顧期

在寄養服務尚未實施之前，發現中華兒童福利基金會（CCF）所屬家扶中心部分案童因家庭變故而寄養於親友家中，獲得良好照顧，更有完全無血緣關係的社會人士提供免費的實例。例如台東家扶中心扶幼委員會的陳姓主委，讓一位兒

童在其家中住宿及接受教育多年；桃園新屋鄉一位國小老師照顧一對父母雙亡的姊弟由國小到高中畢業；台中光陰育幼院的院童也曾於聖誕節、農曆春節期間寄養到部分教會人士家中，雖短短一至三個月，卻使兒童享受到家庭的溫馨，並有正常家庭生活的經驗。

(二)籌備期

1976及1977年夏天，CCF邀請美國印第安那中央大學教授藍采風博士回國講授家庭寄養服務理論，並做模擬練習，於1977年出版《寄養服務與社會工作》一書，是國內第一本寄養服務的中文專著。而為了喚起社會大眾及學術界人士的注意，1977年2月，CCF在內政部社會司支持下召開「寄養家庭與家庭服務座談會」，會中政府人員及國內專家均認為兒童寄養服務值得推展。

(三)試辦期

獲得上述之共識後，台北家扶中心郭耀東主任赴美專攻兒童寄養服務。返國後，即於台北著手試辦，曾按專業標準將一兒童寄養於美國人家庭，為期兩個學期。同時，其他家扶中心也嘗試將家庭遭遇變故的兒童，說服其家人，寄養於兒童的叔伯或姑母家中，由CCF給予家庭補助。結果證實，兒童在寄養家庭中身心都得到良好的發展。累積了這些經驗後，CCF乃和台灣省政府洽商，台灣省政府決定由社會處來負責籌劃推展，考核評估兒童寄養業務並委託CCF辦理。自1981年7月起，台灣省政府社會處正式委託CCF，試辦兩年兒童家庭寄養業務。

(四)法令頒布擴展期

雖然「兒童福利法」及其施行細則均對兒童寄養有若干規定，但在兩年的試辦期間發現，上述法規並無對寄養兒童和寄養家庭權責之規定，實施時缺乏適當依據，難以保障雙方之權益；也使執行機構僅能憑道義之力量，或雙方之默契，來實施各項寄養安置業務。

1983年元月內政部頒布了「兒童寄養辦法」，不僅使寄養服務之推展有了法律依據，也使我國兒童福利邁入新的里程碑。此外，省政府社會處也依「兒童福利法施行細則」之規定，訂定了「台灣省兒童寄養業務輔導及收費辦法」，明確

規定主管機構的權責、寄養費、醫療費的收費辦法。此二法令之規定，使兒童寄養業務之實施，進入立法與行政體系內，充分顯示政府開拓兒童福利服務新領域的決心與魄力，進而使此業務更順暢的拓展開來。從**表11-1**可見兒童、少年家庭寄養服務在國內推行幾十年來，由於社會的變遷，法令因應時代潮流而有所變革，寄養服務的性質及相關措施亦隨之改變。綜合上述之資料，兒童、少年家庭寄養服務有幾項重要的改變：

表11-1　國內兒童及少年寄養服務歷史發展簡表（1973至2014年）

年代	重要發展
1973年2月8日	兒童福利法第4條規定家道變故的兒童得聲請家庭寄養安置
1973年7月7日	兒童福利法施行細則第6、7、8、9、10等條文更詳細規範家庭寄養的選擇順序、寄養家庭的條件、寄養費來源及收費辦法、寄養安置人數等
1977年2月	內政部社會司與中華兒童福利基金會召開「寄養家庭與家庭服務座談會」
1981年7月	台灣省政府社會處正式委託中華兒童福利基金會試辦兩年兒童家庭寄養業務
1983年元月5日	內政部頒布「兒童寄養辦法」，使寄養服務推展有法律的依據
1984年7月	台灣省政府社會處正式委託中華兒童福利基金會推展兒童寄養業務
1985年5月10日	台灣省政府發布「台灣省兒童寄養業務輔導及收費辦法」
1988年7月	台灣省全面實施兒童家庭寄養業務
1989年1月23日	少年福利法頒訂，明訂主管機關得對被虐待、惡意遺棄、押賣、強迫、引誘從事不正當職業或行為、或父母濫用侵權行為等之少年，以公權力辦理少年家庭寄養安置
1989年8月1日	少年福利法施行細則第4、5、6、7、8條等規定有關少年安置的選擇順序以家庭寄養為第一項排序，及對寄養家庭的標準、輔導、收費辦法等之有關規定
1990年1月15日	台灣省政府頒布「台灣省少年安置辦法」，明訂家庭寄養安置為少年安置的方法之一。1991年10月台北市政府委託「台灣世界展望會」辦理台北市寄養服務業務
1993年2月5日	兒童福利法完成修訂並正式頒布，第8條第8款規定省（市）主管機關掌理有關寄養家庭標準之訂定、審查及其有關之監督、輔導等事項。第38條規定少年法庭處理兒童事件，經調查認其不宜責付於法定代理人者；或少年法庭裁定兒童應交付感化教育者，得將其安置於寄養家庭
1994年5月11日	兒童福利法施行細則修正，第20、21、32條等規定有關寄養收養、補助辦法及兒童若安置於寄養家庭進行感化教育，得指定觀護人為適當之輔導等相關規定
1997年12月18日	台灣省政府頒布「台灣省兒童少年家庭寄養辦法」，將二法合併修訂
2014年11月20日	兒童權利公約施行法，以親屬安置為優先

1. **寄養安置的條件趨向多元化**：從早期單純的家道變故條件，到1986年、1993年的少年福利法、「兒童福利法」及2003年的兒童及少年福利法，除了規範家道變故外，被保護、感化的兒童或少年均獲得家庭寄養安置。

2. **由「聲請」發展到「強制」寄養安置**：早期的寄養服務為自願聲請，並以簽訂合約方式由家庭委託機構代為照顧，若為低收入戶家庭則由政府全額補助或依親生家庭的經濟狀況酌以補助。但現階段明訂政府公權力的介入，必要時應予兒童緊急保護安置，為一項重大變革。

3. **家外安置之順序**：由親屬安置優先，其次是寄養家庭，最後才是機構安置。

四、寄養服務之流程

就我國兒童及少年保護服務現況來看，如案情不嚴重，只提供支持性服務，其次為暫時性寄養服務，至於較嚴重之案例才有採取機構式長期安置。以兒童福利之家庭寄養服務是一種暫時的替代性服務，不僅服務兒童，也要同時要求寄養父母有解決兒童生活適應之困難，提升養父母之能力（Kadushin & Martin, 1988）。而到底寄養時間及持續性應為何？寄養服務之內容及層次應為何？這更需要社工專業的判斷，之後是要採取家庭維存服務，抑或是要積極重整兒童與原生父母之適應能力的永久性安置規劃，以達到獨立自主的家庭目標。

我國在寄養服務的安置過程中，社會工作人員應協助寄養兒童、親生父母、寄養家庭解決寄養兒童在寄養期間內順利成長，並及早返回原生家庭。當兒童被評估暫時需要離開原生家庭，且寄養有必要時，負責寄養服務之機構有責任協助寄養兒童獲致穩定的安置與良好的適應，包括在寄養安置的過程中寄養兒童、寄養家庭、原生家庭所需的各項社會工作處理，例如，接案、安置、安排探視、再安置、結案等。茲將有關程序分述如下：

(一)接案

■選擇寄養家庭、配對

為每一個寄養兒童選擇一個合適的寄養家庭，不僅選擇具有最佳調節能力的寄養家庭，並且考慮寄養家庭與寄養兒童的需求是否能滿足彼此的需要（周慧香，1992；郭美滿，1997）。

■**安置前的準備工作**

1. **安置前的拜訪**：指安置前寄養兒童與寄養家庭會面，提供寄養兒童有關寄養家庭之生活規範，討論對寄養父母稱謂的問題，可減少寄養兒童對新環境的陌生及恐懼感。

2. **提供寄養兒童其安置的訊息**：寄養兒童從昔日熟悉的生活環境脫離，轉換到陌生的寄養家庭，其間可能因莫大的壓力而造成心理或情緒的反應，因此在安置之前必須與寄養兒童討論寄養安置的原因，減少其心理上的負擔。此外，也應鼓勵兒童說出並分享他的感受，開放自己對親生家庭與寄養家庭的反應。

3. **與寄養父母討論寄養計畫及其職責及權利**：提供寄養父母有關寄養兒童的背景資料、生活作息、個性、興趣等詳細的資料，有助安置的穩定性；並讓寄養父母瞭解其擔任寄養家庭的職責，如對寄養兒童，必須注意其隱私保密，提供並滿足兒童身心發展上的需求等；配合機構的職責及除非特殊情形，否則應鼓勵兒童與原生家庭聯繫，並須瞭解寄養服務只是暫時性，勿造成兒童與原生家庭間的阻力。而寄養權利則包含寄養費、社會資源的利用等。

(二)安置

1. **定期訪視**：瞭解寄養兒童適應的情況，及寄養父母是否遇到什麼困難，並提供解決的方法。

2. **協助寄養兒童與原生家庭的聯繫**：鼓勵寄養兒童與原生家庭以電話、信件、探訪的方式聯繫，增加寄養兒童在寄養家庭中的適應。社會工作人員應告知原生家庭探視的重要性。

3. **再安置**：當寄養兒童有嚴重適應困難，或因寄養家庭臨時變故，或寄養家庭因兒童或原生家庭的行為，使得寄養家庭不願意繼續接受寄養兒童等因素，使得兒童必須由寄養家庭中移出，導致必須面臨再一次的安置。

4. **協助原生家庭的重建與輔導**：寄養服務只是短暫性的，因此協助原生家庭重建是相當重要的。國內對於親生家庭重建方法可分為以下幾種：

(1)定期訪視。

(2)書函、電話會談或面訪，瞭解原生家庭的問題，協助其解決。

(3)座談會：以團體輔導的方式，彼此研習教養方式、夫妻溝通之道等，增加解決問題的方法。

(4)聯誼活動：參加對象為寄養兒童、寄養家庭、原生家庭，可增進彼此的感情及溝通，以輕鬆的心情面對嚴肅的問題。

(5)提供寄養家庭社會資源網路：社會工作員在輔導原生家庭恢復功能時，需要各種資源來配合，才能使一個家庭快速、有效的恢復。原生家庭重建與輔導是相當棘手的，國內常因社會工作人員人力不足而感到負荷過重，例如，原生家庭對寄養服務瞭解不夠或混淆，常將寄養服務與民間托兒混同，原生家庭的角色認知不足等，導致重建輔導困難重重。

(三)結案

1.擬訂計畫：原生家庭恢復，則結案兒童返回原生家庭。

2.寄養家庭的情況沒有可能改善，則結案接受收（領）養或轉機構寄養。

3.評估：社工人員透過評估來檢討、反省自己，並可作為日後提供服務的依據。

五、我國寄養兒童再安置的原因

導致寄養兒童須再被安置的原因可歸為：來自兒童親生家庭的因素、寄養兒童本身的因素、寄養家庭家人的因素，以及社會工作人員處理不當等因素。茲說明如下：

(一)兒童親生家庭的因素

許多實證研究均指出，寄養兒童與原生家庭的聯繫、探訪，對寄養安置之穩定性有顯著的影響。如果寄養兒童缺乏與原生家庭的聯繫，則容易造成寄養兒童無法認同原生家庭，且在寄養安置中因與父母分離而感受到「心理上被迫遺棄」的外來傷害。此外，有部分強制安置的原生家庭會干擾寄養家庭，因此導致安置的失敗。

(二)寄養兒童本身的因素

寄養兒童年齡方面，王毓棻（1986）指出，有些寄養家庭在寄養兒童年齡小時很合適，但年齡稍長，由於彼此的需求衝突，而變得不合適（楊葆茨，1998）。在手足安置方面，周慧香（1992）針對113位6至12歲之學齡期寄養兒童的研究也發現，有手足同時安置（不一定在同一個寄養家庭）比手足未安置的寄養兒童有較佳的情緒適應。除此之外，性別也是因素之一。余漢儀（1997）對169個接受兒保個案的寄養家庭調查顯示，31.4%（53家）的寄養家庭曾提早結束寄養，「寄養家庭臨時有事故」占22%，「寄養親生家庭的干擾」占11.3%。楊葆茨（1998）指出不再寄養安置的原因，「寄養兒童行為問題嚴重，寄養父母帶不來」占35%，「寄養父母不適任，出現管教問題」占30%，「寄養兒童適應不良，不能接受」占20%。事實上，寄養兒童確實有較多不適應的社會行為，如攻擊、反抗、拒絕、不合作、退縮、焦慮等，而此行為問題有可能影響到兒童與寄養父母間的關係，造成寄養安置的失敗。

(三)寄養家庭家人的因素

如寄養父母的寄養動機、寄養經驗、寄養家庭家人對寄養安置的態度、寄養家庭與機構間配合意願低，皆會影響寄養的成功與否。此外，有研究指出寄養家庭的兒童數、寄養家庭子女年齡與性別與寄養兒童相近，皆會影響安置是否成功。據查1997年發布之「台灣省兒童少年家庭寄養辦法」（2007年廢止）第10條規定：「每一寄養家庭寄養兒童、少年之人數，包括該家庭之子女，不得超過4人，其中未滿2歲兒童不得超過2人。」否則會影響安置的穩定性，導致兒童必須被再安置。

(四)社會工作人員的處理不當

社工員在安置的過程中，占有舉足輕重的角色。因此安置過程中，社工員敏感度不夠，常會導致寄養安置的不穩定。常見的情況有，忽略了寄養兒童心理上的感受、未提供充足的資訊給兒童，導致兒童對寄養原因瞭解不夠。在實證研究方面，陳阿梅（1985）指出，鼓勵寄養兒童分享他的感覺，開放自己對親生家庭與寄養家庭的反應，談論其安置中所感受的滿足、失望與敬意。所以對於兒童的

人格及行爲發展也有很大的影響，故寄養過程中，如何維持寄養安置的穩定性，是十分重要的議題（楊葆茨，1998）。

　　寄養服務在國外實施多年，英國從1601年的濟貧法案已有此種服務措施，美國自二十世紀初也展開服務。而我國自1970年代開始實施，1983年制頒「兒童寄養辦法」，1997年台灣省社會處制頒「台灣省兒童少年家庭寄養辦法」及1998年台北市制頒「台北市寄養家庭標準及輔導辦法」以來，已將寄養服務明確法令化。台灣的寄養服務大多由政府委託民間團體，如中華兒童暨家庭扶助基金會、台灣世界展望會等辦理，有一定的服務績效。未來有待努力應加強專業間（如醫療衛生、教育、社會福利、警政單位等）的資源整合，擴充寄養家庭的類型，舉辦講習會強化寄養家庭之服務功能，建立寄養服務工作之人事制度，培訓寄養服務之專業人力，加強原生家庭重建與輔導的工作，以朝向永久性規劃（訓練寄養父母→順利進入寄養服務→幫助原生家庭重建→獨立自主的家庭照顧）之目標，以爲兒童謀求最佳利益之生長環境。

 ## 第二節　　收養服務

　　收養又稱爲領養，兩者之區分爲「收養」不具有血緣或姻親之收養關係，而「領養」較具有血緣及姻親之收養關係。收養是寄養關係終止或不適合寄養服務的一種永久性規劃的替代性兒童福利服務。通常收養適用於兒童失親、被遺棄或遭受虐待而使得原生父母權利被剝奪（國家親權主義）。我國有關棄嬰之處理有其一定之流程（參考**圖11-1**），每年在美國約有5至10萬名被收養兒童來自公部門、私部門或第三部門（非營利組織）及國外機構（例如中國湖南長沙的中國收養協會）（Cohen, 1992; CWLA, 1988; Pecora et al., 1992）。儘管如此，美國還是有許多父母等不到孩子收養，尤其是白色種族又健康的小孩。在美國，等待被收養的孩子大多爲年紀較大、黑人、印第安人或其他少數民族，以及有特殊需求的兒童，這些孩子當然不比白人又健康的嬰兒來得搶手。每年透過這些領養方式的兒童之中有一半以上超過2歲，有10%是屬於跨國領養。除此之外，還有一些孩子到了兒童福利機構等待被收養但不能完成手續，原因是其父母監護權尚未被轉移。

　　美國1980年「領養協助暨兒童福利法案」（Adoption Assistance and Child

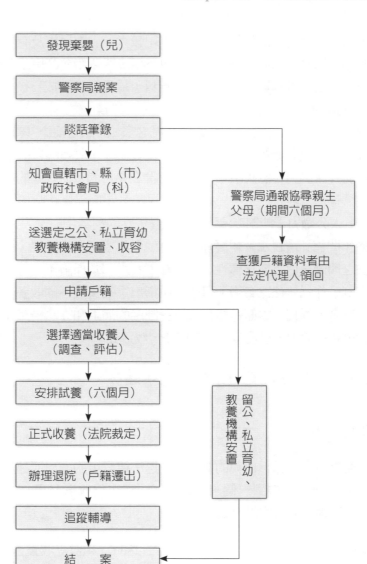

圖11-1　棄嬰（兒）處理流程

Welfare Act）就規定一些未能合法取得監護權的家庭或其家庭狀況（例如兒童虐待）未能改善，就得考量將孩子以家外安置的方式收養。也就是說，當孩子待在寄養家庭一段時間內，若其原生家庭之情境不能改善，就改採永久性之家庭安置——收養服務。值得一提的是，永久性家庭安置有其正面意義及效果，而且被收

養的需求大於收養家庭的供給，尤其是年紀較大、少數民族及有特殊需求的兒童急需要此類的服務。除此之外，美國自1975年法律開始允許原生父母同意之情況下，被領養的成人得以取得原生父母之資料，這種態度造成日後公開領養（open adoption）的制度。

我國收養制度思想的由來，是從西周之宗法制度開始，其最初之目的在於養家、傳宗接代及祭祀祖先。而在家族制度衰微後，收養的目的已轉而為近親收養，以增加養家勞力、慰娛晚年以子待老為主要目的。而我國的收養制度，自清末民初，已有為子收養的趨勢，1985年《民法》親屬編修正時廢除指定繼承人的制度，並引入公權力干涉制度，逐漸重視養子女的利益。

1985年間修正《民法》親屬編時，雖然引起學者高度重視，紛紛為文指出我國收養法之簡陋、內容缺乏彈性，及對養子女之利益保護不周等缺失，並引用外國立法的例子作為修法之參考。但學者所指出之缺失及外國收養法之優點，多數仍未被立法者所採用。本節介紹我國收養制度的演進和立法沿革及趨勢、現行收養制度的規範與效力，以及美國收養服務，敘述如下：

一、我國收養制度之思想演進與立法趨勢

(一)收養的定義

收養是指非（直系）血親的雙方，經過法律認可的過程而建立的親子關係，使其不幸的兒童可以得到一個永久的家，同時也為收養父母覓得子女，視同親生。根據民法對於收養的規定如下：

1. **書面契約**：收養子女，應以書面為之。因此，須訂立收養書面契約。
2. **夫妻應共同收養**：夫妻收養子女應共同辦理，不得單獨一人收養子女。但是夫妻之一方收養他方的子女時，或夫妻之一方不能為意思表示或生死不明已逾三年時，則可由一人收養。
3. **年齡限制**：收養人應比被收養人年長20歲以上，但夫妻共同收養時，夫妻之一方長於被收養者20歲以上，而他方僅長於被收養者16歲以上，亦得收養。
4. **資格限制**：直系血親、直系姻親、旁系血親及旁系姻親的輩分不相當時，

不得收養。旁系血親在六親等以外及旁系姻親在五親等以外，則是可以收養。

5.**不得重複收養**：一個人不得同時爲二人之養子女。

6.**養子女與養父母之關係**：除法律另有規定外，與婚生子女同。

因此，收養具有正式的法律效力，一旦經過法院聲請收養認可的程序，養子女跟親生子女的權利義務是相同的。所以收養人在決定收養之前，必當做好萬全的準備，以迎接子女的到來。

(二)收養前的準備

「兒童及少年福利與權益保障法」第二章身分權益中第15至21條之內容，即針對收養做明確的規範，尤其第18條第1項後段規定：「經法院調查認爲收養乃符合兒童及少年之最佳利益時，應予認可。」因此，爲了讓孩子能進入一個溫暖健全的家，透過法律的規定，在以兒童的最佳利益爲前提之下，必須確定收養人是否能以正向的心態面對收養，以及收養人是否有足夠的能力撫育孩子，並透過主管機關或兒童福利機構進行訪視，提出調查報告，以確保被收養子女的福利。

收養人在進行收養之前，必須做好下列準備：

1.**正向的心態**：收養者勿抱持孩子是爲了傳承香火，或爲化解某種命運的觀念，而去收養孩子；要能把孩子視如己出，給予照顧與關懷。

2.**硬體環境**：收養者須檢視家中的空間、設備是否可以提供孩子生活上的需求。

3.**健康狀況**：照顧一個孩子是一輩子的事，收養者須考量到自身體力及健康情形，因此，在收養前須衡量自己身體狀況是否能夠勝任。

4.**經濟能力**：提供孩子的食、衣、住、行、育、樂是收養者必備的條件，經濟考量實爲其中重要的一環。

5.**照顧能力**：照顧孩子的生活是很瑣碎及繁雜的，因此收養者需付出極大的心力及體力。

6.**溝通能力**：一個稱職的父母不僅得提供孩子生活所需，也需學習如何與孩子溝通，瞭解孩子心靈的需求。

(三)收養的方式

收養可分為兩種方式,一為私下收養,二為機構收養。「私下收養」是出養者與收養者私下決定,也就是透過黑市(black market)來收養;而「機構收養」則是透過兒童福利機構安排收養的對象,但兩種方式皆需要經過法院認可的過程才算合法。2003年國內出生嬰兒21萬8,900餘人為婚生子女,另有8,030人為非婚生,其中1,800人透過私下收養或生父出面認養,其餘6,184人為「父不詳」之未婚生子女,占總出生人數的3.5%(聯合報,2004)。有關我國無戶籍兒童之處理流程可參考圖**11-2**。

(四)我國收養制度的思想演進

親子關係,原以生理上的血統關係為主。而法律上所規定親子關係的存在並不以生理上是否為親子作為判斷。生理上本為親子,但法律上不履行的人也有,例如婚生子女未經認領者即是。而生理上本非親子,但法律上以擬制而認定親子者亦有,如收養即是。

收養制度,仍是依人為所創造的親子關係,此種純粹法律上的親子關係,在近代的親子法發展過程中,思想的變化,所占地位是不容否認的。

■我國收養制度史的概觀

我國法律制度深受儒家倫理及禮治思想所支配,對血緣及社會階層兩種社會關係特別著重,當然我國的收養制度亦是如此。但自清末變法以降、民國肇造,法律制度深受歐美法治的影響,所以收養制度在法治思想與儒家思想的衝突下,自應與各國潮流相契合,而儒家思想則須融入於法律,中立於輔助的地位。

■我國收養法的立法沿革

1. **我國舊律的規定**:我國舊律因受宗法制度及儒家思想的影響,就現存的典籍來看,可發現其中關於收養的規定是以「為家」、「為親」的目的為主。以唐律為例,其雖無「嗣子」之稱,亦可知其收養的規定主要係以傳宗接代為主,只有在例外的情形允許收養3歲以下異姓棄兒,但其地位不同於同姓的養子。

   舊律中有關立嗣的規定,大概可歸納出以下幾個基本原則:

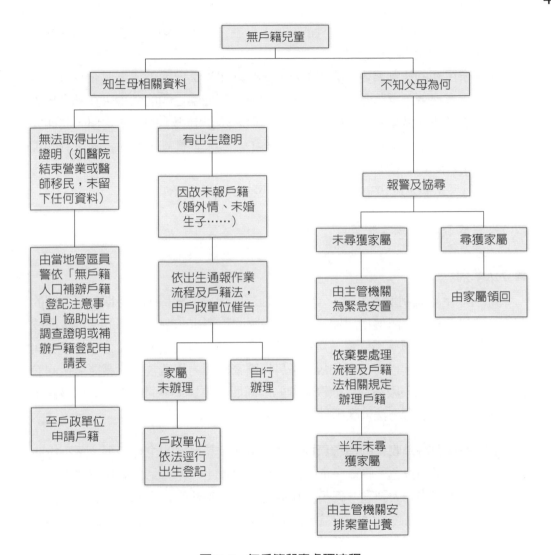

圖11-2　無戶籍兒童處理流程

(1)非男子不得立嗣,非男子不得為嗣子。

(2)非無子不得立嗣。

(3)嗣子限由同宗或親族中擇立。

(4)立嗣須昭穆相當。

(5)非有兄弟者不得為嗣子。

可見，我國舊律中關於收養的制度，是站在立嗣繼絕，與近代法制的扶助遺孤，相距不可以道里計。

2.**清末民初的法制演變**：清朝末年，清帝國在長久安逸下日漸腐化衰微，西方國家挾著工業革命的優勢東來，迫使清朝面臨亡國的危機，在鄰國日本明治維新的激勵下，開啟了所謂「師夷之長以制夷」的變法之路，其間完成了我國第一法草案「大清民律草案」，雖未及實施，惟對我國法制的現代化，樹立了重要的里程碑。

現行民法制定於1930年12月26日，於翌年5月5日開始實施。

(五)我國收養法的立法趨勢

■立法準則

如何規定收養制度的內容，才能符合理想的養親子關係，各時期都有不同的準則。今日社會，資訊傳播迅速、開放，各國間不難求一共同立準的準則。收養目的演進至今，各國莫不以養子女利益為首要目標；其次以生出區分成年子女與未成年子女的收養，而有不同的規定；另以國家公權力的監督，以發揮最後的看護功能。此三原則不因國別或社會體制的不同而有差異，不同者僅在如何實踐，而其各國立法的實踐方法，應極具參考價值。

1.**養子女利益為收養的指導原則**：國家為確保其民族的生存發展，莫不扮演最終父母的角色，肩負兒童的保護責任，因此，實現兒童福利政策為現代福利國家的一大課題。養子女利益為現代收養法的指導原理，諸多立法先進國家，為保護子女的利益，大多於收養法中明文指出此項為最高指導原理，諸如德國、日本及英國等。當然這足以證明現代收養法的立法，無不以保護子女利益為出發點，兒童福利的保護遂成為收養法的中心理念。兒童福利的保障在我國也是非常重視的，1993年2月5日修正公布的「兒童福利法」與1989年1月23日公布施行的「少年福利法」即為具體化的表現之一。

2.**區分未成年子女與成年子女的收養**：收養的目的若係基於「為家」、「為親」而收養，則區分未成年子女與成年子女的收養，並無太大的實益。而今收養法的指導理念以養子女的保護與福祉為出發點，因被收養人在未成年時，期望在溫暖家庭得到妥適的照顧與教養，而成年時，除非無謀生能

力或特殊原因，實無出養的必要，故有必要區分未成年與成年子女的收養
而異的要件，尤其在成年子女趁父母古稀時或無謀生能力，爲逃避奉養的
責任，出養爲他人子女，豈爲收養制度本質目的。因此，現代收養的立法
趨勢，以收養未成年子女爲原則，成年子女爲例外。

3.**公權力介入的監督主義**：收養係爲社會福利政策的一環，爲配合未成年養
子女的利益爲收養的最高指導原理，現代各國立法無不採用公權力介入監
督主義，期能監督每一收養事件進行。我國舊律民法收養關係以書面契約
即可成立，係採放任主義；現行法則考量了養子女的利益，所以已納入國
家監督主義。

■近代收養制度的特性

現代各國收養法的內容，依其各國的社會經驗，均呈現出多樣化，如要將其
概括統一，絕非易事。所以重要在於確立近代收養法的性格，俾使立法與政策相
互配合，以達到收養的眞正目的。

我國於1985年修正「民法」親屬編時，對收養制度的改革，大致朝向社會救
濟的方向；惟修正時未顧及全盤，以致出現諸多缺失，且各相關法規未及時做檢
核，而形成空有美意、未見誠意的情形。至1993年因受虐兒、雛妓、棄兒事件相
繼發生，喚起國人對兒童福利的覺醒，收養制度的相關政策措施亦在「兒童福利
法」中做檢討修正，於2月5日公布施行。「兒童福利法」第1條即明白宣示立法的
目的，並特設四種保護方法。然而我民法對於收養關係成立的過程，地方政府根
本無插手餘地，又年齡的限制亦爲不當，所以目前應加強各項措施的實踐，立法
的美意才得以實現。

二、我國現行收養制度的規範與效力

(一)收養要件

■實質要件

1.**須有收養關係人之合意**：收養，是以發生親子關係爲目的的身分法契約，
因此，收養關係須有收養人及被收養人雙方之合意，才能成立。由於收

養為身分法上的契約，因此，原則上須當事人自行為之，不得委由他人代理。惟未滿7歲之未成年人，須由法定代理人代為意思表示及代受意思表示，則為身分行為不得代理之例外。其次，身分行為以有意思能力為已足，因此收養當事人須具有意思能力。至於被收養人之意思能力，民法以年齡為判斷標準，未滿7歲之未成年人，無意思能力，被收養時，由法定代理人代為意思表示並代受意思表示；滿7歲以上之未成年人被收養時，應得其法定代理人之同意。

2. **收養人須長於收養人20歲**：收養為擬制之親子關係，為求與自然之親子關係相近，收養人須長於被收養人20歲。有配偶者收養子女時應與其配偶共同為之，夫妻之一方長於被收養者20歲以上，而他方僅長於被收養者16歲以上，亦得收養。夫妻之一方收養他方之子女時，應長於被收養者16歲以上。

3. **輩分相當及近親收養的限制**：輩分相當及近親收養之限制，適用於收養人與被收養人間有親屬關係之情形。下列親屬不得收為養子女：

    (1)直系血親：父母不得收養婚生子女為養子女，祖父母不得收養孫子女為養子女。

    (2)直系姻親：父母不得收養媳婦，岳父母不得收養女婿。但夫妻之一方，收養他方之子女者，不致紊亂輩分，且有助於家庭圓滿，因此不在此限。

    (3)旁系血親及旁系姻親之輩分不相當者。

    所謂輩分相當，是指其輩分的差距相當於父母子女，因此，輩分高者得收養輩分低一階者為養子女；但旁系血親在六親等之外，旁系姻親在五親等之外者，因親屬較遠，調查不易，不在此限。

4. **夫妻共同收養**：夫妻收養子女時，應共同為之。但有下列各款情形之一者，得單獨收養：

    (1)夫妻之一方收養他方之子女。

    (2)夫妻之一方不能為意思表示或生死不明已逾三年。

5. **有配偶者被收養時應得配偶之同意**：夫妻之一方被收養時，應得他方之同意。但他方不能為意思表示或生死不明已逾三年者，不在此限。

6. **一人不得同時為二人之養子女**：除夫妻共同收養子女外，一人不得同時為二人之養子女。即一人只許一對夫妻或一人之養子女。因為在收養關係未

終止時，又成立另一收養關係，則會使親子關係更複雜，易生糾紛。惟夫妻收養子女後離婚者，收養關係對夫及妻仍然存續，養子女則成為二人之養子女，視為例外。

■形式要件

收養之形式要件是採放任主義，收養子女應以書面為之，但自幼撫養為子女者，不在此限。1985年親屬法修正，採公權力介入主義，收養除應訂立書面契約外，並應聲請法院認可。

1. **書面**：收養子女應以書面為之，為了慎重起見，收養子女應以書面為之。惟被收養者未滿7歲且無法定代理人時，無從以書面為意思表示，此時僅收養人一方為意思表示，並聲請法院認可即可。

2. **法院的認可**：收養子女應聲請法院認可，現行民法一改過去收養所採之放任主義，而改採國家公權力干涉主義。所以收養關係的成立應由收養人與被收養為聲請人向法院聲請收養認可，但被收養人未滿7歲而無法定代理人者僅以收養為聲請人。

法院對於收養認可之聲請案件雖非訴訟事件，但法院不惟須就形式，且須就實質加以審查，認有調查之必要時得訊問收養當事人及其他關係人。收養有下列情形者法院不予認可：

(1)意圖以收養免除法定義務。

(2)依其情形，足認收養於其本生父母不利。

(3)有其他重大事由，足認違反收養目的。

此外，法院認為兒童收養之事應考慮兒童之最佳利益。決定兒童之最佳利益時，應斟酌收養人之人格、經濟能力、家庭狀況及以往照顧或監護其他兒童之紀錄。例如滿7歲之兒童於法院認可前，得准許收養人與兒童先行共同生活一段時間，供法院決定認可之參考；法院認可前應命主管機關或其他兒童福利主管機關進行訪視，提出調查報告及建議；收養之利害關係人亦得提出相關資料或證據供法院斟酌；法院對被遺棄兒童為認可前，應命主管機關調查其身分資料；父母對於兒童出養之意見不一致，或一方所在不明時，父母之一方仍可向法院聲請認可；經法院調查認為收養乃符合兒童之利益時，應予認可；法院認可兒童收養者，應通知主管機關進行訪

視，並作成報告備查；聲請認可收養後，法院裁定前兒童死亡者，聲請程序終結；收養人死亡者，法院應命主管機關或其委託機構代為調查並提出報告及建議，法院認其於兒童有利益時，仍得為認可收養之裁定。

(二)收養之流程

透過專業社會福利機構的收養服務，收養人不但可以得到完善的諮詢服務，同時，透過合法程序的收養，可避免買賣兒童的困擾。至於收養的流程，從圖**11-3**可得知。

(三)收養之效力

我國「民法」採完全收養制，養子女與養父母發生擬制之親子關係，而與本生父母間之權利義務，於收養存續期間，停止其效力。至於收養之效力，自法院認可收養之日起發生效力。以下分別就養子女與養親方及本生方，就收養所生之效力分別說明如下：

■養子女與養父母及其親屬間的關係

1.親子關係的發生：收養之目的，原使無血親關係之人，透過收養取得擬制之親子關係，因此，收養之主要效力，乃在於為養子女取得與婚生子女同一之身分。至於因收養產生稱姓、扶養義務、繼承權及親權行使等效力，有下列幾點：

  (1)養子女從收養者之姓或維持原來之姓。

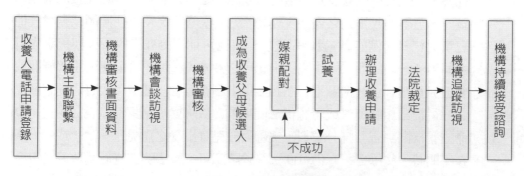

圖11-3　收養流程圖

(2)養子女與養父母及其親屬間之關係，除法律另有規定外，與婚生子女同。

　　此外，兒童的收養案件，養父母均不能行使、負擔對於兒童之權利義務或養父母均死亡時，法院得依兒童、檢察官、主管機關或其他利害關係人之聲請選定監護人及指定監護之方法，不受民法之限制。

2.**親屬關係的發生**：收養關係成立後，養父母與養子女之關係與婚生子女同，惟養子女與養父母之親屬間、養子女之直系血親卑親屬與養父母及其親屬間，有無親屬關係，我國現行民法並未規定。惟基於完全收養制之精神，養子女與養父母之親屬間，應亦發生親屬關係。

■養子女與本生父母及親屬間的關係

　　在收養關係存續中，養子女與本生父母及其親屬間之權利義務，除夫妻之一方收養他方之子女外，處於停止狀態，於收養關係終止時起，始回復其與本生父母之關係。惟所停止者，僅止於權利義務關係。至於養子女與本生父母之自然血親關係，於收養存續期間，仍屬存在。

(四)收養之種類及優缺點

　　收養可分為機構收養及私人收養，其優缺點如下：

■機構收養

　　係由生父母向社會福利機構求助，或由醫療院所及其他單位轉介，希望透過社會福利機構為小孩代覓合適的收養父母，經過法律的程序，正式辦理手續。辦理機構會提供收養人與收養相關的服務，如試養期的安排、提供親職諮詢、提供收養相關法律諮詢，生父母可透過機構知道孩子的狀況，小孩也能獲得充分的照顧和關懷。

■私人收養

　　係指小孩被收養時，不經由社會福利機構之介入，而由親生父母經人介紹，直接與有意收養小孩者接觸，或透過親戚朋友或其他有關人士的介紹，辦理收養，而收養父母可能負擔的風險，如生父母的反悔、收養家庭的生活受影響；仲介者或生父母食髓知味不斷提高仲介費用，是為一種變相敲詐，對孩子的背景、

來源或健康狀況所知有限，並且無法求證。

(五)收養之無效與撤銷

■收養之無效

收養行為除當事人無收養之合意、未訂立書面契約及未經法院認可，宜解為無效外，收養人未長於被收養人20歲以上、收養違反輩分相當及禁近親限制之規定及收養違反一人不得同時為二人之養子女等規定，依民法第1079條亦為無效。法律上有利害關係之人，得隨時以訴或抗辯之方法主張無效。惟現行收養法之無效宜解為裁判無效為妥，蓋收養須經法院之認可，為維法院認可之公信力，收養於法院裁判無效後，始溯及收養行為時無效為妥。

■收養之撤銷

收養契約之瑕疵，當事人如有詐欺、脅迫或錯誤，得依一般法律行為之規定，行使撤銷權。此外，民法規定有三種撤銷收養之原因：

1. 有配偶者收養未與其配偶共同收養，其撤銷權人為收養人之配偶。
2. 有配偶之人被收養，收養時未得配偶之同意，其撤銷權人為被收養人之配偶。
3. 滿7歲之未成年人被收養，未得法定代理人之同意，撤銷權人為法定代理人。

撤銷權之行使期間自知悉被收養之日起六個月內，或自法院認可之日起一年內。

收養撤銷的效力僅向將來發生，不溯及既往，養子女自收養撤銷之日起，回復其本姓，並回復其與本生父母的關係。但第三人已取得的權利，不受影響。

(六)收養之終止

收養關係的終止，係指對於完全有效之收養關係，因嗣後之事由，由收養人與被收養人合意終止或請求法院裁判終止收養關係，其終止之效力向將來發生。收養之終止可分為兩願終止及裁判終止，分別說明如下：

■**兩願終止**

兩願終止得由養父母與養子女雙方合意終止之,並以書面爲之。而兩願終止收養之要件爲:

1.**終止收養之合意**:

(1)終止收養之合意爲身分上之行爲,應由當事人自行爲之。惟養子女爲未滿7歲之未成年人無意思能力,其終止收養關係之意思表示,由終止收養後爲其法定代理人代爲之,無法定代理人則爲例外。

(2)終止收養之合意,以有意思能力爲已足,民法以年齡加以區分,7歲以上即有意思能力,可自行決定終止收養關係。惟基於保護未成年人,養子女爲滿7歲以上之未成人者,其終止收養關係應得收養終止後爲其法定代理人同意。禁治產人於回復常態,得終止收養關係。

(3)養親於收養時有配偶者,須共同爲收養,其合意終止收養關係亦應共同爲之。惟一方已死亡或離婚者得單獨爲之。至於養親於收養時尚無配偶,但終止收養時已有配偶,有配偶者於收養時未與其配偶共同爲之,但未經撤銷,有配偶者於被收養時得其配偶同意或未得配偶之同意,應採否定說。蓋於此等情形,無破壞家庭和平之虞。

2.**須做成終止收養之書面**:兩願終止收養,應以書面爲之,且以此爲已足,無須如離婚須有證人或登記爲必要,雖依戶籍法,終止收養登記,應經戶籍登記。惟此不屬終止收養之要件,僅爲終止收養之證明方法。兩願終止收養,以書面爲必要,否則雖事實上已有終止收養之事實狀態,卻無書面之作成,仍不構成收養之終止。

■**裁判終止**

「民法」對於裁判終止收養之原因,採列舉終止收養之原因,並於第1081條採概括規定,有其他重大事由時,養子女或養父母之一方有下列情形,他方、主管機關或利害關係人得請求法院宣告終止收養關係:

1.對於他方爲虐待或重大侮辱。

2.遺棄他方。

3.因故意犯罪,受二年有期徒刑以上之刑之裁判確定而未受緩刑宣告。

4.有其他重大事由難以維持收養關係。

■終止收養之效力

終止收養因收養所生之一切效果，向將來失其效力。養子女自收養終止時起回復其本姓，並回復其與本生父母之關係，但第三人已取得之權利，不因此而受影響。至於與養方之關係，收養終止時因收養所擬制之親屬關係視同消滅。養子女在收養存續期間所生之子女，除有特約外，其與養方之親屬關係，隨同消滅。收養關係終止後，養子女及其子女與養方直系血親及直系姻親，仍不得結婚。如收養係因判決終止者，無過失之一方，因而陷於生活困難者，得請求他方給予相當金額。

三、美國收養服務

美國為一英美法系的國家，原先並無收養制度，但為因應社會變遷的需求，也自歐陸法系（如德國、法國、瑞士等）引入收養制度。收養制度會隨著文化及民族性的差異而有不同的考量，但其內容與發展的方向及潮流卻是一致的。接下來將介紹美國在收養服務及收養過程的一些考量與作法。

在美國，兒童收養是很敏感的議題，收養之過程極須小心處理，是以孩子的權益重要，還是親生父母、養父母、族群或部落權益重要，社會工作人員在收養過程的角色是提供最佳的家庭選擇以滿足兒童之需求。因此，收養過程中需要仔細評估收養家庭的優勢及兒童的需求。雖然許多被收養的兒童如果在收養家庭獲得妥善的照顧，他們會給收養父母一些正向的反應；但是也會有一些兒童，因為其早年被照顧的經驗或創傷，即使給予他們正向的照顧，他們也難以再相信別人。社會工作人員在為這些孩子做收養服務之評估時，必須要告知收養父母有此種概念及訊息，如此一來才不會造成不成功的收養程序及損害收養家庭及兒童。

社會工作者可以運用一些處遇方法幫助被收養兒童在收養家庭能平穩的捱過這個過渡時期，使被收養兒童能盡早適應新的家庭生活，例如利用生活剪貼簿幫助被收養兒童瞭解他的新家庭生活；而生活剪貼簿不只限於收養家庭的生活而已，也可包括與原生家庭或寄養家庭生活點滴的記錄。生活剪貼簿包括相片、信件、收養文件或其他個人的訊息。

在許多收養過程中，最終所選擇的收養家庭並非為最初（第一個）的選擇，

必須仔細評估，確認其有收養之能力。許多社會服務機構已開始修正理想收養父母的定義為：年輕、有安全財務、處於傳統的家庭情況（雙親），但現在已轉變為有愛人之心及有愛心的家庭環境才是最重要，是否為傳統有雙親的家庭環境就不是那麼重要。現在有愈來愈多的單親家庭、年邁父母的家庭、低收入戶家庭等非傳統式家庭型態也可被接受成為一收養家庭。

(一)收養現況

在美國，等待被收養的孩子常是年紀較大、少數民族，或者是有特殊需求（例如障礙兒）的兒童，而年輕、白色人種的小孩較少，而且供給也不及需求。以下將介紹跨種族收養、特殊需求收養，以及黑市收養三種美國收養市場現況，茲分述如下：

■跨種族收養

跨種族收養（interracial adoption）在美國引起很多爭議及衝突。在美國收養服務市場中，少數民族的兒童比高加索的白人更多在等待被收養家庭收養，事實上，單以黑人的兒童就占收養市場的39%（National Committee for Adoption, 1986）。雖然美國兒童福利聯盟一向支持收養服務是不對任何種族（包括父母及小孩）歧視，但也不得不承認，文化及族種支持的重要性。美國兒童福利聯盟也強調收養服務要基於兒童的最佳利益，而不是針對收養父母的考量。然而許多研究亦指出，跨種族收養對兒童不會有壞處，且適應良好（Feigelman & Silverman, 1983; Simon & Alstein, 1987）。但也有許多研究者與實務者亦堅持同種族收養，對孩子益處更多的信念，尤其是美國黑人社會工作者協會（National Association of Black Social Worker, NABSW）一直抱持反對立場，他們認為在白人收養家庭長大的黑人兒童，日後會與自己族種的文化失去聯繫，並成為無法融入任何文化的人。美國1978年制頒的「印第安兒童福利法」就是非常強調同種族收養的法案，而且也禁止印第安兒童被其他種族家庭所收養。在此法案未頒布之前，美國印第安兒童常被白人家庭所收養，也造成印第安社區的人口減少（如同在台灣要考量原住民的兒童般），尤其是1950、1960年代，約有25%至35%的原住民兒童因貧窮而被迫從原生家庭中被移開，安置在收養家庭中。同時該法案規定，美國原住民兒童被安置的第一考量是其延伸家庭，第二是部落社區，第三是其他印第安部

落家庭，以保留文化傳承的理念。此種強調也影響1994年美國頒布「多種族領養法案」（Multiethnic Placement Act），禁止領養者將接受領養者的族群、膚色，或因國籍作為領養與否的因素，其用意在於縮短有色人種等待領養的時間。

倡導同種族收養的專家們希望原住民兒童能由自己的種族家庭來收養，以免造成部落人口外移，形成印第安社區老人多而年輕族群少。這種方案的提倡者是在伊利諾州芝加哥市的長老教會「一個教堂／一個孩子」（One Church/One Child）的方案，此法為在芝加哥地區每一個教堂收養一個黑人兒童，短短數年中，這個外展方案已找到三十七個收養家庭，現在也已擴展到美國各地區（Veronico, 1983）。

■特殊需求收養

有特殊需求的兒童在收養市場等待被收養的需求量很大，而且也以年紀較大的兒童居多。美國在1980年頒布「領養協助暨兒童福利法案」（Adoption Assistance and Child Welfare Act）即以提供津貼的誘因（例如醫療補助）鼓勵收養家庭收養特殊需求的兒童。雖然津貼的用意是補助家庭獲得一些經濟資源以幫助特殊需求的兒童，也希望不會因此帶給收養家庭是為了津貼而收養特殊需求兒童的烙印。但事實上，收養家庭收養特殊需求的兒童並不顧忌這種烙印（Cole, 1987）。

■黑市收養

黑市收養意指兒童為了一些利益而被賣到收養市場。通常有第三者先在市場找尋等待被收養的嬰兒及兒童（通常找尋年輕媽媽的家庭），然後再找尋收養家庭待價而沽，以賺取仲介費用。這種獨立性的黑市收養，媽媽獲得的支持很少，例如有限的醫療照顧及親職支持。

(二)收養過程

在收養過程中，需要專業兒童福利社會工作者對收養家庭仔細評估。一旦兒童被轉介到兒童福利機構，原生家庭的父母權利就合法的中止，或父母自願中止／放棄父母權利，社會工作者就從申請寄養家庭的檔案中尋找寄養父母，然後做媒親配對。在此媒親配對過程，等待被收養的孩子大多是年紀較大而且是少數或黑人民族，但大多數的收養家庭想要的是白人兒童或年紀較輕的兒童

（McKenzie, 1993）。

McKenzie（1993）發現在收養過程系統有一些阻礙存在，例如試養、收養規劃準備（包括父母權利的中止），以及收養規劃。在收養前的規劃階段常會造成收養過程的延誤，而這些延誤對被收養的兒童及收養家庭卻造成一些困難。然而這些收養流程是必然的，但也須注意到收養父母及被收養兒童的需求。同時，收養流程還要包括社會工作者對收養家庭做訪視，以瞭解未來被收養兒童被安置的環境，以及尋找資源幫助收養家庭接納此被收養兒童的準備。但是，此種訪視諮詢也會傷害到被收養的兒童（例如提出兒童被虐待或惡待的記錄等）。過去，收養訪視過程還要做到對收養家庭的道德評估，現在則是強調收養父母的親職角色。

雖然嬰兒可以立即被收養，但對大一點的兒童還須做試養動作，因大一點的兒童試養不成功的例子較多（Rosenthal, 1993）。收養家庭常常是經由試養家庭照顧被收養兒童一段時間後，再考慮由寄養轉到收養。雖然此方面的研究結果正反兩面皆有，但根據一些兒童福利專家的經驗，由寄養轉到收養服務，親子較不會產生試養不成功的情形（Downs, Costin & McFadden, 1996）。因此，這種情形也導致美國愈來愈多的機構將被收養兒童安置在寄養家庭，使其成為一收養家庭為第一優先考量。

此外，美國自1972年最高法院裁決未婚父親也有監護權，除非他們不適於為人父。有些州甚至明確規定孩子出生六個月內生父有權行使同意與否，有些州則規定收養機構必須取得生父母的同意，問題是有些生母不願意說出生父的名字。美國1983年最高法院裁定：生父如果未與嬰兒建立關係，不得擁有撫養權。紐約州就針對未婚父親建立登記檔案，只要有未婚出生小孩被領養，這些登記的未婚父親就會被通知，他們可以察看被領養的小孩之中是否有自己的子女。

機構安置是弱勢兒童保護的最後一道防線，其為一種團體生活的安排，當兒童少年原生家庭遭遇變故，而無法照顧時，機構提供一種24小時安全及穩定的照顧，機構照顧的目的是提供兒少暫時性的替代照顧，一方面等待原生家庭恢復或重建功能時，能返回原生家庭或協助無法返家的少年能生活自立。

第三節　機構安置與教養服務

　　機構安置與教養服務在過去（1960年代之前）一直是兒童福利的主要業務，尤其對於一些貧童、兒童虐待個案、非婚生子女或原生家庭不適擔任教養角色等。安置服務一般可分爲家庭式與機構式之服務；家庭式之安置又以親戚及寄養家庭之家外安置爲主（已於第一節中介紹），而機構式又以相關教養機構或育幼院爲主，是屬於兒童安置照顧體系裡的最後一道防線。安置照顧的目的在於提供上述兒童臨時性的替代照顧，待原生家庭功能恢復，再讓兒童返家；如家庭功能已喪失，再尋找永久性的規劃，如收養家庭（已於第二節中介紹）。1970年代之後，隨著國內兒童發展問題與日邊增，安置服務也日漸明顯，雖然早期的兒童福利業務以安置爲唯一且很重要的處遇，但自兒童照顧觀念轉變及兒童發展研究的影響，兒童安置觀念也隨之改變，以兒童寄養爲第一優先，其次爲兒童收養，最後不得已仍要考量機構安置服務。雖然如此，還是有部分兒童或少年因本身伴隨著一些行爲問題或性格異常，使得一般寄養家庭接受意願不高，而使得他們成爲一些「難置兒」（杜慈容，1999；Collins, 2001）。而教養機構可以在有控制及資源的環境下，配合兒童之特殊需求，協助其能身心健全發展，待其適應社會環境，故機構安置還是有存在之必要。

　　余漢儀（1995）提出機構安置服務雖然讓兒童、少年免於家人的傷害，但分離的經驗卻也造成孩子心理情緒與生活適應上之困難；而且機構內複雜的人際關係、較不彈性的管理規則，也會對兒童及少年日後的人格及行爲造成影響。

　　本節將介紹政府遷台以來台灣地區育幼院機構照顧服務的發展、台灣目前兒童及少年安置機構的種類及目的、服務內容、安置機構業務的轉變與發展，以及未來的展望與省思方向，茲分述如下：

一、政府遷台以來台灣地區育幼院機構照顧服務的發展

(一)1940至1950年代

　　台灣光復初期，兒童福利事務發展是以救濟院、教養院，以及殘障機構等

替代性質之福利服務機構來推展，其主要發展的重點為教養保護及技能訓練。至於在核心國家與邊陲地區之經費、知識與資源的強制擴散過程中，非營利組織的CCF在主客觀因素相對優勢之下，率先在台灣地區採取家庭型態的機構教養方式（葉肅科、蔡漢賢主編，2002；Kuan, 1994）。

遷台之後政府所實施有關社會救助的服務措施與1949年所制訂有關育幼服務機構教養相關的單行法規（包括：「台灣省立救濟院組織規程」、「台灣省育幼院組織規程」、「台灣省育幼院兒童入院出院辦法」、「台灣省救濟院育幼院所家庭補助辦法」）等法源相關（孫健忠，1995）。另外，1943年所公布的「社會救濟法」對於政府遷台後的育幼服務工作也具有指標性作用，例如，育幼院所收留養年齡的分界為2歲至未滿12歲之兒童，在留養期間，必須規劃安排院童之教育及技能訓練，此為救濟方法的部分；另外社會救濟法將育幼院規範為救濟設施的一部分。此外，亦將育幼院收養的運作訂定了明確的規範（丁碧雲編著，1975）。

(二)1960年代

政府於1965年頒布有關社會救助之政策——「民生主義現階段社會政策」，此項政策的頒布也使得育幼院在十年內（1960至1970年）由7家遽增至27家，院童數由1,468名增加到4,012名（葉肅科、蔡漢賢主編，2002）。由於育幼院之家數及院童數的增加，以及1968年九年國民義務教育的實施，育幼院院童收容年齡由原本未滿12歲延長至未滿15歲，其功能已不單單僅限於安置的功能，對於院童的教育及技能訓練也必須提升（台灣省文獻委員會，1992）。

另外，此階段也制訂了許多相關的法規辦法，包括：「台灣省立育幼院扶助兒童辦法」（1963）、「獎助私立救濟院福利設施辦法」（1963）、「私立救助設施管理規則」（1964）、「公私立救濟、育幼院學童升學請領公費辦法」（1969）、「設置兒童福利業務人員研習中心以強化從業人員的專業知能」（1963）（葉肅科、蔡漢賢主編，2002），以及1970年所通過的「中華民國兒童少年發展方案綱要」。

(三)1970年代

與1960年代相較之下，安置機構已非貧困家庭兒童的唯一去處。因政府提供

貧困家庭兒童生活上的補助，加上從1960年代中期政府積極推動人口調節政策的因素（內政部人口政策委員會，1981；丁碧雲編著，1975），因此，1970年代育幼院收容人數明顯下降，由1970年的4,000多名下降至1981年的2,000多名（葉肅科、蔡漢賢主編，2002）。

至於，1973年「兒童福利法」的通過，其內容主要是以不幸兒童為目標人口群（target population），而對於兒童保護之政策及措施，以及兒童福利機構的經營管理部分，在法源基礎上，仍有許多不足的部分。

(四)1980年代至今2010年

此階段為因應政府兒童保護政策，育幼院在經營型態及運作上有明顯的變化，朝向收容多樣化發展。例如，1990年省政府社會處在三家省立育幼院設立受虐兒童緊急庇護所，此外鼓勵並積極輔導民間傳統育幼機構的轉型等（施教裕，1998）。這樣的變遷，加上外在結構的限制（如機構之轉型、合法立案的他律規範、國外資源撤離的生存壓力，以及兒童福利需求的轉變等），使得育幼院在此階段包括院所數及收容人數等都出現明顯的落差。

另外，此階段並完成修訂許多相關的法規辦法，包括「兒童寄養辦法」（1983）、「兒童寄養業務及收費辦法」（1985）、「兒童福利法」（1993年修正實施）、「兒童福利專業人員資格要點」（1995）、「兒童福利專業人員訓練實施方案」（1997）、「兒童及少年福利法」（2003），以及兒童局專責單位的設立（1999）等，對於育幼院的功能及定位等產生了衝擊及影響（葉肅科、蔡漢賢主編，2002）。

(五)2010年迄今

衛生福利部社會及家庭署於2010年推動「特殊兒童及少年團體家庭實驗計畫」，該計畫係由直轄市、縣（市）政府輔導有意願營運之績優兒童及少年安置及教養機構或具有承接能力之財團法人成立團體家庭，其詳細計畫內容如下（彭淑華、趙善如，2013）：

1.**服務對象**：經社工員評估符合下列條件，且不適宜在機構或寄養家庭安置者為：(1)疑似（或確診）愛滋之兒童及少年。(2)嚴重行為偏差之特殊兒童

及少年。(3)嚴重情緒困擾之特殊兒童及少年。(4)機構內性侵害之嫌疑兒童及少年。(5)逃家、逃學且不適宜在家教養之兒童及少年。(6)其他無適當機構安置之特殊兒童及少年。

2.**服務規模、服務人數**：每一團體家庭以4人爲限。

3.**人員比例**：每一團體家庭之保母、保育人員或生活輔導人員人數與兒童及少年人數之比例以1：2爲基準，且不得雇用外籍看護工。得視業務需要特約心理諮商師、心理師、護理、復健、營養或其他專業人員。

4.**服務內容**：包括生活照顧、心理及行爲輔導、就學及課業輔導、衛生保健、衛教指導及兩性教育、休閒活動輔導、就業輔導、親職教育及返家準備、獨立生活技巧養成及分離準備、追蹤輔導等。

綜上所述，台灣地區育幼院機構雖在不同的年代環境中，隨著社會的變遷及相關立法的規範下演變、發展，育幼院在功能上已不再只是一安置、照顧的機構，面對不同的因素所產生的問題，使得其必須轉型朝向收容多樣化的方向發展，從**表11-2**育幼院機構照顧服務一覽表中就其收容人數比率的部分來觀察，從1946至2002年平均收容人數比率大約占兒童人口數的萬分之六。

表11-2　育幼院機構照顧服務一覽表

年代別（年）	總人口數：千人	兒童人口數：千人	兒童人口比：%	育幼院數：所	收容人數：人	兒童收容比：萬分	院所收容比：人
1946	6,091	2,619	43.0	1	156	6.0	156.0
1960	10,792	4,904	45.4	7	1,468	3.0	209.7
1966	12,993	5,712	44.0	17	2,617	4.6	153.9
1970	14,679	5,821	40.0	27	4,012	6.9	148.6
1975	16,233	5,705	35.1	34	2,882	5.1	84.8
1980	17,866	5,714	32.0	35	3,088	5.4	88.2
1990	20,401	5,510	27.0	25	1,719	3.1	68.8
1998	21,929	3,811	17.4	41	2,454	6.4	60.0
1999	22,092	3,786	17.1	40	2,306	6.1	57.7
2000	22,277	3,751	16.8	42	2,433	6.5	57.9
2001	22,406	3,700	16.5	42	2,362	6.4	56.2
2002	22,528	3,612	16.0	42	2,166	6.0	51.8

資料來源：葉肅科、蔡漢賢主編（2002）；行政院經濟建設委員會人力規劃處（2002）。

表11-3則是自2006-2019年兒少安置機構收容人數，從2006年至2009年是上升趨勢，2015年最高人數達3.457，之後有逐年下降之趨勢。

表11-3　歷年（2006至2019年）兒少安置機構收容人數

年份	合計人數	男性	女性	公立	私立收容人數	公設民營收容人數
收容人數	私立	1491	1519	914	1928	168
收容人數	公設民營	1600	1558	903	2063	192
收容人數	3430	1750	1680	940	2275	215
2009	3453	1746	1707	869	2365	219
2010	3619	1815	1804	919	2477	223
2011	3609	1837	1772	873	2501	235
2012	3549	1858	1691	840	2508	201
2013	3542	1842	1700	826	2463	253
2014	3501	1818	1683	836	2456	209
2015	3475	1771	1704	806	2450	219
2016	3319	1702	1617	806	2329	184
2017	3148	1583	1565	789	2195	164
2018	2985	1485	1500	746	2073	166
2019	2795	1398	1397	750	1864	181

資料來源：衛生福利部社會及家庭署（2022）。

二、機構安置的種類及目的

機構安置的教養（institute care）是政府與民間團體共同對失依兒童所提供的一種團體照顧方式，尤其對於提供兒童安全堡壘的家庭失去了功能，加上社會資源及支持系統日益薄弱，更衍生社會對機構安置的需求。早期對失依兒童提供類似家庭給予兒童一些生活照料及學習機會的機構收容，稱為孤兒院或育幼院，一般是由非營利組織或慈善人士所興建。漸漸地，這些機構收容一些破碎家庭、變故家庭或低收入家庭的兒童（馮燕等，2000），日後隨著社會兒虐事件頻增，此種安置機構遂成為兒童保護的最後一道護身符，提供家外安置。自2000年隨著凍省，原有省立桃園、台北、高雄育幼院，分別改稱為北區、中區及南區兒童中心，並成為一種兼失依、兒虐、性侵害及流浪兒童的綜合性教養機構。

我國「兒童及少年福利與權益保障法」第五章福利機構中第75條規定：兒童及少年福利機構分類如下：(1)托嬰中心；(2)早期療育機構；(3)安置及教養機構；(4)心理輔導或家庭諮詢機構；(5)其他兒童及少年福利機構。兒童及少年福利機構之規模、面積、設施、人員配置及業務範圍等事項之標準，由中央主管機關定之。各級主管機關應鼓勵、委託民間或自行創辦兒童及少年福利機構；其所屬公立兒童及少年福利機構之業務，必要時，並得委託民間辦理。直轄市、縣（市）主管機關為辦理托嬰中心托育服務之輔導及管理事項，應自行或委託相關專業之機構、團體辦理。

總之，機構安置係指兒童因家中遭遇變故或遭受不當教養或虐待，故使兒童不適宜待在原生家庭，因此，兒童必須要採取家外安置，而家外安置優先之考量為寄養服務（暫時性），其次為收養服務（永久性的規劃），最後才為機構安置（可為暫時性及永久性）。所以說來，機構安置及教養之目的是透過安置，給予兒童暫時性或永久性的養育及教育，以協助兒童身心健全成長，以及幫助兒童返回原生家庭或適應社會環境。

三、機構安置的服務內容

機構安置的對象是因家庭遭受某些原因（如變故、兒童虐待等），而使兒童「不適宜」或「不能」再待在原生家庭，而家外安置之寄養服務又不適合時所採取的服務方式。當然兒童又有其特殊性，例如，行為、人格或特殊需求（如肢體或心理障礙等），故機構教養服務遂成為一綜合及多元性的服務。以下就以兒童及少年安置機構經常使用的服務內容做介紹，茲說明如下：

(一)兒童安置機構

■院童教養

1. **生活照顧**：因院童的年齡都很小（12歲以下），且大多來自家庭結構不健全或功能失調的家庭，故其生理及心智之發展，常有遲緩之現象，顯現於外之行為亦多偏失，需給予更多的愛心包容及更專業的照顧與輔導。機構採家庭型態方式教養，依院童年齡及性別之考量分為幾個不同的家，各家有家名，每家配置2名保育人員輪流值勤，全天候給予院童最妥適之生活照

料；對於院童的身心發展，除了保育人員時時關注外，還不定期前往院童就讀的學校訪視，並於每晚就寢前安排貼心的會談，輔導員和社工員亦定期值勤，以協助保育人員輔導行為偏差院童，處理突發狀況及個案諮商。另有膳食委員會組織負責院童的三餐膳食事宜。

2.**課業輔導**：多數院童因先天條件不足，以致學業、成就、學習動機低落，正值國小、國中的義務教育階段，係基礎學力建立最重要之時期。為協助院童快樂學習，並奠定良好學識基礎，院家輔導的措施如下：

(1)針對學習困難的院童，建議學校設置學習障礙資源班，以進行補救教學。

(2)召募各大專院校學生組成志願服務隊，實施一對一之課業輔導，針對學習進度嚴重落後，或智能不足需特殊教育之院童；或是召募在職或已退休的老師來擔任輔導課業的志工。

(3)運用電腦教學軟體輔助院童學習，使電腦能生活化、教育化。

3.**才藝訓練**：為促進院童智能發展，提供多元學習機會，透過外聘學有專精之師資及部分志工老師之熱心服務，辦理各項才藝班，如電腦、珠算、兒童聖經、繪畫、編織、桌球、吉他等課程，以期增長見聞，啟發智能及提升院童自我概念，頗多助益，深受院童歡迎。

4.**休閒活動**：定期辦理各種休閒活動或比賽，如戶外旅遊、郊遊登山、烤肉、知性參訪等活動，藉以調適身心，並豐富生活經驗。

■衛生保健

1.定期辦理全身健康檢查，以期孩子能在整潔舒適的環境中成長。

2.因院童均來自弱勢或功能不健全家庭或受遺棄之兒童，他們在身心發展的關鍵期，缺乏適當教養或身心受虐，所以在認知發展、生理發展、語言發展、心理發展，以及生活自理能力等方面均有遲緩現象；所以院家須積極推動早期療育：

(1)將發展遲緩院童送至醫院評估及安排適當治療。

(2)對於有情緒困擾、心理障礙之院童，安排至醫院做心理治療。

(3)積極接洽特教系學生來做志工，幫助每位身心障礙的院童。

■個案輔導

為協助行為偏差、適應不良，或有情緒困擾之院童，提供個別輔導，以增加其適應能力，使其人格得以正常發展。

■追蹤輔導

經人收養或是終止收養關係的院童，為確保其離院後能繼續接受良好的教養及生活，院家會與其保持密切聯繫，追蹤輔導，並適時、適地的給予協助與支援。

(二)青少年安置機構

除了實務上的需求，國內這幾年因「兒童及少年福利與權益保障法」、「少年事件處理法」，以及「兒童及少年性交易防治條例」等與少年有關的法令均提到安置服務的概念，使得少年安置服務的定位更為明確與迫切。

我國自1989年通過「少年福利法」後，短短不到十年間陸續通過或修訂三個與青少年福祉相關的福利法案，這些法案包括「兒童福利法」的修訂、「兒童及少年性交易防治條例」及「少年事件處理法」的修訂，以及2011年的「兒童及少年福利與權益保障法」。隨著這些相關法令政策的修訂或通過，保護青少年的福利觀念迅速且普遍受到社會重視。綜觀這些法案中，對於應受保護的少年類型、保護的流程、服務的機制，以及相關罰則都有明確的規範。因此，針對這些特定青少年的特殊需求所需要的服務內容及項目也隨之發展，其中最凸顯需要性的就是安置服務（張紉，2000）。

少年安置服務的興起，主要是奠基於一群需要受到保護的青少年，無法從他們原生家庭中得到應有的身心照顧，因此，由國家提供替代性家庭服務，以協助青少年順利成長。雖然這種替代性家庭的福利措施，有其福利政策思考上的殘補性缺失及爭議之處（余漢儀，1995），然而對於遭逢不幸或受到傷害的青少年，仍然有其實際上的需要。

若對於需要接受安置服務的對象及安置類型加以分析整合後可以發現，目前國內認定需要接受安置服務的少年類型大致分為五類：

1.家庭遭變故、家人不適合或無力教養之少年。

2.因家人蓄意傷害（如虐待、惡意遺棄、押賣，或強迫少年從事不良行為）而需要保護之少年。

3.因任何原因而從事性交易或之虞行為之少年。

4.行為偏差或適應不良之少年。

5.經由司法機關裁定，需安置於相關福利機構以接受保護管束者。

由以上的分類可以清楚看到，相較於提供給兒童的安置服務，我國法令在規範以少年為主體的安置服務類型中，仍以有行為問題的少年為主，也因此具有「機構化」、「集體化」的特色，容易讓接受服務的少年感受到「拘禁性」與「強制性」。雖然少年可以體認安置服務是「善意」的，是為了保護他們免於受到更多的傷害，不論其被安置的理由為何，但在嚴格的與外界區隔的制度下，他們對此作法最深刻的感受是「沒有自由」。所有的善意是因不自由的住宿環境而大打折扣，該如何使這些原本具有福利意涵的安置服務能夠將福利的理念傳達給少年，並讓少年感受到安置機構所提供的服務對他們的裨益，乃是目前國內少年安置服務亟須突破的工作。

目前對於少年採取機構安置服務的主要法源為下列五項：

1.「兒童及少年福利與權益保障法」。

2.「少年事件處理法」。

3.「兒童及少年性交易防治條例」。

4.「家庭暴力防治法」。

5.「性侵害防治法」。

四、兒童及少年安置機構業務的轉變與發展

(一)兒童安置機構

■收容對象多樣化

過去數十年來，機構收容兒童大多來自父母雙亡，或單親年滿60歲以上、有精神方面疾病，兒童身心有問題或低收入戶之家庭；之後隨著社會環境變遷、家庭功能轉變，機構收容的對象亦隨之有了重大變革。以目前機構所發現收容對象

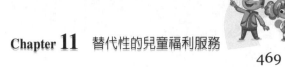
因「兒童保護案件」入家者（被虐待、受疏忽、遭遺棄及家庭遭遇重大變故）占有人數三分之一強，另因父母（一方或雙方）「判刑確定在執行中」入家者（販毒、吸毒、其他各類案件）亦占六分之一強；此外，因家庭結構改組、家庭功能喪失（父母離婚、一方失蹤、未婚生子）之單親家庭兒童及經法院協商裁定轉介之兒童、少年，亦有愈來愈多之趨勢。對於前述各類兒童，機構皆全力配合政府政策，以兒童福利之最佳考量，予以收容教養。

■照顧內容全面化

機構除以往的單純式照顧，如免於孩童挨餓受凍、來自功能不健全之家庭外，需要給予更多的愛心、包容及更專業的輔導照顧，其內容更需專業化、全面化。

■保健醫療專業資源整合及社區服務化

1.**早期療育**：早期介入早期療育是發展遲緩幼兒進步的關鍵所在。愈早期介入愈能省下教育成本。專家學者也認為早期療育一年的功效是3歲以後的10倍。所以機構對於早期發現、早期接受治療有必要多加注意及發展。

2.**心理治療**：對於頗多的情緒困擾、心理障礙或長期創傷症候群之院童，需專聘專業心理治療師為其做心理治療。對於行為偏差或負向行為的院童，需辦理關懷成長團體來引導正向行為及增進社交技巧。

■志工服務社區化制度化

期待召募更多的大專志工來機構服務，也希望結合社區資源和機構附近的社區做資源分享。

(二)少年安置機構

在相關的法令規範下，政府及民間團體這幾年共同致力於安置機構的設置及服務的規劃。至2001年度，全國計有少年教養機構17所，共423床；少年輔導機構共14所，共有564床，全國可供約1,000床的服務容量。而安置服務需求方面，卻有2,241件。目前機構收容女性較多，而且大多在中南部，相對於北部，男性收容機構較少，如此可顯現目前台灣少年之安置需求殷切，尤其是男性安置之機構。這也是兒童局在少年福利業務中，一方面結合民間資源，設置或改善少年教養、

輔導機構，另一方面積極擴充少年安置床位以因應地方政府對少年安置之需求（內政部，2004）。

除此之外，少年安置服務的內容也呈現多元化面貌，首先因法源不同，形成主責安置業務的機關，包括社會局、少年法院、教育局等，因此也形成多重服務對象類型，包括失依、受虐、從事性交易及行為偏差者（有關處遇流程可參見**圖11-4**及**圖11-5**）。而安置服務提供的方式，也隨主管機關人力及地方資源的不同，分別包括政府興建新機構、公立機構轉型（內政部少年之家）或擴展原有服務（公立育幼院、廣慈），委託民間機構公辦民營（松德之家）或是專案委託民間團體提供服務（善牧、勵馨）等。此外，安置服務的名稱或內容，又分緊急庇護、短期收容、關懷中心、中途學校、矯治學校等。這種多元的服務主責機關、案主類型、服務輸送方式及服務內容交叉互動影響，造成安置服務機構實際運作上的許多挑戰。附帶地，目前兒童及少年安置機構負責人及管理者絕大多數均非社工專業相關科系背景，而且甚少有社會工作師之證照者擔任，也凸顯出少年安置機構之方案規劃及服務制度之品質未能符合專業要求，難收安置輔導之成效。

即使在美國，於1970年代美國兒童福利專業人員開始重視家庭處遇的重要性，並從傳統以「兒童」或者以「救援」為中心的工作策略，改變以「家庭」或以「支持」為取向的服務模式，爾後加上聯邦法令的要求，伴隨經費的提撥，使得以家庭為中心的處遇策略成為服務方案的主流，例如IFPS。而台灣目前尚未採行讓家庭為中心的處遇策略成為服務方案，家庭維存服務在台灣仍處於概念階段，未能付諸行動實行。這也是兒童局現階段正輔導地方政府結合民間團體辦理「受虐兒童及少年原生家庭維繫重整服務」，俾期恢復其家庭保護及教養功能（內政部，2004）。

原生家庭在一個人的一生中扮演了相當重要的工具性與情緒性支持功能，國家是以公權力介入家庭私領域來代行親權，而接受安置的少年除了歷經家庭的傷害，也往往無法建立穩定的社區關係，有些甚至因長期流轉於不同的安置機構，因而對人、對環境產生懷疑，無法建立信任關係。其實，不論安置少年最終是返家或是要獨立生活，福利服務體系都應該將服務的對象擴大到少年之外的各個系統，特別是他們的家庭，讓少年在準備離開安置體系時，可以有些選擇，而非無奈的、措手不及地進入另一個生活階段，然後又很快地重新回到社會福利體系中。

不論是返家或是要獨立生活，對安置少年而言，都是新生活的開始，他們除

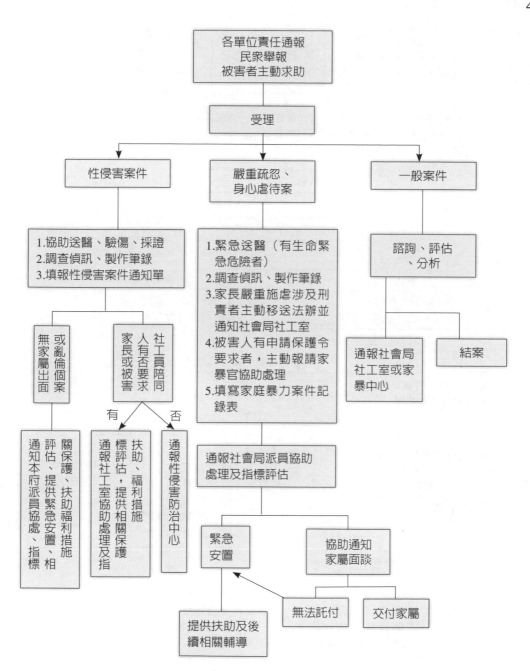

圖11-4　兒童及少年保護個案處理流程

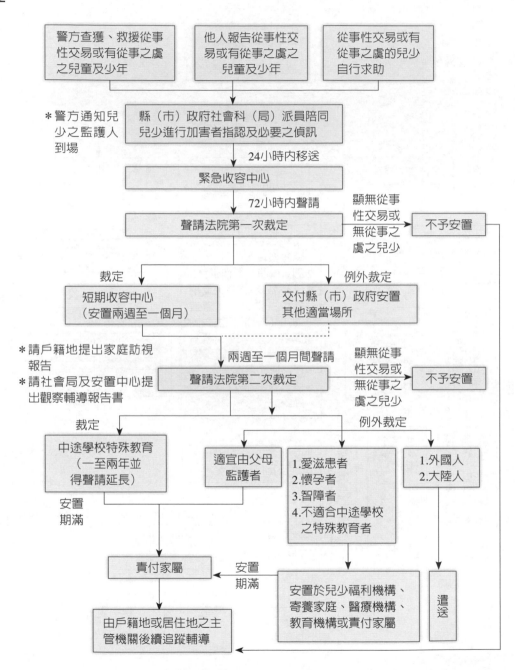

圖11-5 兒童及少年性交易防制工作流程

了須消極地避免複製過去傷害他們之人的作為，也應更積極地建立屬於自己的未來。所以，期待國內的安置機構除了提供殘補式的保護策略，也應主動採行以家庭為中心的處遇策略。若在進行家庭處遇一段時日後，仍評估其家庭功能未獲改善時，則應協助少年準備進入獨立生活，以建立屬於自己的人生與未來。

五、未來的展望與省思

(一)落實兒童福利，確保兒童權益

站在落實兒童福利，確保兒童權益角度，積極主動輔導案家，使其家庭功能早日恢復，一方面幫助案主能重返家庭，共享天倫，以減輕政府財政負擔。

(二)擴大社會聯繫，加強服務社區

擴大社會福利機構間的聯繫，相互支援配合，彼此溝通感情，大家交換經驗，以期為求助者提供最有效之服務。

(三)少年安置輔導之迷思，建構全面輔導策略

兒童安置的年齡依法是初生至未滿12歲者為限，但現因家庭暴力或家庭失能、解組而身心受創，12至15歲以內之少年為數漸多，而安置機構之資源及床位將更顯窘困。所以機構會期待全面輔導案家，使他們恢復功能才能減輕國家社會的負擔。

(四)不適返回原生家庭之兒童，機構長期安置乎？出養乎？

在兒童保護安置事件，主管機關得依法向法院訴請停止不適任父母之親權並另行裁定主管機關為監護人。主管機關斟酌兒童最佳利益考量，為其尋找適當家庭予以出養並聲請法院認可，較之長期安置應是兒童最佳處理方式。惟因民法及「兒童福利法」有關收養規定未明確，法官見解不一，還未有案例可循。機構只好長期安置收容，長期安置收容對兒童身心發展亦有不利影響。所以期盼民法及「兒童福利法」能修訂有關收養規定，可以斟酌兒童最佳利益考量，認可受虐、遭棄養、疏忽教養之孩童收養案件。

本章小結

　　本章探討兒童福利的最後一道防線——替代性兒童福利服務，前兩章也將支持性及補充性之兒童福利服務做深入的說明。替代性的兒童福利服務目的在針對兒童之實際需求，提供一部分或全部替代家庭照顧的功能。本章分別就其主要的措施與內容說明，包括：寄養服務、收養服務、機構安置與教養服務，以及兒童保護服務。

　　就我國兒童福利服務的現況來看，若情況不甚嚴重者，大部分只提供支持性福利服務，其次為暫時性寄養服務，至於較嚴重之案例才會採取機構式的安置。國內兒童、少年家庭寄養服務大多由政府委託民間團體辦理，推行幾十年來，為因應社會的變遷，寄養服務的內容及相關措施也隨之改變。未來應朝向專業資源整合、擴充寄養家庭的類型、舉辦講習會強化寄養家庭之服務功能、培訓寄養服務之專業人力，加強原生家庭重建與輔導的工作，以朝向永久性規劃之目標。

　　第二節針對我國收養制度的立法沿革及趨勢、現行收養制度的規範與效力、美國收養服務做介紹。我國對於收養制度的改革，大致朝向社會救濟的方向，但國內學者曾指出相關之缺失及提供外國收養法之優點，但大多數仍未被立法者所採用，現代各國收養法的內容及制度，會隨著文化之差異及依據其本身的社會經驗來考量，但最終目的皆為一致的——以謀求兒童最佳利益之生長環境為目標。

　　第三節之內容為政府遷台以來台灣地區育幼院機構照顧服務發展、台灣目前兒童及少年安置機構的種類及其目的、服務內容、安置機構業務的發展與轉變及未來的發展方向。兒童若因家中遭受變故、不當教養或虐待，使得兒童不適宜待在原生家庭，因此，兒童必須要採取家外安置，而家外安置應優先考量的是寄養服務（暫時性），其次為收養服務（永久性的規劃），最後才為機構安置（可為暫時性及永久性）。雖然如此，還是有一部分兒童及少年因本身伴隨著一些行為問題，或性格異常，使得一般寄養家庭接受意願不高，所以教養機構可以在有控制及資源的環境下，配合兒童之特殊需求，協助其能身心健全發展，以適應社會環境，故機構安置還是有存在之必要性。透過機構安置，給予兒童暫時性或永久性的養育及教育，協助兒童身心健全成長，以及幫助兒童返回原生家庭或適應社會環境。

參考書目

一、中文部分

丁碧雲（1985）。《兒童福利》。台北：新潮出版社。

丁碧雲編著（1975）。《兒童福利通論》。台北：正中書局。

內政部人口政策委員會（1981）。《人口政策資料彙集》。內政部人口政策委員會。

內政部（2004）。《中華民國92年社政年報》。台北：內政部。

王毓棻（1986）。《台北市寄養父母困擾問題研究》。東海大學社會工作研究所碩士論文。

台灣省文獻委員會（1992）。《重修台灣省通志卷七政治社會篇》。南投：台灣省文獻委員會。

聯合報（2004年5月7日）。台灣之子，每年被丟棄上千人。

行政院經濟建設委員會人力規劃處（2002）。《中華民國台灣地區民國91年至140年人口推估》。行政院經濟建設委員會人力規劃處。

何素秋（1999）。《兒童寄養父母之工作滿足與持續服務意願之研究：以中華兒童暨家庭服務基金會之寄養家庭為例》。靜宜大學青少年兒童福利研究所碩士論文。

余漢儀（1995）。《兒童虐待：現象檢視與問題反省》。台北：巨流圖書公司。

余漢儀（1997）。〈家庭寄養照顧——受虐孩童的幸抑不幸？〉。《台大社會學刊》，25，107-140。

杜慈容（1999）。《童年受虐少年「獨立生活」經驗探討——以台北市少年獨立生活方案為例》。台北：國立台灣大學社會學研究所碩士論文。

周建卿編著（1992）。《中華社會福利法制史》。台北：黎明文化事業股份有限公司。

周慧香（1992）。《社會工作過程對寄養兒童生活適應之研究》。中國文化大學兒童福利研究所碩士論文。

周震歐主編（1997）。《兒童福利》（修訂版）。台北：巨流圖書公司。

官有垣（1996）。〈台灣民間社會福利機構與政府的競爭關係：以台灣基督教兒童福利基金會為例〉。《空大行政學報》，5，125-175。

施教裕（1998）。〈兒童福利機關的行政重組和服務整合〉，輯於二十一世紀基金會主編，《美國兒童福利的借鏡》（頁153-204）。台北：中華徵信所企業股份有限公司。

孫健忠（1995）。《台灣地區社會救助政策發展之研究》。台北：時英出版社。

郭美滿（1997）。〈寄養服務〉。輯於周震歐主編，《兒童福利》（修訂版）。台北：巨流圖書公司。

郭靜晃（2001）。〈兒童寄養服務之另類思考：家庭維繫服務及家庭重聚服務模式之探究〉。《兒童福利期刊》，1，209-220。

陳阿梅（1985）。《都市社區推行兒童家庭寄養之研究》。中國文化大學兒童福利研究所碩士論文。

彭淑華、趙善如（2013）。「102年特殊兒童及少年團體家庭實驗計畫專業精進暨評估研究案」。衛生福利部社會及家庭署。

張紉（2000）。〈青少年安置服務福利屬性之探討〉。《台大社會工作學刊》，2，191-215。

馮燕、李淑娟、謝友文、劉秀娟、彭淑華編著（2000）。《兒童福利》（頁184）。台北：國立空中大學。

楊葆茨（1998）。《寄養兒童社會行為、社工處遇與安置穩定性、內外控信念之研究》。中國文化大學兒童福利研究所碩士論文。

蔡漢賢（1992）。《社會工作辭典》。台北：中華民國社區發展研究訓練中心。

葉肅科、蔡漢賢主編（2002）。《50年來的兒童福利》。台中：中華社會行政學會。

蘇麗華、王明鳳（1999）。《台北市寄養服務工作現況與展望。寄養父母寫真集》（頁11-19）。台北：台灣世界展望會。

二、英文部分

Child Welfare League of America (CWLA) (1988). *Standards for health care services for children in out-of-home care*. Washington, DC: Author.

Cohen, N. A. (Ed.) (1992). *Child welfare: A multicultural focus*. Boston, MA: Allyn & Bacon.

Cole, E. S. (1987). Adoption. In A. Minahan (Ed.), *Encyclopedia of social work: Vol. 1* (18th ed.). Silver Spring, MD: National Association of Social Workers.

Collins, M. E. (2001). Transition to adulthood for vulnerable youths: A review of research and implications for policy. *Social Service Review, 75*(2), 271-291.

Colton, M., Drury, C., & Williams, M. (1995). *Children in need: Family support under the children Act 1989.* London: Avebury.

Downs, S. W., Costin, L. B., & McFadden, E. J. (1996). *Child welfare and family services: Policies and practice* (5th ed.). New York: Longman.

Feigelman, W., & Silverman, A. R. (1983). *Chosen children: New patterns of adoptive relationships.* New York: Praeger.

Kadushin, A., & Martin, J. A. (1988). *Child welfare services* (4th ed.). New York: Macmillan.

Kuan, Yu-yuan (1994). From harmony to rivalry: The changing relationships between Taiwan Christian Children's Fund and the government of the Republic of China on Taiwan, 1964-1992. a dissertation of the University of Missouri St. Louis.

Mather, J. H., & Lager, P. B. (2000). *Child welfare: A unifying model of practice.* Belmont, CA: Brooks/Cole, Thomson Learning.

McKenzie, J. K. (1993). Adoption of children with special needs. *The Future of Children, 3* (1), 62-76. (A Publication of the Center for the Future of Children, the David and Lucile Packard Foundation).

Pecora, P. J., Whittaker, J. K., Maluccio, A. N., Barth, R. P., & Plotnick, R. D. (1992). *The child welfare challenge: Policy, practice, and research.* New York: Walter de Gruyter.

Rosenthal, J. A. (1993). Outcomes of adoption of children with special needs. *The Future of Children, 3*(1), 77-78.

Simon, R. J., & Alstein, H. (1987). *Transracial adoptees and their families: A study of identity and commitment.* New York: Praeger.

Terpsta, J. (1992). Foreward. In K. H. Briar, V. H. Hanse, & N. Harris (Eds.), *New partnerships: Proceeding from the National Public Child Welfare Training Symposium.* Miami: Florida.

Veronico, A. (1983). One church one child: Placing children with special needs. *Children Today, 12*, 6-10.

三、網站

內政部兒童局網站。http://www.cbi.gov.tw/。

衛福部統計（2020）。兒童少年家庭寄養概況。取自：https://dep.mohw.gov.tw/DOS/np-

1893-113.html。

衛生福利部社會及家庭署（2022）。歷年（95至108年）兒少安置機構收容人數。https://data.gov.tw/dataset/131768。

Chapter 12

兒童保護服務

- 兒童保護工作之肇始
- 兒童虐待的層面界分
- 兒童虐待的原因
- 兒童保護個案工作的流程
- 本章小結

　　兒童保護服務（Child Protection Service, CPS）可分爲廣義與狹義的定義：廣義的定義係指對兒童身心安全的倡導與保護；而狹義的定義係指對兒童虐待或惡待的預防與處遇。依Kadushin及Martin（1988）對兒童福利服務之定義，兒童保護服務是爲第一道防線，也是第三道防線，我國「兒童及少年福利與權益保障法」亦有設專章討論，可見兒童保護服務在兒童福利服務的重要性。當然，兒童保護服務與兒童虐待又可稱爲同義詞。一般而言，兒童保護服務又可分爲身體虐待（physical abuse）、性虐待（sexual abuse）、心理或情緒虐待（psychological or emotional abuse），以及疏忽（neglect）等四類服務。

　　基本上，對於兒童福祉的看重與照顧是作爲文明社會與福利國家一項重要的發展指標，就此而言，如受虐通報、司法保護、重病醫治、危機處遇、緊急安置、經濟扶助以及孤兒照顧等以問題取向（problem-oriented）爲主的弱勢兒童福利工作固然有其迫切執行的優先考量，但是，以大多數正常兒童爲主體所提供的以發展取向（development-oriented）爲主的一般兒童福利工作，則也是同樣地不可偏廢，如兒童的人身安全、醫療保健、休閒康樂、親職教育與托育服務等。終極來看，如何形塑出一個免於恐懼、免於人身安全危險以及免於經濟困頓的整體兒童照顧服務（holistic child care services）的生活環境，這既是政府當局所要努力的目標，更是整體社會大衆共同追求的願景。

　　然而，這項兒童福利服務攸關戶政、社政、勞工、警政、醫療、諮商、心理治療、衛生、司法、教育、傳播等不同單位的組織，是一種支持性服務，也可以是替代性服務。前者是以預防的觀點提供當兒童及其家庭發生危機之時，給予一些諮詢及提供資源，讓兒童及其原生家庭得以增強其個人因應危機之能力，解決其家庭的危機（可參考第九章）；後者係指危機發生後，社工人員基於兒童最佳利益考量兒童在家庭外之安置。此種兒童福利業務隱含著從制度層次的組織變革擴及到社會與文化層次的全面性改造，目前我國政府的兒童保護服務主要在落實「兒童及少年福利與權益保障法」處理兒童保護案件之規定，結合公、私部門力量提供諮詢、通報、緊急安置、輔導、轉介等服務措施，並對施虐者實施強制性親職教育工作（內政部，2004）。在美國有關兒童虐待之處置流程（參見**圖12-1**）就與警政、司法、衛生、心理、治療及社政相關單位有關。

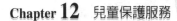

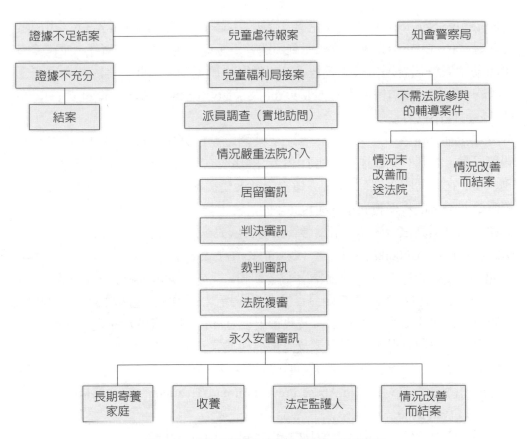

圖12-1 美國兒童福利局兒童虐待處置流程

資料來源：鄭麗珍總校閱（2011）。

 # 第一節 兒童保護工作之肇始

一、美國兒童保護工作之沿革

美國的兒童保護工作始於十九世紀末社會正義的改革運動，尤其開始是由「美國預防動物虐待協會」（American Society for the Prevention of Cruelty to Animals, ASPCA）的倡導下，在1874年由紐約率先通過「保護服務法」

（Protective Services Act）和「兒童虐待法」（Cruelty to Children Act）。由於媒體報導Mary Ellen Wilson小女孩受到照顧者（托育人員）虐待的事件，並在美國預防動物虐待協會理事長的奔波下，才獲得法律協助，因此，美國社會也成立「紐約市預防兒童虐待協會」（New York Society for the Prevention of Cruelty to Children, NYSPCC）。

之後在1900年代（20世紀早期），美國透過白宮兒童福利會議，首先關心弱勢兒童，並制訂兒童權利，到了1912年聯邦成立兒童局，正式展開兒童福利行政事務。在此同時，約有250個人道協會投入兒童保護工作，透過法院命令提供資源給弱勢家庭以保護兒童。在1935年的「社會安全法」（Social Security Act）更加入兒童保護法令，其中最為影響就是失依兒童之家庭扶助（Aid to Families with Dependent Children, AFDC）（Costin, Karger, & Stoze, 1997）。在1950年代左右，由Kempe醫生夫婦在《美國醫學協會期刊》（*Journal of the American Medical Association, JAMA*）發表有關兒童被虐待的指標、行為及症狀之論文，引起媒體廣泛注意，也使得政府在法令及政策上要立即回應兒童虐待議題所產生的改變。之後，再經由其他相關專業及兒童福利從業人員的努力，提出「受虐兒童症候群」概念，如通過責任通報制度，熱線服務，並通過93-247號公法，又稱為「兒童虐待防治法」（Child Abuse Prevention and Treatment Act，簡稱CAPTA）（Pecora et al., 2000）。

從美國兒童保護社會改革運動中至少提出三個重要觀點：

1.**媒體重視，變成社會議題**：從Mary事件或Kempe醫生等人的論文及社論皆引起媒體廣泛注意及披露而形成社會事件。

2.**公共政策的介入**：如家庭扶助、家外安置、領養及收養的行政措施及制度形成。

3.**具法律基礎**：相關立法如「收養及安全家庭法」（The Adoption and Safe Family Act of 1997）、「收養援助及兒童福利法」（The Adoption Assistance and Child Welfare Act of 1980）、「兒童虐待防治法」（Child Abuse Prevention and Treatment Act of 1974）、「印第安裔兒童收養方案」（Indian Adoption Project）等陸續制定，以邁向更公平的兒童保護體制。

二、台灣兒童保護工作之沿革

社會的變遷，例如，人口結構改變，造成家庭人口數減少，家庭功能逐漸式微；個人主義抬頭，造成婦女為追求個人、自我及經濟的成就而吸引婦女前往就業市場；社會經濟結構的改變，使得社會需要勞動工作的機會降低，取而代之的是服務及不需太多勞力的工作機會增加，也刺激婦女就業的意願；經濟所得的提增及通貨膨脹的上升，使得男人一份薪水不足以支持家庭生活的開銷。以上種種皆促使以往在家看顧孩子的婦女走出家庭，投入工作市場（job market），而家庭的社會資源（親戚、鄰里、朋友）也愈來愈少。眼看這些兒童無處可去，只有早點上學或下課後到才藝課後輔導班或獨自在家成為鑰匙兒；此外，有些家庭對兒童的教養方式抱持著「父母權威」、「不打不成器」、「棒下出孝子」、「管教子女是自家事」的觀念，更增加了兒童保護工作的困難度。

兒童教養方式是否適當，不但關係到兒童的身心健康，也會影響到家庭圓滿、社會和諧和國家的發展，因此先進國家莫不通過相關法令對兒童人權予以適當的維護，必要時甚至取得父母原有之監護權，避免因家庭教育方式不當，戕害兒童身心健康，並危及社會國家整體利益。此種基於人道立場及社會國家之利益，於適當時機由國家公權力介入來保護兒童，此乃國家公權之精義（如我國「兒童及少年福利與權益保障法」）。而美國1980年的領養協助暨兒童福利法案（Adoption Assistance and Child Welfare Act）則強調家庭重聚，規定社工員在一年半期間要評估兒童是否繼續寄養或回家團圓或安排領養，故社工員仍擔心如進行訪視後還有受虐事件發生，社工員將受處罰，因而社工員會捨棄「長遠規劃」（permanency planning）的原則，將兒童留置在原生家庭（較符合兒童本位、最佳利益）而選擇不將兒童移離家庭安排寄養（余漢儀，1995）。

台灣地區自1988年民間機構「中華兒童福利基金會」先期倡導兒童保護議題後，縣市政府單位的回應可分為三級：(1)台北市政府社會局於1989年1月自設兒童保護專線接受通報；(2)高雄市政府則於1989年底與民間機構籌組「高雄地區兒童保護聯合會」，一起協調受理兒童案件；(3)大部分縣市則全權委託民間機構處理，或各設專線接受通報，或分區協調（余漢儀，1996）。

可惜當時的環境由於缺乏相關立法依據，也使早期兒保工作窒礙難行。之後，1989年初公布的「少年福利法」明文規定針對受虐案例的保護受虐者監護權

之停止可直接由檢察官、主管機構或少年福利機構向法院聲請,而法院選定監護人時又可不再受限於民法1094條,可直接指定主管機構之負責人或其他適當者爲監護人,這使得公權力介入家庭內不當的親子互動有法律基礎。直到1993年2月修訂公布的「兒童福利法」則對保護通報制度、安置保護、監護權異動及主管機構之權責有較明確之規定。甚至於,此兩法對於兒童及少年行爲之規範,以及兒童及少年應受到哪些保護,以保護之相關責任人如有違法事由則加重罰則,並新增「親職教育」輔導。

台灣地區提供兒童保護,基本上有通報調查、機構收容安置、寄養家庭服務及領養服務。其中,又以民間機構扮演極重大的角色,例如機構收容安置是透過轉介案主人數,來補助收容之育幼院。寄養家庭服務早在1981年由中華兒童福利基金會主動提出,過去除了台北市委託台灣世界展望會外,其他縣市均爲透過購買服務合約的方式(POSC)委託中華兒童福利基金會辦理。領養服務主要是透過非機構式領養,亦即黑市或灰式;台北市則委託兒童福利聯盟進行領養專案。蘇靖媛(1989)針對台北市聲請領養認可之養父母之研究歸納發現,養父母是由收養親友或配偶子女直接安置的有56.9%,灰市安置的有21.9%,黑市安置的有18.3%,而合法機構安置的只有2.9%。由於領養人之偏好及大環境服務設施不足、永久停止親權之裁定困難等問題,受虐兒的出養仍困難重重(余漢儀,1995)。

我國寄養家庭服務計畫自1981年7月至1983年6月止試辦兩年,試辦成效優良,於同年(1983年)7月開始正式辦理,至1989年止,經安置之兒童有1,135人,其中已終止寄養者927人(台灣省政府社會處,1991);台北市、高雄市亦陸續開辦。截至1993年底爲止,我國寄養家庭數爲251家,其中全省195家,台北市27家,高雄市29家;被寄養兒童人數爲451人,其中全省355人,台北市47人,高雄市49人(內政部統計處,1994)。由於國人觀念不如西方當考慮兒童需要替代性服務,會優先考慮給予家庭寄養安置,加上宣導工作不足,一直以來,台灣社會仍無法普遍實施此種暫時性的處遇安置。

暫時性的安置,將受虐兒童安置於寄養家庭、收容之家或團體之家,皆不是一前瞻性且符合兒童應在親生家庭成長的最佳利益方案。由於兒童不斷進出寄養照顧(foster care)的「流盪現象」(drift),以及孩子需要與父母能維持一個合適的連結或情緒連結(parental bond or emotional bond),此類的處遇幾乎針對施

虐父母，而不是以受虐兒為焦點（focus），而兒童處在此類安置情況下不見得有獲其利，反蒙其害。兒童保護服務之目標宜建立在對兒童及其家庭的照顧，而涉案的家庭所需要的服務範圍很廣而且具多元性，例如，從臨床治療到實質具體的日托、醫療、就業輔導，甚至到反貧窮、反色情等社區方案，也就是社會福利社區化的具體精神；換言之，這也是預防性及主導性的兒童福利服務，此種服務包括強化親子關係的家庭取向的育兒、提供親職教育、消除貧窮及其他環境壓力、降低暴力及體罰之文化增強等（余漢儀，1995）。

近年來，每隔一段時間，報章雜誌聳動的標題、電視公益廣告中所刊登有關兒童綁架、虐待、強暴、猥褻、兒童或青少年自殺、兒童適應不良、食物中毒、乞丐兒、深夜賣花兒、色情傳播等侵害兒童身心健康的事件，甚至於有通報孩童遭受凌虐致死，實令人怵目驚心。雖然我國經濟成長，兒童在物質上的生活條件並不匱乏，但隨之而來的是，社會忽視了兒童的權利，傷害兒童身心安全的危機，以及不利兒童健全成長的誘因潛伏於生活環境中，在號稱「兒童是家庭珍寶」的現代社會中，實是一大諷刺。此外，每當媒體大肆報導之後，學者專家及社會大眾都不斷呼籲我們社工人力不足，顯見其隱憂未受足夠重視。

兒童保護社會工作不可控制因素的情境而產生的無力感，加上工作負荷量過高，且又要兼辦其他業務，平均一位社工有二、三十個案主，又逢工作人員經驗不足，醫療、警政單位配合差，社會工作人員流動率高等（余漢儀，1996）。

各地方政府由於幅員大小不一，社經資源多寡不同，故各自發展出兒保策略。依余漢儀（1995）指出，雖然全省各縣（市）及台北、高雄二市每半年填具的「兒保執行概況統計分析表」雖稍嫌粗略，但可算是最完整的兒保數值。

根據1993年資料，兒少保專線所接1,931個案例中，有58%後來留置家中，有可能是案情不嚴重，只須提供支持服務即可（但是否有提供服務，由書面資料不得而知）。其次為暫時寄養（29.15%），但寄養時間的長短和持續與否也不得而知。至於長期安置則有6.53%，應屬其中較嚴重的案例。從上述之處遇，大多數為提供支持，再其次為暫時安置，而長期安置比率最少。至於社政單位介入兒虐案家後，除了提供服務外，其他如評估之效果，或加強其他兒童保護之預防服務及次級預防兒童保護方案，如家庭重聚服務（family reunification services）及家庭維繫服務（family preservation services）等符合兒童利益之長期規劃的保護方案等更是罕見，或幾乎未提供此類服務。然而此種增加兒童家庭之養育及保護兒童之

能力，並依循家庭維繫的原則及不輕易進行家外安置的原則，才是符合兒童最佳利益及最務實的原則。

兒童保護服務係兒童福利輸送服務的主要範圍之一，由於涉及層面涵蓋司法、衛生、社政、教育、警察等不同部門，例如，兒童的教育及就學行為係由教育體系關心照顧；若涉及虐待或家庭扶助或家庭就業需求時，則有社會福利體系提供協助；若有身心健康之問題，亦有衛生保健體系提供服務；若不幸其行為涉及刑罰法令之觸犯，則有警察及司法機構予以適當之處遇及輔導。所以兒童保護服務需要現有體系多發揮其應有的功能及加以聯繫，則兒童在產生有被傷害之事實而需要被保護之時，均能在任一體系中得到應有的服務。

張紉（1988）從實際各體系之功能分析中指出有兩個缺失（曾華源、郭靜晃、曾騰光，1996）：

1. 兒童如未就學就業時，其生活狀況及行為問題，缺少一個專責機構提供適切的輔導服務。
2. 各體系在執行其功能時，亦有若干限制。例如，兒童保護涉及有一些特殊需要的服務對象濫用親權，或父母因疾病、藥物濫用而成為不適任父母，諸如此類的親子角色失能而使家庭成為不適孩子成長之所在，但家庭之挽救及重聚，則需要衛生保健體系幫助父母戒除藥物，家庭需要扶助、兒童需要安置等，而使得家庭因社會福利服務之介入程度深淺不同（如居家服務以加強父母例行的親職功能、親職教育、諮商輔導協助等提高其親職能力等之支持性服務；如課後托育協助父母之一部分親職功能之補充性服務；如寄養、領養服務可暫時或永久取代父母之親職功能之替代性服務），而對兒童及家庭的生活及福利有所改善。

針對以上缺失之緣由，乃因各體系（部門）之各機構缺乏聯繫，以構成一個區域性的兒童保護輸送服務網絡。而兒童福利服務網絡之功能，在於居中協調各單位，使上百個兒童在教育、司法／警察、健康及福利各層面均能得到充分的保障及服務，以健全家庭及兒童之身心。

台灣由於人口結構變化、婦女就學機會增加及家庭型態變化等社會變遷，造成家庭照顧功能式微及急速都市化，台灣地區的非正式部門（informal sector），如家庭、鄰里、社區，參與提供福利服務的能力極為有限。志願組織雖增加許

多，但由於專業人力雇用有限，且具專業執行能力之機構也很有限，倒是近年許多企業財團因為報稅或洗錢緣故紛紛成立基金會，營利組織是否也會在基金會缺乏法令規範的空檔，與志願部門一齊競爭法定部門的資源？如此的發展定會影響甚至會限制到志願部門的發展（Stoze, 1988；引自余漢儀，1995），余漢儀（1995）甚至摘要近年來台灣地區福利需求及提供部門的變化如**圖12-2**所示，除了提供瞭解福利需求及提供部門之變化之外，也可以為我們的兒童保護輸送體系（網絡）建構垂直及平行的體系。

　　張笠雲（1982）在對醫療服務網的形成與組織間關係的建立之實證研究中指出，福利服務網絡的建立，應同時包含水平和垂直的整合和分工。換言之，平行的概念係指各機構平行的協調和分工合作，而垂直係指一個層級節制及控制（hierarchy & control）的體系。由上述的闡述，兒童保護體系（網絡）之建構是指縱橫兩種型態的結合，以構成網絡對兒童提供必要之預防與處遇的服務。從福利服務機構組織角度來界定，所謂的兒童保護服務體系（網絡）（child protection network/system）係由社會、教育、衛生、警政、司法等體系（部門）為垂直架構，而以各體系服務機構之營利組織及志願服務組織為平行架構，再交織其中水平（橫的）和垂直（縱的）的關係（見**圖12-3**）。以台中市政府為例，其中以公資源與私資源之合作整合政府、行政、衛生及司法體系建構成──服務資源網絡圖（見**圖12-4**）。

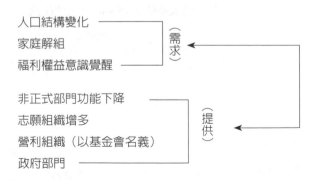

圖12-2　近年福利需求及提供部門之變化

資料來源：余漢儀（1995），頁258。

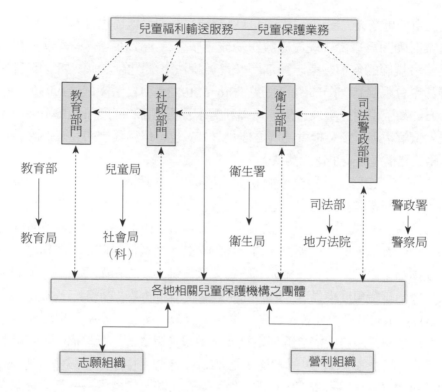

PS：————→ 行政隸屬
　　◄-------→ 業務聯繫

圖12-3　兒童保護服務輸送體系之網絡建構圖

資料來源：轉引自郭靜晃（1996）。

 第二節　兒童虐待的層面界分

　　兒童虐待之界定向來分歧。台北市政府社會局的定義如下：父母或法定監護人，或任何有責任照顧兒童福利者，有意加諸或無意疏忽的行為，導致兒童生理、心理受到傷害或有受到傷害之虞者。換言之，兒童虐待指成人有意（蓄意或可避免而未避免）對兒童造成傷害，並非偶發事件，而是重複、持續性的傷害行為。

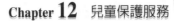
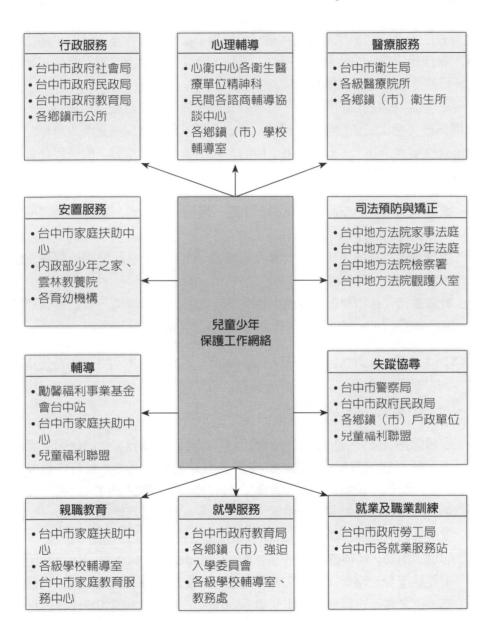

圖12-4 台中市政府兒童及少年保護服務資源

資料來源：轉引自郭靜晃（1996）。

　　以往的兒童虐待事件常被視爲是父母管教子女的正當行爲，無關乎適當或不適當、對或錯。現今的社會較重視個人權利，所以對於兒童遭到不當的照顧或管教時，已將之視爲社會事件而非個人事件。

　　基於兒童保護的目的與宗旨，當一般兒童或特殊兒童遭受不當對待時，應由福利機構整合適當的資源與支持體系，藉由專業服務以確保兒童的人身權益。然而，落實在實務層次上，有關兒童虐待的定義至少可以從家庭、機構與社會不同的角度切入（馮燕等，2000；江季璇，1999）：

1. **家庭虐待**：係指家庭中的父母、手足、親友、保母或主要照顧者對兒童有不當對待的行爲。
2. **機構虐待**：係指如學校、安置收容機構、托育中心、幼兒園或醫療單位等不當對待孩子的作爲。
3. **社會虐待**：係指兒童所身處的社會之行動、信念與價值一旦妨礙到幼兒的身心發展時，便構成了社會性虐待，如媒體暴力等。

　　依照《社會工作辭典》（蔡漢賢主編，2000）的解釋，所謂兒童虐待是指出於故意或疏忽的行爲而造成孩童之身心傷害，通常可分爲身體虐待、心理／情緒／精神虐待、性虐待及疏忽四種類型：

1. **身體虐待**（physical abuse）：指任何非意外、非偶發、持續地對兒童施行不當或過度的體罰，所造成的身體傷害或死亡。例如，毆打、瘀傷、咬傷、灼燙傷、鞭傷、推摔、捆綁、骨折等。這些肢體虐待來自過度及不適齡、不適合情境的管教或懲罰方式，或讓兒童處於可能導致死亡、外型毀損及身體功能損害或喪失，或讓兒童處於可能發生上述傷害之險境。
2. **心理／情緒／精神虐待**（psychological/emotional/mental abuse）：指照顧者不能給予兒童溫暖、關注、督導及正常的生活經驗，而以拒絕、冷落、恐嚇、遺棄和不合理之責罰使兒童受到重大心理傷害，例如，經常對孩子吼叫、怒罵、輕視、嘲笑、批評、藐視、威脅、挑剔、過分要求、不合理的期待或持續性地對兒女有不合情境之差別待遇，以及不合人道、不合理的待遇等，導致兒童在智能、情緒、感情、社會各方面的發展受到阻礙。
3. **性虐待**（sexual abuse）：指以兒童爲性刺激的對象，發生與兒童有任何性

接觸的行為，包括：性侵犯（即指以強暴、脅迫或誘騙的手段，以達到性接觸的目的）及性剝奪（利用兒童從事與色情有關情事以謀利者）。性接觸包括兩項，第一項是沒有實際碰觸的行為，包括成人暴露其性器官、要求兒童看猥褻書刊；第二項是有實際接觸的行為，包括對兒童的性器官或隱私部分有不恰當的愛撫、猥褻及性交。

4. **疏忽**（neglect）：指父母或主要照顧者對兒童的基本需求不加注意，而未能提供身心發展最低限度之必要保障。如故意或疏忽提供兒童食物、營養、衣物、住所、醫療、教育、安全等照顧，或把兒童單獨留在家中，強迫兒童做過量的工作，或拒絕給予情感上的需要等，使兒童身心受到傷害、精神傷害，甚至死亡。

綜合上述，兒童虐待（child abuse）指的是違背社會對兒童照顧和安全所訂之規範，雖然美國各州所訂的標準不一，但都不出下列幾項標準：身體虐待、性虐待、身體照顧方面的疏忽、教育上的疏忽和心理虐待（Pecora et al., 1992）。

身體虐待是指對兒童施加的傷害，例如造成骨折、嚴重和輕微燒燙傷、瘀傷等；另身體的碰觸即使沒有明顯可見的傷痕也算數，例如打耳光、毆打、使用皮帶或以戒尺體罰；性虐待是指各種形式之接觸、插入或剝削；性騷擾是指對兒童不當的觸摸，即使沒有接觸到性器官也算數；性剝削是指以兒童為性活動的對象，例如雛妓、黃色書刊或照片；插入指的是以身體任何部位或物體侵入肛門、性器和口中；兒童疏忽是一種比較不明顯的虐待，其中身體照護上的疏忽可包括：遺棄、延誤就醫或剝奪健康照護的機會、監督不周，以及基本生活需求（食、衣、住、衛生）供給不足，疏忽常常是因為資源的嚴重缺乏所致。

教育疏忽包括不讓兒童入學、常令其曠課、對教育的特別需求無回應。有些教育疏忽的個案辨認不易，因為父母可能對正式教育缺乏信心，或者兒童身心障礙的問題造成就學困難，不是父母故意疏忽；心理虐待是指身體自由的限制、不斷的威脅、拒絕、剝削和貶抑。雖然定義不夠具體明確，許多口頭上的訊息若帶有負面標籤和貶抑都算是心理虐待，因為這些口頭訊息對兒童的心理影響重大；許多人常以為虐待只會出自父母，其實親戚、保母、托育者、神職人員或其他成人等等都可能是加害者。

 第三節　兒童虐待的原因

　　兒童虐待大多來自功能失調的家庭，而受虐的子女正是名副其實的代罪羔羊。兒童虐待和疏忽的事件由於媒體大肆報導，社會大眾的意識覺醒，使得近二十年來事件的報告率大幅提升；然通報率升高和新個案數增加，兩者之間並不容易區辨，但上報比率卻是增加的。虐待兒童的行爲是一連串複雜的社會心理歷程，這種複雜的社會心理歷程背後可能導因於以下幾個因素：

1. **個人人格特質**：係指施虐者個人的壓力和人格特質。施虐者常將生活壓力或婚姻失調累積的壓力發洩在兒童身上。
2. **交互作用模式**：施虐的原因是由於系統失去功能所致。低階層家庭的父母相信身體處罰是正當的管教方式，故較容易衍生虐待兒童的情事。父母患有精神疾病及濫用藥物、毒品也是兒童虐待的原因之一。
3. **社會環境論**：環境、社會文化變遷帶來的立即性壓力導致兒童虐待（張寶珠，1997）。

　　總之，有關兒童受虐或疏忽的看顧並不僅止於受虐兒個案層面上的干預，還進一步擴及到包括兒童及其家庭和所處社會環境的整體改造，連帶地，因應兒童保護與安置的工作亦應掌握微視面與鉅視面的雙重進路（參見**表12-1**）。就美國的兒童保護工作，其處遇方式已由過去只注重個案工作轉移到使用多系統的複雜處遇模式，也強調兒童保護社會工作者的訓練，工作人員也體認此項工作跨領域合作的必要性；但問題是，現存跨領域之專業整體性的合作、協調、預防治療的方案並不多，政府財務上的壓力也造成兒童保護預算上的萎縮，但是兒童和家庭的需求又有增無減，加上問題的複雜性也日增，因此，有關兒童保護之兒童福利社會工作其重要性與日俱增，如何克服這些障礙，是整體社會和兒保工作者現在和未來的一大挑戰。

表12-1　兒童虐待的層面分析表

主要受虐情境	施虐來源	主要虐待行為	示例說明
家庭：含原生家庭、同居家庭、寄養家庭、收養家庭等	父母、手足、親友、主要照顧者	身體虐待 精神虐待 性虐待或性剝削 疏忽	毆打、砸、撞、燙傷等 口語暴力、冷嘲熱諷等 性侵害、強迫性交易等 漠視、不滿足兒童的基本需求與權利
機構：學校、安置收容機構、嬰幼兒托育中心、幼兒園或醫療單位	機構工作人員、主要照顧者、其他安置者與其親友等	體罰等不當管教 不當使用精神病理藥物 無意或故意延長隔離時間 使用機械設備限制其行動 階級、種族、性別歧視、方案濫用 非法禁見與探視 未提供法律規定的服務 性侵害與性剝削	交互蹲跳、暴力威脅等 餵食鎮靜劑、安眠藥等 以單獨禁閉為懲戒手段等限制兒童活動 嘲弄兒童之人格權等 不符兒童需要、未評估 拒絕親友探視 拒絕兒童福利專業協助 性騷擾、強暴等
社會：社會之行動、信念與價值等	兒童所處社會環境等	不適宜的教養文化 性別刻板印象 不平等、權力、暴力允許暴力存在 兒童是無能的	不打不成器等觀念 遵守主流性別角色 教育、生涯發展 暴力是和諧的必要手段 成人的決定是出於愛與善

資料來源：馮燕等（2000），頁184。

 ## 第四節　兒童保護個案工作的流程

一、兒童保護工作流程

　　兒童保護工作（child protection services, CPA）主要工作是針對遭受疏忽、虐待、剝削的兒童及其家庭提供特定支持性與介入性服務，所以其既是支持性兒童福利，亦是彌補式兒童福利。因此，其服務過程乃是兒保專業工作者對兒童受不當對待的家庭關係與環境，透過介入過程進行家庭修復的工作。所以兒童保護工作的使命有：

　　1.評估兒童的安全。

2.積極介入免於兒童受到傷害。

3.增進家庭功能，並解決家庭的立即危機。

4.提供兒童安全的替代性家庭（包括暫時安置或永久安置）。

在美國已有許多專家、學者及專業組織提出一些工作準則，分述如下（鄭麗珍總校閱，2011）：

1.兒童保護工作以兒童爲中心，家庭爲焦點。

2.兒童保護工作是專業服務取向，必須結合社區各種專業一起合作。

3.兒童保護工作目的在於兒童免於受到家庭、照顧者等成員的傷害。

4.所有對兒童惡待的事件皆要予以評估和調查。

5.兒童保護個案是指遭父母或照顧者傷害的兒童，或有再度受虐風險的情況，父母無意願或無力善盡保護之責者。

6.兒童保護單位或工作者要有文化敏感度，能和不同族群、宗教、社經背景的家庭合作。

7.未經評估之前，工作人員不應有預設立場。

8.評估工作取決於工作者能獲得合作的多寡。

9.兒童保護工作單位是處理有關家庭關係的虐待或疏忽事件，非關家庭關係者不在此限。

基本上，兒童保護工作分爲兩大範疇，一是通報，二是接案的介入。所以當兒童保護工作單位經通報或轉介後，必須進行下列七個基本步驟（參見**圖12-5**）。

二、兒童保護工作者的角色

身爲兒童保護工作者，具有多元角色，需要能保護兒童及增強家庭的功能，包括：

1.**評估者**：評估者要有能力診斷、分析有關家庭的資料，如家庭的問題、優勢、需求、可獲得的資源、服務處遇策略及介入服務的效益。

2.**個案管理**：身爲個案管理者，主責是監督助人的過程，包括追蹤服務活動、協調相關機構、充權家庭運用資源。個案管理者須具有同理心、眞誠、

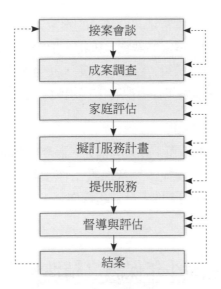

圖12-5 兒童保護工作流程

溫暖、積極關注及充權增能的技巧,以幫助方案的執行(參見第二章)。

3.**協同工作者**:兒童保護工作擴及不同專業,所以,兒童保護工作者需要與家庭成員及社區中的專業人員建立夥伴關係。

4.**提供治療處遇者**:兒童保護工作者要直接協助案主停止所有一切不當對待兒童之行為,並幫助兒童之父母及照顧者學習新的親職知識和技巧,使其足以擔任監護人的角色。

5.**倡導者**:兒童保護工作者要代表兒童及其父母或照顧者於各個機構或處遇事務中倡言。

6.**行政人員**:兒童保護工作者要精確記錄個案資料,保存完整的文件及檔案。

7.**受督導者**:兒童保護工作需要有行政督導及個案督導,因此,此項角色即要與督導密切互動,以獲得其協作決定及處理在兒童保護工作處遇的衝突。

8.**倫理信守者**:兒童保護工作者須依循社會工作專業的價值及倫理守則,尤其在:(1)服務他人;(2)社會正義;(3)人的尊嚴及價值;(4)人際關係的重要性;(5)正直誠信;及(6)勝任能力上。

兒童保護工作面對的案主常是非自願性的案主及案家，所以在執行此工作時必然會遇到一些挑戰，例如案家的敵意、抗拒、拒絕、訊問困難，以及工作者會涉及家庭隱私和面對眾多的決策，難以下決定，甚至產生角色衝突。為了能有效因應兒童保護工作，兒童保護工作者要有工作規範，分述如下：

1.遵循規定的工作流程進行。

2.相信兒童保護工作的價值、介入的權力、服務輸送的效能。

3.知道自己並非獨自做決定，兒童保護工作須團隊及一群同心協力的夥伴——督導、社區機構的工作人員一起合作。

4.保持正向的想法。

第五節　兒童少年保護之精進預防——社安網建構

一、社安網建構

近年來台灣雖有「兒童及少年福利與權益保障法」的制訂，但是社會上傷害兒童事件依然頻傳，例如，2012年曾姓男子於湯姆熊歡樂世界誘拐學童至廁所割喉傷害；2013年涂姓男子假釋出獄後吸食強力膠，持刀攻擊民眾；2014年鄭姓學生於捷運車廂內，持刀攻擊民眾；2015年龔姓失業男子於校園隨機殺害女童；2016年「小燈泡」遭王姓失業男子砍傷致死；2017年4歲邱姓女童遭同居人虐待致死；2018年王姓外籍配偶持刀殺害前夫及女兒；2019年曾姓男子在臺南玉井真理堂縱火、鄭姓男子於嘉義車站刺殺鐵路警察。上述社會重大殺人事件、家庭暴力或兒虐致死等事件，在在都涉及到快速社會變遷所導致的多面向的家庭失功能問題。2018年由林萬億政務委員提出，由行政院擬定「強化社會安全網計畫」（社安網），作為推動服務體系整合及補強依據，強調「家庭社區為基石」、「簡化受理窗口」及「整合服務體系」，以使前端預防更落實，提升流程效率及綿密安全網路。

兒少保護案件屬於家內暴力比率高，隨機殺人的多重成因中，家庭因素也是重點，可見家庭問題沒解決，社會無法降低兒少保護的風險。過去數年兒童保護工作常是兒童福利的最後一道防線，採取殘補式（residual）的處遇模式，少有

兒童服務機構的預防工作取向的策略。社會上需要照顧的家庭種類很多，例如，需要安全保護的家庭、需政府照顧家庭、有特殊需求的家庭、易脆弱家庭及一般性家庭。而社安網的工作重點即是對易脆弱家庭工作，從篩檢出到介入性服務工作，容易脆弱的家庭（family with vulnerabilities）係指因個人、家庭社區的情境對家庭的經濟和社會功能產生壓力，甚至危機情況，造成不利於個人生理、心理、社會生活發揮的風險。大多數的家庭在家庭生命週期的階段或多或少都可能會經歷脆弱性（vulnerable）情境，有些影響可能是短暫的，有些影響則可能是長期的、永久性的。導致家庭脆弱的因子可能是貧窮、單親、失業、身心疾病、藥酒癮、家庭關係衝突、家庭暴力、不穩定的居住、社會孤立、偏見歧視、家庭生命週期轉換等。當這些家庭產生壓力，缺乏社會支持或服務介入而導致家庭面臨危機（family at high risks），造成家庭成員的傷害。

社安網設立的目標乃是運用三級預防策略提供支持與照顧成員功能健全的家庭。社安網三級預防體系有初級預防的發展性輔導、次級預防的介入性輔導及三級預防的處遇性輔導。社安網重要理念是以社會福利服務中心為核心，擔任多元複雜問題需求個案管理者，整合各資源體系，例如，社政福利體系、衛生醫療體系、就業服務體系、各類型福利服務中心、教育輔導體系、脆弱家庭多元服務方案（專精化服務），結合警政、戶政、鄰里長、就業服務單位、學校場域、民間團體等人力，實踐三大目標：(1)家庭社區為基石。(2)簡化受理窗口。(3)整合服務體系。運用四項策略：(1)布建社會服務中心整合社會扶助與福利服務。(2)整合保護性服務與高風險家庭服務。(3)整合加害人合併精神疾病與自殺防治服務。(4)整合跨部會服務體系。

第一期計畫（2018-2020）共受理28萬通報案件，設置139處社會福利服務中心（達成率90%，服務4萬個家庭），22處集中受理通報與派案中心（97%案件於24小時內完成派案），7家兒少保護醫療整合中心（已服務759名兒少），及提供2,440社工人力（進用率達85%）。然而第一期社安網計畫仍有三個面向需要補強，分述如下：

1.**人力及服務資源不足**：直接服務人力亟待補足；家庭需求多元，缺乏精神衛生社區支持及司法心理衛生服務資源。

2.**跨網絡轉銜機制待強化**：司法精神醫學、司法心理衛生、社區心理衛生服務等體系服務片斷、不連續，觸法精神病患未有妥適服務與初間轉銜機

制，致難以復歸社區。

3.**公私協力待強化**：衛政、社政、警政、勞政、法務服務體系轉銜機制待建置與強化；服務量能有限，在地化服務待精進。

行政院於2022年1月29日通過強化社安網第二期計畫，在2021-2025五年內，將投入新台幣四百零七億餘元，包括社工人力擴增，資深社工薪資提升，並規劃設置司法精神醫院及司法精神病房、支持病人復歸社區。衛福部於2018年起，推出第一期社安網計畫，三年投入七十億，第二期在2021至2025年，預算增加至四百零七億，來為社會補破網。未來第二期計畫重點突破有四個面向：

1.人力再擴增，從目前的二千四百名增加至七千八百人，並補助民間專業人力兩千人，另建立社工人力專業進階評核機制，設置資深社工職銜，提高薪水與職級，鼓勵專業久任。

2.大幅降低地方負擔，用績效作考核。中央補助由平均四成提高至七成，也建立考核機制。

3.強化各部會間跨體系、跨專業與公私協力的整合和專業合作（參見**圖12-6**）。

4.強化社區精神衛生體系和社區支持服務，布建社區心理衛生中心，推動精神病友社區照護，並規劃設置司法精神醫院及司法精神病房，支持病人復歸社區。

社安網第二期計畫有四大目標：(1)強化家庭社區為基石，前端預防更落實。(2)擴大服務範圍，補強司法心理衛生。(3)優化受理窗口，提升流程效率。(4)完善服務體系，綿密安全網絡（參見**圖12-7**）。此計畫有五個規劃重點：(1)補強社區精神衛生體系與社區支持服務。(2)加強司法精神醫療服務。(3)強化跨體系／跨專業與公私協力服務。(4)持續拓展社福中心資源與保護服務。(5)強化人力進用及專業久任（參見**圖12-8**）。社安網2.0除持續1.0將布建社福中心從139處增至156處，提供及促進弱勢家庭〔含中（低）收入戶、長期失業、未升學未就業、脆弱家庭、家暴被害人〕的就業服務，以及推動家庭支持（育兒指導服務、發展遲緩兒童社區療育、家庭支持資源布建、兒少及家庭社區支持服務、社區式家事商談）等方案，以提供社區為基石的可近性服務。

精神衛生體系	司法心理衛生服務	刑事司法體系

精神衛生體系
- 精神醫療機構
- 精神復健機構
- 精神護理機構
- 社區心理衛生中心
- 心理衛生相關機關（構、團體）

轉介 ⬇ 機制

司法心理衛生服務
- 審理合適性 ← 司法精神鑑定
- 罪刑負責
- 監獄精神醫療 ← 處置成效評鑑
- 司法精神醫院

刑事司法體系
- 警察、檢察體系、法院、監獄
- 保安處分（感化教育、保護管束、強制治療、驅逐出境等）
- 更生保護（出獄、假釋、保外就醫、觀護、緩刑等）

出院（獄）⬇ 轉銜機制

社會安全網

- 兒少保護
- 家暴及性侵害防治
- 社會福利服務
- 犯罪被害人服務

- 社會救助
- 精神衛生與自殺防治

- 治安維護（少年輔導）
- 就業服務
- 學生輔導

圖12-7 社安網第二期計畫：再強化社會安全網架構

一般家庭	脆弱家庭	危機家庭

【目標】

- 強化家庭社區為基石，前端預防更落實
- 擴大服務範圍，補強司法心理衛生服務
- 優化受理窗口，提升流程效率
- 完善服務體系，綿密安全網絡

家庭服務

策略1 擴增家庭服務資源，提供可近性服務
- 福利諮詢
- 資源轉介
- 預防宣導
- 親職教育
- 潛在脆弱／危機家庭之篩檢
- 生活助（現金給付）
- 實物給付
- 急難舒困
- 脫貧服務（兒少教育發展帳戶）
- 支持服務（關懷訪視、照顧服務、親職示範、心理輔導及轉介服務等）

策略2 優化保護服務輸送，提升風險控管
- 緊急救援、危機處理
- 關係修復、創傷復原
- 風險預警、及時介入

策略3 強化精神疾病及自殺防治服務，精進前端預防及危機處理機制
- 社區心理衛生服務
- 合併保護案件及多元議題精神病人照護服務
- 精神醫療及社區精神病人照護服務
- 自殺防治
- 家暴及性侵害加害人處遇

策略4 強化部會網絡資源布建，拓展公私協力服務
- 家庭教育、學生輔導、少年輔導、犯罪被害人服務
- 弱勢族群就業協助
- 司法保護、司法衛生、犯罪預防、保安處分、更生保護

圖12-7 社安網第二期計畫架構

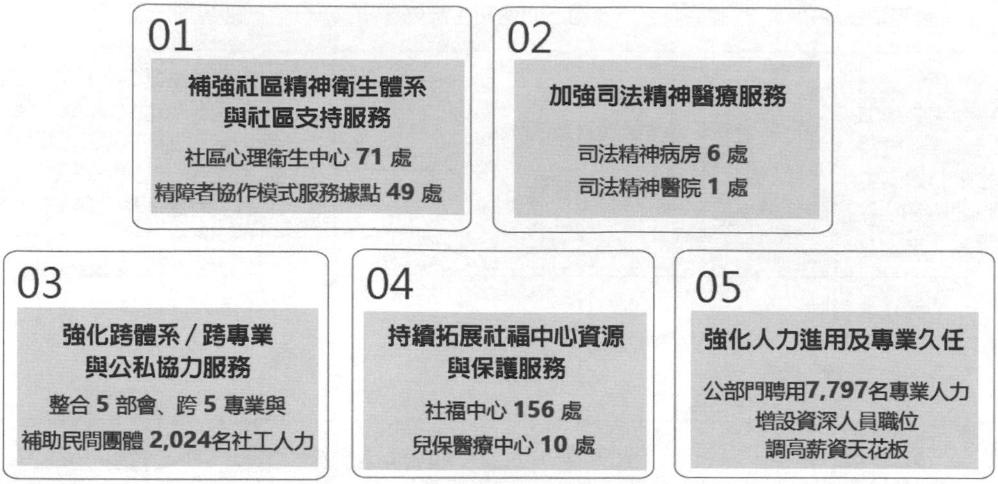

圖12-8　社安網第二期規劃重點

二、我國社會安全網之漏洞與強化對策

　　林萬億（2019）曾論及我國社會安全網存在許多的漏洞，包括：家庭暴力與兒少保護分工不明，兒童虐待與疏忽定義不清，社工承擔兒少保業務沉重，高風險方案與兒少體系分工不明，區域社會服務資源未普及等。

　　林萬億（2019）進一步援引英國經驗，提出若干對策，例如，建立以家庭為中心，社區為基礎的服務；服務向前延伸支持脆弱家庭；調整公私部門的協力關係；跨機構／設施一起工作；簡化流程分享資訊等。

　　經檢討第一期計畫執行情形，第二期計畫規劃多項相應改善策略，包含發展脆弱家庭個別化及社區式服務，提升弱勢民眾就業脫貧成效，建置保護個案個別化評估指標，強化精神病人社區支持關懷服務，建立制度化司法精神鑑定機制，強化出獄後社區轉銜機制，完備少輔會組織功能與落實學生三級輔導制度等。

　　第二期計畫的策略目標為擴增服務資源，提供可近性服務；優化保護服務輸送，提升風險控管；強化精神疾病及自殺服務，精進前端預防處理機制；強化部會網絡資源布建，拓展公私協力服務；研擬少輔會設置及實施辦法；整合曝險少年相關資源並提供服務；提供家庭教育課程或諮詢及轉介服務；強化學生輔導諮

商中心功能，整合、運用專輔老師（人員）；提供一案到底個別化就業服務等策略。

質言之，基於第一期計畫執行成果，第二期持續發展與深化「以家庭爲中心，以社區爲基礎」服務模式，即時介入處在危機中的家庭，並及早介入協助因生活事件或其他因素導致個人或家庭風險升高的脆弱家庭，進而協助家庭建構以社區爲基礎的支持體系並提供預防性服務。

 **本章小結**

兒童不是父母個人的私產（private goods），也不能完全屬於國家資產（public goods），而是介於家庭與國家之間的準公共財（quasi-public goods）。過去社會重要照顧兒童的角色是父母，政府盡量減少介入家庭，也就是採取自由放任主義或最少干預主義模式。但自二十世紀後，媒體大量報導兒童受虐事件，喚醒人民兒童保護意識的重要性，也促使政府主動積極介入家庭事務，採取國家干涉主義，以避免兒童遭受不適當的惡待，以兒童福祉爲優先考量。兒童保護之支持性服務也是一種替代性服務。本章除了介紹兒童保護服務之歷史以及專業形式過程，其成因除了微視因子之外，當然也涉及鉅視影響因子。一般而言，兒童保護工作是多元且複雜的社會工程，包括通報、家外安置服務、家庭重建以及家庭維繫服務等不同兒保策略，也涉及各種不同專業的服務體系。

 **參考書目**

一、中文部分

內政部（2004）。《中華民國92年社政年報》。台北：內政部。

內政部統計處（1994）。《中華民國83年內政統計提要》。台北：內政部。

台灣省政府社會處（1991）。《社政年報》（頁151）。台灣省政府社會處出版。

江季璇（1999）。〈受虐兒童專業倫理保密的兩難〉。《社區發展季刊》，86，131-

142。

余漢儀（1995）。《兒童虐待：現象檢視與問題反思》。台北：巨流圖書公司。

余漢儀（1996）。〈婦運對兒童保護之影響〉。《婦女與兩性學刊》，7，115-140。

林萬億（2019）。〈強化社會安全網：背景與策略〉。《社區發展》，165，3-29。

郭靜晃（1996）。〈兒童保護輸送體系之檢討與省思〉。《社區發展季刊》，75，144-155。

張笠雲（1982）。〈醫療服務網的形成與組織間關係的建立：一個實證的研究〉。《國立台灣大學社會學刊》，15，196-211。

張寶珠（1997）。〈正視兒童虐待現象與預防輔導工作〉。《社區發展季刊》，77，174-177。

曾華源、郭靜晃、曾騰光（1996）。《強化不幸少年教養輔導方案之研究》。內政部委託研究。

馮燕、李淑娟、謝友文、劉秀娟、彭淑華（2000）。《兒童福利》。台北：國立空中大學。

蔡漢賢主編（2000）。《社會工作辭典》。台北：內政部社區發展雜誌社。

鄭麗珍總校閱（2011）。《兒少保護社會工作》。台北：洪葉。

二、英文部分

Costin, L. B., Karger, H. J., & Stoze, D. (1997). *The politics of child abuse in America*. New York: Oxford University Press.

Kadushin, A., & Martin, J. A. (1988). *Child welfare services*. (4th ed.). New York: Macmillan.

Pecora, P. J., Whittaker, J. K., Maluccio, A. N., Barth, R. P., & Plotnick, R. D. (1992). *The child welfare challenge: Policy, practice, and research*. New York: Walter de Gruyter.

Pecora, P. J., Whittaker, J. K., Maluccio, A. N., Barth, R. P., & Plotnick, R. D. (2000). *The child welfare challenge: Policy, practice, and research* (2th ed.). New York: Walter de Gruyter.

兒童福利服務的新思維
與作法

- 以鉅視觀點探討處遇服務
- 增強權能的積極性家庭維存（繫）服務
- 本章小結

誠如第九章至第十二章所述，過去在兒童福利工作實務上常被社會福利機構所使用的服務包括：(1)支持性的服務：如在宅（居家）服務、對有所需要家庭的暫時性補助、現金（實物）補助、家庭諮詢服務、父母管教技巧訓練等；(2)補充性的服務：如喘息服務、托育服務等；(3)替代性服務：如寄養服務、收養服務、住宅、社區及團體照顧處遇等，以及(4)兒童保護服務；而這些服務已有長久的歷史，且其服務及技術也有所改進，並漸漸形成一門社會工作的專業。

本章將介紹一些可能只是一種哲學式的想像，並且應用不同於過去以殘補處遇為主的預防式或發展導向之觀念，提供未來在兒童福利政策或實務的一些參考。此類服務是以鉅視觀點來透視兒童及其家庭的需求，目前尚未普遍實施，甚至沒有實質的方案內容。這些方案可能只是一種概念，而且也是需要更專業的社會工作技巧，尤其對第一線的社工實務工作者，當對所需服務的兒童及其家庭進行處遇及規劃服務時，此類服務的真正運用也可能會遭受許多阻礙，尤其是政策或法規的引用。這些創造性的服務，如能在實務執行中獲得一小步的進展，對兒童及其家庭的福利卻能帶來更多的保障。此類兒童福利服務，主要是基於社工之增強（strengthen）處遇服務模式，更基於兒童及其家人有能力，且願意團結在一起共同解決家庭危機的假設前提，此類服務茲分別介紹如下。

第一節　以鉅視觀點探討處遇服務

一、整體性家庭寄養服務

整體性家庭寄養服務（holistic family foster care）不同於前章所指兒童寄養服務，它是整個家庭都接受另一個家庭的寄養服務，尤其對於年輕單親女性家庭。此種服務基於假設年輕的單親媽媽，因為缺乏資源或智識能力來照顧其子女。此類寄養家庭不但提供單親媽媽及其子女生活的空間，而且還要教導照顧子女的技巧，以期最終他們可以獨立生活照顧。寄養家庭的父母要提供如何養兒育女的知識及實際照顧技巧，並且還要增強單親媽媽照顧家庭生活起居的能力。

另一種整體性家庭寄養服務的概念是擴大為社區寄養服務（foster care community）。例如，加拿大有些社區是整體被兒童福利機構所購買，再分售給

寄養家庭。整個社區依被寄養之家庭與子女的需求增設一些社區服務中心，並且建立整個服務網路，這些居住在社區中的寄養家庭自然也成為共同互助的團體。

Goldstein等人（1996）指出，過去美國希望兒童是由生母，其次再由生父來撫養；然現在則是如果父母不能勝任，就由親戚或收養父母來撫養，此種趨勢是由心理父母（psychological parents）取代過去以生理父母（biological parents）為優先考量。

二、以學校為本位的服務機構

以**學校為本位的服務機構**（school-based agencies）打破過去學校不被大多數人所認為是一社會服務機構的觀念，但是Loughborough在1997年指出：「在美國父母不再是唯一的社會化角色；社會上全體人員應為所有兒童的安全與成長負責。」學校因此也成為兒童與家庭及社會的中介場所。也誠如我國教育學者張春興教授所言：「兒童及少年的問題，種因於家庭，顯現於學校，惡化於社會」，此類學校提供補充及支持家庭之服務就因此顯得有其重要性及迫切性，例如課後照顧服務（after-school program）及學校社會工作（school social work）。目前課後照顧方案已成為社區中公立學校的服務之一，即使是美國如此，台灣也亦然。以往台灣小學生放學後也參加坊間所興辦的安親班或到兒童托育機構參加才藝班、補習或課輔服務，不過這是屬於私部門或非營利組織辦理，但自2005年度台灣實施托教合一後，5歲幼兒進入K教育，國民小學也要辦理課後照顧服務。不過，在美國此類服務並不是由學校出資來辦理，而是委託外面的社會服務機構（如YMCA、YWCA）提供各種不同滿足兒童需求的照顧服務。此類的課後照顧服務不僅讓社區中的家庭及兒童獲得他們所需要的服務及資源，而且也將社區中的家庭聚集在一起共同注意社區中的家庭需求。

另外一類是學校社會工作，當學校中有適應困難或兒童（少年）虐待之個案，個案的問題來自家庭，在目前學校的教育體系未能有效處理此類問題，而兒童及家庭的問題較適合社會工作者透過家庭訪視，找出問題癥結，再運用社會工作之增強方法給予家庭必要的支持與協助，以解決兒童及家庭的問題。Wolf（1991）指出：「成人日後的情緒及身體虐待的預防最有效的方法是透過在兒童早期落實他們對家庭角色及責任的體認。」他倡導早期透過小學及中學教育，教導學生有關家庭及社會的需求、角色及責任，以期他們能對社會公民及家庭對兒

童的保護有所認知。社會工作者就是將學校行政區的父母聚集在一起，倡導兒童保護的預防概念。學校社會工作主要為學生及家長進行親職教育，個別、家庭及團體諮商，以及危機處理與服務。

三、調停方案

大多數人想到**調停**（mediation）的名詞或概念時，會連想到生意上或法律訴訟的協商，甚至是政黨協商，但是愈來愈多的社會工作人員發現協商（調停）技巧對於兒童福利實務也有很大的幫助（這也是社會工作專業人員之個案管理技巧之一，可參考第二章）。

Kassebaum及Chandler（1992）指出，在兒童福利情境中的協商技巧似乎對兒童虐待之個案是最實用的解決方式之一。社會工作人員與家庭成員發現，在保護的個案中運用協商技巧討論各種因素及因應技巧，將會對兒虐的個案產生較正面的影響效果。

因為協商需要一些技巧，例如，傾聽、溝通、問題解決、衝突解決等，這些技巧對青少年的發展助益很大（Godman, 1998），因此，將這個概念運用到兒童及少年福利機構最為恰當不過。試想當兒童及少年在機構內想尋求個人之自主與獨立，而機構人員能運用協商技巧給予同理或傾聽兒童及少年的需求，並同時提供一套安全網路知識，而讓兒童及少年從中選擇既能追求獨立與自主，也能保障個人安全，這也是社工人員與個案的雙贏局面。在加拿大溫哥華的少年協商方案（Teen Mediation Program）就是採用協商技術教導青少年與父母共同解決問題而聞名（Godman, 1998）。

四、戶外營隊方案

戶外營隊方案（outdoor camp program），例如夏令營、冬令營、假日營隊或特殊團體之戶外休閒體驗營，已在國外及我國社會中執行多年，國內金車基金會、國立體育學院或其他民間團體皆有辦理此類活動。兒童的營隊自1960年代便開始流行，藉著營隊活動讓兒童及其家人有共同或獨自的休閒活動。自1960年代後，兒童的戶外休閒營隊便增加了一些治療的目的，在1990年代，此種營隊主要是增強兒童自我概念及學習如何與別人有良好的日常互動，美國Outward Bound

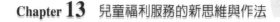
便是此種營隊方案的代表。此種專門為有行為問題（例如，中輟、飆車、吸毒等）之青少年所設計之戶外營隊，主要是提供正向之野外求生環境、訓練青少年正向概念及增強技巧，以幫助他們自立、增加求生能力，以及培養如何與別人相處之正向人際關係。此類營隊要有時間限制以及仔細為兒童及少年的需求量身打造。在美國，此種方案提供大多來自於宗教團體，提供孩子精神、情緒、社會及休閒需求，主要是提供家庭之支持服務，如兒童照顧、外展服務、親職教育等。但也有人質疑這些教會的志工是否有足夠的專業提供州政府會提供的家庭支持服務呢？現在愈來愈多的社區提供此種的服務，而且有些方案還是免費的（Ambrosino et al., 2008）。

五、互助團體、自助訓練及倡導團體

互助團體（natural support system）一直被用來當作個人充權增能訓練以能關懷別人及自我決策，例如，酗酒匿名團體（Alcohol Anonymous, AA）或青少年酗酒匿名團體（Alcohol Anonymous Teens, A-AT）、父母匿名團體（Parents Anonymous）、單親家庭組織（Single Parent Organization），長期為兒童福利機構所使用，也已對許多家庭產生一些正面影響，台灣也有類似的團體組織，例如少奶奶俱樂部、一葉蘭、單親協會等組織。此外，還有一些著重於消費者領導發展的倡導團體，例如消基會、兒童福利聯盟、靖娟幼兒安全文教基金會、中華兒童福利基金會（CCF）等，也對社會上一些團體產生影響力，甚至影響了社會政策。在美國類似這些團體有男同性戀（gay）、女同性戀（lesbian）、灰豹（gray panthers），以及一些福利權利團體〔例如，社區兒童行動方案（Community Action Project for Children, CAPC）〕（Cooke, 1998）。CAPC的組織成員，類似我國一些基金會，如CCF，在社區中聚集一些專家、學者及兒童福利實務者以社區為中心為兒童倡導福利。這些團體在社區為一些年輕的兒童及少年創立中心，提供一些課輔、休閒、教育、玩具圖書館、支持團體、父母成長團體；以及外展服務業為兒童及青少年提供一些正常社會化的場所，在台灣有善牧基金會在萬華設立青少年中心，中心社工員採用增強策略，去除過去社會福利機構傳統以問題為取向的處遇的烙印（stigma），利用社區資源幫助個案及其家庭提升個案及其家庭的復原力（resilience）、堅毅力及自我解決問題的能力。這種團體也是以互

助團體的名稱聞名，他們能相互支持，同時採取爲他們的家庭與社區謀取福利的行動。教育部也於2008年開始介入課後照顧服務，提供弱勢家庭在晚上七至九點的教育及照顧方案，以避免這些家庭的孩子到處遊盪或課業落後。此種提供教育及照顧機會的支持方案亦是弱勢家庭最基本的需求。

六、以家庭爲本位的處遇方案

以**家庭爲本位**（family-centered program）的家庭維存（繫）方案（family preservation programs）在美國近幾年來已有大力推廣的現象。此種方案主要被設計來防止家庭外寄養安置（out-of-home foster placements）以及採用家庭重建（home builder）的優點，讓兒童待在原生家庭，以及兒童實務工作者以生態觀點仔細評估家庭與社區環境的關係，採用增強及充權增能的策略，在短時期提供密集性的服務，通常服務是在案主家中進行。

密集性的家庭維存服務（intensive family preservation service）的主要目標爲：(1)保護兒童；(2)維繫和增強家庭連帶（family bond）關係；(3)穩定危機情況；(4)增強家庭成員的技巧與能力；(5)促使家庭使用各種正式與非正式的輔助資源。IFPS強調的是此時此地（here and now）的現況，其目的不在「治療」家庭，而是增強家庭成員解決危機與問題的能力，以促成家庭重建。

在兒童福利領域中，需要寄養安置服務的家庭，長久以來一直是受到關切的。傳統上，這些需要被安置者的父母，多半被視爲是問題的一部分，而非是解決問題的答案。故寄養安置服務被視爲是問題家庭的替代方案。少數企圖納入父母的決策過程，認爲是優先於安置服務或是安置期間的處遇過程（Whittaker, 1979）。然而，重新強調「永久性」的結果，卻使得兒童福利服務經歷了從強調兒童機構或寄養家庭安置移轉至強調對家庭的支持（Stehno, 1986）。這些轉變已經對整個兒童福利服務的連續性產生影響。寄養家庭或機構安置服務和居家服務間不再是彼此相互排斥（Small & Whittaker, 1979）。

就廣泛的意義而言，永久性的計畫是指那些被用來執行以確保對兒童持續照顧的工作，無論是使家庭凝聚、重整，或是爲兒童尋找永久的家（Maluccio, Fein, & Olmstead, 1986），故強化父母教養孩童的知識、技能及資源就變成是極爲重要的焦點。許多被設計用來強化家庭和避免寄養安置的服務也因此應運而生。此

外，支持性家庭服務正持續地被認知爲在寄養服務後，兒童服務計畫的要素之一（Whittaker & Maluccio, 1988），只有一些極爲少數而正持續增加中的現存方案是有關寄養安置服務之前以及之後，與在提供服務過程中設計家庭所需要的服務。總之，美國社會及專業組織正爲已經在寄養安置服務中以及需要安置服務的家庭而努力。

家庭爲中心的處遇方案來自1980年代美國對福利改革的方案，主要是1960及1970年代對家庭外安置的不滿，華盛頓州Edna McConnell Clark基金會所努力的家庭重建計畫及奧勒岡州的密集性家庭維存（繫）服務方案及擴大到全國家庭爲中心的處遇方案。儘管人們對於家庭維存（繫）服務的具體特色以及服務輸送的範圍，甚至是那些服務的名稱都還沒有明顯的共識，但是在兒童福利中此類的服務正持續受到歡迎。在愛荷華城（Iowa city），家庭本位服務的國家資源中心（The National Resource Center on Family-Based Services），目前列出超過兩百個類似方案。相較之下，1982年第一個分刊的名冊上卻只列出二十個方案。超過六十個獨立的方案是在州和郡的管轄之下，同時有許多州已經通過立法並發展全州的方案；然而，許多社區卻限制了這種預防性的服務。

儘管各種方案〔例如，家庭維存（繫）服務（FPS）、密集性家庭維存（繫）服務（IFPS）、家庭重建服務（home builder service）〕之間有所差異，但仍有共同的特質。有些反映了服務輸送的特色，有些則反映了在這服務類型下其獨特工作人員的態度與價值。家庭重建者和其他家庭維存（繫）服務（FPS）方案共同的要素包括了：

1. 僅接受處於緊急安置危機中的家庭。
2. 服務是危機導向的，在這個方案之後，家庭才會被視爲可能。
3. 社工人員可以隨時給予幫助並維持一週7日的彈性時間（Crosson-Tower, 2009）以及全天制的危機處理。如家庭重建者社工人員將他們的居家電話提供給需要協助的家庭。
4. 接案與評估的過程以確保沒有兒童是處於危險中。
5. 縱使個人的問題會出現，但家庭維存（繫）服務所關注的是以家庭爲單位，而非視父母或是兒童爲問題的個體。
6. 社工人員進行家訪時，要在方便該家庭生活作息下進行經常性的訪視。許

多的服務也可以在學校或是鄰近的社區設立。

7.服務取向包含教導家庭成員的技巧，幫助家庭獲得必要的資源與服務，以及建立在視家庭功能為單位的理解下的諮商。

8.服務的基礎通常是在於辨別家庭的需求，而非明確合適的項目。

9.每個社工人員在任何時間是擔負著較小的工作量。有些限制的方案才開始用團隊的方式，在家庭重建者模式中為有團隊支持下的個人運作，但在同一時間內的工作量只能以兩個家庭為限。執行方案有中心團隊支持負責社工提供家庭必要的支持。

10.方案所限制介入家庭的時間為一短暫的時間，典型是介於一至五個月。家庭重建者模式通常介入家庭超過四至六個星期的時間。

11.強調父母責任、父母為兒童之教育者、主要照顧者及教養者。

簡言之，密集性家庭維存（繫）方案的服務輸送特色預設了家庭服務（儘管有些家庭也曾失敗於其他的諮商中），在有限的時間內，保持積極性的服務，並增加服務中獲益的可能性。IFPS提供整合性的服務，可用來處理家庭危機，強化家庭功能，並符合具體和臨床的服務需求，以及減少家庭的孤立。多數IFPS的運作來自於家庭的支持，以及包括使用擴大家庭、社區及鄰居等資源（Lloyd & Bryce, 1983）。這些服務，大量地使用工作者目標及角色的多樣性，如顧問、父母訓練者、倡導者、諮詢者及資源中介者。

儘管1980年代美國在兒童福利實務從原先機構或寄養家庭之殘補式安置轉移到短期以家庭及社區為中心的維存（繫）服務，但自1990年代，此類服務將服務內容擴充到長期，並整合更多資源以形成家庭資源網絡（family resource network）來增強家庭。Wells及Tracy（1996）從家庭為中心的維存處遇方案擴充到社區網絡（community network）可為兒童及家庭提供一地區（領域）內的預防方案。此種方案也不限制短期的服務，而是依兒童與家庭的需求做仔細的評估，然後尋求專業的服務及政策支持。此種服務需要許多專業的支持，例如：醫生、心理學家、物理治療師及諮商師、教育者及社工人員。當然此種方案必須尋求法規與地區性的政策支持，以滿足兒童及家庭最終朝向獨立照顧的可能（Nelson, 1984）。在台灣，學校社會工作人員也與學校輔導人員針對問題少年推展類似三合一輔導網絡建立，以幫助學校中適應不良或中輟少年給予增強能力，並運用社

工專業技巧支持家庭，尋求社區其他專業資源，共同解決少年及其家庭的問題。

七、兒童倡導方案

兒童倡導方案（child advocacy programs）在美國自二十世紀以來就有了，尤其是倡導兒童人權，但在1960年代，此種團體更受到社會上的重視。在台灣，兒童福利聯盟、中華兒童福利基金會、人權協會也是扮演此種角色。兒童福利系統的倡導可以縮減預防式及殘補式處遇的鴻溝。Litzenfelner及Petr（1997）宣稱在西雅圖市（Seattle, WA）始於1977年法院支持的特殊倡導者的特殊方案（Court Appointed Special Advocates, CASAs），日後擴展至美國。在1990至1994年期間，此種方案成長78%。此類方案訓練由法院系統所贊助的義工，鼓吹兒童福利情境中應以兒童最佳利益爲考量，此種義工並不一定要有社工背景。但是這些義工是由社會工作者來加以訓練，以幫助他們更瞭解社會工作的充權增能與增強的技術與策略。目前在美國已立法，要求法院指定司法社工（guardian ad litem）以確定兒童在任何家庭訴訟中可保有最佳利益，尤其是訴訟中，父母之間或父母與政府之間，在不一致的意見中尋求兒童之最佳利益。

八、無家可歸的家庭庇護所

無家可歸的家庭庇護所（homeless family shelters）係指在美國有許多城市專門爲無家可歸的家庭成員設立收留的庇護所。在歐洲也有一些爲青少年所設的社區中心，如Hostel、Community Home。這些收容庇護所專門收容家庭以避免父母與子女的分離，並同時爲兒童及其家庭提供資源，發展解決問題的能力。Phillips等人（1989）提出這種庇護所在短期中可提供家庭一些正面功能。當然，如有可能也可以發展社區性的無家可歸之家庭公寓，可提供更長期的收容功能，並運用職業諮詢及兒童福利服務，這需要勞委會職訓局、國民住宅處及專管兒童福利之社政部門一起通力合作，爲兒童及其家庭解決短期中的家庭危機，以預防形成兒童福利之受虐事件的發生。

九、健康及家庭計畫方案

早期健康篩檢可減少兒童及家庭的問題。兒童健康問題會帶給家庭無限壓力；提供可及性及可負荷之成人產前健康照顧可減少家庭解組；此外也可避免不健康嬰兒的誕生，造成日後昂貴的機構處遇。美國每年有很多低體重嬰兒誕生，這些嬰兒需要早期療育或日後特殊教育處遇，唯有透過完善的產前護理及處遇方案才能降低不幸兒童產生之盛行率。

第二節　增強權能的積極性家庭維存（繫）服務

近年來，國內由於經濟快速成長，國民所得已超過1萬3,000美元，社會結構與人群關係急遽變遷，民眾在物質生活大幅改善之同時，對社會福利需求日益殷切，相關弱勢或利益團體對社會福利之要求也與日俱增；社會福利已是社會大眾所共同期盼，更是民主政治中爭取選民認同和支持的重要訴求（唐啓明，1996）。

環顧世界，只有在經濟高度發展，人民自由意志充分發展的先進國家，始有完善的社會福利制度；換言之，社會福利的有效建制，已成爲一個國家邁向文明、先進的重要指標。不過，隨著國內政治民主化與社會多元化，民眾愈來愈勇於爭取權益，目前各政黨、團體、民意機關和社會大眾對社會福利的爭取，可謂非常熱烈，而對社會福利的訴求亦趨多樣化，且呈現相當分歧的現象。因此，當前社會福利的規劃誠有因應此一情勢再行調整之必要；一方面結合民間資源，擴大社會福利參與；另一方面則應積極研究改進社會福利措施及施行方法，並建立一套便民、利民、福民的社會福利制度（陳武雄，1996）。

然而，資源是有限的，但需求是無限的。在全球經濟不景氣的籠罩之下，國家財政拮据，福利預算縮水，但相對地，個人之家庭資源及社會資源愈來愈少，這不僅造成個人、家庭的損失，更造成沉痛又複雜的社會問題。

福利服務是社會展開社會福利的措施之一，其必須能夠滿足民眾需要；亦須因時應勢，以減少社會變遷所帶來的衝擊，因此，福利服務的具體項目，有屬延續性的，亦有創新性或發展性的。內政部社會司爲推動社會福利所做的努力，呈

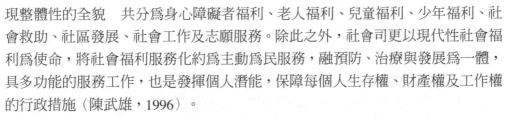

現整體性的全貌　共分爲身心障礙者福利、老人福利、兒童福利、少年福利、社會救助、社區發展、社會工作及志願服務。除此之外，社會司更以現代性社會福利爲使命，將社會福利服務化約爲主動爲民服務，融預防、治療與發展爲一體，具多功能的服務工作，也是發揮個人潛能，保障每個人生存權、財產權及工作權的行政措施（陳武雄，1996）。

　　由於民衆對社會福利需求日益殷切，而有限的福利資源勢必依福利需求的優先性做一合理的分配，以符合社會公平、正義的原則。因此，政府對社會福利的介入，對有經濟能力人口應採互助模式，而以著重社會弱勢人口的兒童、少年、婦女、老人、身心障礙者及原住民照顧爲主要對象。而這些弱勢人口群所融合的體系爲弱勢家庭。由於家庭也遭受社會快速變遷的衝擊，使得功能式微，衍生諸多問題，如：受虐兒童、青少年犯罪率日漸升高、犯罪年齡降低、家庭婚姻暴力、老人或身心障礙者照顧問題。所以，如何健全家庭功能，建立以家庭爲本位之社區福利體系（亦爲社區福利化），爲政府當前重要之課題。

　　家庭係社會構成的基本單位，家庭之人皆受其所處環境所影響。弱勢家庭的個人發展需求亦有賴於其所依存的環境來提供，而這些福利需求到底由誰來負責？以兒童爲例，大部分的社會、家庭往往成爲兒童與社會的中介，社會不視兒童爲獨立的個體，而是附屬於父母之名下，其所擁有之權力更立基於其父母之社會地位（換句話說，取決於父母購買、連結社會資源的能力）（余漢儀，1995）。就此看來，兒童保護服務之目標宜建立在盡力照顧兒童和家庭。鄭瑞隆（1991）提出，兒童保護之觀念宜由「懲戒式」（只有處罰條文）走向「合作、支持式」（親職教育）。換言之，兒童保護服務之目標包括了提供適切的支持性服務和專業諮詢的混合式服務來協助家庭，爲兒童提供適切的照顧（Gelles & Cornell, 1990）。

　　由於兒童虐待的發生大多是家庭問題，可能來自施虐者身心病態或親子關係失調，而以往兒童保護處理方法是將兒童帶離家庭，當處境爲唯一選擇時（通常是替代性服務），吾人必須留意：虐待原因是多元性，所以社工處遇應從解決問題取向爲主，而且要提供多元化服務及多元化的專業訓練，一方面爭取案主合作，另一方面考量兒童的最佳利益（best interest），使社工專業發揮使能（empowerment），共同爲案主重建家庭功能，畢竟兒童終究適合生長於功能健全的親生家庭（鄭瑞隆，1991；余漢儀，1995）。

就上述的處境最大的難題是經費。有了經費，才有專業的訓練，更才能有充權增能的多元化專業服務；除此之外，我們更需要完善的制度、政策和法規。縱然，近年來我國福利服務的經費、法規、制度漸進改善，也趨於完善，因而建立完善的兒童保護服務系統便刻不容緩。但即便是最好的兒童保護的處遇，也只是反映兒童虐待的一種反應式福利服務。適切的處理兒童虐待問題，可以預防家庭發生更進一步的虐待行為，但卻永遠無法預防已發生的虐待事件（郭靜晃，1996）。

一、當前福利服務之提供

近年來，政府與民間共同努力推動社會福利服務，以滿足民眾的福利需求，為貫徹民眾福祉為先的目標，具體的執行措施有六，茲分述如下：

(一)研訂各種相關法規

政府據以依法行政來推動福利服務，其範疇除了制定弱勢族群之相關法規，如：身心障礙者福利法、老人福利法、「兒童福利法」、青少年福利法，提供醫療、復健、保險、教育、就業、職訓、托育、教養、無障礙生活環境等相關福利及權利保障。為進一步落實各法案，並加以研訂各種相關立法，及逐年寬列經費預算，來推展各項社會福利服務。

(二)辦理各項福利服務輸送

配合當前社會發展需要，開拓育幼機構安置功能，辦理老人安養、養護之教養服務，加強照顧受虐待及遭遇不幸兒童，提供收容教養、心理輔導及家庭輔導之服務。

(三)辦理中低收入戶的老人、家庭生活津貼

政府提供現金，照顧65歲以上家境清寒老人生活，不幸家庭之中低收入的生活津貼措施，為符合公平正義原則及社會救助精神來落實弱勢家庭的福利工作。

(四)結合社會資源，建構社會福利產業

政府除了利用公共資源興辦社會福利事業，同時為充分運用民間資源，有效結合民間人力、物力及財力，共同舉辦社會福利事業，或採補助、委辦，或公設民營等方式，採取社會福利民營化，激勵民間團體，建構以企業經營方式，合理利潤，來投入社會福利產業，以因應日益增多的不同需求。

(五)廣結社會資源，積極推廣志願服務

政府力量有限，民間力量無窮，舉凡九二一大地震、桃芝颱風及納莉颱風，處處皆可看見民間之人力、物力及財力之熱絡。各類人民團體均是政府推動各項措施之最大助力。政府為了結合人民團體力量，創設「內政部社會資源捐助專戶」，加強推廣「廣結志工拓展社會福利工作　祥和計畫」。

(六)健全家庭功能，推動社區福利化服務

由於社區居民最能瞭解社區需要，如能掌握最方便、最接近的社區發展協會及相關組織，提供社區本身之人力與資源來幫助社區之弱勢族群，必能以最低之成本，最溫馨、符合案家需求的最佳照顧方式，一方面協助政府落實福利服務的工作，並能建立「社區生命共同體」的共識。

隨著國內政治民主化與社會多元化，加上面對人民對社會福利的需求亦呈多樣化，在面對此社會福利轉型階段，要落實社會福利工作，必須瞭解社會的變遷，整體民眾的問題，對各項政策的推動必須掌握社會脈動，以民眾福祉為依歸。政府依法行政提供有關社會保險、社會救助及福利服務之社會福利工作，並妥為運用社會資源，引導暨鼓勵民間共同參與，發揮政府與民間互補功能，對針對優先的老人、身心障礙者、不幸少女、兒童虐待等問題，提供安置服務，並擴大照顧中低收入兒童、少年、婦女、老人、身心障礙者及原住民等弱勢族群等基本生活，並朝建構以家庭為本位、社區為中心之社區化福利服務體系發展，加速落實政府扶持弱勢族群之福利政策，以提升人民生活之品質。

然有關現行政府所提供福利服務輸送之處遇，常以消極性的社會救助（如津貼）或以殘補式提供機構式的安置服務為主，對於提供案主自主照顧功能，提升案主之重建功能的積極性及預防性服務較為少見，另以案主最佳利益為考量，增

強案家之增強效能之積極處遇方式更是付之闕如。

二、積極之處遇理念——增強權能的家庭維存（繫）服務

積極性的處遇（intensive intervention），例如家庭維存（繫）服務，是一種有效的且可行的家庭介入方式，特別對兒虐家庭，早療家庭或青少年偏差行為之高危險群更具有一些臨床成功之經驗。積極處遇的意涵強調：(1)現在改變，短期（積極）處遇；(2)父母參與；及(3)長期依賴社會服務是無效的。其精神是在解決家庭的危機，目標為：(1)解決立即的危機；(2)恢復該家庭機能至危機前的功能；及(3)將孩童留在原生家庭。換言之，積極性的處遇應用社工實務是應用在宅服務方式、提供多元處遇方法、短期的處遇介入及預防、政策和社會工作服務，茲分述如下：

(一)提供在宅服務

積極性家庭維存（繫）服務最特殊的性質即是在家庭中提供最自然情境之案家社工服務。在宅服務（in-home service）第一個優點可以提供社工員自然觀察案主家中的自然情境，以準確評估孩子遭受危機（例如兒虐、青少年觸犯嚴重偏差行為、親子互動等）的可能性，以及觀察家庭本身或衍生的危機因素。Loeber（1982）之青少年研究指出，當童年時期的偏差行為愈多樣，愈嚴重、愈頻繁，當孩子進入青春期其嚴重且冥頑的反社會行為出現的機率就愈大。而當早療家庭也可透過家庭訪視，瞭解第一手家庭互動，孩子管教、家庭衝突的嚴重性，以及失序困境和家庭資源的實際情況。

積極性家庭維存（繫）服務的在宅評估設計，自然是期待正面訊息，所以太格式化的面談、冗長的表格填寫反而會帶來反效果。因此，帶著自然、坦率、明確提供幫助的訊息，以期待迅速獲得重要的診斷資訊，並援引案主參與介入過程的動機。此外，在宅服務也增加成功傳授和學習管理技巧的機會，例如在密集的時間和機會處遇中，社會工作者可掌握每次與案主（案家）的日常接觸，有效掌握「可教育的時刻」（teaching for moment），例如，當父母對孩子行為之挫折感或施以不當管教，工作者可提供不同的管教策略，增強父母的新技巧，或提供在宅服務訓練，即實際督導行為，立即糾正自然發生的行為，提供回饋以其讓父母

習得新的技巧並應用到不同的情境。

(二)多元處遇方法

每個家庭中，引起家庭危機之因素及程度各不相同，例如兒童虐待之家庭，可能是父母婚姻感情不佳、觀念不和爲主因；也可能是父母缺乏有效管教策略與方法；也有可能是受極度貧困和失序所困擾。發展遲緩兒童家庭之母親可能因「自責」心態或「預期被烙印」態度使得其較心甘情願承擔對子女的照顧，而父親因較缺乏與孩子互動，故對孩子期待較高，另外，社會文化壓力也影響到祖父母對發展遲緩兒童的因應態度，進而影響接納他們的時機，甚至因怕被標籤化而不願接受處遇（林幸君，1999）。因此，積極性家庭維存（繫）的服務同時會遭受不同及多種問題，也不限定同一範疇，所以工作者可以衡量處遇及介入情況，提出每次家庭最嚴重的危機因素，進行診斷及提供可能處遇的方法與策略，並提供實質服務，授予減少衝突的技巧，以減少家庭因危機因素而造成傷害。

另一方面，積極性家庭維存（繫）服務也與傳統社會個案工作之模式相同，要尋找案主家庭所欠缺的特質。積極性家庭維存（繫）服務（i, e., Berleman, 1980；McCord, 1978）即運用特定、目標導向的技巧，解決家庭和其他相關工作與學者合力診斷出的特定問題並提供解決問題之策略與方法。

因爲在積極處遇之短期的時間限制中，積極性的家庭維存（繫）服務的家庭調解需要特定的技術運用，以反映特定的問題及提供處遇。

家庭重建者之積極性家庭維存（繫）服務至少提供第一線工作者二十一個訓練單元，包括危機排除、融入、面對案主；向家庭傳授技巧、行爲管理技巧、明確溝通的技巧、家庭的情緒管理、解決問題的技巧、結案以及其他方法（Whittaker et al., 1990）。每一個訓練單元包括一套調解技巧的傳授和督導，這時有助於提出不正常運作家庭可能遭受的問題。這種多元處遇的形式化和規律化不以單一處遇技術運用到所有家庭，而是以訓練有素的治療者評估的結果作爲處遇的依據。至於何種處遇方式最能立即奏效是積極性家庭維存（繫）服務（例如家庭重建者模式）的團隊最引以爲傲的成就之一。

(三)短期的處遇介入

短期介入危機的觀點蘊含造成家庭關係快速變化的轉機。危機家庭通常有利

用社工服務的動機，例如，避免離家安置，將案主放在原生家庭，提供有效的社工處遇。除此之外，積極性家庭維存（繫）服務僅給社工員30天的期限做有效的處遇，這本身給社工人員就是一種挑戰與壓力。而有限的意涵顯而易見包括三個特點：(1)改變的時機就是現在；(2)改變能否成功，端看家庭積極的參與；以及(3)長期依賴社工及治療者是不可能的。

這種積極性短期的處遇方式對於兒虐個案、酗酒家庭、嚴重精神疾病及青少年偏差行為之家庭頗有成效，除此之外，最令人意外的結果，這種積極性的短期社工處遇會減少案主對社工人員及治療者惡性（長期）的依賴，以期減少當社工不再持續協助時，案主可能產生依賴的症候（被剝奪症侯群）及憎惡感（McCord, 1978）。

(四)預防、政策和社會工作服務

積極性家庭維存（繫）服務，例如「家庭重建者」模式是結合預防和處遇的社會工作服務，至少在兒虐家庭及青少年犯罪、偏差行為（例如中輟學生家庭）是一有效的服務策略。雖然此種模式缺乏有效評估性的實徵調查，但此模式對於降低離家安置的有效性是不容懷疑的，而且對親子互動的成效也是有跡可循的。此種處遇模式在社工服務的成效可意謂此模式之概化（generalized）並可否擴展成為協助弱勢家庭政策及服務方案的推廣。積極性的家庭維存（繫）服務將家庭視為整體，社會工作者必須提出以防止案主離家安置的特定家庭需求和問題；同時，政策制訂者必須視兒童福利、青少年偏差行為與犯罪預防、藥物濫用、青少年自殺事件、貧困與失序家庭之個人問題和家庭問題是相互關聯的。因此，我們需要一綜合的家庭政策，整合個別及零零碎碎的社會服務方案的規劃和處遇方式，減少頭痛醫頭，腳痛醫腳的殘補式社會工作方案，而將個人及其家庭成為一個連貫的整體。其目標在減少或排除家庭的普通危機因素，將案主留置在原生家庭，提供專業的服務方式滿足個人的需求及提供健康的社會和個人的成長與發展，並提升個人及家庭的生活品質。

積極性的家庭維存（繫）服務打破以往社會福利服務為目標，強調將弱勢案主從家庭移走，遠離他們能力不足的主要照顧者的庇護和保護，轉移到將案主仍留在潛藏危機的家庭，在家外提供專業的社工服務。相反的，積極性的家庭維存（繫）服務是盡量保持家庭的完整性，家庭成員應盡最大的努力生存於他們所處

的環境，社工服務是協助家庭獲得有效解決問題之額外家庭管理和衝突解決的技巧，獲取必要的資源，以符合案主留置於原生家庭，社會工作者擔任示範和教育主要照顧者的任務，以減少案主長期對社工人員及社工處置的依賴，及解決家庭危機和預防家庭再產生危機。以發展遲緩兒童之家庭為例，社工人員如能結合各方面之專業，如心理、語言之治療師、復健人員、醫生或老師等，從提供資源、教導家長因應壓力及親職技巧，也可提倡發展遲緩兒童之入學適應（陳麗文，2000）、語言表達及社會互動（林芳蘭，2000；韓福榮，2000；宋鴻燕，2000；徐庭蘭等，2000）及減低孩子之行為問題及適應外在環境（杜娟菁等，2000）。

三、增強權能服務之前景

積極性家庭維存（繫）服務，例如「家庭重建者」模式是一社工服務取向，其即有時間限制（強調24小時積極及密集性的家庭社工服務），強調短期與家庭本位破除以往傳統長期及機構為本位的殘補式的社工處遇模式，並擴大與其他專業合作，例如心理、衛生、司法及教育部等，接觸高危機家庭，以檢視、診斷、發展合適的家庭處遇介入，融入多元處遇方法，來避免家庭分裂，保持家庭完整性的專業社工服務。其精神在於解決家庭立即的危機，恢復家庭原有的功能，避免離家安置，所提供之實務方法有在宅服務、多元處遇方法、短期的處遇介入及預防和政策並用的專業社會工作服務。積極性的家庭維存（繫）服務白1960年代，美國之青少年藥物濫用、未婚少女懷孕、中途輟學、學業挫敗、偏差行為、犯罪和自殺，儼然成為美國社會新興的社會問題，而這些問題也正是目前台灣社會所面臨的社會問題的焦點。現代的家庭無形中處於危機之中，加上社會資源的不足、人口出生率下降，青少年族群的死亡率也悄然上升，而造成社會事件頻傳，這是否意味會降低未來社會的人口品質。

為了提升人類及家庭的生活品質，我們應對以往的政策及社工處遇模式加以重新檢視，包括預防和治療模式，如此謹慎探究未來前景且發展有效良好的社工處遇策略，可以成功地預防習慣性及嚴重性的危機行為產生，以及有效教導家庭成員擴展社會資源，提升有效的家庭管理及解決衝突的技巧，以期自立、自主，減少社會工作服務的依賴，並降低個人及家庭危機行為的產生，積極性的家庭維存（繫）服務對於提升弱勢家庭的生活品質是一可參考的模式之一。

本章小結

　　本章提供有別於過去在兒童福利領域常使用的殘補式服務，兒童福利服務有第一道防線——支持性福利服務，第二道防線——補充性福利服務及第三道防線——替代性福利服務，以及兒童保護服務，也已在前四章（第九至十二章）有詳盡的介紹，這些服務來自於正式及非正式的資源，而福利服務之多元主義更將福利服務分為公部門、私部門、非營利組織（第三部門）。本章提供一些美國正在發展或只是概念式的福利服務，強調增強技術及預防性的功能，他山之石可以攻錯，或許這些服務也可以讓我國社會在推展兒童福利服務時有一些新的思維與新作法，假以時日，待社會更成熟，我們也可以朝向此類福利服務發展，為兒童謀求最佳利益、最少危害，也是我們的心聲及期盼。

參考書目

一、中文部分

余漢儀（1995）。《兒童虐待——現象檢視與問題反思》。台北：巨流圖書公司。

宋鴻燕（2000）。《音樂治療與自閉症幼兒社會性互動的表現》。中華民國發展遲緩兒童早期療育協會：全國早期療育跨專業實務研討暨學術發表會早療論文集。

杜娟菁、楊品珍、鍾育志（2000）。《學齡前注意力缺陷過動症（ADHD）兒童之父母訓練團體成效評估》。中華民國發展遲緩兒童早期療育協會：全國早期療育跨專業實務研討暨學術發表會早療論文集。

林幸君（1999）。台北市88年度發展遲緩兒童個案管理服務成果報告。台北市政府社會局委託。

林芳蘭（2000）。《音樂治療應用於唐氏症兒童早期療育計畫中之成效》。中華民國發展遲緩兒童早期療育協會：全國早期療育跨專業實務研討暨學術發表會早療論文集。

唐啟明（1996）。〈台灣省社政工作之檢視與前瞻〉。《社區發展季刊》，75，16-23。

徐庭蘭、許春蘭、吳翠花、顏君芳、林婷婷（2000）。《親子共讀對幼兒語言發展遲緩影

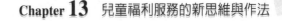
響之初探》。中華民國發展遲緩兒童早期療育協會：全國早期療育跨專業實務研討暨學術發表會早療論文集。

陳武雄（1996）。〈我國社政工作之檢視與前瞻〉。《社區發展季刊》，75，5-15。

陳麗文（2000）。《遲緩兒家庭教育方案行動研究如何幫助遲緩兒克服學習困難與入學調適》。中華民國發展遲緩兒童早期療育協會：全國早期療育跨專業實務研討暨學術發表會早療論文集。

郭靜晃（1996）。〈兒童保護輸送體系之檢討與省思〉。《社區發展季刊》，75，144-155。

鄭瑞隆（1991）。〈兒童虐待與保護服務〉。輯於周震歐主編，《兒童福利》。台北：巨流圖書公司。

韓福榮（2000）。《家長參與對人工電子耳兒童溝通能力發展之研究》。中華民國發展遲緩兒童早期療育協會：全國早期療育跨專業實務研討暨學術發表會早療論文集。

二、英文部分

Ambrosino, R., Ambrosino, R., Heffernan, J., & Shuttlesworth, G. (2007). *Social work and social welfare: An introduction* (6th ed.). New York: Thomson Brooks/Cole.

Berleman, W. C. (1980). *Juvenile delinquency prevention experiments: A review and analysis*. Washington DC: US Department of Justice. Office of Juvenile Justice and Delinquency Prevention, U.S. Government Printing Office.

Cooke, K. (1998). Working in child welfare. Unpublished manuscript, Wilfrid Laurier University.

Children Defense Fund (2006). *Background materials on key section of the act to leave no child behind*. Washington DC: Author.

Crosson-Tower, C. (2009). *Exploring child welfare: A practice perspective* (5th ed.). Boston: Allyn & Bacon.

Gelles, R. J., & Cornell, C. P. (1990). *Intimate violence in families* (2nd ed.). CA: Sage.

Godman, R. (1998). Child welfare. Unpublished manuscript. Wilfrid Laurier University.

Goldstein, J., Solnit, A., Goldstein, S., & Frend, A. (1996). *The best interest of the child: The least detrimental alternatives*. New York: Free Press.

Kassebaum, G., & Chandler, D. (1992). In the shadow of best interest: Negotiating the facts, interests, and intervention in child abuse cases. *Sociological Practice, 10*, 49-66.

Litzenfelner, P., & Petr, C. G. (1997). Case advocacy in child welfare. *Social Work, 42* (4), 392-402.

Lloyd, J. C., & Bryce, M. E. (1983). *Placement prevention and family unification: A practitioner's handbook for the home-based family-centered program.* Iowa City: University of Iowa, National Resource Center for Family Based Services.

Loeber, R. (1982).The stability of antisocial and delinquent child behavior: A review. *Child Development, 53,* 1431-1446.

Maluccio, A. N., Fein, E., & Olmstead, K. A. (1986). *Permanency planning for children: Concepts and methods.* New York: Tavistock.

McCord, J. (1978). A thirty-year follow-up o treatment effects. *American Sociological Review, 53,* 81-93.

Nelson, B. (1984). *Making an issue of child abuse: Political agenda setting for social problems.* Chicago: University of Chicago Press.

Phillips, M., DeChillo, N., Kronenfeld, D., & Middleton-Jeter, V. (1989). Homeless families: Services make a difference. *Social Casework, 34* (1), 48-53.

Small, R., & Whittaker, J. K. (1979). Residential group care and home-based care: Toward a continuity of family services. In S. Maybanks & M. Bryce (Eds.), *Home-based services for children and families* (pp. 77-91). Springfield, IL: Charles C. Thomas.

Stehno, S. M. (1986). Family-centered child welfare services: New life for a historic idea. *Child Welfare, 65,* 231-240.

Wells, K., & Tracy, E. (1996). Reorienting intensive family preservation services in relation to public child welfare practice. *Child Welfare, 75*(6), 667-692.

Whittaker J. K. (1979). *Caring for troubled children: Residential treatment in a community context.* San Francisco: Jossey-Bass.

Whittaker, J. K. & Maluccio, A. N. (1988). Understanding the families of children in foster and residential care. In E. W. Nunnally, C. S. Chilman, & F. M. Cox (Eds.), *Troubled relationships: Families in troubled series, volume 3* (pp. 192-205). Beverley Hills, CA: Sage.

Whittaker, J. K., Kinney, J., Tracy, E. M., & Booth. C. (1990). *Reaching high-risk families-Intensive family preservation in human services.* New York: Walter de Gruyter.

Wolf, D. A. (1991). Child care use among welfare mothers: A dynamic analysis. *Journal of Family Issues, 12* (4), 519-536.

幼教叢書

兒童福利概論

作　　者／郭靜晃
出 版 者／揚智文化事業股份有限公司
發 行 人／葉忠賢
總 編 輯／閻富萍
地　　址／22204 新北市深坑區北深路三段 258 號 8 樓
電　　話／(02)8662-6826
傳　　真／(02)2664-7633
網　　址／http://www.ycrc.com.tw
　E-mail　／service@ycrc.com.tw
　ISBN　／978-986-298-401-7
初版一刷／2013 年 12 月
二版一刷／2022 年 6 月
定　　價／新台幣 600 元

國家圖書館出版品預行編目（CIP）資料

兒童福利概論 = Introduction to child welfare/
郭靜晃著. -- 二版. -- 新北市：揚智文化事
業股份有限公司, 2022.06
　面；　公分（幼教叢書）

　ISBN 978-986-298-401-7（平裝）

　1.CST: 兒童福利

547.51　　　　　　　　　　　　111007219

NOTE...

NOTE....

NOTE...